hänssler

Cornelia Mack / Friedhilde Stricker (Hrsg.)

BEGABT

&

BEAUFTRAGT

FRAUSEIN NACH BIBLISCHEN VORBILDERN

Cornelia Mack, Freudenstadt, hat in Tübingen Sozialpädagogik studiert; 1977 Heirat, 1980 Studienabschluss mit Diplom. Sie hat vier Kinder und ist als Autorin, in der christlichen Frauenarbeit, bei Frauenfrühstückstreffen und in der Seelsorge tätig.

Friedhilde Stricker, Diplom-Theologin, war von 1984–1986 als Missionarin in Liberia/Westafrika. Nach der Rückkehr nach Deutschland war sie von 1992–1999 Mitglied im Vorstand des Arbeitskreises für ev. Missiologie und im Redaktionsteam der Zeitschrift »Evangelikale Missiologie«. Sie ist in der Seelsorge tätig. Friedhilde Stricker ist verheiratet und hat vier Kinder.

Hänssler-Paperback
Bestell-Nr. 393.505
ISBN 3-7551-3505-7

© Copyright 2000 by Hänssler Verlag, D-71087 Holzgerlingen
Umschlaggestaltung: Stefanie Bunner
Titelbild: Bildagentur Mauritius
Satz: Vaihinger Satz + Druck
Druck und Bindung: Ebner ULM
Printed in Germany

INHALT

VORWORT

◆ »*Haben wir es im Ohr, wie der Auferstandene zu den Frauen am Grab sagte: ›Geht hin, sagt es meinen Brüdern ...‹ (Mt 28, 10)? Der Herr Jesus sammelt sich bis an die Enden der Erde seine Gemeinde. Dort sind die Brüder und Schwestern beisammen. Nichts anderes ist die Gemeinde. Sie hat keine hierarchische Struktur. Nur Einer ist ihr Meister. Aber da, mitten in der Gemeinde, wird der Name des Herrn bezeugt und gerühmt. Sollte das nicht mehr geschehen, dann ist sie nicht mehr Gemeinde. Das sollten wir uns deutlich machen.*«[1]

So weit die wegweisenden Sätze des verstorbenen Präses des Gnadauer Verbandes, Pfarrer Kurt Heimbucher. Sie machen deutlich, dass es in der so genannten »Frauenfrage« nicht um eine Randfrage geht, sondern um die Mitte des christlichen Glaubens. Es geht um den Auftrag, seine Auferstehung zu bezeugen, an **Männer und Frauen**. Es geht um Brüder und Schwestern in der Gemeinde und um deren gemeinsamen Auftrag, den Leib Christi mit all seinen Gliedern darzustellen.

Im Gespräch zwischen Vertretern einer hierarchischen Position (der Mann als Haupt der Frau nach 1. Kor 11,3 und Eph 5,23) und Vertretern einer biblisch begründeten Gleichheit (... hier ist nicht Mann noch Frau ... sondern beide sind eins in Christus ... Gal 3, 28) geht es also letztlich nicht um Detailfragen, um geistliche oder menschliche Ordnungen oder um die präzisen Wortbedeutungen einiger hebräischer oder griechischer Fachbegriffe. Die Geschichte Gottes mit den Menschen, die uns im Alten und im Neuen Testament begegnet, zeigt in ihrem Verlauf deutlich, dass Frauen sein Wort und seinen Anspruch so klar und direkt wie Männer hören und verstehen konnten und ihm Folge leisteten.

Weder Eva und Sara, Mirjam und Abigajil, Maria und Marta, Priska, Lydia und Phoebe und all die anderen Frauen in der Bibel – noch eine heutige Frau, die Jesus Christus dienen will, braucht die »Vermittlung« eines Mannes, um den Willen Gottes für ihr Leben hören und verstehen zu können.

In der gesamten Bibel gilt: Entscheidend ist der direkte »An-Ruf« Gottes an Männer und Frauen, die Einladung zur Gemeinschaft mit ihm und der jeweilige Auftrag an beide, ihre »Berufung« zu leben.

Dieses biblisch-theologische Arbeitsbuch will Sie dazu ermutigen, sich auf eine Entdeckungsreise zu begeben. Der Ausgangspunkt dieser Reise wird die Schöpfungsgeschichte sein und sie wird ihr (vorläufiges) Ziel bei der Offenbarung des Johannes finden. Uns als Herausgeberinnen und den Autorinnen und Autoren war es wichtig, nicht einzelne Bibelverse herauszugreifen und auf ihnen breit angelegte theologische Gebäude zu errichten, sondern die gesamte Geschichte Gottes mit den Menschen von ihren Anfängen an zu hören und verstehend an ihr entlangzugehen.

Es ist weder zufällig noch bedeutungslos, dass das Neue Testament die Sprache und die Ereignisse der Schöpfungsgeschichte aufnimmt, wenn es darum geht, die Erlösung, die erneuerte Beziehung zwischen Gott und Mensch zu beschreiben. Deshalb spannen wir auch in diesem Buch einen großen Bogen zwischen dem ursprünglichen Willen Gottes für die Menschen, der in 1. Mose 1 und 2 erkennbar wird – über den Sündenfall und seine zerstörerischen Konsequenzen für das Verhältnis zwischen Gott und Mensch,

Mann und Frau (1. Mose 3) –, bis hin zu Jesus Christus, der durch sein Leben und Sterben ein neues Fundament für die ewige Gemeinschaft Gottes mit den Menschen und untereinander ermöglicht hat (Offb 21 und 22).

Neben der Einordnung der verschiedenen biblischen Texte in die Heilsgeschichte wollten wir Autorinnen und Autoren aber auch die geschichtlichen und kulturellen Hintergründe aufzeigen, um deutlich zu machen, dass das ewige Wort in konkreten Situationen verankert ist, deren Kenntnis dazu beitragen kann, seine Botschaft an uns besser zu verstehen. Wir wollen das »Profil«, die Eigenarten der biblischen »Landschaft« des Alten und Neuen Testamentes deutlich herausarbeiten und wahrnehmen – auch das gehört zu der Entdeckungsreise, zu der wir Sie einladen möchten.

Wir haben zwar das Ziel vor Augen:

»Seine Knechte (und Mägde) werden ihm dienen und sein Angesicht sehen« (Offb 22, 3b,4a).

Gleichzeitig leben wir auch in einer Gemeinschaft von Christen, die der ganzen Welt zeigen soll, wie von Grund auf erneuerte Beziehungen zwischen Männern und Frauen möglich sind, welche Gestalt der eine Leib Christi hat, wo einer das Haupt ist und damit alle anderen Häupter relativiert. Vor ihm gelten keine diskriminierenden Schranken mehr zwischen Juden und Nicht-Juden, zwischen Sklaven und Freien und zwischen Männern und Frauen (Gal 3,28).

Cornelia Mack und ich haben Männer und Frauen gebeten, an diesem Buch mitzuarbeiten, um deutlich zu machen, dass ein gaben- und auftragsorientiertes Miteinander schon an vielen Stellen theologisch begründet und in die Praxis umgesetzt wird. Wir haben uns mit diesem Buch auf den Weg begeben und manche Entdeckungen gemacht, die uns begeistert und neu motiviert haben. Ob Sie nun allein oder in der Gruppe reisen, wir wünschen Ihnen –

mit diesem Arbeitsbuch als »Reiseführer« und der Bibel als Proviant und Kompass im »Gepäck« – einen Reichtum an Einsichten, Anregungen zu eigenen Entdeckungen in der Bibel – und einige Herausforderungen an Ihr Denken und Handeln, sich von der Guten Nachricht von Jesus Christus korrigieren zu lassen. Dazu gehört auch, dass wir bei zwei »Reisezielen« jeweils zwei »Reiserouten« vorschlagen, die von verschiedenen »Reiseleitern« ausgearbeitet wurden (Rut und 1. Kor 14).

Wie Sie beim Lesen feststellen werden, haben wir uns nicht auf biblische Beiträge beschränkt, sondern zogen bewusst die Linien in die jüngere Geschichte in Kirche und Mission weiter, um die Verbindung zur Gegenwart herzustellen.

Alle Mitarbeiterinnen und Mitarbeiter an diesem Buch verbindet das Anliegen, dass wir uns für einen gemeinsamen, uneingeschränkten Dienst von Männern und Frauen in Gemeinde und Kirche, Gesellschaft und Welt einsetzen. Die Gaben, die Gott Männern und Frauen schenkt, sollen zur vollen Entfaltung kommen.

»Denn durch den Glauben an Jesus Christus seid ihr nun alle zu Kindern Gottes geworden. Ihr gehört zu Christus, weil ihr auf seinen Namen getauft seid. Jetzt ist es nicht mehr wichtig, ob ihr Juden oder Griechen, Sklaven oder Freie, Männer oder Frauen seid: in Christus seid ihr alle eins. Gehört ihr aber zu Christus, dann seid auch ihr Nachkommen Abrahams und habt Anspruch auf alles, was Gott ihm zugesagt hat« (Gal 3, 26-29; Hoffnung für alle).

Viel Freude beim Lesen und eine gute Reise!

---

[1] Kurt Heimbucher (1928–1988), zitiert nach einer maschinenschriftl. Predigtnachschrift (undatiert) in »Durchblick und Dienst«, April/Mai 99, S. 19, Hrsg. Liebenzeller Gemeinschaftsverband, Bad Liebenzell.

FRAUEN UND
BIBELÜBERSETZUNG[1]

VORÜBERLEGUNGEN

◆ Im 20. Jahrhundert haben Frauen einen hohen Anteil an der Übersetzung der Bibel. Das ist besonders so in Sprachen, in denen das Evangelium vor der Ankunft der Übersetzerinnen nicht oder kaum bekannt war. Schon immer haben Frauen an der Missionsarbeit wesentlichen Anteil gehabt – nicht nur als Ehefrauen und Mütter. Ohne Verpflichtungen für eine Familie konnte die ledige Frau das große Arbeitspensum bewältigen, das dazugehört.

Dazu musste sie eine ungeschriebene Sprache erlernen. Um die Sprache verschriften zu können, mussten Lautsystem und Grammatik erforscht werden. Die Leute wollten die Schreibweise erlernen, also musste pädagogisches Material entwickelt werden sowie leicht lesbare Literatur. Und schließlich ging es um die Übersetzung der Bibel. So jedenfalls sah das Arbeitsprogramm für viele Mitarbeiterinnen der *Wycliff Bibelübersetzer* in diesem Jahrhundert aus. Das natürlich unter einfachsten Lebensbedingungen, aber mit der beglückenden Erfahrung, dass Menschen von Gott gründliche Hilfe erfuhren und erneuert wurden. Ganze Volksgruppen fanden neuen Lebensmut in ihrer so oft an den Rand der Gesellschaft gedrängten Lage.

Zu diesen Aufgaben gab es eine gründliche Vorbereitung. Das gilt nicht nur für den sprachwissenschaftlichen Bereich, sondern auch für die Bibelübersetzung. So habe ich als oberstes Gebot gelernt, auf den zu übersetzenden Text sehr genau, sehr gründlich zu achten. Was genau hat der Schreiber aussagen wollen? In welchem Zusammenhang steht die Aussage? Welche Erst- und Zweitbedeutungen haben einzelne Wörter, welche Bedeutung ihre Zusammensetzung? Welche Sachverhalte werden geschildert? Warum hat der Autor gerade diese sprachliche Form gewählt und nicht eine andere, was hat er damit bezwecken wollen? Viele dieser Fragen können heute recht präzise beantwortet werden, unsere Kenntnisse über Sprache und Kultur der Bibel werden differenzierter.

Die nächste große Aufgabe besteht darin, in der Zielsprache, in die hinein übersetzt werden soll, diese gleichen Sachverhalte präzise zu übertragen. Es geht also darum, die ursprüngliche Bedeutung, den Sinn in der Zielsprache auszudrücken. Die Form der Sprache soll so gewählt werden, dass der gleiche Eindruck für die neuen Hörer (in der Zielsprache) entsteht, wie er bei den ursprünglichen Hörern vermittelt wurde. Einige der Probleme, die diesen Transfer erschweren, werden unten weiter ausgeführt. Sollten wir dieses Ziel wirklich jemals erreichen, dann hätten wir eine »gläserne« Bibel, die wir so viel (und so wenig) verstehen können wie zu der Zeit, als sie geschrieben wurde.

Dennoch ist es klar, dass zum wirklichen Verständnis des Wortes Gottes der Heilige Geist als Lehrer unbedingt nötig ist. Und dass sich uns die Wahrheiten des Wortes Gottes im Lauf unseres Lebens immer neu erschließen, wenn wir uns ihm aussetzen. Keine noch so gute Bibelübersetzung kann bewirken, dass wir die Bibel mit einem Durchgang ein für alle Mal gelesen haben – wie zum Beispiel einen Roman. Je »gläserner« das Wort Gottes übersetzt ist, desto mehr können der Zuspruch, die Lehre, die Beispiele in unserem Leben wirken.

DIE FRAGESTELLUNG

◆ *»Eines Tages ging eine Frau, um am Bach Wasser zu schöpfen. Nachdem sie das Wasser geschöpft hatte, auf dem Rückweg bat ein Kind sie um Trinkwasser. Es bat darum, doch die Frau verweigerte es dem Kind. Weil sie das Wasser verweigerte, wurde dem Kind der Hals bitter und es ließ den Bach vertrocknen.«*

Eine genaue, relativ flüssige Übersetzung einer Geschichte aus der Bafut-Sprache (Kamerun). Gewiss kann man sprachlich noch einiges feilen, doch das Hauptproblem kann so nicht gelöst werden. In Bafut ist dies eine schöne Geschichte, nicht etwa nur halb erzählt. Doch der deutsche Leser fragt sich: Was ist das für ein Kind, das einen Bach vertrocknen lassen kann? Warum wurde sein Hals bitter – aus Durst vielleicht? Warum ließ es den Bach vertrocknen? Und was soll die ganze Geschichte überhaupt?

Zum Glück kann man heute noch Bafut-Leute zu obigem Text befragen. Sie würden erklären, dass die Geister einem Menschen in vielen Formen begegnen, auch einmal als bittendes Kind. Geister können Wasser zum Versiegen bringen. Ein »bitterer Hals« bedeutet einfach nur »Ärger«. Der Sinn der Fabel? Verweigere nie einem Fremden eine einfache Bitte, das könnte dich teuer zu stehen kommen. Du weißt nie, mit wem du es zu tun hast.

Die Bafut-Leute brauchen wesentlich weniger Informationen als wir, um den Text zu verstehen – denn er ist aus ihren Denk-Voraussetzungen entstanden. Ein guter Geschichtenerzähler (oder Redner, Autor) bietet seinem Publikum die Informationen, die für die Übermittlung seiner Botschaft nötig sind, nicht mehr und nicht weniger. Im Übersetzungsprozess aber gilt es, einem neuen Publikum die Botschaft zugänglich zu machen. Sie wird also in andere Denk-Voraussetzungen hinein übersetzt, andere Lebens-Umstände, andere Erfahrungen. Die neuen Hörer brauchen also andere Informationen als die ursprünglichen, in der Regel bedeutend mehr, sonst bleibt die Botschaft verborgen. Das gilt erst recht, wenn die ursprüngliche Botschaft durch mehrere Jahrhunderte und einen ganzen Kontinent von dem neuen Publikum entfernt entstanden ist.

So wie es uns mit dem Bafut-Text ergeht, so geht es vielen Völkern mit den biblischen Texten! Das war auch die Schwierigkeit bei den Kaingang-Indianern. Als ich begann, das Neue Testament mit ihren Augen zu lesen, kamen mir selbst viele schwierige Fragen, die ich weder in meiner Jugend, als ich die Bibel mit meinen Schwestern durcharbeitete, noch in der Bibelschulzeit jemals gestellt hatte oder erklärt bekam.

In dem für die Indianer schwierigsten Gleichnis aus dem Markus-Evangelium erklärt Jesus Salz für gut (Markus 9,50) – wie kann das sein, wenn für die Kaingang doch Salz der Inbegriff ihrer miserablen Lage war? Ehe die »Ausländer« kamen, gab es genug Wild und damit genug Salz in der täglichen Nahrung. Dann verschwand das Wild, dafür musste das Salz gekauft werden. Um wiederum kaufen zu können, mussten die Indianer für die »Ausländer« arbeiten – und schon war der Teufelskreis geschlossen, die Freiheit dieser Urwaldmenschen vorbei. So etwas kann Jesus als »gut« erklären? Wie sollte ich das übersetzen?

DIE GRENZEN DER TRADITIONELLEN HILFSMITTEL

◆ Obige Frage führt gleich zur nächsten: der Übersetzer muss dringend den Sachverhalt im Urtext genau kennen, um entscheiden zu können, welche Hintergrundinformationen er dem neuen Leser zugänglich machen kann und muss. Dazu muss er natürlich auch die Fragen seines Publikums kennen, ihre Vorstellungen und Lebensauffassungen. Und er braucht die Hintergrundinformationen, die im biblischen Text nicht ausdrücklich drinstehen, aber doch dazu gehören. Denn die Texte sind Berichte, Informationen, Ansprachen an Leser, die mit ihrem Umfeld, ihrer Kultur und Philosophie vertraut sind. Das Selbstverständliche braucht man nicht zu sagen, nur das Außergewöhnliche. Die Schwierigkeit für mich lag darin, dass die meisten Kommentare auf die zu stellenden Fragen keine Antwort lieferten, weil den Autoren die speziellen Kaingang-Fragen einfach nicht geläufig waren und es auch gar nicht sein können. Das jedenfalls war mein Ergebnis, als ich mich nach Hilfe umsah. Wie viele Stunden verbrachte ich in nutzlosem Studium der Kommentare, die mich nur frustrierten! So war ich immer wieder auf mein eigenes Urteil angewiesen, wie genau bestimmte Sachverhalte so auszudrücken seien, dass die Kaingang sich diese vorstellen konnten.

Wenn die Kommentare schon nicht die nötigen Hintergrund-Informationen liefern, dann der Urtext noch viel weniger. Seine Knappheit ist es gerade, der das Verständnis erschwert und die Kommentare notwendig macht. Heute wissen wir zwar mehr denn je über die Textstrukturen der griechischen und hebräischen Sprache. Dieses Wissen geht weit über das der analytischen Grammatiken hinaus und hilft bei der Interpretation der Texte. Wir können klarer erkennen, welches das Thema eines Abschnittes ist, und dann die Informationen dazu besser einordnen. Dieses Spezialwissen dringt allmählich in die neuen Kommentare ein und hilft weiter.

Trotz allem reicht das allein nicht aus. Es muss kombiniert werden mit anderen aus der Situation bekannten Informationen, um den richtigen Sinnzusammenhang herzustellen. Diese Vorarbeit war zum Beispiel in der ersten »common language«-Übersetzung im deutschen Sprachraum, dem Neuen Testament der Guten Nachricht Bibel (1971) getan, und zwar für den deutschen Leser wie mich, die ich mit der Arbeit der Übersetzung in die Kaingang-Sprache (Brasilien) beauftragt war.

Die »common language«-(umgangssprachlichen) Übersetzungen waren ursprünglich aus der Erfahrung entstanden, dass man die angesprochenen Prinzipien beachten muss, wenn man für Indianer Südamerikas verständlich übersetzen will. Sie wurden dann auch zunächst für Spanisch, dann für Englisch und Deutsch und inzwischen in vielen Sprachen angewandt. Im deutschen Sprachraum haben wir neben der Guten Nachricht Bibel (1997) auch die »Hoffnung für Alle«-Übersetzung (1996), beide »common language«-Übersetzungen.

DEN TEXT VERSTÄNDLICH ÜBERSETZEN

◆ Man muss die Sprache, in die übersetzt werden soll, gut kennen, um zu beurteilen, ob die Sätze flüssig und die gewählten Ausdrücke inhaltlich richtig sind.

Die *Flüssigkeit* der Sprache kann weitgehend durch ausgebildete Einheimische gewährleistet werden. Als der junge Kaingang Candoca selbst die Schreibmaschine bedienen konnte, korrigierte er beim Abschreiben fast automatisch Unebenheiten. Er hatte ein Jahr lang in der zweisprachigen Lehrerausbildung gelernt, worin Lesen und Schreiben eigentlich besteht, nämlich eine Information aufzunehmen oder schriftlich festzuhalten. Er hatte sich selbst im Texten versucht. Doch dann ließ sein Häuptling es nicht zu, dass er die Lehrerausbildung abschloss.

So hütete er die Schweine seines Schwagers, als ich ihn zum Übersetzen einlud. Mit großer Freude nahm er diese Arbeit auf, korrigierte, tippte, las auf Verständnis-Schwierigkeiten. Das war seine theologische Ausbildung. Er lernte wichtige Fragen zu stellen, wenn Texte nicht »rüberkamen«. Die Antworten musste ich ihm schon liefern. Darin bestand ja gerade die Unverständlichkeit, dass die flüssigsten Satzgebilde nicht die notwendigen Informationsschnipsel enthielten, welche den Indianern die Schilderungen oder Argumente einsichtig machen konnten. Deshalb fragte er sich zum

Beispiel, ob man als guter Christ eigentlich immer Salz in der Tasche bei sich tragen sollte, um dem Befehl von Jesus gerecht zu werden:»Habt Salz bei euch und habt Frieden untereinander« (Mk 9,50). Was Salz mit Frieden zu tun haben könnte, wusste auch ich nicht auf Anhieb zu erklären.

Ebenso wenig geht es nur um *idiomatische Ausdrücke*, so wichtig diese zum Verständnis des biblischen Textes sind. Eine Zeit lang hörte ich die Kaingang immer wieder sagen:»Wir sind schlecht, die Ausländer (Brasilianer) sind gut.« Wenn ich sie fragte, was das denn bedeuten sollte, bekam ich zur Antwort:»Das siehst du doch!« Nur wusste ich nicht, wohin ich sehen sollte, um das zu erkennen. Schließlich beschloss ich, diese Frage systematisch zu erkunden. Was kann alles gut sein, was schlecht? Und was bedeutet das? Kleider zum Beispiel. Ein gutes Kleid ist neu, schön, teuer, ein schlechtes dagegen alt, aus billigem Stoff, zerfetzt. Ein guter Mensch, so belehrte mich Pedrinho, ist einer, der gute Kleider und sonstige teure Sachen besitzt – also ein Reicher, ein schlechter dagegen ein Armer. Allerdings, das hätte ich sehen können.

Die Armut der Indianer war unübersehbar, während die sie umgebenden Siedler reich und reicher wurden. Darin gerade lag ja der Grund, warum die Indianer allen Lebensmut verloren hatten und am Aussterben waren. Das erklärte auch den hohen Stellenwert der Kleider für sie. Ich war tief erschüttert, als ich hörte, wie eine Mutter aus ihrer Tochter die letzten Reserven an Lebensmut mit dem Versprechen eines neuen Kleides mobilisieren konnte. Die Tochter hätte eigentlich durch einen Kaiserschnitt entbunden werden müssen. Doch der Arzt kannte die Indianer gut genug, dass er so etwas gar nicht erst wagte. Er versuchte also, das Baby mit einem Saugglocke zu holen. Die Prozedur gelang, aber die Tochter kam an den Rand des Todes.»Mutter, ich sterbe«, hauchte sie.»Nein, du stirbst nicht, und wenn das Kind geboren ist, kaufe ich dir ein neues Kleid«, sagte die Mutter bestimmt. Sie hatte die ganzen zwei Stunden neben der Tochter gesessen und auf sie eingeredet. Nur so war die Geburt gut gegangen.

Auf diesem Hintergrund war es nicht erstaunlich, dass ihnen der Unterschied zwischen guten, also reichen Brasilianern und ihnen selbst als schlechten, nämlich armen Indianern so wichtig war. Aber wie konnten wir uns darüber unterhalten, dass es Menschen gibt, die sich solchen Reichtum unrechtmäßig angeeignet hatten, also eben nicht »gut,« sondern »böse« waren, während andere durch ehrliche Arbeit dazu gelangten? Für eine solche Charakterisierung benutzen die Indianer einen Ausdruck, den man mit »Denksystem« oder »Handlungsweise« übersetzen kann. Ein guter, gerechter Mensch hat ein »gerades Denksystem«, ein böser dagegen ein »verbogenes«. Dass Jesus unser verbogenes Denksystem durch ein gerades ersetzen kann und will, ist für die Kaingang wirklich gute Nachricht! Denn dass sie das selbst nicht schaffen, sehen sie schon daran, wie wenig sie mit ihrem Alkoholismus zurande kommen. Mancher kann heute bezeugen: »Seit ich in Jesus hineingegangen bin, muss ich nicht mehr trinken!«

Die richtigen idiomatischen Ausdrücke machen das Evangelium durchsichtig. Dennoch helfen auch sie nicht immer weiter, wenn es um die Übersetzung biblischer Texte geht, die ja *genügend Hinweise* enthalten muss, damit der Leser die Bedeutung in der richtigen Richtung suchen kann und sich nicht durch Unwissenheit total verirrt. Was für die Kaingang so schwierig war am Gleichnis von Jesus über die Stadt, die nicht verborgen bleiben kann, weil sie auf einem Berg liegt (Mt 5,14), habe ich lange nicht begriffen.

Vielleicht war es die Erinnerung an die Indianersiedlung in der Nähe der Kreisstadt (etwa 30 km vom Reservat Rio das Cobras entfernt, wo die Übersetzung gemacht wurde). Sie hatte auf einem Hügel inmitten von einem Palmenhain gelegen, wahrscheinlich von weitem sichtbar. Dort wurde vor Jahren wohl die gesamte Bevölkerung, mindestens 300 Indianer, umgebracht. Sollte das Gleichnis von Jesus eine Warnung sein, Siedlungen immer im Tiefland anzubringen? Hatten diese Indianer ein Tabu gebrochen und wurden deshalb mit dem Tod bestraft? Ohne Erklärung läge eine solche Interpretation nahe. Und wie kann der richtige Hinweis in die Übersetzung eingebaut werden, ohne dass sie zum Zusatz wird?

Flüssigkeit der Sprache und gute idiomatische Ausdrücke allein reichen eben nicht aus, um eine verständliche Übersetzung zu gewährleisten. Das Denken derer, an welche die Botschaft ursprünglich gerichtet war, ihr Vorwissen, ihre Hintergrund-Informationen sind anders als die des neuen Publikums. Dadurch entsteht eine Informations-Verschiebung, eine Lücke, die überbrückt werden muss. Diese Arbeit muss eine gute Übersetzung hervorbringen, sonst kann sie nicht verstanden werden und wird damit unbrauchbar. Schlimmer noch, die Hörer versuchen auf jeden Fall, sich einen »Reim« auf die unverständliche Botschaft zu machen. Wenn sie dazu nicht genügend Information haben, werden sie sich mit ziemlicher Sicherheit in eine falsche Interpretation hineindenken.

DER INFORMATIONSWERT DER
»GUTE-NACHRICHT«-ÜBERSETZUNG

◆ Genau an diesem Punkt hatte die »Gute-Nachricht«-Übersetzung schon in ihrer ersten Fassung 1971 angesetzt. Sie war in flüssigem Deutsch gehalten – das erleichterte das Aufnehmen der Informationen ungemein. Damit hinterfragte sie aber auch die Interpretation vieler Aussagen, die mir schon seit meiner Kindheit vertraut waren. Im Römerbrief zum Beispiel ist immer wieder die Rede von der »Gerechtigkeit, die vor Gott gilt« (z. B. Röm 1,17; 3,21-22.25-26). Die »Gute Nachricht« von 1971 übersetzt mit: Gott (zeigt) allen, wie er selbst dafür sorgt, dass sie vor ihm bestehen können. Also ist Gott der Handelnde in diesem abstrakten Ausdruck und nicht nur der zusehende Richter, Beurteiler – das macht schon vieles klarer. Weiter wird deutlich, dass die Gerechtigkeit, um die es hier geht, damit zu tun hat, dass ich vor Gott bestehen kann. Es geht also nicht etwa um gerechtes Handeln meinerseits, auch wenn es das Handeln aus dem Glauben oder aufgrund meines Glaubens wäre.

Diese gut lesbare Fassung ist nicht nur klarer, sondern gibt mir als Übersetzerin außerdem Anregungen, wie ich den Gedanken in Kaingang ausdrücken kann. Für (oder vor) Gott gerade sein (also ein gerades System haben), vor ihm bestehen können, ist auch den Indianern ein Begriff. Dies hat in der Kaingang-Fassung damit zu tun, dass jemand »in Gott hineingegangen ist«, wie gehorsamer Glaube ausgedrückt wird.

Im gleichen Kapitel wird Gerechtigkeit auch in einem anderen Sinn gebraucht. Die Gute Nachricht von 1971 und 1982 übersetzt in Römer 1,32 den Ausdruck »Gerechtigkeit Gottes« mit »Urteil Gottes« (in der Fassung von 1997 heißt es »sein Gericht«). Dies ist ein Beispiel dafür, wo die Grenze einer konkordanten Übersetzung liegt. Das gleiche griechische Wort hat je nach Zusammenhang eine andere Bedeutung und muss darum anders übersetzt werden, damit der Sinn nicht verfälscht wird. Diese Prinzipien kannte ich schon aus der Übersetzungs-Theorie, sie wurden in der Guten Nachricht angewandt und liefern so Sinn und Übersetzungsmöglichkeiten sozusagen »frei Haus«. Das ersetzt zwar nicht das Forschen im Urtext, macht aber die Arbeit leichter, kürzt sie ab.

Die für das Verständnis nötigen Hintergrundinformationen zu Texten werden in der »Guten Nachricht« teilweise so unauffällig eingestreut, dass man sie erst beim Suchen entdeckt. So spricht z. B. die Lutherbibel in Jesaja 42,3 vom zerstoßenen Rohr, das Gott nicht zerbrechen wird. In der Guten Nachricht von 1982 heißt es geknicktes Schilfrohr – und schon ist eindeutig, wovon die Rede ist. Oft handelt es sich um Kleinigkeiten, die aber für das Verständnis entscheidend sind. Wenn z. B. in 2. Mose 13 davon die Rede ist, dass Gott sein Volk tagsüber in einer Wolkensäule begleitete und nachts in einer Feuersäule – um wie viele Säulen handelt es sich dann? Natürlich nur eine, würden wir sagen, aber das muss in vielen Sprachen ausdrücklich gesagt werden. Man könnte die Beispiele beliebig fortsetzen – gerade in alttestamentlichen Texten bringt die »Gute Nachricht« die Situation oft wesentlich deutlicher zum Ausdruck als dies bei älteren philologischen Übersetzungen der Fall war.

Gleichzeitig liefert die »Gute Nachricht« bei jedem Text auch schon einen Übersetzungsvorschlag. Natürlich wird in den seltensten Fällen eine direkte Übersetzung der »Guten Nachricht« in eine andere Sprache befriedigend sein. Aber die Vorlage bietet gute Einblicke in die Sachverhalte sowie eine Fülle von Ideen, wie man diese umsetzen kann. Das gilt insbesondere auch für schwierige Textstellen, mit denen z. B. Paulus uns ja reichlich versorgt hat. Von allen Büchern im Neuen Testament ist der 2. Korintherbrief wohl am schwersten zu übersetzen. Bei etlichen Versen ist mehr als eine Auslegung möglich, sodass der Übersetzer leicht den Faden verlieren kann. Die »Gute Nachricht« bietet für mich eine überzeugende Lösung an – wenn auch sicher nicht die einzig mögliche. Für mich war der Römerbrief der erste Text, bei dessen Übersetzung ich die »Gute Nachricht von 1971« zur Hand hatte. Meine amerikanischen Übersetzungsberater wunderten sich über die gute Kaingang-Qualität eines Buches, das wohl in jeder Sprache zu den theologisch schwierigsten gehört.

Auch die jetzige Version (1997) bietet bemerkenswerte Neuerungen, von denen zu hoffen ist, dass sie Allgemeingut werden. Eine wichtige Neuerung besteht auch darin, dass an markanten Stellen die wörtliche Übersetzung jetzt so mit der kommunikativen verbunden wird, dass gute Verständlichkeit und Nähe zum Urtext gleichermaßen gegeben sind. So heißt es an der zentralen Stelle in Römer 3,21 jetzt »… die Gerechtigkeit Gottes … (ist) offenbar geworden«, während in der Fassung von 1982 hier in einer aufwendigen Entsprechung formuliert wurde »Gott hat selbst dafür gesorgt hat, dass die Menschen vor ihm bestehen können«. Der zentrale theologische Begriff der Gerechtigkeit Gottes ist in der neuen Fassung erhalten, wird aber zugleich auch verdeutlicht: Jetzt aber ist die Gerechtigkeit Gottes, nämlich seine rettende Treue, offenbar geworden. An der neuen Fassung könnte man allenfalls die Häufung von abstrakten Begriffen bemängeln, die dem Verständnis generell nicht unbedingt dienlich ist. Doch werden mit diesem Verfahren auch Hinweise für die Übersetzer in andere Sprachen gegeben. Ähnlich wie es in Deutschland lange der Fall war, haben ja auch sie oft in einem Umfeld zu arbeiten, in dem nur eine wörtliche Übersetzung als richtig anerkannt wird. Eine Übersetzungsstrategie wie die hier angewandte kann den Durchbruch zur Akzeptanz idiomatischer oder sinnentsprechender Übersetzungen durchaus vorbereiten.

VERSTECKTE FRAUEN IN DER BIBEL

◆ »Zur Zeit von Jesus hat es sicher nicht viele Frauen gegeben«, bemerkte Pedrinho eines Tages beim Übersetzen. Er wunderte sich, dass Frauen in den biblischen Texten so selten vorkommen. Ich habe damals versucht, sie hier und da »hineinzumogeln«, wenn es offensichtlich um eine gemischte Gruppe ging. Das schien mir nötig, um nicht falsche Vorstellungen zu erwecken. Die »Gute Nachricht«-Bibel von 1997 bemüht sich um frauengerechte Sprache und gibt uns auch auf diesem Gebiet viele Anregungen. In der demnächst anstehenden Revision der Kaingang-Übersetzung werden die Frauen nach dem Vorbild der »Guten Nachricht«-Bibel wesentlich öfter erscheinen.

Über das zu dieser Fragestellung Geleistete hinaus scheint es mir bei genauem Hinsehen jedoch noch weitere Stellen zu geben, wo Frauen ein verstecktes Dasein fristen. Zu überprüfen wäre die These, ob nicht die meisten »Doppel-Gleichnisse« so angelegt sind, dass bewusst eins aus der Welt der Männer, das andere aus der Welt der Frauen gewählt ist. Vielleicht ist das auch bei den Doppel-Gleichnissen der Fall, wo »man« oder »jemand« oder eine ähnlich »neutrale« Person die Handlungen ausführt. Ich denke in diesem Zusammenhang z. B. an Stellen wie neue Lappen gehören nicht auf alte Kleider (Arbeitswelt der Frauen) und neuer Wein gehört in neue Schläuche (Arbeitswelt der Männer) in Mk 2,21-22. In Kaingang muss hier stehen: ›Keine Frau flickt alte Kleider mit neuen Lappen‹, sonst denken die Indianerinnen an einen flickenden Mann, der es sowieso kaum richtig machen würde (denn Kleider nähen und flicken sind dort reine Frauenarbeiten).

Wie unterschiedlich die Denk-Voraussetzungen von einem Volk zum anderen sind, sieht man auch im Alten Testament. Die Verwandtschaftsbezeichnungen werden im jüdischen Kontext anders gebraucht als im Deutschen und erst recht anders als bei den Kaingang Indianern. Da ist in der Luther-Übersetzung von 1984 von Vater und Mutter, Sohn und Tochter, Bruder und Schwester die Rede, von Oheim (Onkel) und Vetter, aber nicht von Base (also Tante oder Kusine), auch nicht von Großeltern. Wir lesen von Kindern, Enkeln und Enkelinnen sowie von Kindeskindern. Das Wort Väter bedeutet meistens die Vorväter (in dieser Form wird es nur einmal erwähnt) oder die Stammesväter (als solches ausdrücklich dreimal erwähnt), das Wort Mütter hingegen hat nicht diese Bedeutung. Das hängt natürlich mit der patriarchal gestalteten hebräischen Gesellschaft zusammen. Der männliche Ausdruck beinhaltet immer auch das weibliche Element, während der weibliche sich nur und ausschließlich auf das eine Geschlecht bezieht.

Ganz anders ist das bei den Kaingang-Indianern. Die Eltern sowie die Vorfahren werden als die Mütter bezeichnet – eben weil es sich um eine »matrilokale« Gesellschaft handelt, in der die Frau in der eigenen Familie wohnen bleibt und der Mann zu ihr zieht. Es stellt sich die Frage, ob der Übersetzer die Vorfahren nun als Väter oder als Mütter bezeichnen soll, besonders da es die Väter auch als Vorväter gibt.

Ähnlich ist es mit dem Ausdruckspaar »Brüder und Schwestern« im Alten Testament. Unter der Bezeichnung Brüder werden im Hebräischen Frauen in der Regel mit eingeschlossen. Das heißt, Brüder bezeichnet sowohl männliche als auch gemischte Gruppen. Ein eindeutiges Beispiel findet sich in 5. Mose 15,12, wo Bruder ausdrücklich als Israelitin oder Israelit definiert wird.

Im normalen deutschen Sprachgebrauch ist das ganz anders. Schwestern sind auch bei uns immer weiblich, aber Brüder immer und ausschließlich männlich. Handelt es sich um gemischte Gruppen, kennen wir den Ausdruck Geschwister, der im Hebräischen – wie auch im Griechischen und in den meisten Sprachen – unbekannt ist. Man könnte zwar auch in Hebräisch von Brüdern und Schwestern sprechen, und gelegentlich geschieht das auch (im Alten Testament nach der Luther-Übersetzung von 1984 nur viermal, in den Evangelien allein siebenmal), aber das sind Ausnahmen. Im Hebräischen reicht Bruder oder Brüder völlig aus, um eine gemischte Gesellschaft zu identifizieren.

Wie aber ist dies in der deutschen Sprache sichtbar zu machen? Wäre es wirklich richtig, die hebräische Vokabel »Brüder« in jedem Zusammenhang so im Deutschen wiederzugeben, dass man nur an Männer denkt, wo im Urtext sowohl Männer als auch Frauen gemeint sind? Sicher nicht, denn dadurch wird der Sinn des Hebräischen verdunkelt.

Die »common language«-Übersetzungen dienen besser als viele Kommentare zum Verständnis der biblischen Inhalte. Das gilt sowohl für geschichtliche Texte als auch für Anweisungen, Gleichnisse, Lehrtexte und Predigten. Die Hauptinformationen sind richtig gebündelt, wichtige Punkte hervorgehoben, Sachverhalte so weit herausgeschält, dass man sich die Situationen vorstellen kann. Das wiederum vermittelt das Verständnis, das man als Übersetzer haben muss, um die Botschaft in eine neue Kultur so zu transferieren, dass sie richtig verstanden und nicht verfälscht wird. Genauigkeit des Inhalts, flüssiger Ausdruck in der Zielsprache und sowohl dem Urtext als auch der Zielkultur angemessene Ausdrucksweise sind weiterhin Ziele der Übersetzungsarbeit.

Was die Gegenwart der Frauen in der Bibel betrifft, sind die Forschungen aber offensichtlich noch nicht abgeschlossen. Man kann gespannt sein, was für Gesichtspunkte demnächst noch zutage gefördert werden.

[1] Bearbeitete Version eines Sonderdrucks »Die neue Gute Nachricht Bibel«, hrsg. von Hannelore Jahn, Dt. Bibelgesellschaft, o. J.

I. FRAUEN IM ALTEN TESTAMENT

GESCHAFFEN
ALS MANN UND FRAU
(1. MOSE 1 UND 2)

◆ *»Dann sprach Gott: Lasst uns Menschen machen, ein Bild, das uns gleich sei, die da herrschen über die Fische im Meer und über die Vögel unter dem Himmel und über das Vieh und über alle Tiere des Feldes und über alles Gewürm, das auf Erden kriecht. Und Gott schuf den Menschen zu seinem Bilde, zum Bilde Gottes schuf er ihn; und schuf sie als Mann und Weib. Und Gott segnete sie und sprach zu ihnen: Seid fruchtbar und mehret euch und füllet die Erde und machet sie euch untertan und herrscht über die Fische im Meere und über die Vögel unter dem Himmel und über das Vieh und über alles Getier, das auf Erden kriecht ... Und Gott sah an alles, was er gemacht hatte, und siehe, es war sehr gut. Da ward aus Abend und Morgen der sechste Tag«* (1. Mose 1, 26-28.31).

»Da machte Gott der Herr, den Menschen aus Erde vom Acker und blies ihm den Odem des Lebens in seine Nase. Und so ward der Mensch ein lebendiges Wesen. Und Gott, der Herr, pflanzte einen Garten in Eden gegen Osten hin und setzte den Menschen hinein, den er gemacht hatte ...

Und Gott der Herr nahm den Menschen und setzte ihn in den Garten von Eden, dass er ihn bebaute und bewahrte. Und Gott der Herr gebot dem Menschen und sprach: Du darfst essen von allen Bäumen im Garten, aber von dem Baum der Erkenntnis des Guten und Bösen sollst du nicht essen; denn an dem Tage, da du von ihm issest, musst du des Todes sterben.

Und Gott der HERR sprach: Es ist nicht gut, dass der Mensch allein sei; ich will ihm eine Gehilfin machen, die um ihn sei. Und Gott der HERR machte aus Erde alle die Tiere auf dem Felde und alle die Vögel unter dem Himmel und brachte sie zu dem Menschen, dass er sähe, wie er sie nennte; denn wie der Mensch jedes Tier nennen würde, so sollte es heißen. Und der Mensch gab einem jeden Vieh und Vogel unter dem Himmel und Tier auf dem Felde seinen Namen; aber für den Menschen ward keine Gehilfin gefunden, die um ihn wäre.

Da ließ Gott der HERR einen tiefen Schlaf fallen auf den Menschen, und er schlief ein. Und er nahm eine seiner Rippen und schloss die Stelle mit Fleisch.

Und Gott der HERR baute ein Weib aus der Rippe, die er von dem Menschen nahm, und brachte sie zu ihm.

Da sprach der Mensch: Das ist doch Bein von meinem Bein und Fleisch von meinem Fleisch; man wird sie Männin nennen, weil sie vom Manne genommen ist. Darum wird ein Mann seinen Vater und seine Mutter verlassen und seinem Weibe anhangen, und sie werden sein ein Fleisch. Und sie waren beide nackt, der Mensch und sein Weib, und schämten sich nicht« (1. Mose 2,7-8.15-25).

In deutlichem Kontrast zur Erschaffung der Tiere: »*Und Gott sprach: Die Erde bringe hervor lebendiges Getier, ein jedes nach seiner Art: Vieh, Gewürm und Tiere des Feldes, ein jedes nach seiner Art. Und es geschah so ...«* (1. Mose 1,24), steht der zweite große Schöpfungsakt des sechsten Tages. Der Entschluss, Menschen zu schaffen, geht in totaler Unmittelbarkeit von Gott selbst aus: »*Und Gott sprach: Lasset uns Menschen machen, ein Bild, das uns gleich sei«* (1. Mose 1,26).

»Der Mensch geht aus Gott hervor als das Letzte, das Neue, als das Bild Gottes. So kommt bereits in den ersten Worten, die von der Erschaffung des Menschen sprechen, zum Ausdruck, dass der Mensch keiner der tierischen Arten zugeordnet werden kann. Der Mensch ist keine neue Art eines Lebewesens, sondern etwas absolut Neues.«[1]

»Und Gott schuf den Menschen zu seinem Bilde, zum Bilde Gottes schuf er ihn; und schuf sie als Mann und Weib« (1. Mose 1,27). Die Erschaffung des Menschen nach dem Bilde Gottes wird in auffallender Weise betont durch den dreifachen Gebrauch des ersten Tätigkeitswortes der Bibel: ›BARA‹ = Neues schaffen, hervorbringen. Dies ist eine Wiederanknüpfung an 1. Mose 1,1: **»Am Anfang schuf Gott Himmel und Erde.«** Zwischen Mann und Frau besteht hier keinerlei Abstufung, Nachordnung oder Rangunterschied.

»Unmittelbar von Gott geschaffen, sind sie gleichrangig und gleichwertig. Nicht Adam ist der Repräsentant des Menschen, sondern Adam im Miteinander mit Eva.«[2]

Die Mann und Frau gleicherweise von Gott verliehene Personwürde ist die Gottebenbildlichkeit des Menschen. Die Gottebenbildlichkeit ist damit eine Gabe und Aufgabe zugleich. Im Schöpfungsbericht wird die Personwürde von Mann und Frau mit zwei verschiedenen Begriffen beschrieben: Gott schuf den Menschen nach seinem Bilde (hebräisch: ›ZÄLÄM‹), nach dem Bilde Gottes (hebräisch: ›DEMUT‹) schuf er ihn.

• Der erste Begriff, mit dem die Gottebenbildlichkeit gekennzeichnet wird, heißt übersetzt: ›Abbild der Urform, Standbild des Schöpfers in der Schöpfung.‹ In dem Begriff ›Abbild‹ (›ZÄLÄM‹) schwingt auch das Wort ›Schatten‹ (›ZEL‹) mit. Das Abbild ist dann – ähnlich wie der Schatten – im verminderten Sinne ein Bild des Originals. Die Herrschaft Gottes in dieser Welt wird durch den Mensch, das Bild Gottes, repräsentiert wie durch ein Standbild oder Felsenrelief, das in diese Welt gestellt ist. Der Mensch ist Zeuge von Gottes Herrsein. Er ist nicht mit Gott identisch, sondern er ist die schattenhafte Abbildung Gottes.

- Der zweite Begriff für Gottebenbildlichkeit (›DEMUT‹) heißt übersetzt: ›Ähnlichkeit, Nachbild, Entsprechung‹. Der Mensch ist erschaffen nach dem Abbild Gottes, mit dem Auftrag, Gott in dieser Welt zu repräsentieren. Der Schöpfer schuf sein Geschöpf so, dass er zu ihm reden und dass dieses ihn hören – und ihm antworten kann.

- *»Diese besondere, an ›DEMUT‹ erkennbare Bedeutung sieht die jüdische Exegese bereits in ›ZÄLÄM‹ mitschwingen. ›ZÄLÄM‹ drückt eine Beziehung aus, die sich nur zwischen Persönlichkeiten entfalten kann. ›Der Mensch steht im vis-à-vis zu Gott.‹ Das Festhalten an beiden Begriffen, an Abbild und Entsprechung, bewahrt davor, die Gottebenbildlichkeit einseitig auf das geistige Wesen des Menschen zu beschränken. Auch die leibliche Erscheinung des Menschen ist vom Bereich der Gottebenbildlichkeit nicht auszunehmen.«[3]*

Die Personwürde von Mann und Frau zeigt sich darin, dass jeder Einzelne als Ganzer Gottes Prägung trägt. Nach dem biblischen Befund können Mann und Frau die Gottebenbildlichkeit nicht auslöschen, denn es ist eine fremde Würde, über die keiner verfügt. Durch Zeugung und Geburt geben Mann und Frau ihren Nachkommen die Züge ihres eigenen Daseins weiter. Das Kind ist nicht ein Zufallsprodukt menschlicher Liebe oder menschlicher Manipulation, sondern wie seine Eltern ist es eine originelle Schöpfung Gottes und bekommt so Gottes Prägung.
Nach dem Zeugnis der Heiligen Schrift ist jeder Mensch – unabhängig davon, ob er als Mann oder als Frau geboren wurde – ein Ebenbild Gottes. Wo sich ein Mann und eine Frau begegnen, stehen sich zwei Persönlichkeiten mit einer je eigenen Würde gegenüber. Gehen beide eine Partnerschaft ein, so verschmelzen sie nicht zu etwas Drittem, sondern jeder von beiden bleibt eine eigene Person mit unverwechselbarer Würde.

Der groß angelegte Schöpfungsbericht in den ersten beiden Kapiteln der Bibel (zur Einheit des Schöpfungsberichtes in 1. Mose 1–2 [4]) beschreibt mit zwei Wortpaaren den Menschen, einmal in seiner Zweigeschlechtlichkeit, zum anderen in dem Aufeinander-Angewiesensein.

Im Alten Testament gibt es einen gemeinsamen Begriff für Mann und Frau: ›ADAM‹, Mensch (1. Mose 1,27). Mit ›ADAM‹ wird das besondere Sein von Mann und Frau Gott gegenüber beschrieben, und zwar sowohl der Abstand als auch die Abhängigkeit des Menschen von Gott. Die sprachliche Herleitung des gemeinsamen Begriffes für Mann und Frau, ›ADAM‹, ist nicht gesichert, doch das hebräische Wortspiel im Schöpfungsbericht ist mehr als eine Spielerei: »Gott schuf den ›ADAM‹ aus ›ADAMAH‹, das heißt, Gott schuf den Mensch aus Staub (1. Mose 2,7). Gott nimmt den wertlosen, nichtigen Staub (Adamah) um den Menschen (Adam) aus dem Nichts zu schaffen.

Mann und Frau sind in gleicher Weise als Staub von Gott entfernt und zugleich in ihrer Nichtigkeit völlig und ganz von Gott abhängig. Der Bericht von der Erschaffung des Menschen kennt im Blick auf die Stellung von Mann und Frau vor Gott und zueinander keinen trennenden Unterschied. Dieser Gedanke der Gleichwertigkeit der Geschlechter ging allerdings während der Geschichte Israels streckenweise verloren.

Gott schuf den Menschen nicht einsam, sondern als Mann und als Frau! Im Schöpfungsbericht des Alten Testaments werden Mann und Frau unter verschiedenen Aspekten beschrieben. Mann und Frau sind zwei in ihrem Geschlecht verschiedene Menschen. Im Hebräischen gibt es außer dem Begriff Mann und Frau je ein eigenes Wort für das Geschlecht des Mannes (›ZACHER‹) und für das der Frau (›NEKEA‹) in 1. Mose 1,27. Mann und Frau sind zwei eigenständige, in ihren Geschlechtern verschiedene Personen, die auf Ergänzung angelegt sind. Da in der gesamten Schöpfung für den Menschen kein ebenbürtiges Gegenüber gefunden wurde, weder unter den Pflanzen noch unter den Tieren (1. Mose 2,20), schuf Gott die Frau. In ihr erkannte der Mann das »weibliche Du« (G. v. Rad) und brach in den Freudenruf aus:

»Diese ist doch Bein von meinem Bein und Fleisch von meinem Fleisch!« (1. Mose 2,23)

Die Einmaligkeit der Beziehung und zugleich die Zusammengehörigkeit von Mann und Frau kommen dadurch zum Ausdruck, dass der Mann die Frau mit einem Namen nennt, der ganz ähnlich klingt wie sein eigener. Der Mann heißt im Hebräischen ›ISCH‹ die Frau ›ISCHAH‹.

Beiden gibt der Schöpfer den Auftrag: »Macht untertan! Herrscht!« Damit sagt er zum einen: Gebt das Mandat nicht an die Kreatur ab; zum anderen bedeutet ›untertan machen‹ und ›herrschen‹ im biblischen Denken nicht die Aufforderung zur Tyrannei oder zum Despotentum. Das Bild, das im Alten Testament den Herrscher charakterisiert, ist das des Hirten. Der Hirte trägt einen Stab, um seine Herde zu leiten, und eine Abwehrkeule, um die Herde vor Übergriffen zu schützen. Der Königshirte, der Herrscher, ist der, der sein Volk vor Unheil bewahrt und es auf guten Pfaden des Friedens leitet. »Macht euch die Erde untertan und herrscht über sie« ist damit die Aufforderung an Mann und Frau: Übernehmt Verantwortung für die Welt und alle Kreatur! Beide sollen sich für die Welt und alle Geschöpfe Gottes verantwortlich wissen.

DIE GLEICHWERTIGKEIT DER GESCHLECHTER

◆ »Gott schuf den Menschen als »einen Mann und eine Frau« (1. Mose 1,27). Beide bekommen gemeinsam den Auftrag, sich der geschaffenen Schöpfung anzunehmen und sie in Verantwortung vor Gott zu verwalten.

Im Gegensatz zu den ägyptischen und babylonischen Vorstellungen gibt es in der Bibel keinen Anhalt dafür, dass es einmal einen Menschen gegeben habe, der weder Mann noch Frau, sondern beides zugleich war. Von Anfang an war der Mensch Mann oder Frau. Adam war zu keinem Zeitpunkt ein sich selbst genügendes, beide Geschlechter in sich vereinigendes Wesen.

Die Zweigeschlechtlichkeit gehört also unmittelbar zur Erschaffung des Menschen. Die geschlechtliche Verschiedenheit, und damit die Sexualität, ist nicht in späterer Zeit geworden, sondern sie gehört unmittelbar zur Geschöpflichkeit.
Der Mensch ist geschaffen als ein harmonisches Ganzes aus Leib, Seele und Geist. Die Sexualität ist kein notwendiges Übel des Leibes, gegen das die Seele in einen ständigen Kampf zu treten hätte, sondern eine Schöpfungsgabe Gottes. Ohne das andere Geschlecht erlebt der Mensch ein Stück Einsamkeit. Mann und Frau erleben die Gemeinschaft untereinander mit Seele, Geist und Leib.

Wird bei der Weltschöpfung berichtet, wie Gott zwei gleichrangige und gleichwertige Menschen unterschiedlichen Geschlechts schafft (1. Mose 1), so wird darüber hinaus in der Erzählung von der Erschaffung des Menschen die wesenhafte Zusammengehörigkeit der beiden Personen in einem besonderen Schöpfungsakt aus dem Leib des Mannes hervorgehoben. Diese wesentliche Gleichartigkeit der ihm zugeführten Frau erkennt Adam auf den ersten Blick (siehe den »Jubelruf« in 1. Mose 2,23), auch wenn der Schöpfungsvorgang selbst durch den »Tiefschlaf« des Mannes (1. Mose 2,21) für ihn ein Geheimnis bleibt.

Die Erschaffung der Frau ist die Vollendung der Schöpfung des Menschen. Der Mann findet in der Frau sein Gegenüber. Mann und Frau stehen in einer Person-Gemeinschaft. Jeder ist auf den anderen angewiesen. Keiner ist zweitrangig oder minderwertig. Jeder braucht in gleichem Maße den anderen, um leben zu können.

»Und Gott der Herr sprach: … ich will ihm (dem Mann) eine Gehilfin (eine ihm entsprechende Hilfe) machen … (als Gott sie dem Mann zuführte) sprach der Mensch: … man wird sie ›Männin‹ nennen, weil sie vom Manne genommen ist« (1. Mose 2,18.23).

Die Bibelstelle, die von der Frau als »Gehilfin« spricht, wird bis heute immer noch übertragen mit Wendungen wie: »Ich will ihm eine Hilfe schaffen, die ihm zur Seite steht« (H. Menge). So hält sich die Überzeugung, als ob es allein der Frau zukomme, den Part der Helferin zu spielen. Nachdem Gott gesehen hatte, dass das Alleinsein Adams »nicht gut« war, entschloss er sich, diesem »eine entsprechende Hilfe« (1. Mose 2,18) zu schaffen. Das von Luther mit dem missverständlichen Begriff »Gehilfin« übertragene Wort heißt wörtlich übersetzt: »entsprechend«, die »passende Ergänzung von wesentlicher Gleichheit« (F. Delitzsch) und »Hilfe«. Um Letzteres zu verstehen, muss Folgendes bedacht werden:

• Der Begriff »Hilfe« (hebräisch: ›EZÄR‹) hat eine maskuline Form und ist in sich noch kein Hinweis auf die Frau, sondern bedeutet einfach ›Mithilfe bei der Erfüllung einer Aufgabe.‹ Interessant ist, dass im Alten Testament das Wort »Hilfe« auswechselbar ist mit »Schild«. So heißt es von Gott »Er ist ein Schild, der dich schirmt« (wörtlich = der dir hilft; vgl. 5. Mose 33,29), oder: »Unsere Hilfe und unser Schild ist er« (vgl. Psalm 33,20). Übertragen auf das Verhältnis von Mann und Frau heißt dies: Beide sind einander zum Schutz gegeben. Einer hat für den anderen die Funktion eines Schildes, der Verletzungen und Unheil abwehrt.

• Das hebräische Wort für »Hilfe« geht auf eine Wurzel zurück, die so viel bedeutet wie »stark sein«. Eva ist für Adam nicht die Gehilfin im Sinne einer dienenden Magd oder einer Lückenbüßerin. Erst durch Eva ist Adam ein ganzer Mensch! Adam braucht Eva als das weibliche Geschlecht, als das notwendige Seitenstück, das ihn stark macht. Mann und Frau sind sich zur gegenseitigen Ergänzung gegeben – nur beide zusammen sind stark!

• Die Wendung: »die ihm zur Seite steht« (hebräisch: ›KENÄG-GEDO‹) heißt wörtlich: ›das dem Menschen entsprechende Gegenstück.‹ Was Gott dem Mann, indem er ihm die Frau zuführte, gab, war eine passende Ergänzung von wesentlicher Gleichheit. Der Mann selbst erkannte dies und rief aus: »Diese soll Männin heißen!« Die freudige Begrüßung der Frau durch den Mann ist übrigens die erste wörtliche Rede des ersten Menschen, von der in der Bibel berichtet wird. Obgleich im Hebräischen die sprachwissenschaftliche Zusammengehörigkeit von Mann (›ISCH‹) und Frau (›ISCHA‹) nicht gesichert ist, kommt mit dieser Namensgebung die Erschaffung des Menschen im Dasein der beiden Personen von Mann und Frau zu ihrem Ziel. Die Schöpfung der Frau ist die notwendige Ergänzung des Mannes.

• Dieses Miteinander kommt auch im Stiftungswort zur Ehe zum Ausdruck. *»Darum wird ein Mann seinen Vater und seine Mutter verlassen und seinem Weibe anhangen, und sie werden sein ein Fleisch«* (1. Mose 2,24). Dass gerade dieses in die Zukunft weisende Wort (Vater und Mutter zu verlassen war für das erste Menschenpaar nicht möglich) in den Bericht über die Weltschöpfung integriert ist, zeigt, dass diese Gemeinschaft von Mann und Frau unter dem besonderen Segen Gottes an die Menschen steht. Es fällt auf, dass, bedenkt man das Gefüge der Familienverbände im alten Israel, die patriarchalisch organisiert waren, die Frau ihre Familie verlassen musste, wenn sie eine Ehe einging – es hier auch vom Mann gefordert wird, dass er aus dem Verbund der Familie ausscheidet, um ganz für seine Frau da sein zu können.

• *»Der Mann wird an seiner Frau hängen. Das Wort ›hängen‹, = ›DABAQ‹ heißt ›anhaften, ankleben, sich anschmiegen, festhalten und sich halten zu‹. So ist der urgewaltige Drang von Mann und Frau zueinander stärker als die Bindung an leibliche Eltern. Der Mann*

hängt an seiner Frau, aufgrund der Liebe zu ihr tritt er in eine feste Lebensgemeinschaft mit ihr. Die Ehe ist ein Verhältnis, gegen welches selbst das Kindliche zurücktritt, ein Verhältnis, wie das Zu-einem-Fleisch-Werden besagt, innigster persönlicher, geistleiblicher Gemeinschaft, womit zugleich die Monogamie als die naturgemäße, gottgewollte Form dieses Verhältnisses bezeichnet ist.« [5]

- **»Und sie waren beide nackt, der Mensch und sein Weib, und schämten sich nicht« (1. Mose 2,25).**
Ein letztes Wort über die beiden ersten Menschen, das die ungebrochene Gemeinschaft durch die Nicht-Scham beschreibt. Sie lebten noch in der harmonischen Beziehung zu Gott und kannten noch nicht die Macht der Zerstörung. Sie erlebten einander als Gabe des Schöpfers, der sie füreinander geschaffen hatte und so den Mann aus der Einsamkeit in die Gemeinschaft geführt hatte. Da war keine Scham, weil es keine Trennung, keinen Zwiespalt zwischen beiden gab.

Literatur
- Bräumer, Hansjörg:
Das erste Buch Mose, Kap. 1–11. Reihe: Wuppertaler Studienbibel. R. Brockhaus Verlag Wuppertal 1983

- Bräumer, Hansjörg:
Lieben wagen, Hänssler Verlag, Neuhausen–Stuttgart 1986

- Bräumer, Hansjörg:
Partnerschaft. Unveröffentlichtes Manuskript

---

[1]   Bräumer, 1. Mose 1-11, Wuppertaler Studienbibel, S. 55
[2]   a. a. O., S. 59
[3]   a. a. O., S. 56
[4]   a. a. O., S. 65
[5]   a. a. O., S. 81+82

DIE BEDROHUNG DER SCHÖPFUNGSORDNUNG (1. MOSE 3,1-24)

SÜNDENFALL UND KONSEQUENZEN FÜR DAS VERHÄLTNIS VON MANN UND FRAU

◆ »Aber die Schlange war listiger als alle Tiere auf dem Felde, die Gott der HERR gemacht hatte, und sprach zu dem Weibe: Ja, sollte Gott gesagt haben: Ihr sollt nicht essen von allen Bäumen im Garten? Da sprach das Weib zu der Schlange: Wir essen von den Früchten der Bäume im Garten; aber von den Früchten des Baumes mitten im Garten hat Gott gesagt: Esset nicht davon, rühret sie auch nicht an, dass ihr nicht sterbet! Da sprach die Schlange zum Weibe: Ihr werdet keineswegs des Todes sterben, sondern Gott weiß: an dem Tage, da ihr davon esset, werden eure Augen aufgetan, und ihr werdet sein wie Gott und wissen, was *gut und böse ist. Und das Weib sah, dass von dem Baum gut zu essen wäre und dass er eine Lust für die Augen wäre und verlockend, weil er klug machte. Und sie nahm von der Frucht und aß und gab ihrem Mann, der bei ihr war, auch davon, und er aß« (1. Mose 3,1-6).*

Auch wenn schon viele Ausleger versucht haben, Herkunft und Wesen der Schlange zu ergründen, entzieht sie sich nach wie vor einer eindeutigen Festlegung und Erklärung. Für den Ausleger ist es deshalb bedeutend wichtiger, sich mit dem Vorgehen und den Äußerungen dieses Tieres zu beschäftigen. Auffallend ist zunächst, dass die Schlange Gott nur ›Elohim‹ nennt, den eher allgemeinen Gottesnamen im Unterschied zu »Jahwe«, dem den Menschen zugewandten Schöpfergott. Eindeutig ist auch, dass die Schlange das Gebot Gottes in Frage stellt und damit auch seine Autorität und Glaubwürdigkeit in Zweifel zieht.

»Die Tatsache, dass die Frau der Frage der Schlange standhält und sich auf die Seite Gottes stellt, zeigt, dass sie nicht der schwächere Teil der beiden Menschen ist. Sie wird angesprochen, weil sie dem Mann von Gott zur Hilfe gegeben wurde. So antwortet die Frau auch im Namen ihres Mannes, indem sie sagt: ›Wir dürfen‹ und ›Wir dürfen nicht‹.«[1]

Das »Wir« des ersten Menschenpaares wird hier von der Frau noch ausgesprochen und gelebt, die Gemeinschaft der beiden aber steht schon am Abgrund. Die Schlange wählt einen klugen Gesprächseinstieg: das Gebot Gottes an die Menschen, vom Baum der Erkenntnis von Gut und Böse nicht zu essen (1. Mose 2,16-17). An diesem Baum sollte sich entscheiden, ob der Mensch als Geschöpf seine von Gott gesetzte Grenze annimmt und Gottes gute Absichten nicht in Zweifel zieht.

Die Schlange dagegen lädt die beiden Menschen auf einen Weg ein, diese von Gott gesetzte Grenze zu überspringen und ihren Erfahrungshorizont mit einem Schlag zu verdoppeln. Bis jetzt kannten sie nur den guten Willen Gottes, nun könnten sie neben dem Guten auch das Böse erkennen! Als wirksames Lockmittel stellt die Schlange ein ultimatives Ziel vor Augen: Ihr werdet sein wie Gott: Grenzenlos – souverän – autonom. Spätestens an dieser Stelle konnten die von der Schlange zuerst angesprochene Frau und der »neben ihr« stehende Mann erkennen, dass sie im Begriff waren, die Gebundenheit an ihren Schöpfer aufzukündigen. Die Zweifel an der Güte und Fürsorge Gottes waren gesät und begannen nun Früchte zu tragen.

Es fällt auf, dass Mann und Frau kein Wort miteinander reden, wir erfahren nur vom Gespräch zwischen Schlange und Frau. Die beiden Menschen sind verstummt, der Graben zwischen beiden beginnt sich aufzutun.

»Vom Mann heißt es, dass er neben ihr stand. Er hatte alles aufmerksam und schweigend verfolgt, und als ihm die Frau die Hand mit der Frucht entgegenstreckt, da nimmt er und isst. Beim Mann wird kein innerer Kampf geschildert. Er willigt sehr viel schneller als die Frau in den Fall ein. Nachdem die Entscheidung zur Übertretung des Gebotes einmal gefallen war, war die zweite Übertretung viel leichter, ja schon fast selbstverständlich. Von einer Verführung des Mannes durch die Frau ist kein Wort erzählt. Der Mann macht einfach mit. So ist auch der Mann allein und voll verantwortlich.
Eva und Adam entscheiden sich jeder für sich gegen das Gebot Gottes. Sie fallen von Gott ab, ohne dass es für den einen oder anderen je eine Entschuldigung gäbe. Jeder trägt die ganze Schuld allein. Wie es im Weltschöpfungsbericht heißt: ›Und Gott schuf den Menschen, einen Mann und eine Frau‹, so heißt es nun: ›Und der Mensch fiel von Gott ab, eine Frau und ein Mann‹.«[2]

Schöpfung der Welt und des Menschen – Abfall der beiden Menschen von Gott. Der Schöpfer macht sich nun auf, die beiden Verlorenen, die alles verloren haben, zu suchen. Gott ruft den Mann: Wo bist du (1. Mose 3,9)? Gott ruft die Frau: Was hast du getan (1. Mose 3,13)? An beide richten sich die Fragen Gottes, sodass beide antworten können. Die Fragen nach dem Ort und der Tat räumen beiden die Chance ein, ihre Tat zu bekennen. Gott, der HERR, überschüttet sie nicht mit Vorwürfen, sondern schafft einen Frei-Raum zur Ver-Antwortung! Der Freiraum besteht darin, dass beide die Freiheit haben, ihre Antwort selbst zu suchen und vorzubringen. Adam spricht nun aus, wie er sich selbst erlebt: Er ist zu einem Einzelnen geworden, der nur noch von sich und für sich selbst sprechen kann (1. Mose 3,10):

1. Ich habe dich, Gott, kommen hören.
2. Ich geriet in Furcht.
3. Ich bin nackt.
4. Ich versteckte mich.

Eine furchtbare Vereinzelung: Adam spürt schon die Folgen des Ungehorsams. Das Gute kannte er aus der Gemeinschaft mit Gott, seinem Schöpfer, nun lernt er auch das Böse kennen! Aus der Selbstverteidigung wird nun eine doppelte Anklage formuliert:

»Das Weib, das du mir zugesellt hast, gab mir von dem Baum, und ich aß« (1. Mose 3,12).

Gott und die von ihm geschaffene Frau – so spricht Adam – haben ihn zu einem Opfer gemacht. Er weigert sich, Selbstverantwortung zu übernehmen, und schiebt die Verantwortung seinem Schöpfer zu. Neben der zerstörten Gemeinschaft Gottes mit den Menschen, die Adam hautnah erlebt, empfindet er jetzt auch die zerstörte Gemeinschaft mit seiner Frau! Aus dem einstigen jubelnden Begrüßungsruf gegenüber der Frau ist eine bittere Anklage geworden – keine Rede mehr von »Bein von meinem Bein und Fleisch von meinem Fleisch ...«.

Auch die Frau entzieht sich ihrer Verantwortung und schiebt die Schuld weiter auf die Schlange. Auch sie sieht sich als Opfer, nicht als Täterin. Auch sie schiebt letztendlich dem Schöpfer der Schlange die Schuld zu. Keiner der beiden hat sich in seiner Antwort zur eigenen Tat bekannt!

»Der Mensch hatte die von Gott gesetzte Grenze überschritten. Er war schuldig geworden vor Gott. Die Geschichte der Entzweiung des Menschen mit seinem Schöpfer, die Geschichte vom ›Sündenfall‹, zeigt die bleibenden Wesenszüge der Sünde. Sünde trennt nicht nur den Menschen von Gott, sondern sie ist zugleich auch die Trennung der Menschen voneinander. Es gibt keine Solidarität der Sünde, sondern Sünde macht einsam, indem der Schuldiggewordene die Schuld beim anderen sucht.«[3]

Das Gericht Gottes, das nun unvermeidlich folgt, besteht aus drei Elementen: Fluch, Strafe und Gnade, wobei zwischen Fluch- und Strafspruch genau zu unterscheiden ist. Nicht alle Kommentare ziehen hier eine scharfe Grenzlinie! Der Fluch gilt nur der Schlange, dem Tier und dem Ackerboden.

Mann und Frau selbst werden nicht verflucht, doch sind beide indirekt vom Fluch betroffen: Die Frau durch die Feindschaft zwischen ihr und der Schlange, eine Feindschaft auf Leben und Tod (1. Mose 3,15), und der Mann durch die Verfluchung des Ackerbodens, den stellvertretend, »um deinetwegen«, der Fluch Gottes trifft.

Beim Mann ist ein lebenslanger Kampf, ein Ringen zwischen dem Ackerboden und ihm angekündigt: Die Mühsal, der Erde bis ans Ende seiner Tage die Nahrung abringen zu müssen – und dann zu wissen, dass er selbst als Staub wieder zum Staub zurückkehrt. Gnade und Gericht liegen hier eng beieinander: Gott vertreibt die Menschen aus dem Garten Eden, um zu verhindern, dass sie auch noch vom Baum des Lebens essen und ewig leben (1. Mose 3,22).

Die ursprüngliche Gleichwertigkeit der Geschlechter erfuhr nach dem Sündenfall eine fundamentale Erschütterung durch das Strafwort Gottes. Gott sprach zur Frau:
»Und dein Verlangen soll nach deinem Manne sein, aber er soll dein Herr sein« (1. Mose 3,16).

Die Aussage Gottes, die das ›Herrschen‹ des Mannes in Kraft setzt, ist keine Schöpfungsordnung, sondern ein Strafwort. Es ist Gottes Reaktion auf die Zerstörung des Schöpfungsfriedens! Die Unterordnung der Frau ist demnach nicht ursprüngliche Schöpfungsabsicht Gottes; sie ist unnormal, sie ist ein Strafwort Gottes. Gerade da, wo die Frau als die wahre Entsprechung des Mannes Erfüllung ihres Lebens und Freude haben sollte, sind jetzt Beugung und Unterordnung angesagt.

Die Herrschaft des Mannes ergibt sich aus dem Verlangen der Frau. Der Begriff, mit dem das Verlangen der Frau nach ihrem Mann umschrieben ist, bedeutet ›Trieb, Affekt, Leidenschaft, Kraft, die zu etwas hintreibt‹. Damit hat auch die Geschlechtlichkeit ihre Urform verloren. Statt des Ein-Fleisch-Werdens bestimmen nun Siegen und Unterliegen, Hörigkeit und Despotentum die Gemeinschaft der Geschlechter. »*Das alles ist keine Schöpfungsordnung, sondern Schöpfungsstörung*« (H. Thielicke).[4]

Das Wort Gottes von der Unterordnung und der Leidenschaft ist ein Strafwort, aber es ist kein Fluchwort. Verflucht werden nur die Schlange und der Ackerboden, aber nicht der Mensch. Alle Strafen Gottes beinhalten im Gegensatz zum Fluch, der Gemeinschaft aufkündigt (siehe Kain, 1. Mose 4,11ff.), ein Angebot, trotz allem in verminderter Qualität weiterzuleben. Die beiden, Mann und Frau, dürfen zusammenbleiben. Ihre Gemeinschaft ist jedoch getrübt und bedroht, aber sie sollen weiter füreinander da sein. Nach wie vor wird der Mann Vater und Mutter verlassen und an seiner Frau hängen, und die beiden werden ein Fleisch sein, doch wird sich die zerstörte Beziehung zwischen beiden auch darin auswirken, dass das »Hängen« nicht mehr dieselbe Qualität wie vor dem Sündenfall hat.

Gott hatte den Menschen als Mann und als Frau geschaffen. Beide waren nackt, und die beiden kannten keine Scham (1. Mose 2,25). Es gab weder zwischen den Menschen noch in ihrer Beziehung zu Gott ein Bloßstellen und Bloßgestelltwerden. Die Scham wurde erst in der Welt des Zwiespaltes nötig.
Als der Mensch sich in seiner Entzweiung mit Gott erkennt, beginnt er seinen Körper zu bedecken. Er versucht, sich zu verhüllen. Aber obgleich die Menschen ihre Blöße mit Schürzen aus Laub

bedeckt hatten, beriefen sie sich auf der Flucht vor Gott auf ihre Nacktheit (1. Mose 3,10). Ihr Versuch, sich selbst zu schützen, schlug fehl. Vor Gott blieben sie nackt und bloß.

Nach dem Bruch mit Gott erlebte der Mensch die Scham, ein »erstes vorbewusstes Signal« (G. v. Rad) und entschloss sich zum spontanen Selbstschutz. Als Gott seinen gefallenen Menschen begegnete, handelte er selbst als Erhalter der Menschen und bekleidete sie (1. Mose 3,21). Gott selbst verhüllte den Menschen. Gott erklärte die Scham des Menschen und sein Verlangen nach Kleidung nicht für ein nichtiges und der Natur widersprechendes Gefühl, sondern er schenkte dem Menschen Kleider.

Nach dem Sündenfall hatte die Frau in den Jahrhunderten der alttestamentlichen Zeit keine dem Manne gleichwertige und gleichrangige Stellung. Sie war zwar kein seelenloses Wesen, aber in vielen Bereichen des Lebens war sie im Vergleich zum Mann rechtlich eindeutig benachteiligt. Sie stand nicht mehr neben dem Mann, sondern hinter ihm, d. h. in seinem Schatten. Diese Nachordnung der Frau ist eine Auswirkung des Strafwortes Gottes, in dem dieser den Mann zum Herrscher über die Frau bestimmte. Das Strafwort aber ist die Folge der Sünde, das heißt der Macht, die die ursprüngliche Schöpfungsordnung zerstörte. Um den Menschen von der Sünde zu erlösen und damit auch von der Strafe zu befreien, sandte Gott Jesus, seinen Sohn, in diese Welt!

Die von Gott, dem Schöpfer, bestimmte, durch den Sündenfall zerstörte und von Jesus neu bestätigte Gleichwertigkeit von Mann und Frau war in der Welt ohne Jesus Christus immer umstritten. In verschiedenen Kulturkreisen beansprucht zum einen der Mann, zum anderen die Frau die Vorherrschaft. Der ursprünglich gleichrangige Partner wird zum »anderen Geschlecht«. Brutale Herrschaft, Despotentum und Tyrannei führen vorübergehend zum Aufgeben des eigenen Selbst, zum blinden Gehorsam und zum geduldigen Erleiden des Unrechts. Wenn der Unterdrückte und Ausgebeutete sich seiner Lage bewusst wird, erstarkt er und es beginnt der Kampf.

44

In den Kulturkreisen und Sozialstrukturen, in denen dem Mann eine Vorrangstellung eingeräumt wird, kommt es zur Ausbildung des Patriarchats, der Herrschaftsstruktur des Vaterrechts. Das Vaterrecht hat folgende Merkmale: Die Vererbung von Eigentum, Namen, Titeln und Funktionen erfolgt vom Vater auf den Sohn (patrilineare Vererbung). Söhne sind die gewünschten und allein als Nachkommen gezählten Kinder. Die Familien-, Verwandtschafts- und Staatszugehörigkeit richtet sich nach dem Vater. Die Frau zieht bei der Heirat in die Gruppe des Mannes. Die im Patriarchat bevorzugten Werte und Normen sind: Durchsetzungsvermögen, Herrschaft des Stärkeren, Wettbewerb, Leistungsdenken, kriegerische Auseinandersetzungen, Vorherrschaft des Verstandes vor dem Gefühl und des Willens vor dem Trieb. Das Vaterrecht gab es nicht nur in der Antike und im Judentum, sondern zu allen Zeiten und in verschiedenen Religionen und Glaubensströmungen.

In einigen Ländern der antiken Welt dagegen führte die Vorrangstellung der Frau zur Entstehung des Matriarchats. Das Matriarchat, die Herrschaftsstruktur des Mutterrechts, betont die soziale Vorrangstellung der Frau. Die Mutter ist der Familienvorstand. Die Kinder sind der Verwandtschaft der Mutter zugeordnet. Der Mann zieht in die Sippe der Frau (matrilokal). Die Frau ist die Herrin der Erde und der Natur. Sie wählt den jeweiligen Wohnsitz der Familie, sie vergibt das Erbe und bestimmt die Herrschaftsnachfolge. Die bevorzugten Werte und Normen im Mutterrecht sind Harmonie, Gemeinsinn, Spontaneität, Kreativität und Gefühl, das die Vernunft korrigiert. Der Mann ist in der Hand der Frau, er ist unfrei und unterdrückt.

Das Mutterrecht gehört genauso wenig wie das Vaterrecht der Vergangenheit an. Die Vorherrschaft der Frau wird in philosophischen Postulaten gefordert, in ideologischen Streitschriften vertreten und von vielen Feministinnen als Ideal angestrebt. Ähnlich wie die Männer, die das Patriarchat verteidigen, berufen sich die Vertreterinnen des Matriarchats auf Argumente aus der profanen Geschichte und der Philosophie. Ein Matriarchat kann jedoch ebenso wenig wie ein Patriarchat mit Stellen aus der Bibel belegt werden.

Beiden Strömungen gemeinsam ist, dass das jeweilige »andere Geschlecht« unterdrückt ist. Wird die Unterdrückung nicht mehr still hingenommen, kommt es zu einem Kampf um Befreiung.

Eine notwendige Folge aus dem Patriarchat und dem Matriarchat ist die Emanzipationsbewegung. Emanzipation wurde zu einem Fachausdruck für die Unabhängigkeit eines Menschen vom »anderen Geschlecht«. Im Vaterrecht ist die Frau die Ausgebeutete. Sie strebt danach, sich zu emanzipieren, das heißt, sie will der Hand des Mannes, der ihr Gegner ist, entfliehen. Im Mutterrecht ist der Unterdrückte der Mann. Er ringt um seine Freiheit von der Frau, das heißt, um die Emanzipation von seiner Gegnerin, der Frau. Solange es Formen des Patriarchats und des Matriarchats gibt, wird es notwendig Emanzipationsbestrebungen geben.

Da die im Patriarchat und Matriarchat geübte Unterdrückung des »anderen Geschlechts« im Widerspruch zur Ordnung des Schöpfers steht, ist die Emanzipation der Ausbruch aus der nicht gottgewollten Abhängigkeit und Ausbeutung. Die Emanzipation birgt jedoch zwei Gefahren in sich, die mit dem Willen des Schöpfers unvereinbar sind. Die erste ist die Vereinzelung des Menschen. Der Emanzipierte sucht sich eine Zukunft zu eröffnen, in der er von dem anderen völlig unabhängig, autonom ist.

Der anderen Gefahr sind viele Vertreterinnen der Emanzipationsbewegung erlegen: sie sagten sich los von Gott! In ihren Gedanken und Überlegungen übertrugen sie die negativen Erfahrungen aus ihrer patriarchalisch bestimmten Umwelt auf Gott. Mit der beredten Absage an jede Form von gegenseitiger Abhängigkeit wandten sie auch Gott den Rücken zu. Keine Ordnung des Schöpfers und kein Gebot Gottes sollten sie in ihrem begonnenen Weg aufhalten. Der Begriff ›Gleichberechtigung‹ ist eng mit der Emanzipationsbewegung und ihren Gefahren verbunden.
›Gleichwertigkeit‹ ist dagegen ein Begriff, der das Positive der Gleichberechtigung aufnimmt und sich gleichzeitig abgrenzt von einem Weg der Gleichberechtigung ohne Gott.

- *Gleichwertig* heißt: Gott hat Mann und Frau ohne Wertunterschied geschaffen. Keiner gilt vor Gott mehr als der andere. Keiner hat Anlass oder Recht, sich über den anderen zu erheben.

- *Gleichwertig vor Gott* bedeutet: Es gibt nach Gottes Schöpfungswillen keine Vorherrschaft des Mannes und keine Vorherrschaft der Frau. Damit entfällt auch die Voraussetzung für jede Art der Emanzipation.

- *Gleichwertig vor Gott* heißt, es gibt weder eine Emanzipation der Frau noch eine Emanzipation des Mannes. Mann und Frau brauchen einander, um miteinander nach Gottes Ordnung und Gebot zu leben.

Am Anfang schuf Gott den Menschen als Mann und Frau. *»Der Mensch ist nicht einsam geschaffen, sondern zum Du des anderen Geschlechts berufen«* (G. v. Rad).[5] Mit der Entscheidung gegen Gott, der Zerstörung des Schöpfungsfriedens, begann der noch immer andauernde Kampf der Geschlechter.

Allein Jesus, der Herr und Erlöser, ermöglicht es Mann und Frau, miteinander umzugehen, wie es ursprünglich vom Schöpfer bestimmt war. Gott schuf den Menschen als Mann und Frau, gleichrangig und gleichwertig.

Literatur:
- Bräumer, Hansjörg:
  Lieben wagen. Hänssler Verlag, Neuhausen-Stuttgart, 1986

- Bräumer, Hansjörg:
  Das erste Buch Mose. 1. Teil. 1. Mose 1-11. R. Brockhaus Verlag Wuppertal 1983

- Bräumer, Hansjörg:
  Partnerschaft. Unveröffentlichtes Manuskript

---

[1] Bräumer, 1. Mose 1-11, Wuppertaler Studienbibel, S. 85
[2] a. a. O., S. 88
[3] a. a. O., S. 92 + 93
[4] Helmut Thielicke, Theol. Ethik Bd. III, 2. Aufl., Tübingen 1968, S. 1793
[5] Gerhard v. Rad, Das erste Buch Mose, ATD 2–4, Göttingen 1961, S. 47

ERZVÄTER
UND ERZMÜTTER

◆ Unterwegs in Israel. Ich unterhalte mich gern mit diesem gelehrten Israeli, der »seine« Bibel kennt und an den Gott Israels glaubt. Natürlich – da ich eine Frau bin und in der Frauenarbeit stehe – interessiert mich auch das Thema »Frau in Israel«… Nach dem, was wir so gehört haben über die Frau im alten Bund und zur Zeit von Jesus – welche Stellung, welches Ansehen hat die jüdische Frau im heutigen Israel? Wie sieht es ein moderner Israeli?

Der Mann hebt die Hand: »Oh – die Frau hat ein sehr hohes Ansehen!« Er erzählt einiges und fragt: »Wusstest du, dass nur der ein Jude ist, der eine jüdische Mutter hat?« – »Wie das?«, frage ich irritiert. Er lächelt: »Die Mutter – so sagen die Gelehrten – kennt man immer, aber nicht den Vater. Deshalb ist der ein Jude, dessen Mutter Jüdin ist – selbst wenn der Vater kein Jude ist.« Der Gedanke ist mir völlig neu, doch ich beginne zu verstehen, dass darin eine Wertschätzung der israelischen Frau liegt, die sicher auch zu einem guten Selbstwertgefühl beiträgt.

Und der Mann fragt wieder: »Weißt du eigentlich, dass der Sabbatsegen des Ehemannes unwirksam ist, wenn nicht auch die Frau ihren Segen gesprochen hat?« – Ich staune, kann es kaum glauben: Mann und Frau haben einen Segen zu sprechen? Der Segen des einen ohne den Segen des andern ist unwirksam? – Wenn das so ist, dann steht die Frau in dieser Sache ja ebenbürtig neben dem Mann. Ihr wird damit sogar eine gewisse Macht eingeräumt. Der Mann wird sich überlegen, wie er während der Woche mit ihr umgeht, denn der Sabbat kommt gewiss. Was, wenn seine Frau ihren Segen verweigert?

Meine Gedanken gehen weiter zu uns Christen. Es gibt da kaum eine vergleichbare Lehre, die der Frau eine gewisse Gleichstellung oder gar Macht einräumte in der gemeinsamen Stellung mit ihrem Ehemann vor Gott. Niemand käme etwa auf den Gedanken, dass die Gebete eines Mannes unwirksam seien, oder nicht erhört würden, wenn nicht die Frau ihr Amen dazu gesagt hat – was natürlich auch umgekehrt gelten würde.

Doch da fällt mir ein Anklang in 1. Petrus 3,7 ein: Petrus spricht die Männer an und ruft sie zu einem rücksichtsvollen Umgang mit ihren Frauen auf. Er begründet: Damit euer gemeinsames Gebet nicht behindert/verhindert oder unmöglich gemacht wird.

Ich verstehe neu, dass wir christlichen Frauen und Männer da sicher einiges lernen können, denn das Christentum baut auf dem Judentum auf, der Neue auf dem Alten Bund, die Lehre des Neuen Testamentes auf der Bibel der Juden, dem Alten Testament.

Könnte es sein, so fragte ich mich, dass wir Christen ein etwas eingeschränktes oder gefärbtes Bild der Frau aus dem Judentum haben – dass die Verkündigung Lücken aufweist?

Ich frage mein Gegenüber weiter: »Aber wie war das zur Zeit der alten Väter – etwa zur Zeit Abrams, Isaaks und Jakobs? – Wir haben immer gehört, dass die Frauen sehr im Hintergrund waren und kein Ansehen, kaum Rechte hatten?«

Wieder hebt der Mann die Hand, nickt bedächtig mit dem Kopf, als habe er großen Respekt vor diesen Dingen und sagt: »O doch, schon damals war die Frau hoch geachtet. – Weißt du denn nicht, dass die Anfangsbuchstaben der Namen der vier Erzmütter mit denen der drei Erzväter in dem Namen ›Israel‹ enthalten sind?«

Ich staune wieder, denn ich habe nie gehört, dass es vier Erzmütter gäbe. Die Frauen der Erzväter waren zwar da, man sprach auch von ihnen, aber sie standen doch eigentlich immer im Schatten ihrer Männer, dieser starken Urgestalten. Ich nahm mir die Bibel vor und schrieb auf einen Bogen Papier:

I – Isaak, Jakob
S – Sarai
R – Rebekka, Rahel
A – Abram
E – EL, der Name Gottes
L – Lea

(Israel – im Hebräischen: Jisrael)

In dem Namen »Israel« – Gottesstreiter/-kämpfer – waren tatsächlich die Anfangsbuchstaben aller Erzväter und all ihrer Frauen und der Name Gottes enthalten. Kaum zu fassen. Das konnte kein Zufall sein. Aber das hieß doch, dass auch jene Frauen – Sara, Rebekka, Rahel und Lea – zu den »Gottesstreitern« gezählt wurden? Sie waren doch mitbeteiligt an der Entstehung des Volkes, das diesen Namen einmal tragen sollte!

Eine neue Dimension schien sich mir aufzutun. In der folgenden Zeit hatte ich vieles zum Nachdenken, zum Neu-Überdenken. Dieses kurze Gespräch rückte die Erzväter und ihre Frauen in ein ganz neues Licht für mich: Ich nahm mir ihre Geschichte wieder vor und fand, dass nicht nur die Erzväter, sondern auch ihre Frauen jede eine eigene Persönlichkeit mit einer eigenen Gottesbeziehung, eigenem Gotterleben war.

Da verstand ich, dass wir auch Erzmütter haben ... und über sie wird im Folgenden besonders zu reden sein.

ABRAMS BERUFUNG

(1. Mose 12,1-9)

◆ Die Kapitel 7 bis 9 der Genesis (1. Mose) erzählen uns die Geschichte der Sintflut und des Bundes, den Gott danach mit Noah schloss. In Kapitel 10 finden wir die Nachkommen Noahs in der »Völkertafel« verzeichnet. Kapitel 11,1-9 berichtet die Ereignisse um den Turmbau zu Babel, die Sprachenverwirrung und die Zerstreuung der Menschen über die Erde hin. Es schließt sich in den Versen 10 bis 26 das Geschlechtsregister von Sem, dem Sohn Noahs an – bis hin auf Terach und seine Söhne Abram, Nahor und Haran.

Aufgrund der dann folgenden ausführlichen Schilderung der Herkunft und der Verwandtschaftsverhältnisse des Mannes Terach (V. 27-32) spürt man, dass sich hier etwas Neues, etwas Besonders anbahnt. Die Schilderung ist die Einleitung zur Geschichte der Erzväter und der »Kinder Israel« – des Volkes Israel, das mit diesem Namen bis in unsere Tage noch immer bzw. wieder existent ist. Sie ist zugleich Schilderung des Weges Gottes mit ihnen allen.

Terach ist der Vater Abrams und Sarais – sie hat eine andere Mutter als Abram. Auch die Erzväter und -mütter der nächsten beiden Generationen sind alle Nachkommen Terachs. Mit ihm beginnt die Geschichte. Abram ist sein ältester Sohn. Sarai ist unfruchtbar, die Ehe kinderlos. Sarai wird von Anfang an miterwähnt, nicht erst, als die späteren Entwicklungen ihre Erwähnung notwendig machen. Es heißt von Terach (V. 31):

»Da nahm Terach seinen Sohn Abram (...) und seine Schwiegertochter Sarai, die Frau seines Sohnes Abram und führte sie aus Ur

in Chaldäa, um ins Land Kanaan zu ziehen. Und sie kamen nach Haran und wohnten dort.«

Dort in Haran erreicht der Ruf Gottes den Mann Abram – Kapitel 12,1-3.5:

»Und der Herr sprach zu Abram: Geh aus deinem Vaterland und von deiner Verwandtschaft und aus deines Vaters Hause in ein Land, das ich dir zeigen will. Und ich will dich zum großen Volk machen und will dich segnen und dir einen großen Namen machen und du sollst ein Segen sein. Ich will segnen, die dich segnen und verfluchen, die dich verfluchen; und in dir sollen gesegnet werden alle Geschlechter auf Erden.«

Als Gott Abram ruft/beruft, da gilt dieser Ruf auch seiner Frau. Gott will ihn zum großen Volk machen. Das geht nur mit Sarai zusammen. In allem, was Gott Abram sagt und tut, ist Sarai mitgemeint und mitbetroffen. Keins von beiden kann und wird sich den Ereignissen in den kommenden Jahren und Jahrzehnten entziehen bzw. entziehen können. Wenn Abram und Sarai die Dinge auch unterschiedlich erleben, so sind doch beide von allem mit betroffen, was den anderen betrifft, denn die beiden sind eins.

Schon in ihrer Geschichte wird deutlich, was die Bibel diesbezüglich lehrt: dass zwei Menschen nach Gottes Willen von der Schöpfung her in der Ehe nicht mehr zwei, sondern eins sind (1. Mose 2,24), eine unzertrennliche Einheit, was Jesus Christus (Mt 19,5-6) klar bestätigt. Und doch bleiben sie zwei eigenständige, selbstverantwortliche Persönlichkeiten, die Entscheidungen treffen, die ihre eigene Beziehung zu Gott und auch ihr ganz persönliches Gotteserleben haben.

Lange danach schreibt der Apostel Paulus in seinem Brief an die Epheser (Eph 5,31-32) in Bezug auf die Einheit in der Ehe: »Dieses Geheimnis ist groß.«

WER WAR ABRAM?

Häufig wird Abram als einfacher Nomade dargestellt, der mit seiner Frau, ein paar Knechten und Mägden und seinen Herden von einem Weideplatz zum anderen zog. Schaut man genau hin, so vermittelt uns die Bibel ein ganz anderes Bild. Wir erfahren:

- 1. Mose 13,2: Abram war sehr reich an Vieh, Silber und Gold.
- 1. Mose 13,6: »Das Land aber war zu klein, als dass sich beide (Abram und Lot) nebeneinander hätten ansiedeln können, denn ihr Besitz war zu groß ...« Abram und Lot müssen sich wegen ihrer großen Herden trennen ...
- 1. Mose 14,1-24: Im Krieg der Könige, als Lot und die Bewohner Sodoms in Gefangenschaft geraten, jagt Abram mit dreihundertachtzehn kampffähigen, in seinem Haus geborenen Knechten bis Damaskus nach und befreit Lot und die Leute von Sodom samt all ihrer Habe. Rechnet man auf 318 »hausgeborene« Knechte je ein Elternpaar, eine Ehefrau und (nur) zwei Kinder, so kommt man bereits auf zweitausend Personen, die zu Abram gehörten.
- 1. Mose 14,13-17: Abram hatte ein Hilfsbündnis mit drei amoritischen Brüdern: Mamre, Eschkol und Aner, die ihm (auch) in diesem Kampf zur Seite stehen (14,24).
- 1. Mose 11,10-20: In Ägypten steht Abram vor Pharao, der – sicher nicht nur wegen der Schönheit seiner Frau – auf ihn aufmerksam wurde, was einem kleinen, einfachen Nomaden nie möglich gewesen wäre.
- 1. Mose 21,22-34: Er schließt einen Freundschaftsbund und »Nichtangriffspakt« (23-24.34) mit König Abimelech von Gerar und dessen Feldhauptmann Pichol, der zu Isaaks Zeiten erneuert wird (26,12-33).
- 1. Mose 23,1-20: Als Sarai später stirbt, kauft Abram von den Hetitern ein Gelände mit doppelter Höhle. Sie nennen ihn »lieber Herr« und »Fürst Gottes unter uns« und behandeln ihn mit großem Respekt.

Aus alledem darf man schließen, dass Abram eine bekannte, einflussreiche und sehr wohlhabende Persönlichkeit war. Doch das ist nicht alles. Noch wichtiger aber ist seine geistliche Bedeutung:

- 1. Mose 12,7-8: Wo Abram sich für längere Zeit niederlässt, schafft er öffentliche Anbetungsstätten für den Gott, der ihm erschienen ist (auch 13,4.18; 21,33; 22,9 ...). Er baut Gott Altäre und »rief den Namen des Herrn an« – d. h., seine Altäre stehen in Sichem, Bethel, im Hain Mamre bei Hebron, auf dem Berg Morija und in Beerscheba ...
- 1. Mose 15,1-20: Gott schließt mit Abram einen Bund, den er mehrfach wiederholt und bestätigt: 1. Mose 17,1-14 – später auch bei Isaak und Jakob.
- 1. Mose 18,16-19.29: Als Gott beschließt, Sodom und die umliegenden Städte zu vernichten, offenbart er es Abram, der durch seine Fürbitte zwar nicht die Städte, wohl aber Lot und seine Familie retten kann.
- 1. Mose 14,18-20: Abram hat offenbar eine gesegnete Beziehung zu Melchisedek, dem König von Salem, der »ein Priester Gottes des Höchsten« war. Er verehrte also den Gott, dem auch Abram diente. Dass er Abram mit Brot und Wein entgegenzieht, als dieser aus der Schlacht zurückkehrt, dass er Abram segnet und dieser ihm den zehnten Teil der Beute gibt, lässt vermuten, dass sie sich schon vorher näher kannten. Salem – dort liegt auch der Berg Morija, wo Abram später seinen Sohn opfern sollte ...
- 1. Mose 20,7: Als Sarai ins Haus Abimelechs von Gerar geholt wird, spricht Gott in der Nacht zu diesem: »So gib nun dem Mann seine Frau wieder, denn er ist ein Prophet, und lass ihn für dich bitten ...«

Gott spricht über die Jahrzehnte hin zu Abram, offenbart sich ihm durch Führungen und Bewahrungen, durch direktes Reden, durch Träume und durch Engelbegegnungen. Alles zusammengenommen ist Abram Priester Gottes und Prophet – eine starke, imposante Persönlichkeit, die zum Erz- oder Urvater wird! Durch seine

Beziehung zu Gott wurde er für die folgenden Generationen zum Beispiel und Vorbild, das nach fast viertausend Jahren auch für uns heute nichts von seiner Faszination eingebüßt hat.

Paulus schreibt in seinem Brief an die heidenchristliche Gemeinde in Rom (Röm 4,1-25) über den Glauben Abrams und folgert (V. 23-24): Dies »ist aber nicht allein um seinetwillen geschrieben, sondern auch um unsretwillen«. Das heißt, wir können eine Menge aus dem Leben dieses Mannes lernen.

ABRAM – SARAI – HAGAR

(1. Mose 16,1-16)

◆ Haben wir bis jetzt Abram betrachtet in seiner Stellung zur Umwelt und zu Gott, so bleibt uns, einen Blick auf sein Privatleben zu werfen: Da ist Sarai, seine Ehefrau, deren Schönheit Könige beeindruckt, Abram aber Angst macht (12,10-20; 20,1-18) und in Konflikte bringt. Und: Der Mann, welchen Gott zu einem großen Volk machen will, ist kinderlos, weil Sarai unfruchtbar ist. Er ist fünfundsiebzig, als Gott ihm die Verheißung gibt, Sarai fünfundsechzig. Doch die Jahre vergehen – nach zehn weiteren Jahren ist noch immer kein Kind da. Schwer zu verstehen, wenn man in der Situation mitten drinsteckt und sie nicht – wie wir heute – vom Schluss her kennt. So beschließt Sarai, das zu tun, was zu ihrer Zeit die Pflicht einer »unfruchtbaren« Ehefrau war: Sie gibt ihrem Mann die ägyptische Sklavin Hagar, die ihre Zofe und Leibmagd ist.

Das Leben Abrams ist nicht zu trennen von dem Leben Sarais. Sie sind ein Ehepaar. Sarai ist die Frau an der Seite dieses Mannes. Nun kommt Hagar hinzu – nicht als Ehefrau, sondern – modern gesagt – als »Leihmutter«, denn ihre Aufgabe ist einzig die, an Sarais Stelle ein Kind zu gebären. Es würde Sarais Kind sein. Sie selbst, als Person, als Mensch, spielt dabei keine große Rolle. Sarai sagt (16,2-3a):

»Geh doch zu meiner Magd, ob ich vielleicht durch sie zu einem Sohn komme. Und Abram gehorchte der Stimme Sarais. Da nahm Sarai, Abrams Frau, ihre ägyptische Magd, und gab sie Abram ...«

Die Sache belastet die Ehe von Abram und Sarai doch sehr. Als Hagar schwanger ist, schaut sie verächtlich auf die alternde Sarai, denn sie ist die Mutter, sie würde das Kind zur Welt bringen. Es kommt zwischen Abram und Sarai zu einer heftigen Auseinandersetzung (16,5-6). Voller Bitterkeit ruft Sarai aus:

»Das Unrecht, das ich erfahre, komme auf dich! Ich habe meine Magd dir in die Arme gegeben; nun sie aber sieht, dass sie schwanger geworden ist, bin ich gering geachtet in ihren Augen. Der Herr sei Richter zwischen mir und dir!«

Ach, hat sie vergessen, dass sie selbst diese Situation geschaffen hat? Ruft Sarai tatsächlich Gott zum Schiedsrichter an? Wie wird Abram darauf reagieren? Was wird er tun? Sich schützend vor Hagar stellen?

Abram würgt die Sache ab mit den Worten: »Siehe, deine Magd ist unter deiner Gewalt; tu mit ihr, wie dir's gefällt!«, oder nach der »Guten Nachricht«: »Sie ist deine Sklavin! Mach mit ihr, was du willst.«

So zieht sich Abram aus der Affäre. Und Sarai spielt ihre Macht aus: Mal sehen, wer die Stärkere ist, die Herrin oder die Sklavin! Sie demütigt Hagar und Hagar läuft davon ...

Es war das Einzige, was sie anzufangen wusste, und zugleich das Törichteste. Warum? Ihre Flucht geschah unüberlegt, sie bedachte die Folgen nicht: Was wollte sie in der Wüste? Wovon wollte sie leben, ihr Kind ernähren? Keiner der Beduinenstämme hätte Abrams entlaufene Sklavin, die sein Kind erwartete, aufgenommen. Sie war tabu – unberührbar – für jeden anderen Mann. Sie war Abrams »Eigentum«, das man zurückzubringen hatte. Hagar hatte da draußen keine Chance.

Ein Mann und zwei Frauen – eine ganze Unmöglichkeit! – Ein Drama, das bis in unsere Tage nichts von seiner Aktualität eingebüßt hat und sich millionenfach wiederholt ... Eine schwangere junge Frau, die nicht aus noch ein weiß; nicht weiß, wie sie das schaffen kann – ohne Hilfe anderer.

Eine schwangere Frau, die eine Kurzschlusshandlung begeht – auch dieses Drama ist ein millionenfaches bis heute. Elend pur! Zum Davonlaufen! Und dann? Keine Ahnung! Alles ist nur dunkel und aussichtslos – wie bei Hagar dort in der Wüste.

Wie aber wird es weitergehen? Wo wird ihr Hilfe zuteil werden? Wer wird sich um sie kümmern?

Genau an dieser Stelle tritt Gott auf. Er lässt Hagar nicht laufen, er lässt sie nicht umkommen. Er kennt sie und ruft sie beim Namen, und er spricht so deutlich zu ihr, dass sie es versteht. Er fordert sie zum Nachdenken auf und wartet auf Antwort:

»Hagar, Sarais Magd, wo kommst du her und wo willst du hin?«
»Ich bin von Sarai, meiner Herrin, geflohen«, antwortet sie. Weiter weiß sie selbst nicht. Keine Pläne, keine Zukunftsperspektive. Wird denn Gott einen gangbaren Weg für sie haben?

Wenn man liest, was Gott ihr sagt, ist man erschüttert: *»Kehre wieder um zu deiner Herrin und demütige dich unter ihre Hand.«*

Gott wusste doch, dass ihr Leben dort nur »Elend« war (V. 11b) – wie konnte er sie dahin zurückschicken? Gab es denn keinen anderen, leichteren Weg für sie?

Es gibt Situationen im menschlichen Leben, die auch in den Augen Gottes »Elend« sind, wo man nicht weiß, ob man bleiben oder gehen soll. Am liebsten würde man davonlaufen – doch auch das wäre keine Lösung. Manchmal kann man nur »das kleinere Übel« dem größeren vorziehen. Die Rückkehr war für Hagar »das kleinere Übel«: Trotz aller Probleme hatte sie hier einen gewissen

Schutz. Hier konnte sie ihr Kind zur Welt bringen und sie waren beide materiell versorgt. Ihr Kind würde im Haus seines Vaters aufwachsen – und das war schon etwas. Und sicher würde auch für diesen, seinen einzigen Sohn (bis dahin), ein reiches Erbe gesichert sein.

Ehe Hagar zurückgeht, schenkt Gott ihr reichen Trost und Verheißungen für die Zukunft (V. 10-11):

»Ich will deine Nachkommen so mehren, dass sie der großen Menge wegen nicht gezählt werden können ... Siehe, du bist schwanger geworden und wirst einen Sohn gebären, dessen Namen sollst du Ismael nennen; denn der Herr hat dein Elend erhört.«

Welch ein Erleben! Überwältigt ruft Hagar aus (V. 13-14):
»Du bist ein Gott, der mich sieht.« Und: *»Ich habe hier den gesehen, der mich gesehen hat.«*

Eine ergreifende Geschichte. Hagar – eine Frau, rechtlos, versklavt, benutzt, gedemütigt, auf der Flucht ..., da greift Gott in ihr Leben ein. Plötzlich ist sie eine eigenständige Person und so wertvoll in Gottes Augen, dass er »den Engel des Herrn« – nicht irgendeinen – sendet, um sie zu finden und seine Botschaft zu überbringen.

Das erste Mal, nachdem sich die Pforten des Paradieses hinter unseren Ureltern geschlossen haben, tritt der »Engel des Herrn« auf den Plan: hier in der Geschichte der Hagar. So viel war sie Gott wert. Seine Augen hatten ihr Leben begleitet, ihre Situation gesehen, und Gott selbst sagte dazu: »Elend! Es ist Elend« – und er ließ sie wissen, dass er ihr Elend gesehen und erhört hatte.

Diese Begegnung mit Gott ist für Hagar so überwältigend, dass sie den Mut und die Kraft hat, zurückzugehen in Abrams Haus und sich ihrer Herrin unterzuordnen. An keiner Stelle wird Hagar Abrams »zweite Frau« oder »Nebenfrau« genannt. Sie bleibt immer Sarais Sklavin. Äußerlich die Sklavin, innerlich aber von Gott gewürdigt und getröstet, angenommen als Mensch, reich versehen mit großen Verheißungen für die Zukunft.

Es ist interessant zu lesen (V. 15-16):
»Und Hagar gebar Abram einen Sohn und Abram nannte den Sohn, den ihm Hagar gebar, Ismael. Und Abram war sechsundachtzig Jahre alt, als ihm Hagar den Ismael gebar.«

Ismael bleibt Hagars Kind – nicht das der Sarai, wie ursprünglich geplant. Hagar bringt ihn für Abram zu Welt. Stand sie auch darin unter Gottes Schutz? Abram musste von Hagar die Begegnung mit Gott in der Wüste erfahren haben, er musste ihr geglaubt haben, denn er gibt dem Sohn den Namen, den der Engel des Herrn Hagar in der Wüste genannt hatte.

SARAS SOHN
(1. Mose 21,1-7)

◆ Die Jahre kommen und gehen. Dreizehn Jahre später – Abram ist neunundneunzig – erscheint ihm der Herr und spricht zu ihm (1. Mose 17,1):
»Ich bin der allmächtige Gott; wandle vor mir und sei fromm.« – Fromm, das heißt: rechtschaffen unsträflich, vollkommen, ganz; wie es auch manche Übersetzer gebrauchen. Und Gott bestätigt und erneuert seinen Bund mit Abram und nennt ihm eine Reihe von Einzelheiten:

• 1. Mose 17,4: Du sollst der Vater vieler Völker werden ...
• 1. Mose 17,5: Du sollst nicht mehr Abram, sondern Abraham heißen; denn ich habe dich gemacht zum Vater vieler Völker ...

- 1. Mose 17,6: Völker und auch Könige sollen von dir kommen ...
- 1. Mose 17,7: Gottes Bund soll ein ewiger Bund sein, von Geschlecht zu Geschlecht ...
- 1. Mose 17,8: Das Land Kanaan wird ihm und seinem Geschlecht zu ewigem Besitz gegeben, Gott will ihr Gott sein ...
- 1. Mose 17,9-14: Das Zeichen des Bundes soll die Beschneidung der männlichen Nachkommen sein – für ewig ...

Und Gott sprach abermals zu Abraham und dieses Mal betrifft es Sarai (1. Mose 17,15-22):

- *»Du sollst Sarai, deine Frau, nicht mehr Sarai nennen, sondern Sara soll ihr Name sein.*
- *Ich will sie segnen,*
- *Und auch von ihr will ich dir einen Sohn geben;*
- *Ich will sie segnen,*
- *Und Völker sollen aus ihr werden*
- *Und Könige über viele Völker.«*

Erst an dieser Stelle ihrer Lebensgeschichte wird klar ersichtlich, dass die Berufung Gottes beiden gilt:
Sara bekommt wie ihr Mann einen neuen Namen. Gott verheißt und betont, sie zu segnen, das heißt: sie selbst – als Person – ist wichtig für ihn. Es ist Gott nicht gleich, was mit ihr geschieht. Sie wird teilhaben an dem Segen, mit dem Abraham gesegnet wurde: Auch sie wird Mutter von vielen Völkern und Mutter von Königen vieler Völker.

Das Folgende (V. 17-19) ist es wert, wörtlich zitiert zu werden:

»Da fiel Abraham auf sein Angesicht und lachte und sprach in seinem Herzen: Soll mir mit hundert Jahren ein Kind geboren werden, und soll Sara, neunzig Jahre alt, gebären? Und Abraham sprach zu Gott: Ach, dass Ismael möchte leben bleiben vor dir! Da sprach Gott: N e i n, Sara, deine Frau, wird dir einen Sohn gebä-

ren, den sollst du Isaak nennen und mit ihm will ich meinen ewigen Bund aufrichten und mit seinem Geschlecht nach ihm.«

Abraham hatte sich längst »arrangiert« mit dem, was war. Er hatte Ismael. Gott aber hatte seinen Plan mit Sara und hält Abraham ein klares Nein entgegen. Er hatte Sara als Mutter erwählt. Ihr Sohn sollte es sein, auf den der Bund weitergehen würde. Wohl würde auch Ismael gesegnet (V. 20-21) und fruchtbar sein. Zwölf Fürsten würde er zeugen und zum großen Volk werden – aber *»meinen Bund will ich aufrichten mit Isaak, den dir Sara gebären soll um diese Zeit im nächsten Jahr«.*

Nicht genug damit: Gott besucht Abraham kurze Zeit danach im Hain Mamre (1. Mose 18,1-15), primär, um Sara diese Botschaft persönlich wissen zu lassen. Die Szene spielt sich vor dem Zelt ab. Sara bleibt – wie es der Sitte entspricht – im Zelt. Aber sie steht verborgen neben dem Zelteingang und belauscht das Gespräch. Und die »Männer« wissen es.

»Da sprach er: Ich will wieder zu dir kommen übers Jahr; siehe, dann soll Sara, deine Frau, einen Sohn haben.« Sara lacht in sich hinein ... *»Da sprach der Herr zu Abraham: Warum lacht Sara und spricht: Meinst du, dass es wahr sei, dass ich noch gebären werde, die ich doch alt bin? Sollte dem Herrn etwas unmöglich sein? Um diese Zeit will ich wieder zu dir kommen übers Jahr; dann soll Sara einen Sohn haben.*
Und der Herr suchte Sara heim, wie er gesagt hatte, und tat an ihr, wie er geredet hatte.«

Ergreifend der kleine Bericht in Kapitel 21,1-7: *»Und Sara sprach: Gott hat mir ein Lachen zugerichtet ...«*
Sara kann wieder lachen, das Leben ist auf einmal wieder schön und voller Hoffnung: Sie hat einen Sohn. Gott hat wunderbar an ihr gehandelt und seine Verheißungen an ihr erfüllt.

Gott tat in ihrem Leben noch mehr für sie. Sie war bei ihm nie vergessen. Zweimal gab ihr Mann sie preis, um sein Leben zu retten –

nicht aus einer tatsächlich vorhandenen, sondern aus einer eventuellen Bedrohung heraus. Beide Male ist Sara bereit, ihr eigenes Leben und Geschick aufs Spiel zu setzen, um von vornherein Unheil von ihrem Mann abzuwenden. Beide Male geht sie einen schweren Weg: Das erste Mal in den Palast des Pharao (1. Mose 12,10-20), zu einem späteren Zeitpunkt ins Haus König Abimelechs von Gerar (1. Mose 20,1-18).

Die Augen Gottes aber wachen über ihrem Leben. Gott bewahrt sie und er rettet sie aus diesen Situationen. Er ist Saras Gott. Er steht zu ihr. Er bringt Pharao dazu, den Sachverhalt zu erkennen und die Frau ihrem Mann unberührt wiederzugeben. Und er spricht im Traum zu Abimelech, um Sara zu retten: *»Du bist ein Mann des Todes um des Weibes willen, das du genommen hast. Denn sie ist eines Mannes Ehefrau.«*

Abraham wird hundertfünfundsiebzig Jahre alt (1. Mose 25,1-10). Während seiner Ehe mit Ketura werden ihm sechs weitere Söhne geboren. Er ist am Ende Vater von acht Söhnen. Doch nur einer ist der Träger der Verheißung: Isaak. Die Söhne der Ketura und Hagars Sohn, Ismael, werden noch zu Lebzeiten des Vaters mit Abfindungen bedacht und ziehen in andere Gegenden fort.

Zusammengefasst darf man sagen:
• Gott ist der Gott Abrahams, der ihn beruft, ihn führt und leitet, der in seinem Leben spricht und handelt.
• Gott kümmert sich auch um die Sklavin Hagar – sie ist ihm als Mensch nicht bedeutungslos. Er offenbart sich und stellt sich zu ihr als »der Gott, der sieht«.
• Gott ist auch Saras Gott, der ihr eine Berufung und seine Verheißungen schenkt, sie vor Willkür und in Gefahr schützt.

Sie alle drei sind Gott wichtig und wertvoll, jeder für sich. Und er führt seine Pläne mit ihnen aus. In diesem Plan sind Abraham und Sara berufen, die Ureltern eines großen Volkes zu werden.

DIE ZWEITE GENERATION:
ISAAK UND REBEKKA

(1. Mose 24,1-28,9)

◆ Isaak, der Sohn der Verheißung, wächst auf zwischen alten Eltern. Er ist 37 Jahre alt, als Sara mit 127 Jahren stirbt. Ihr Tod trifft ihn hart und er trauert – auch nach drei Jahren – noch immer um die Mutter. Er schaut sich – bereits 40-jährig – auch nicht nach einer Frau um, während sein Vater mit 140 Jahren beschließt, wieder zu heiraten. Da handelt Abraham. Er ruft seinen Knecht bzw. Verwalter zu sich mit dem Auftrag, in der alten Heimat seinem Sohn eine Braut zu werben.

Aber: Wer wird diese Braut sein? Was für eine Frau wird die Mutter der nächsten Generation sein? Die Mutter des verheißenen kommenden Volkes? Was, wenn sie nicht gefiel? Man konnte sie nicht in ihre Heimat zurückschicken.

Aber es kommt ganz anders: Die wohl schönste Geschichte einer Brautwerbung wird uns geschildert (1. Mose 24,1-67). Die Reise, die Begegnung mit dem Mädchen und ihrer Familie – alles ist von Gebet begleitet und getragen: Der Knecht wird von Gott ins richtige Haus zu den richtigen Menschen geführt. Und alle Beteiligten erleben Gottes wunderbare Gnade. Kein Kampf, kein Krampf – Gott ist am Werk.

Noch ehe der Knecht weiß, zu welcher Familie Rebekka gehört, weiß er, dass sie die Braut für Isaak ist (V. 16-22). Er zieht die Geschenke aus der Tasche und streift die Armreifen über ihre Hände, setzt ihr den goldenen Stirnreif auf. Dann erst fragt er, wessen Tochter sie ist ... Als er es hört, »*da neigte sich der Mann und betete den Herrn an*«.

Auch im Elternhaus des Mädchens regelt sich alles aufs Beste, sodass Vater und Bruder zu der Einsicht gelangen (V. 50-51): *»Das kommt vom Herrn ... nimm sie und zieh hin, dass sie die Frau sei des Sohnes deines Herrn, wie der Herr geredet hat.«*

Werden sie denn das Mädchen weggeben – einfach so? Hat sie denn selbst kein Mitspracherecht? O doch, das hat sie. Sie wird sehr wohl gefragt (V. 57-58):

»Wir wollen das Mädchen rufen und fragen, was sie dazu sagt. Und sie riefen Rebekka und sprachen: Willst du mit diesem Mann ziehen? Sie antwortete: Ja, ich will es ... Und sie segneten Rebekka und sprachen zu ihr: Du unsere Schwester, wachse zu vieltausendmal tausend, und dein Geschlecht besitze die Tore seiner Feinde.«

Rebekka geht unter dem Segen der Eltern. Was mag sie auf dem Weg empfunden haben? Und was mag Isaak empfunden haben – daheim, in Kanaan? Wie an diesem Abend, als die Karawane ankam, mag er es an vielen Abenden getan haben: *»Er war ausgegangen, um zu beten auf dem Felde gegen Abend ...«*

Ein junger Mann, der im Gebet vor Gott steht und nicht enttäuscht wird. Isaak lebt im Zelt seiner Mutter, er heiratet Rebekka und gewinnt sie lieb. Erst da wird er über den Tod seiner Mutter getröstet.

In dieser Geschichte wird – wie in der Geschichte von Abraham und Sara – deutlich, dass es Gott nicht gleichgültig war, welche Frau die Mutter der künftigen Generation sein würde. Er führt dem »Sohn der Verheißung« die ebenbürtige Frau zu, die damit in den Plan Gottes eingereiht und der göttlichen Verheißung teilhaftig wird.

Es mutet seltsam an zu entdecken, dass – wie einst Sara – auch Rebekka unfruchtbar ist und keine Kinder bekommen kann. Wie Sara kann sie nur Mutter werden, wenn der Herr ihr Fruchtbarkeit schenkt. So sind beide – der Mann und seine Frau – völlig abhängig vom Herrn, was ihre Fruchtbarkeit anbetrifft. Keiner schafft es allein. Sie können es nur gemeinsam schaffen oder gar nicht.

Isaak ist ein Beter: zwanzig Jahre lang betet er für sie, »*und der Herr ließ sich erbitten und Rebekka, seine Frau, ward schwanger*« *(Kap. 25,19-26).*

Aber Rebekka hat eine schwere Schwangerschaft. Da nimmt sie ihre Zuflucht zum Herrn und fragt ihn ... Und Gott antwortet ihr. Was sich in ihr abspielt, deutet schon symbolhaft in die Zukunft hinein: »*Zwei Völker sind in deinem Leibe, und zweierlei Volk wird sich scheiden aus deinem Leibe; und ein Volk wird dem andern überlegen sein, und der Ältere wird dem Jüngeren dienen*« (V. 23-24).

Isaak und Rebekka haben – jeder für sich – eine starke Gottesbeziehung. Sie stehen vor Gott und bringen ihr Ergehen in Verbindung zu ihm. Darin sind sie sich ebenbürtig. Sie erleben beide, dass Gott auf ihre Gebete antwortet.

Gott stellt sich zu Isaak und bestätigt ihm den Bund, den er schon mit Abraham gemacht hatte (Kap. 26,1-5):
»*... und ich will mit dir sein und dich segnen, denn dir und deinen Nachkommen will ich alle diese Länder geben und will meinen Eid wahr machen, den ich deinem Vater Abraham geschworen habe, und will deine Nachkommen mehren wie die Sterne am Himmel und will deinen Nachkommen alle diese Länder geben. Und durch dein Geschlecht sollen alle Völker auf Erden gesegnet werden ...*«

Das Leben dieses Mannes und dieser Frau gestaltet sich recht dramatisch: Mit vierzig heiratet Isaak, mit sechzig wird er Vater. Zwei Söhne kommen zur Welt – Zwillinge, so unterschiedlich, wie zwei Kinder überhaupt nur sein können. Rebekka liebt Jakob, den Feineren von beiden, Isaak liebt Esau, den Jäger – Vorlieben, die eines Tages dramatische Folgen haben sollten. Mit hundert Jahren ist

Isaak bereits blind und fühlt sich so schwach, dass er seinen Söhnen den väterlichen Segen erteilen will – »*ehe ich sterbe*«.

Es ist ergreifend zu lesen (Kap. 27,1-28,9), welches Drama sich in diesem Zusammenhang abspielt. Ergreifend die Weissagung über dem (scheinbar) falschen Sohn (V. 27-29) und das Entsetzen des blinden Vaters über seinen »Irrtum«. Und doch auch die Gewissheit: »*Er wird auch gesegnet bleiben.*« – Isaak hatte im Glauben gehandelt, hatte im Glauben und Aufblick zu Gott gesegnet, und so wusste er, dass der Segen auf Jakob bleiben würde. In der Folgezeit scheint sich sein Herz diesem Sohn mehr zuzuneigen. Er segnet ihn und entlässt ihn nach Mesopotamien zu dem Geschlecht seiner Vorfahren, um sich dort eine Frau zu werben.

Isaak wurde hundertachtzig Jahre alt – achtzig Jahre verbringt er in Blindheit, ehe er stirbt (Kap. 35,28-29). Von Rebekkas Tod erfahren wir nichts.

Wie in der Geschichte von Abraham und Sara ist auch hier nur einer der Söhne der Träger der Verheißung: Jakob. Kein einfacher Mann, ganz im Gegenteil – ein schwieriger Charakter, immer auf seinen eigenen Vorteil bedacht, auch wenn es auf Kosten anderer geht. Doch da ist auch die andere Seite: seine Sehnsucht nach Gott und seine Suche nach Gott. Das ist das Einzige, was ihn von seinem Bruder Esau unterscheidet. Esau ist in mancher Hinsicht der »bessere« Mann, weniger verbissen, entgegenkommender (1. Mose 28,6-9), versöhnungsbereit (Kap. 33,1-16, besonders V. 4) – aber er hat keine Beziehung zu Gott, nennt den Namen Gottes kein einziges Mal.

DIE DRITTE GENERATION: JAKOB

(1. Mose 28,10-30,43)

◆ Zwei Generationen von Erzvätern und Erzmüttern sind gekommen und gegangen. Wird Jakob seiner Berufung gerecht werden? Wer wird die Frau an seiner Seite sein, die eingereiht wird in den Plan Gottes mit den Nachkommen Abrahams?

Jakobs Weg, nachdem sein Vater ihn gesegnet hat, beginnt mit einer Flucht. Er hatte seinen Bruder zweimal hart betrogen – zuerst um das Erstgeburtsrecht und dann um den Erstgeburtssegen. Kein Wunder, dass Esau ihn umbringen will, sobald der Vater tot ist! Seine Betrügereien bringen Jakob keinen Segen ein – er muss sein Elternhaus verlassen und fliehen. Und dieser Mann sollte der Träger der Verheißungen sein, die Gott Abraham einst gab? Hatte Gott keinen Besseren? Wie wird sich sein Leben weiter gestalten? Wie viel Arbeit würde Gott mit ihm haben, um aus ihm den Mann zu machen, den er brauchen konnte, um seine Pläne in Erfüllung gehen zu lassen?

So beginnt Jakobs Weg mit einer Flucht (Kap. 28,10-22). In der ersten Nacht jedoch schenkt Gott ihm einen Traum. Dieser Traum hat bis heute nichts von seiner Aktualität eingebüßt. Gott lässt ihn etwas sehen, was unverbrüchliche Wahrheit ist:

»Und ihm träumte, und siehe, eine Leiter stand auf Erden, die rührte mit der Spitze an den Himmel, und siehe, die Engel Gottes stiegen daran auf und nieder. Und der Herr stand oben darauf und sprach: Ich bin der Herr, der Gott deines Vaters Abraham, und Isaaks Gott.« – Und Gott erneuert ihm die Verheißungen, die er einst Abraham und auch Isaak gegeben hatte: *»Das Land, darauf du liegst, will ich dir und deinen Nachkommen geben. Und dein Geschlecht soll werden wie der Staub auf Erden, und du sollst ausgebreitet werden gegen Westen und Osten, Norden und Süden, und durch dich und deine Nachkommen sollen alle Geschlechter auf Erden gesegnet werden.«*

Gott geht noch einen Schritt weiter (V. 15). Er gibt ihm Verheißungen und einen starken Trost für die Jahre, die vor ihm liegen, ein Trost, den der Mann in dieser selbst verschuldeten Situation umso nötiger braucht:

»Und siehe, ich bin mit dir und will dich behüten, wo du hin-
ziehst, und will dich wieder herbringen in dies Land. Denn ich will
dich nicht verlassen, bis ich alles tue, was ich dir zugesagt habe.«

Bei all seiner Unzulänglichkeit und menschlichen Fehlerhaftigkeit
kommen bei Jakobs Reaktion seine große Ehrfurcht vor Gott und
sein Staunen rührend zum Ausdruck (V. 16-22):
»Als nun Jakob von seinem Schlaf aufwachte, sprach er: Fürwahr,
der Herr ist an dieser Stätte, und ich wusste es nicht! Und er fürch-
tete sich und sprach: Wie heilig ist diese Stätte! Hier ist nichts
anderes als Gottes Haus und hier ist die Pforte des Himmels.«

Wie mögen der Traum und die Zusagen Gottes den Mann Jakob
oft gestärkt haben in den Jahren, die vor ihm lagen. Er hatte seinen
Bruder Esau betrogen und er wurde von seinem Schwiegervater
Laban betrogen. Er betrog Laban und dieser betrog ihn wieder ...
Alles in allem kein leichtes Leben. Und doch – der Träger der Ver-
heißung?

JAKOB, RAHEL UND LEA
(1. Mose 29,1-30,24; 35,16-19)

◆ Es fließen Tränen, als Jakob endlich bei den Verwandten an-
kommt, freudig begrüßt und aufgenommen. Jakob verliebt sich in
die jüngste Tochter seines Onkels, doch in der Hochzeitsnacht
schiebt ihm dieser die »falsche Braut« unter – Lea, seine Älteste, die
unattraktive Tochter. Als Jakob den Betrug merkt, hat er in der
Dunkelheit der Nacht die Ehe mit ihr vollzogen. Sein Protest nützt
ihm nichts. Doch Laban ist bereit, ihm auch Rahel zur Frau zu
geben.

So hatte es sich Jakob nicht vorgestellt. Gleich zu Beginn ist er nun
mit zwei Frauen verheiratet, wobei er Rahel lieber hat als Lea. Und
die beiden Schwestern? Wie viel Leid über sie kommt, zeigen die

nächsten Kapitel. Sie waren in dieser Sache nicht gefragt worden. Und sie müssen sehen, wie sie zurecht kommen, während Jakob die Jahre bei Laban »abarbeiten« muss.

Es mutet schon mehr als seltsam an, dass auch diese beiden Frauen – die dritte Generation nun schon – unfruchtbar sind.

»*Als aber der Herr sah*« (V. 31) – von allem Anfang an war Gott dennoch mit dabei. Er hatte nicht nur Jakob hierher gebracht. Er hatte auch gesehen, was Laban ihm antat. Und Gott sah auch, dass Lea ungeliebt war ... Seine Augen ruhen auf ihrem Leben, er sieht ihren zweifachen Kummer, ungeliebt zu sein und keine Kinder zu haben ... – »*Als aber der Herr sah, dass Lea ungeliebt war, machte er sie fruchtbar.*«

Es ist ergreifend zu sehen, wie Lea die Geburt ihrer Söhne als eine Sache zwischen Gott und sich erkennt, wie sie ihre Dankbarkeit und ihr Erleben in Worte fasst:

• Beim ersten Kind: »*Der Herr hat angesehen mein Elend; nun wird mich mein Mann lieb haben.*« – Sie nennt es beim Namen – ihr Elend! Wie einst der Engel Gottes zu Hagar sagte: Der Herr hat dein Elend gesehen! – Und rührend ist Leas Hoffnung, dass ihr Mann sie lieb haben möge ...
• Gott schenkt Lea ein zweites Kind und sie sagt: »*Der Herr hat gehört, dass ich ungeliebt bin und hat mir diesen auch gegeben.*«
• Man spürt das schwere Herz dieser Frau und das drückt sich auch noch aus, als sie ihren dritten Sohn bekommt: »*Nun wird mir mein Mann doch zugetan sein, denn ich habe ihm drei Söhne geboren.*«

Vor dem Hintergrund, dass ihre Schwester keine Kinder bekommt, hofft sie, wenn nicht um ihrer selbst willen, so doch um ihrer Söhne willen von Jakob geliebt zu werden. Doch Liebe lässt sich nicht erzwingen, nicht bei sich selbst und nicht beim anderen.

- Als Lea ihren vierten Sohn zur Welt bringt, scheint es, als habe sie die Hoffnung auf die Liebe ihres Mannes verloren. Aber sie hebt den Blick zum Himmel und sagt: *»Nun will ich dem Herrn danken.«* – Arme unglückliche Lea – und doch, hier gewinnt Dankbarkeit Raum und weist die Hoffnung auf menschliche Liebe in ihre Schranken!

Sollte Jakob glücklich sein können in dieser Situation? Und wie sieht es bei Rahel aus? Ist sie glücklicher als ihre Schwester Lea?

»Als Rahel sah, dass sie Jakob kein Kind gebar, beneidete sie ihre Schwester und sprach: Schaffe mir Kinder, wenn nicht, so sterbe ich. Jakob aber wurde sehr zornig auf Rahel und sprach: Bin ich doch nicht Gott, der dir deines Leibes Frucht nicht geben will.«

Ein Mann und zwei Frauen – ähnlich wie die Konstellation Abraham – Sara – Hagar. Zank, Streit, Neid und Unglücklichsein im Haus Jakobs. Und bald schon wird Jakob vier Frauen haben. Denn Rahel verfällt auf die gleiche Idee wie einst Sara: Sie gibt ihrem Mann ihre Magd zur Frau (!), um durch sie zu Kindern zu kommen. Bilha wird zweimal schwanger. Die Aussagen Rahels bei der Geburt der beiden Söhne zeigen, welche Machtkämpfe im Hause Jakobs im Gange sind. Sie sagt beim ersten Sohn Bilhas (V. 5-8):

»Gott hat mir Recht verschafft und mich erhört und mir einen Sohn gegeben.« Beim zweiten: *»Über alle Maßen habe ich gekämpft mit meiner Schwester, und ich habe gesiegt!«*

Eigentlich könnte nun Friede sein – Rahel hat gesiegt. Aber – so denkt Lea – gleiches Recht für alle: Sie gibt Jakob ihre Leibmagd zur Frau (!) (V. 9-13).
Auch Silpa bekommt zwei Söhne. Lea ruft beim ersten *»Glück zu!«* und beim zweiten *»Wohl mir, denn mich werden selig preisen die Töchter.«* – Es klingt wie die Antwort auf Rahels kämpferische Aussagen.

Bei aller Unzulänglichkeit, allem Unglück und Kampf – die beiden Schwestern beten auch.

»Und Gott erhörte Lea und sie ward schwanger und gebar Jakob ihren fünften Sohn und sprach: Gott hat mir gelohnt, dass ich meine Magd meinem Mann gegeben habe.« Bei der Geburt ihres sechsten Sohnes sagt sie: *»Gott hat mich reich beschenkt; nun wird mein Mann doch bei mir bleiben; denn ich habe ihm sechs Söhne geboren.«* – Aber auch der sechste Sohn kann ihr die Liebe ihres Mannes nicht bringen.

Endlich, nach vielen Jahren des Wartens erbarmt sich Gott auch über Rahel – sie darf einen Sohn – Jakobs elften Sohn! – in den Armen wiegen, und erst jetzt spricht sie aus, was all die Jahre ihr Herz belastet hatte: *»Gott hat meine Schmach von mir genommen.«* Eine Frau, die tief gelitten hatte unter ihrer Kinderlosigkeit. – Bei der Geburt ihres zweiten Sohnes stirbt Rahel (Kap. 35,16-22): *»Als ihr aber das Leben entwich und sie sterben musste, nannte sie ihn Ben-Oni, sein Vater aber nannte ihn Ben-Jamin.«* Sie nennt ihn Sohn meines Unglücks, Jakob nennt ihn Sohn des Glücks – ein tiefer Einblick in die Liebe, die ihn mit Rahel verband.

Viele Jahrzehnte später, am Ende seines Lebens, macht Jakob zwei Aussagen über Rahel und Lea (Kap. 48,7 und 49,31b):

»Und als ich aus Mesopotamien kam, starb mir Rahel im Land Kanaan auf der Reise, als noch eine Strecke Weges war nach Efrata, und ich begrub sie dort an dem Wege nach Efrata, das nun Bethlehem heißt.« – *»Da habe ich auch Lea begraben ...«*

Rahel starb ihm – Lea hat er begraben ... Starke Aussagen. Traurige Aussagen. Das Herz eines Mannes offenbart sich ... Aber: bei allem persönlichen Leid, aller Not, allem Kampf – die nächste, die vierte Generation ist gesichert.

DIE VIERTE GENERATION

◆ Jakob ist nicht mehr der Mann, der er einst war. An einem Tiefpunkt seines Lebens war Gott ihm begegnet (Kap. 32,1-22.23-32). Da war jene Nacht, nachdem er von Laban geflohen war und wusste, dass er seinem Bruder Esau begegnen müsse. Es gab kein Vor und kein Zurück. Angst pur! Da bleibt er in der Nacht zurück und betet und ringt »mit einem Mann«, bis die Morgenröte anbrach. »Lass mich gehen«, sagt jener, Jakob aber ruft aus: *»Ich lasse dich nicht, du segnest mich denn.«*

Der Mann fragt: Wer bist du? Und Jakob muss bekennen: Ich bin Jakob, der Hinterlistige, der Betrüger! – Endlich ist es heraus: Das war sein Charakter so viele Jahre hindurch. Aber in dieser Nacht muss etwas anders werden. So wie bisher kann er nicht weiterleben. Der Mann spricht zu ihm:
»Du sollst nicht mehr Jakob heißen, sondern I s r a e l; denn du hast mit Gott und mit Menschen gekämpft und hast gewonnen.«

Jakob weiß, mit wem er gekämpft hat, wem er den Segen abgerungen hat: Er gibt der Stätte den Namen Pnuel, denn er sagt:

»Ich habe Gott von Angesicht gesehen, und doch wurde mein Leben gerettet. Und als er an Pnuel vorüber kam, ging ihm die Sonne auf ...«

Schaut man sich die Person Jakobs in den folgenden Jahren näher an, so ist er ein von Grund auf veränderter Mann. Es geschieht Versöhnung zwischen ihm und seinem Bruder Esau (Kap. 33,1-12). Er baut Gott seine Altäre, wo er sich niederlässt. Den Altar in Sichem nennt er »Gott ist der Gott Israels« und bekennt sich damit zu seinem neuen Namen. In Bethel, wo Gott ihm einst erschienen war, baut er einen Altar (Kap. 35, 5-7), und Gott begegnet ihm, segnet ihn und bestätigt seinen neuen Namen »Israel«. Er erneuert seine Zusagen, die er schon Abraham und Isaak gemacht hatte (Kap. 35, 11–13).

»Ich bin der allmächtige Gott; sei fruchtbar und mehre dich! Ein Volk und eine Menge von Völkern sollen von dir kommen, und Könige sollen von dir abstammen, und das Land, das ich Abraham und Isaak gegeben habe, will ich dir geben und will's deinem Geschlecht nach dir geben. Und Gott fuhr von ihm auf an der Stätte, da er mit ihm geredet hatte.«

Jakobs Leben ist noch nicht zu Ende. Es gibt noch manche harten Dinge zu durchleben. Nach Jahrzehnten zieht er mit all seinen Nachkommen nach Ägypten (Kap. 46,1-27). Seine männlichen Nachkommen und er sind auf siebzig Personen angewachsen, hinzu kommen die Frauen, die Töchter und sein großes Gesinde, das er erworben und auch von seinem Vater übernommen hat.

Dort in Ägypten steht Jakob vor Pharao (Kap. 47,7-10).
»Und Jakob segnete den Pharao. Der Pharao aber fragte Jakob: Wie alt bist du? Jakob sprach zum Pharao: Die Zeit meiner Wanderschaft ist hundertdreißig Jahre; wenig und böse ist die Zeit meines Lebens und reicht nicht heran an die Zeit meiner Väter in ihrer Wanderschaft. Und Jakob segnete den Pharao und ging hinaus von ihm.«

Welch ein starkes Bild: Jakob, der alte Erzvater segnet Pharao ...
Sein Sohn Josef ist der zweite Mann in Ägypten ...
Siebzehn Jahre später, als er spürt, dass sein Leben zu Ende geht, ruft Jakob seine zwölf Söhne zusammen. Er segnet jeden einzelnen mit einem besonderen Segen und weissagt über ihnen. Sie sind die zwölf Oberhäupter, die Stammesfürsten der künftigen Generationen, auf ihnen ruhen die Verheißungen Gottes. Sie werden zum Volk werden. Könige und Priester werden aus ihrer Mitte hervorgehen. Aus dem Geschlecht Judas, Leas Sohn, werden Könige kommen und endlich »der Held, dem die Völker anhängen werden.«

Eine Verheißung, die sich in Jesus Christus erfüllte.

ZUSAMMENFASSUNG

◆ Die Erzväter und Erzmütter waren Menschen aus Fleisch und Blut, mit Stärken und Schwächen, Sehnsüchten und Enttäuschungen, Freuden und Leiden, mit ihrem Gottsuchen und Gotterleben genau wie wir. Und Gott stand zu ihnen, handelte an ihnen.

Doch ihre Bedeutung geht weit über ihr eigenes persönliches Leben und Erleben hinaus. Gott hatte seinen Plan mit ihnen und den führte er auch aus. Ein Plan, der bis in unsere Zeit hineinreicht und darüber hinaus.

Da sind Abraham, Sara und Hagar. Doch nur auf Abraham und Sara ruht die Verheißung: Sie sind bestimmt, Vater und Mutter der nächsten Generation zu sein. Hagar und ihr Sohn sind zwar auch gesegnet, doch ihr weiteres Leben verläuft außerhalb der Linie der Verheißung.

Dann handelt Gott in der nächsten Generation – Isaak und Rebekka tragen die Verheißung auf ihrem Leben. Von ihren beiden Söhnen ist nur einer bestimmt, Träger der Verheißung Gottes zu sein: Jakob. Esaus Leben ist auch gesegnet, doch auch das verläuft außerhalb der Linie der Verheißung.

Der Segen der Verheißung ruht auf Jakob und seinen beiden Frauen Rahel und Lea. Ihre zwölf Söhne – unter viel persönlicher Not geboren und hervorgebracht, werden zu Begründern der »Kinder Israel«, zu Stammvätern der »zwölf Stämme Israels«, dem Volk der »Gotteskämpfer«.

Rund tausend Jahre nach Abraham spricht der Prophet Jesaja im Auftrag Gottes die Worte aus (Jes 51,1-2):

»Hört mir zu, die ihr der Gerechtigkeit nachjagt, die ihr den Herrn sucht: Schaut den Fels an, aus dem ihr gehauen seid, und des

Brunnens Schacht, aus dem ihr gegraben seid. Schaut Abraham an, euren Vater, und Sara, von der ihr geboren seid. Denn als Einzelnen berief ich ihn, um ihn zu segnen und zu mehren.«

Israel hat seine Väter und Mütter nie vergessen. Gott hatte sie dazu auserwählt und bestimmt, seine Gedanken und Pläne auszuführen. Keiner der Männer hätte das tun können ohne die Frau an seiner Seite. Und keine der Frauen hätte das tun können ohne den Mann an ihrer Seite. Ohne Gott waren sie unfruchtbar. Gott musste ihr Leben fruchtbar machen, damit sie in der Lage waren, Nachkommen hervorzubringen, aus denen ein Volk entstehen konnte, das seinen Namen trug und verkündigte, ein Volk, das im Bund mit ihm lebte und alle Auslöschungsversuche überlebte – bis in unsere Tage hinein. Überwältigend. Und Gott tat es für sie.

Für uns heute könnte das heißen: Gott will das Volk des Neuen Bundes, seine Gemeinde bauen – wie Jesus sagte: *»und die Pforten der Hölle sollen sie nicht überwältigen«* (Mt 16,18b).

Er hat seinen Plan mit uns als Männer und Frauen. Ohne ihn können wir nichts tun (Joh 15,5). Unser Leben bleibt unfruchtbar. Aber mit ihm, unter seinem Segen, unter seinem Schutz können wir – Männer und Frauen – neues Leben hervorbringen, damit sein Volk sich mehre und seine Gemeinde gebaut werde. Er hat uns erwählt und bestimmt, dass wir hingehen und Frucht bringen und unsere Frucht bleibe (Joh 15,16).

Im Neuen Testament werden uns die Erzväter immer wieder als Zeugen des Glaubens und als leuchtendes Vorbild hingestellt. Sie sind eingegangen in die Liste der Glaubenshelden in Hebräer 11,8-21. Unter den Glaubenshelden ist auch Sara erwähnt, die Erzmutter. Es heißt von ihr (Hebr 11,11):

»Durch den Glauben empfing Sara, die unfruchtbar war, Kraft, Nachkommen hervorzubringen trotz ihres Alters; denn sie hielt den für treu, der es verheißen hatte.«

Petrus ruft den Frauen zu (1. Petr 3,6), dass sie Saras Töchter geworden sind: »*Wenn ihr Recht tut und euch durch nichts beirren lasst*« – so nach Luther, oder Gute Nachricht: »*... wenn ihr das Rechte tut und euch davon durch keine Drohung abbringen lasst*«. Auch Paulus greift häufig auf die Erzeltern zurück. Er schreibt in Galater 3,7: »*Erkennt also, die aus dem Glauben sind, das sind Abrahams Kinder.*« Ein Wort, das Männern und Frauen gleichermaßen gilt.

Ich freue mich zu wissen, dass wir tatsächlich drei Erzväter und vier Erzmütter haben – wie Shlomi mir damals in Israel sagte. Ich freue mich, feststellen zu dürfen, dass jene Frauen nicht nur »Frauen im Hintergrund« oder gar nur »Mittel zum Zweck« waren, sondern dass sie mit hineingenommen waren in den großen Plan Gottes für ihr eigenes Leben und die Generationen nach ihnen. Ja, dass sie als gottgeweihte Persönlichkeiten ebenbürtig an der Seite ihrer Männer standen. Und dass Gott sie berief, sie gebrauchte und mit ihnen allen Geschichte machte – mit Männern und Frauen. Wie auch Paulus für den Neuen Bund schreibt (Gal 3, 26-28):

»*Denn ihr seid alle durch den Glauben Gottes Kinder in Christus Jesus. Denn IHR ALLE, die ihr auf Christus getauft seid, habt Christus angezogen. Hier ist nicht Jude noch Grieche, hier ist nicht Sklave noch Freier, hier ist nicht Mann noch Frau; denn ihr seid allesamt EINER in Christus Jesus.*« (Hervorhebungen durch die Autorin)

Und hier fügen sich auch die hoheitsvollen Worte des Petrus über die Berufung Gottes in einem schönen Gleichklang an; Bundesworte aus alter Zeit (2. Mose 19,5-6) die allen, Männern und Frauen im Neuen Bund, unverbrüchlich und für immer gelten (1. Petrus 2,9):

»*IHR ABER seid das auserwählte Geschlecht, die königliche Priesterschaft, das heilige Volk, das Volk des Eigentums, dass ihr verkündigen sollt die Wohltaten dessen, der euch berufen hat von der Finsternis zu seinem wunderbaren Licht.*« (Hervorhebungen durch die Autorin)

»UND DIE NAMEN SIND ...«: SCHIFRA UND PUA (2. MOSE 1,1–2,10)

◆ Liebe Damen und Herren,[1]
ich haben Ihnen einen Nagel mitgebracht. Und an diesen Nagel möchte ich unsere Bibelarbeit hängen. Warum bringe ich Ihnen einen Nagel mit? Es ist ja ein echt antikes Stück. Keine Sorge, ich will Ihnen keine Botschaft einhämmern und auch niemanden aufspießen.

Sondern der Nagel hat mit unserem Textanfang zu tun. So beginnt nämlich die Erzählung im 2. Mose-Buch: mit einem Nagel. Dieser Nagel ist das unscheinbare Wörtchen »und«. Das verbindende Wörtchen »und« wird im Hebräischen mit dem Buchstaben ›WAW‹ dargestellt, sein Zeichen ist der Nagel.

Das ist ein gutes Bild: Denn an diesem »WAW« hängt der Text. Er verbindet das Geschehen in Ägypten mit der Heilsgeschichte Gottes. Der Nagel verbindet die Geschichte von den Hebammen mit dem, was Gott an Abraham, Isaak und Jakob schon tat. Hier am Beginn des Buches Exodus (2. Mose) erinnert das »und« an das vorausgehende Buch: nämlich das Buch Genesis (1. Mose). »**Und das sind die Namen** ...«

Die »Namen«, auf hebräisch ›SCHEMOT‹, werden wiederholt, die im Buch Genesis (1. Mose 46, 8) schon einmal genannt wurden. Die Namen der Söhne Jakobs: Ruben, Simeon, Levi und Juda, Issaschar, Sebulon und Benjamin, Dan und Naftali, Gad und Asser. Der Nagel, das ›WAW‹, macht deutlich: Die Geschichte fängt nicht erst hier an, sondern sie hat eine Vorgeschichte. Gott schreibt an seiner Geschichte weiter.

Hier am Beginn des Buches Exodus ist nicht Neubeginn auf einer weißen Tafel, sondern es wird fortgeschrieben, was schon mit Adam und Eva, ja mit der Erschaffung und dem Segen der Welt begonnen hat. Die Linie setzt sich über Noah fort. Abraham dann bekam die Verheißung, dass seine Nachkommen so zahlreich wie die Sterne am Himmel sein sollten. Über Isaak und Jakob zieht sich die Linie der Erfüllung dieses Versprechens weiter.

Wie Gott seine Zusagen und Verheißungen erfüllt, hängt alles an dem einen Nagel. Es ist eine dünne Linie, schreibt Luther [2], die sich nach Ägypten zieht. Wörtlich: »*Dünne und schmal greiffts Gott an, da er seine Verheißung, dem Abraham und seinem Samen gegeben, ins werck setzen will* ...«

»Dünne und schmal« scheint oft zu sein, was Gott tut. Aber aus dem scheinbar Geringen lässt Gott Großes wachsen. Wenn Gott etwas schenkt, dann ist es ein Sicherheitsnagel, an dem wir unsere Sorgen getrost aufhängen können.

DER NAGEL DER ERINNERUNG

◆ In unserem Text sind als Nächstes die Namen von großer Bedeutung. Der »Nagel«, das »und« bringt uns die Erinnerung an diese Namen. Namen sind wichtig. Sie tragen Geschichte und wecken unser Gedächtnis. Namen sind geronnenes Leben, sie heben aus dem Fluss der Zeit die wichtigen Orte und Ereignisse hervor.

Wenn also unser Bibeltext mit dem Satz beginnt: »Und das sind die Namen ...« (2. Mose 1,1), dann soll die Erinnerung geweckt werden an das, was Gott bereits getan hat. Der Name und das Andenken gehören zusammen. So klagt einer der Freunde Hiobs: »*Sein Andenken wird vergehen im Lande, und er wird keinen Namen haben auf der Gasse*« (Hiob 18,17). Aber das Buch der Sprüche preist den Gerechten: »*Das Andenken des Gerechten bleibt im Segen ...*« dagegen: »*... der Name des Gottlosen wird verwesen*«. (Sprüche 10,7). Der Name hält das Andenken lebendig.

So deutet ein Rabbiner die Wiederholung der Namen der Söhne Jakobs so: Gott bekunde damit seine Liebe zu den Söhnen Israels, denn »*sie werden verglichen mit Sternen, die er nach ihrer Zahl herausführt und die er heimbringt nach ihrer Zahl, wie es heißt: Der herausführt ihr Heer nach ihrer Zahl, sie alle ruft er mit ihrem Namen*« (vgl. Jes 40,26).

Wer schon einmal in Israel die Gedenkstätte Yad Vashem besucht hat, wird sich an die vielen Namen erinnern, die nicht ausgelöscht sein sollen. Dem Namen ein Gedenken zu schaffen, lässt lebendige Erinnerung wachsen. Wenn ich jemand mit Namen kenne, dann ist er mir etwas wert. Wenn ich jemandem einen Namen gebe, dann ist er mir lieb. Der Name stiftet Beziehung und Erinnerung.
Einige andere Namen aus dem Alten Testament habe ich gerade schon genannt. Ich möchte noch zwei Namen nennen, die uns später ebenfalls beschäftigen werden. Das sind Erdmuthe Dorothea von Zinzendorf und Ruth von Kleist-Retzow.

Namen in Erinnerung zu behalten ist wichtig. Dadurch sind die genannten Personen unter uns lebendig. Dadurch werden sie nicht vergessen. Ihr Andenken ruft auch ihre Gedanken und ihr Wirken unter uns wach. Wenn die Namen, gerade von Wohltätern, vergessen werden, dann geschieht Unrecht und das Böse bekommt freie Hand.

Die Namen der zwölf Söhne Jakobs stehen für das Heilswirken Gottes. So beginnt das Buch Exodus. Ich weiß nicht, ob Sie sich einmal überlegt haben, wie es noch anfangen könnte: Es hätte ja auch mit einer Schilderung der Prachtwelt Ägyptens einsetzen können. Schließlich lebten die Israeliten gerade in einem Land, das eines der fortschrittlichsten Länder in jener Zeit war. Allein die Götterwelt Ägyptens war überaus beeindruckend.

Da sind die Wunder der Baukunst, die Pyramiden, die die Ägypter einzigartig nur mit natürlichen Roll- und Hebelwirkungen erbauten. Da sind die mächtigen Gottheiten, die kunstvoll dargestellt wurden – zum Beispiel eine Statuette der Göttin Isis, die ihren Sohn Horus stillt. Oder die Geiergöttin Nechbet, wertvoll in Gold mit Einlegearbeiten gefasst. In ihren Klauen hält sie ein Symbol für die Ewigkeit. Oder ein Brustschmuck, der den geflügelten Skarabäus zeigt, das Sinnbild für das Leben. Er hält die Sonnenbarke und das heilige Auge in den Händen.

Die Ägypter besaßen ausgeklügelte Vorstellungen von Leben und Tod. Ihre Verehrung von Gottheiten und des Pharao hatte feierliche, beeindruckende Formen. Sie führten ein äußerst gepflegtes Leben, liebten gutes Essen und waren hochgebildet. Kein Sterbenswörtchen taucht davon in der Schilderung Ägyptens zu Beginn des Buches Exodus auf. Nicht einmal ein kleines ›WAW‹, nicht ein goldener Nagel!

Wir hören nichts über die Pracht der Pharaonen. Wir hören nichts von der Klugheit der Ägypter. Wir hören nichts von erfolgreichen Kriegszügen. Sondern das Einzige, was von dieser Pracht und Herrlichkeit erzählt wird, ist: »Da kam ein neuer König auf in Ägypten, der wusste nichts von Josef« (2. Mose 1,8).

Ein neuer König ... Wir hören nichts von seiner Einsetzung, nichts von eventuellen Unruhen im Hintergund. Aber dass er den Namen eines Wohltäters vergessen hat, das wird in die Tradition aufgenommen. Martin Luther schrieb dazu: »*Man vergisst nichts so leicht als Wohltat ... Solches ist der Welt tranckgeld und lohn für getrewe Dienste, des müssen wir auch gewohnen, es gehet in der Welt nicht anders.*«[2]

»Undank ist der Welt Lohn«, so sagt man noch heute. Der neue König, der Pharao, wird wohl Ramses II. gewesen sein. Er herrschte 66 Jahre lang, und neun weitere Könige führten ihren Namen nach ihm. Er unternahm viele Feldzüge und entfaltete eine ausgedehnte Bautätigkeit. Doch für die Israeliten bleibt der Pharao bis in die heutige Passa-Liturgie hinein der Bittere, der ›MAROR‹. Bitterkraut wird zu Beginn des Sabbat gegessen, um an die bittere Zeit der Unterdrückung in Ägypten zu erinnern. Der Pharao steht für Zwangsarbeit und Gewalt. Die Israeliten werden Hebräer genannt. So heißen sie in dieser Zeit gemeinsam mit anderen Semiten, denn dieses Wort, wörtlich ›HABIRU‹, wird für alle Fremdarbeiter gebraucht.

Der Pharao wird als ein Herrscher geschildert, der allein regiert und nur seine Interessen als oberstes Ziel kennt. Die Israeliten vermehrten sich zu sehr. (Der Schöpfungssegen: »Seid fruchtbar und mehret euch und füllet die Erde!« aus 1. Mose 1,28 wird sprachlich in 2. Mose 1,7 in Erinnerung gerufen: »Die Nachkommen Israels waren fruchtbar, so wimmelte es von ihnen, zahlreich wurden sie und stark – mehr und mehr. Das Land füllte sich mit ihnen.«)

Der Pharao sah seine eigenen Interessen gefährdet. Und das Unheil für die Israeliten beginnt mit dem seines schlechten Gedächtnisses: »Da kam ein neuer König auf in Ägypten, der wusste nichts von Josef.« All die Wohltaten, die Josef dem Land Ägypten und seinen Bewohnern hatte zukommen lassen; die gute, vorsorgliche Innenpolitik war vorbei und vergessen.

Dieses »Nicht-Erinnern« ist das Einzige, was von der ganzen Pracht Ägyptens in der Tradition Israels überdauert. Der Pharao mit seiner Gewaltherrschaft wird zum Bild für Unterdrückung und Gottlosigkeit. Auch seinen Namen können wir nur über andere Quellen erschließen. Er wird in unserem Text nicht einmal genannt.

Seine Untaten werden festgehalten. Zunächst lässt er die Israeliten härter als zuvor arbeiten. Zwei Vorratsstädte, Pitom und Ramses, entstehen. Der Pharao lässt die Nomaden im Dreck wühlen. Die Menschen, die gewohnt sind, mit Tieren zu arbeiten, müssen aus Nilschlamm und Stroh Ziegel formen und sie in der Sonne trocknen lassen. Hart ist die Arbeit, und die Ägypter setzten scharfe Aufseher über die israelitischen Zwangsarbeiter. Jedoch bricht der Segen, der auf diesem Volk liegt, nicht ab. Die Gewalt kann das Leben nicht eindämmen. Die Israeliten nehmen weiterhin an Zahl zu.

Luther überträgt diesen Sieg des Lebens unter der Knute der Gewalt auf die Kraft des Evangeliums: *»wider Gottes wort hilfft keine weisheit, macht oder Gewalt, sondern es dringet durch und reisset alles hinweg, was sich in weg leget«.*[2] Diese Zuversicht Luthers dürfen wir uns gesagt sein lassen. Was immer hoffnungslos scheint, wo Gewalt gegen Gewalt gesetzt wird, wo Gottlosigkeit sich breit macht und Spott und Heidentum mächtig werden ... Die Kraft des Evangeliums setzt sich durch. Gott setzt sein Reich inkraft, auch wenn Mächtige ihn leugnen oder verachten.

Schon hier wird deutlich, dass Gottes Verheißung nicht unterdrückt werden kann. Und noch viel mehr können wir das daran sehen, wie die Geschichte weitergeht. Denn der Nagel der Erinnerung hält noch zwei andere Namen fest, durch die Gottes Segenslinie weitergezogen wird: Die Namen der Hebammen: Schifra und Pua.

Erinnern wir uns daran: Als der Pharao mit seinen Zwangsmaßnahmen das erwünschte Ziel nicht erreicht, versucht er es auf einem anderen Weg. Die männlichen Nachkommen sollen ausgerottet werden. Die Frauen, die zum Leben helfen, die Hebammen, sollen jetzt zu Todeshelferinnen werden. Wenn sie bei einer Geburt assistieren, sollen sie sofort, sozusagen noch bei den letzten Wehen, schauen, ob ein Knäblein auf die Welt kommt. Das Neugeborene sollen sie unauffällig töten. So soll das Volk Israel ungefährlich gemacht werden. Die zukünftigen Krieger sollen gar nicht erst heranwachsen können.

Diese zwei Frauen werden namentlich genannt. Ob sie selbst Hebräerinnen oder Ägypterinnen waren, lässt sich grammatikalisch nicht eindeutig beantworten. Aber ihre Namen wurden bewahrt. Schifra, der Name bedeutet »Schönheit«; und Pua, der Name bedeutet »Glanz«. Es wäre meines Erachtens falsch, wollte ich nun als Frau weitere Namen der Erinnerung versuchen aufzufinden. Manche Exegetinnen legen gesteigerten Wert darauf, dass in den ersten zwei Kapiteln des Exodus-Buches insgesamt 12 Frauen, ja zwölf Töchter, eine besondere Rolle spielen; nämlich die beiden Hebammen, Moses Mutter und Schwester, die Tochter des Pharao und die sieben Töchter des Priesters von Midian.

Es ist bestimmt richtig beobachtet, dass gerade diese Geschichten von den Hebammen und der Rettung Moses durch seine Mutter, seine Schwester und die Pharaonentochter keine Zwischenstücke oder Nebensächlichkeiten sind. Aber den 12 Stammvätern nun 12 Töchter sozusagen entgegenzusetzen, ist meines Erachtens gesucht und nicht schlüssig.

Es bleibt festzuhalten, dass sowohl Männer als auch Frauen von diesen mutigen Lebensretterinnen etwas lernen können. Nicht umsonst werden die Namen Schifra und Pua aufgezeichnet. Aber es geht hier nicht um eine Ehren- oder Machtfrage: »Wer hat denn den Israeliten zur Freiheit verholfen? Wem gebührt die Ehre?« Allein Gott selbst, dem Geber des Lebens, gehört die Ehre!

Wenn Menschen nach Gottes Willen handeln, dann tun sie das nicht in erster Linie als Frau oder als Mann. Sondern wenn Gott

Menschen gebraucht, dann handeln diese Menschen als neue, geistliche Menschen. Frausein oder Mannsein steht an zweiter Stelle und ist nicht die prägende Kraft.

Jesus hat uns Christen diesen neuen Menschen vor Augen geführt. Männer und Frauen wurden von ihm gleichermaßen in die Nachfolge gerufen. Männer und Frauen wurden zu Zeugen seiner Auferstehung. Männer und Frauen werden in seinem Reich als neue Menschen gebraucht und eingesetzt. Das Geschlecht ist nicht entscheidend. So wie auch die Volkszugehörigkeit oder der soziale Stand nicht die prägende Kraft im Reich Gottes sein soll. Auch Paulus sah das so: »*Hier ist nicht Jude noch Grieche, hier ist nicht Sklave noch Freier, hier ist nicht Mann noch Frau; denn ihr seid allesamt einer in Christus Jesus*« (Gal 3,28).

Männer und Frauen gebraucht Gott, um sein Reich in dieser Welt zu bauen. Christen finden dazu in Jesus Christus die erneuernde Kraft.

Wie war das *damals*? Woher bezogen diese mutigen Frauen ihre Kraft?

Das führt uns zum zweiten Teil unserer Auslegung. Es begann alles mit diesem Nagel, dem ›WAW‹. Der Nagel der Verheißung und Erinnerung. Nun kann ich diesen Nagel ganz leicht in eine Wurzel verwandeln. Eine Wurzel, an der auch schon ein Blatt ausschlägt.

DIE WURZEL DER KRAFT

◆ Zunächst möchte ich die Gestalten der Hebammen noch etwas näher beleuchten. Wie schon erwähnt, lässt es sich grammatikalisch nicht entscheiden, ob es sich um hebräische oder ägyptische Hebammen handelt. Wenn man von den Israeliten aus denkt, also soziologisch, sind hebräische Hebammen wahrscheinlich. Wenn man vom Pharao aus denkt, also taktisch, sind die ägyptischen Hebammen nahe liegend.

In unserem Text heißt es wörtlich übersetzt (2. Mose 1,17): *»Doch die Hebammen fürchteten die Gottheit und taten nicht, wie der König von Ägypten zu ihnen geredet hatte, sondern ließen die Neugeborenen leben.«* Es wird an dieser Stelle tatsächlich nicht der Name Gottes, Jahwe, d. h. ›ADONAI‹ gebraucht, sondern das allgemeine Wort für Gott steht hier mit Artikel und heißt also: »die Gottheit«.

Angenommen, die Frauen sind Ägypterinnen. Dann entdecken wir hier, dass der lebendige Gott die Gottesfurcht dieser Ägypterinnen gegenüber ihren eigenen Göttern benutzt. Auch an anderen Stellen des Alten Testaments wird klar, dass Israel sehr wohl um die Götter anderer Völker weiß. Gerade in den Psalmen wird das sehr deutlich: *»Denn der HERR ist ein großer Gott und ein großer König über alle Götter«* (Ps 95,3). Oder: *»Denn der HERR ist groß und hoch zu loben, mehr zu fürchten als alle Götter. Denn alle Götter der Völker sind Götzen; aber der HERR hat den Himmel gemacht«* (Ps 96,4f.).

Die Psalmverse zielen darauf hin, dass ›ADONAI‹, in der Lutherübersetzung »der HERR«, größer ist als die anderen Gottheiten. Der HERR hat Himmel und Erde geschaffen, er ist zu fürchten. Dennoch wird auch an verschiedenen Stellen deutlich, dass die anderen Völker auch im Namen *ihrer* Gottheit gute Taten tun können.

Im Prophetenbuch Jona verkündigt der Prophet der Stadt Ninive nicht den HERRN, den Gott Israels, der Himmel und Erde geschaffen hat. Jona ruft vielmehr die Leute dort zur Umkehr von ihrer Ungerechtigkeit hin zu guten Taten. Und dabei bleiben diese Menschen von Ninive im Bereich ihrer Gottheit. Sie werden noch keine Jahwe-Verehrer.

Auch Paulus im Römerbrief rechnet mit der bereits bestehenden Gottesfurcht der Heiden. Er erwartet von ihnen, dass sie gute Taten vollbringen. Und tadelt sie für ihren schlechten Lebenswandel: *»Denn obwohl sie von der Existenz eines Gottes wussten, haben sie ihn nicht als Gott gepriesen, noch ihm gedankt, sondern sind dem Nichtigen verfallen in ihren Gedanken«* (vgl. Röm 1,21). Erst im Namen von Jesus Christus werden alle Völker zum Heil Gottes gerufen, zum Heil im Namen des Gottes Israels und seines Messias Jesus Christus.

So benutzt der HERR die Gottesfurcht der Ägypterinnen, um sein erwähltes Volk zu beschützen. Hier wird ins Werk gesetzt, was die Psalmen preisen. *»Denn der HERR ist ein großer Gott und ein großer König über alle Götter«* (Ps 95,3).

Erst mit Jesus werden die anderen Völker auch stets zum Gott Israels zur Umkehr gerufen. Vorher bleibt es die Ausnahme, dass ein Mensch aus einem anderen Volk in die Religion Israels eintritt. Die Hure Rahab ist so eine Ausnahme, sie ist die Einzige in Jericho, die sich zum Gott Israels, zum HERRN bekennt. Deswegen hilft sie auch den Israeliten. Und sie bleibt mit ihres Vaters Haus allein verschont, als Jericho dem Bann verfällt (Jos 2,1-25).

Im Alten Testament sind das Ausnahmen. Erst mit Jesus ist die Zeit der Völkermission in ihrer Fülle angebrochen. Nun liegt für alle Völker in JESUS das Heil. Nun brauchen alle Völker Jesus. Nur in seinem Namen liegt heutzutage die Rettung.

Aus der Geschichte von den ägyptischen Hebammen sehen wir, wie souverän Gott seinen Heilsweg ins Werk setzt. Erst benutzt er die ägyptischen Hebammen, um den gottlosen, auf Tod gesonnenen Pharao unschädlich zu machen. Dann sorgt die Tochter des Pharao dafür, dass der zukünftige Retter am Hof des Pharao erzogen wird.

Gott handelt souverän. In seiner Hand sind die Mächtigen wie Wachs. Er formt und gestaltet, damit seine Wege ans Ziel führen.

Und Gott schenkt den Menschen auch die Kraft, gute Taten zu tun. Die Wurzel der Kraft ist die Gottesfurcht. Die Hebammen werden ja zu ihrem göttlichen Herrscher gerufen. Er verhört sie. »Warum tut ihr nicht, was ich euch sage? Warum lasst ihr die Neugeborenen leben?« (vgl. 2. Mose 1,18).

Es ist diesen Frauen hoch anzurechnen, dass sie nicht vor dem Pharao mit all seinem Glanz und seiner Pracht in die Knie gegangen sind. Sein gottloser Prunk stand gegen den Glanz und die Schönheit der Gottesfurcht. Die Hebammen antworten schlau: »*Ja, die hebräischen Frauen sind nicht wie die ägyptischen ... die sind ja so lebendig. Ehe wir zu ihnen kommen, haben sie schon geboren*« (vgl. 2. Mose 1,19). War das jetzt gelogen? Luther nennt es »*freundliche lügen*«. Denn sie schadet nicht, sondern sie ist einem anderen zu Dienst und Nutzen. Sie fördert das Leben.

Und dafür segnet Gott die Hebammen. »*Die Gottheit gründete ihnen Häuser.*« Es geht also um bleibenden Segen, der auf ihre ganze Familie, ihren Stamm übergeht. Diese Eigenschaften, Gottesfurcht, Mut und Klugheit, sind durch die Jahrhunderte immer wieder als die tragenden Kräfte erlebt worden, wenn es darum ging, anderen Menschen zu helfen oder sie sogar vor dem Tod zu erretten.

Um nur wenige Beispiele[3] zu nennen:

So hat eine Erdmuthe Dorothea von Zinzendorf aus Gottesfurcht alle ihre Standesprivilegien als Reichsgräfin aufgegeben, um als »Schwester unter Schwestern« zu wirken. Sie arbeitete gemeinsam mit ihrem Mann Graf Nikolaus von Zinzendorf in der Herrnhuter Brüdergemeinde. Dort wirkte sie in der Frauenarbeit. Die Frauen hatten Sitz und Stimme in der Gemeindeversammlung. Völlig neue Dinge innerhalb des Protestantismus! Später wurden Frauen zur Diakonin, Presbyterin und Hilfspredigerin geweiht. Dabei hatte Erdmuthe prägende Kraft. Die ganze Gemeinschaft wurde in den Zeiten der Französischen Revolution aufgebaut, eine Zeit, in der solche Verantwortungen für Frauen gemeinhin undenkbar waren. Aber diese Gemeinschaft »*entdeckte etwas von der Sprengkraft, die in den biblischen Aussagen über das Verhältnis von Männern und Frauen in Kirche und Gesellschaft schlummert.*«[4]

Ein anderes Beispiel für Mut und Klugheit ist Ruth von Kleist-Retzow. Sie war eine Mutter des Widerstands im Dritten Reich. Sie war eine fromme Frau, die aus dem ostelbischen Adel stammte. Sie erkannte die Zeichen der Zeit. Und in der Gottesfurcht entwickelte sie Zivilcourage wie wenige damals. Viele ihrer näheren Verwandten schlossen sich, durch ihr Vorbild geprägt, dem Widerstandskreis gegen Hitler an. Sie scheute keinen persönlichen Einsatz. Sie versteckte Juden bei sich. Sie eröffnete zweimal eine Kinderpension und unterrichtete Kinder, Enkel und Pflegekinder. Einen engen Kontakt hielt sie zu Dietrich Bonhoeffer, wurde ihm zur mütterlichen Freundin. Sie war keine perfekte Frau, aber hat durch ihre Orientierung an Gott Mut und Widerstandskraft gegen das Böse gewonnen.

So gebrauchte Gott Frauen, die ihn fürchteten. Durch weltlich gesehen schwache, aber geistlich gesehen starke, neue Menschen baut er sein Reich. Und in unserem Bibeltext wird sozusagen noch eines »obendrauf« gesetzt. Denn im letzten Abschnitt führt Gott seinen Plan zur Rettung des Volkes Israel *mittels eines Kindes durch*.

Denn der Pharao hat ja nach dem ersten Fehlschlag den Befehl erlassen, alle neugeborenen Jungen in den Nil zu werfen. Die Mutter Moses setzt ihr Baby in ein schwimmfähiges Kästchen an den Uferrand des Nil. Die Schwester des Mose – ihren Namen erfahren wir erst einige Kapitel später – wird dazu gebraucht, den kleinen Mose nicht nur vor dem Tod im Nil zu retten, sondern ihn mitsamt seiner Mutter an den Hof des Pharao zu bringen. Das kleine Baby kann wieder mit seiner Mutter zusammenkommen. Der heranwachsende Knabe bekommt alles, was an Bildung damals möglich ist.

Und dazu gebraucht Gott ein junges Mädchen, noch ein Kind. Auch hier wird wieder ein Psalmvers ins Werk gesetzt. Psalm 8,3:

»*Aus dem Munde der jungen Kinder und Säuglinge hast du eine Macht zugerichtet um deiner Feinde willen.*« Ein Kind schafft die Verbindungen, damit der Säugling Mose überleben kann. So überraschend, so souverän handelt Gott!

Der Text will uns ermutigen. Die Namen, die hier genannt werden, stehen stellvertretend für die vielen Menschen, die Gott in aller Welt für den Bau seines Reiches benutzt. Es sind keine Übermenschen, durch die Gott handelt. Zwei einfache Hebammen bereiten den ersten Teil des Auszugs vor. Sie schützen die Nachkommen des Volkes Israel vor dem Tod. Sie stellen sich dem Pharao entgegen. Ein junges Mädchen hilft dazu, den Plan des Pharaos zu vereiteln.

Schifra und Pua, diese Namen sind uns überliefert. Mirjam und Jochebed heißen Tochter und Mutter (2. Mose 6,20; 15,20). Es sind alles ganz normale Menschen, mit denen Gott arbeitet. Sie tragen Namen ihrer Zeit. Heute heißen sie vielleicht Hans, Sabine, Bernd und Ute – oder ganz anders. Sie tun gute Taten. Sie schöpfen ihre Kraft aus der Gottesfurcht. Aber das Heil selbst, das kann nur Gott allein bringen. Er ist der Geber aller guten Gaben. Er macht uns Menschen zu guten Taten fähig.

Gott zimmert mit Namen der Verheißung und Erinnerung sein Reich. Ich möchte ganz bewusst »zimmern« sagen. Jesus übte den Beruf eines Zimmermanns aus. Er lernte alle Verbindungen, wie man Holz mit Holz zusammenfügt, wie man ein tragendes Dach konstruiert, wie man eine Tür baut, sodass sie sauber öffnet und schließt. Gottes großes Werk ist es, Menschen zu verbinden. Er bindet uns an sich, durch seinen Sohn Jesus Christus. Er verbindet Menschen, die ihm nachfolgen, zur Gemeinde von gestern, heute und morgen.

Wir haben gesehen, dass sein Tun heute nicht in der Luft hängt. Gott verbindet uns mit den Müttern und Vätern im Glauben. Durch alle Zeiten sind wir mit ihnen verbunden: »Und dies sind die

Namen ...« An solch einen Nagel, der mutigen Tat einfacher Menschen, hängt Gott die Heilsgeschichte.

Ein Nagel ist ein grobes Stück Stahl. Es wird eingehämmert, in die Wand geschlagen. Männer und Frauen Gottes müssen viel aushalten. Aber nur so kann ein Nagel große Aufgaben erfüllen. Gott schafft sein Heil nicht mit den goldenen Nägeln im ägyptischen Tempel, sondern mit dem harten Zimmermannsgeschäft, das Jesus für uns getan hat. Durch sein Leben und Sterben verbindet er sich mit uns.

Durch seine Kreuzesnägel erhalten wir die Wurzel für alle Kraft. Kraft für den Widerstand gegen Gewalt und Gottlosigkeit, Kraft für den Einsatz für das Leben und Gottvertrauen.

1 Dieser Beitrag ist die gekürzte Version einer Bibelarbeit, die am 19. Juni 1999 während des Deutschen Evangelischen Kirchentages in Stuttgart gehalten wurde.
2 Die folgenden Lutherzitate stammen aus den Predigten Martin Luthers zum 2. Buch Mose (WA 16).
3 Siehe Beitrag von Peter Zimmerling, Starke fromme Frauen – Der Pietismus als Vorkämpfer für die Rechte der Frau, S. 450 im vorliegenden Buch.
4 Peter Zimmerling, Starke fromme Frauen, Brunnen Verlag, Gießen/Basel 1996, S. 18

MIRJAM, DIE SCHWESTER AARONS UND MOSES

◆ In Mirjam begegnet uns eine der schillerndsten Frauengestalten des Alten Testaments. Alles hat man (und Frau) in ihr schon gesehen. Bei den einen ist sie die Heldin, die auf die Pauke haut und damit beispielhaft Mut zum Frausein gibt.

Andere sehen in ihr die Teuflische, deren Aufmüpfigkeit gegen den Gottesmann Mose trauriges Leitbild für die fehlende Unterordnung emanzipierter Frauen darstellt.

Wer aber war sie wirklich? Was geben die biblischen Quellen tatsächlich her?
Schauen wir genau hin und entdecken verschiedene Facetten einer hochinteressanten Frau, der Tochter von Amram und Jochebed aus dem Stamm Levi, der älteren Schwester von Mose und Aaron.

Um den einzelnen Abschnitten gerecht zu werden, entschlüsseln wir das biblische Bild der Mirjam in fünf charakteristischen Abschnitten. Jedem dieser Abschnitte liegt ein biblischer Text zu Mirjam zugrunde.

1. MIRJAM – DIE TOCHTER

(2. Mose 6,20; 4. Mose 26,59; 1. Chr 5,29)

◆ Dreimal wird uns in Form von Stammbäumen die Familiengeschichte der Mirjam erzählt.
Dabei ist zunächst grundsätzlich zu beachten, dass Stammbäume, biblisch gesehen, leibhaftig gewordene Segensgeschichte sind. Wo Leben von einer Generation in die nächste geschenkt wird, ist Jahwe am Werk. Er allein gibt und erhält Leben. Jeder Stammbaum – und deshalb ist das Alte Testament voll davon, bis hin zu den Stammbäumen Jesu an entscheidenden Stellen des Neuen Testaments – zeugt von Gottes erhaltender Schöpfung.

Allen drei Stammbäumen der »Mirjam-Familie« ist gleich, dass sie im Zusammenhang levitischer Geschlechter aufgezählt sind.
Eine erste interessante Beobachtung im Vergleich der drei Textstellen: während die beiden letzteren levitische Priesterstammbäume präsentieren, geht es in 2. Mose 6,20 viel allgemeiner um die Söhne Jakobs, deren einer Levi ist. Das wäre noch nicht außergewöhnlich, würde nicht im ersten Stammbaum ausgerechnet Mirjam nicht genannt, während sie in den beiden anderen Erwähnung findet. Schon dies lässt viel über die Ausnahmestellung Mirjams unter den Frauengestalten des Alten Testaments erahnen. Sie steht auf einer so hohen Stufe, dass sie selbst in den priesterlichen Genealogien aufgeführt wird.

Anders in 2. Mose 6,20:
»Amram nahm Jochebed, die Schwester seines Vaters, zur Frau; die gebar ihm Aaron und Mose.«

Und Mirjam? Fehlanzeige!
Als Tochter wird sie hier verschwiegen, während ihre Mutter genaue Erwähnung findet. Zwischen den Zeilen ist hier Interessantes über das Verhältnis von Mirjam zu ihrer Mutter herauszuhören.

Denken wir nur daran, dass Mirjam in 2. Mose 2,7 von ihrer Mutter nur als »eine der hebräischen Frauen, die da stillt«, spricht.

Sie ist als Tochter Teil einer Großfamilie, die sich geheimnisvoll gemeinsam in den Dienst eines ganz besonderen Auftrags stellt. Nicht die eigenen Bedürfnisse und Wünsche, sondern der Schutz der Familie steht im Vordergrund. Ein Schutz, der dafür sorgen wird – letztlich durch Gottes Fürsorge –, dass einer aus der Familie zum wichtigsten Gottesmann des Alten Testaments heranreift.

Dahinter steht alles zurück. Auch die Tochter Mirjam.
Und gerade diese Dienstbereitschaft wiederum ist es, welche die Tochter in 4. Mose 26,59 und 1. Chronik 5,29 erwähnt sein lässt. »Aaron und Mose, dazu Mirjam« – so heißt es in der Chronik. Und noch deutlicher: »*Und sie (Jochebed) gebar dem Amram Aaron und Mose und ihre Schwester Mirjam.*« Mirjam, die Schwester. Doch damit sind wir bereits beim zweiten Abschnitt.

Halten wir fest: Mirjam, die Tochter, hat ihr Zuhause in einer zusammenhaltenden Familie, in der sich jeder und jede Einzelne für den anderen einsetzt und darin seine Würde und seinen Wert findet. Nicht egoistische Selbstverwirklichung, sondern Dienstgemeinschaft.

2. MIRJAM – DIE SCHWESTER
(2. Mose 2,1-10)

◆ Am Anfang des Lebens eines großen Mannes steht eine große Frau. Eine große Frau, die für ihren Bruder mehr tut, als die Mutter tun konnte. Bezeichnenderweise heißt es: »als die Mutter ihn nicht länger verbergen konnte«. Das Leben des Sohnes, das durch die Todesdrohung des Pharaos gegen alle männlichen Kinder sowieso nur an einem seidenen Faden hängt, ist so gut wie verwirkt. Er wird in einer kleinen Arche ausgesetzt. Darin, dass hier das gleiche Wort für das Körbchen wie für die Arche in 1. Mose 6,14 verwendet wird, kommt die letzte Hoffnung der Mutter zum Ausdruck, in ihrer Verzweiflung doch noch etwas für die Rettung des Sohnes beizutragen.

Und die Rettung kommt in Gestalt der Mirjam. Das Erste, was von Mirjam in der Bibel berichtet wird, finden wir in dieser Geschichte:

»Aber seine Schwester stand von ferne, um zu erfahren, wie es ihm ergehen würde.«

Anschaulich erzählt steht uns in Mirjam eine Schwester vor Augen, wie sie beispielhaft Fürsorge übt. Eine Fürsorge, die größer ist als die der Mutter. Sie springt quasi mütterlich ein.
Die Fürsorge zeichnet sich dabei durch Folgendes aus:

- Zum einen das *Durchhaltevermögen:* Selbst als das kleine Schiff menschlich gesehen hilflos dahintreibt, lässt es die Schwester nicht aus den Augen. Sie schaut nicht auf die Wahrscheinlichkeiten. Menschlich gesehen ist ja nicht mehr zu helfen. Sondern sie wartet aktiv, das Unmögliche doch noch möglich zu machen.
- Zum anderen der *Blick für den Augenblick:* Als die Königstochter Feuer gefangen hat, kommt Mirjam hervor und stellt die entscheidende Frage.
- Zum dritten die *Klugheit:* Nicht zu viel und nicht zu wenig verrät sie. Sie bleibt immer bei der Wahrheit, ohne die ganze Wahrheit einfach preiszugeben.

Die Schwester wird so zur Retterin des kommenden Israel-Führers. Doch letztlich ist nicht Mirjam die Retterin, sondern der verborgene Retterwille Gottes kommt zu seinem Ziel.

Mit feinem Humor endet der Abschnitt. Die Königstochter gibt dem kleinen Prinzen den Namen »Mose« – *»Ich habe ihn aus dem Wasser gezogen«.* Letztlich aber hat diesen Namen Mirjam zu geben. Sie hat das Kind aus dem Wasser gezogen, hat den Bruder gerettet. Ihr Bruder bekommt den Lohn ihrer Tat als Namen, während sie selbst in der ganzen Geschichte nicht ein einziges Mal mit Namen erwähnt wird.

Ist das nicht die Geschichte von Frauen da und dort? Sie leben in der Bezeichnung dessen, was sie getan haben, weiter, auch wenn man sich an sie mit Namen kaum mehr erinnern mag. Und ihre Leistungen sind weit mehr wert, als sie von anderen eingeschätzt werden.
Mirjam ist regelrecht eine Prophetin. Denn sie sagt mit Gottes Hilfe das Richtige zum richtigen Zeitpunkt. Doch damit sind wir bereits beim dritten Abschnitt.

Halten wir fest: Mirjam, die Schwester, rettet den Bruder geduldig, spontan und klug. Im Bahnen des Weges für einen anderen, der Großes vollbringen wird, kommt ihr Schwestersein zur Erfüllung. Sie stellt sich in den Dienst Gottes, ohne vielleicht genau zu wissen, wie und warum. Ihr Name verschwindet dahinter. Und doch macht sie so alles richtig.

3. MIRJAM – DIE PROPHETIN

(2. Mose 15,20.21)

◆ Aus der Schwester wird die Wegbegleiterin des Auszugs Israels ins verheißene Land. Sie wird Zeugin des großen Jahwe-Wunders: Israel lässt am Schilfmeer die Feinde endgültig hinter sich.

»Da nahm Mirjam, die Prophetin, Aarons Schwester, eine Pauke in ihre Hand, und alle Frauen folgten ihr nach mit Pauken im Reigen. Und Mirjam sang ihnen vor: Lasst uns dem Herrn singen, denn er hat eine herrliche Tat getan. Ross und Mann hat er ins Meer gestürzt.«

Erstmals in der Bibel wird Mirjam hier mit Namen erwähnt. Jetzt tritt sie aus dem Schatten der Geschichte. Und zugleich kommt ihr ein Ehrentitel zu, der sogar noch vor ihrer Familienzugehörigkeit erwähnt wird. »Aarons Schwester« ist sie; denn für gewöhnlich wurden weibliche Familienmitglieder nach dem lebenden ältesten Bruder bezeichnet, wenn die Eltern gestorben waren und sie selbst unverheiratet blieben.

Aber davor bekommt sie den Titel »Prophetin« zugesprochen: »Mirjam, die Prophetin, Aarons Schwester« – so wird sie genannt. Damit ist für Mirjam Auszeichnung und Aufgabe verbunden. Ausgezeichnet ist sie als Empfängerin des Gotteswortes. Und ihre Aufgabe ist es, dieses Gotteswort weiterzugeben. Hier geschieht dies mit Hilfe der ersten gegründeten Frauenarbeit. Gesang, Instrumentalmusik und Ausdruckstanz spielen dabei eine gewichtige Rolle.

Aber nicht die entscheidende: die kommt dem Lob Gottes zu. Mirjam wird zur Anstifterin des Gotteslobs: »*Lasst uns dem Herrn singen, denn er hat eine herrliche Tat getan.*« Die Prophetin prägt die Taten Gottes tief ein, macht sie zur lebendigen Erinnerung und fordert zum Dank auf.

Genau wird die geschichtliche Tat rekonstruiert: Ross und Mann sind ins Meer gestürzt. Ohne die geschehene Tat kann Erinnerung nicht prophetisch-lebendige Erinnerung sein und sich nicht zum gesungenen Gotteslob verdichten.

Mirjam, die Prophetin, elementarisiert das Geschehene und von Mose Gedichtete und dichtet es um zu lieb gewordener Erinnerung an den lebendigen Gott.
So ist sie Prophetin. Gott redet mit ihr, und sie gibt dieses Reden weiter.
Anders allerdings als Mose. In seinem »Schatten« bleibt sie – und will aus ihm heraustreten. Mirjam, die Gegenspielerin. Doch damit sind wir schon beim vierten Abschnitt.

Halten wir fest: Mirjam ist eine besondere Frau, von Gott geadelt durch sein Reden mit ihr. Dadurch erhält sie auch eine besondere Aufgabe: sie lehrt besonders die Frauen Israels die Botschaft von Gott. In konzentrierter Form trägt sie Glaubenserfahrungen auswendig vor und stiftet zum Lob Gottes an.

4. MIRJAM – DIE GEGENSPIELERIN

(4. Mose 12,1-15; 5. Mose 24,9)

◆ Die Prophetin Mirjam wird zur Gegenspielerin. Mit ihrem Bruder Aaron zusammen geht sie einen gewichtigen Schritt zu weit. Das ist gleich zu Beginn wichtig: es ist nicht die Frau per se oder die Frau als Frau, die eine unhaltbare Kraftprobe eingeht. Sondern es ist die Schwester mit dem Bruder zusammen. Es ist also ein Familien-, kein prinzipieller Geschlechterstreit. Nicht Mirjam, die Frau, streitet mit Mose, dem Mann. *Sondern Frau und Mann* streiten mit dem Vorgesetzten, dem Bruder.

Wie spielt sich Mirjam als Gegenspielerin auf? Dass sie nämlich die Aktivere der beiden Mose-Kontrahenten ist, wird schon dadurch deutlich, dass sie zuerst genannt wird vor dem männlichen Mitstreiter, was sonst unüblich ist. Und Mirjam führt das Wort. Das Hebräische kann dies vom Satzbau her offensichtlicher zeigen als das Deutsche. Man müsste wohl 4. Mose 12,1 wörtlich so übersetzen: »Und Mirjam redete – zusammen mit Aaron.«

Scheinbar im Vordergrund steht zunächst mehr oder weniger sachliche Kritik. Aber wie so oft geschieht das Entscheidende auf der Beziehungsebene. Es geht um einen Kompetenzstreit.
Zwei Vorwürfe sollen den Bruder, Mose, treffen: seine Heirat mit einer Nichtisraelitin und seine Sonderstellung. Deutlich liegt das Gewicht auf dem zweiten Vorwurf. Der erste Vorwurf rechtfertigt eher die Heftigkeit des zweiten, als dass er in sich haltbar ist.

Die Geschichte schildert den wahren Kompetenzverhalt in wünschenswerter Deutlichkeit. Die von den beiden Kritikern eingeforderte Machtverschiebung wird deutlichst zurückgewiesen.
Zunächst beginnt es mit der Vorladung der Gegenspieler. Alle drei werden in die Gegenwart Gottes gestellt.

Schon da ist offensichtlich: Mose kommt eine besondere Rolle zu. Das zeigt sich zunächst daran, dass er das hat, was den beiden anderen fehlt: Mut zur Sanftheit.
Und so wird die Vorladung der drei zu einem Gericht über die zwei Gegenspieler. Sie werden extra aufgerufen als Angeklagte (4. Mose 12,5), während Mose Zeuge bleibt.

Und dann wird der Unterschied erst recht offenbar. Ein Unterschied, den Gott gesetzt hat und gegen den sich keine Gegenspielerin einfach hinwegsetzen kann und darf. Mirjam ist Prophetin, doch Mose ist »Knecht Gottes«.

Die Gegenspielerin überschätzt sich, wenn sie für sich reklamiert, was nur Mose gehört. Mose redet mit Gott von Angesicht zu Angesicht. Mose ist das ganze Volk anvertraut.
Die Gegenspielerin bekommt genau das, was sie der Frau des Mose gewünscht hatte: den Ausschluss aus der Gemeinschaft des Gottesvolkes.

Noch einmal: Mirjam kommt nicht in dieses Gericht, weil sie Frau ist, sondern weil sie Gegenspielerin wird. Aber sie entgeht auch diesem Gericht nicht deshalb, weil sie Frau ist.
Sie hat ihre Schuld offensichtlich zu tragen. Ihre Schuld wird für Israel geradezu beispielhaft. In 5. Mose 24,9 heißt es in der Schlusspredigt Moses vor dem Einzug ins verheißene Land:

»Bedenke, was der Herr, dein Gott, mit Mirjam tat auf dem Wege, als ihr aus Ägypten zogt.«

Bis sich die Geschichte umkehrt. Am Anfang hat die Schwester für den Bruder gesorgt (2. Mose 2,1-10). Jetzt rettet der Bruder die Gegenspielerin. Das heißt genauer, Gott rettet! Und der Bruder bittet für sie. Er allein kann ja von Angesicht zu Angesicht mit Gott reden. Mirjam und Aaron brauchen ihn als Mittler. Die Fürbitte des Mittlers wird erhört. Die Schuldige wird geheilt. Die Schuldfolge Aussatz wird aufgehoben – und wieder nicht, weil Mirjam Frau ist, sondern weil Gott gnädig ist.

Die Gnade Gottes beschämt. Beschämung statt Aussatz befällt Mirjam. Sieben Tage – eine Schöpfungswoche lang – hat sie noch von der Volksgemeinschaft getrennt zu verbringen, dann wird sie wieder »aufgenommen«. Das bedeutet nicht, dass sie einfach wieder ins Lager zurückgeht, sondern sie hat dann die Reinigungsbräuche durchzumachen, um wieder aufgenommen zu werden.

Schuld wie auch die Gnade Gottes werden zum Beispiel für Israel: »Bedenkt, was der Herr Mirjam tat« – darin liegt beides: das Gericht und die Begnadigung.
Das Volk übrigens behält seine Ehrerbietung vor der besonderen Rolle Mirjams – sogar jetzt. »Und das Volk zog nicht weiter, bevor Mirjam wieder aufgenommen wurde.« Mirjam ist und bleibt im Volk eine Leitfigur.

Doch damit sind wir bereits beim fünften Abschnitt.
Halten wir fest: Mirjam überschreitet die Schuldlinie. Nicht, weil sie Frau ist, sondern weil sie ein sich selbst überschätzender Mensch ist. Und ihr – wie auch Aaron – wird gerechtes Gericht und doch unverdient Begnadigung zuteil. Mirjam ist auch als Schuldige »vorbildliches« Beispiel (5. Mose 24,9). Damit bekommt 4. Mose 12 Vorbildcharakter für das, was Jesus für schuldig gewordene Menschen getan hat (vgl. Hebräer 3,1-6). In seinem Kommen als Sohn Gottes hat Jesus die Schuld gerichtet und die Gnade aufgerichtet.

5. MIRJAM – DIE LEITFIGUR
(Micha 6,4)

◆ »*Habe ich dich doch aus Ägyptenland geführt und aus der Knechtschaft erlöst und vor dir hergesandt Mose, Aaron und Mirjam.*«

So resümiert Gott durch den Propheten Micha die Auszugsgeschichte Israels.
Und wir staunen. Mose ist genannt, als Erster sicherlich, aber auch Aaron. Und Mirjam!
Eine Frau als Leitfigur. Doch, das ist so. Ohne Abstriche. Mirjam wird nicht verschwiegen. Aber sie wird auch nicht vor Mose und Aaron an erster Stelle erwähnt. Beides wäre biblisch gesehen nicht haltbar.

Der Knecht Gottes, der Hohepriester, die erste Prophetin. Sie alle hat Gott auf ihre ganz persönliche Art und Weise als Vorbilder und Leitbilder gebraucht.

Gebraucht übrigens mit all ihren Fehlern. Auch das nämlich verbindet diese drei aufgezählten Familienmitglieder.

- Mose, der gegen den Felsen schlägt, damit Wasser herausfließt, obwohl er nur sprechen soll.
- Aaron, der dem Volk zu Gefallen ein Kalb aus Gold gießt und die Situation noch retten will, indem er dieses Kalb als Bild des Gottes Israels zu verkaufen versucht.
- Mirjam, die mit der eigenen Sonderstellung nicht zufrieden ist und noch ein bisschen »besonderer« sein will.

Alle drei tragen die Erinnerung an große Gottestaten und an eigene Verfehlungen mit sich.
Nach einer syrisch-sprachigen alten jüdischen Auslegung zum

Alten Testament, dem Targum, sind sie »drei Propheten: Mose, um die Überlieferung und die Gesetze zu lehren, Aaron, um die Versöhnung auf das Volk zu legen, und Mirjam, um die Frauen zu unterweisen«.

Alle sind Leitfiguren. Also auch Mirjam. Sie dient, sie rettet, sie erhält Gottes Wort und gibt es weiter – und sie überschätzt sich. Trotzdem bleibt sie Leitfigur. Mirjam wird in Kadesch begraben (4. Mose 20,1). Sie ist nicht vergessen. Sie findet ihre irdische Ruhe an einem Ort, der übersetzt »heilig« heißt. Einer der wichtigsten Orte der israelitischen Wüstenwanderung.

Mirjam ist Leitfigur. Das gilt nicht nur für die Zeit damals zu Israels Wüstenwanderung, zumal zur Zeit Michas im 8. Jahrhundert Israel schon lange sesshaft geworden war.
Dies gilt auch uns. Uns, dem wandernden Gottesvolk, ist auch eine Mirjam vorausgesandt. Als Leitfigur.

An ihr haben wir ein Vorbild. Keine perfekte Leitfigur. Keine von Frauenbewegungen für sich vereinnehmbare Halbgöttin.
Aber auch kein Kardinalbeispiel dafür, dass Frauen besser gar keine Leitungspositionen einnehmen sollen. Oder nur Frauen leiten sollten. Als ob Micha 6,4 heißen würde: »Mose und Aaron habe ich vor den Männern Israels hergesandt und Mirjam vor den Frauen Israels.« Das steht nicht da.

Mirjam ist Vorbild für uns mit dem, was sie war und wie sie sich in Dienst nehmen ließ. So stand sie Gott zur Verfügung.
Nicht ohne Schuld. Aber unter Gottes wieder gutmachender Gnade.

DEBORA UND BARAK –
DIE DOPPELSPITZE IM BUCH
DER RICHTER

◆ Gleich in mehrfacher Hinsicht ragen die Kapitel 4 und 5 aus dem alttestamentlichen Buch der Richter heraus:

• Debora vereint als Einzige unter den 12 Richtern in ihrer Person das Propheten- und das Richteramt. Diese Kombination ist einmalig, nicht nur weil Debora eine Frau ist!
• Einmalig ist auch die Doppelspitze: Debora und Barak, ein geteiltes Leitungsamt, das sowohl den geistlichen (Debora als Prophetin), als auch den politischen (Debora als Richterin) und den militärischen Bereich (Barak als Heerführer) umfasst.
• Richter 4 und 5 stellen im Buch der Richter eine einzigartige Einheit dar. Sie beziehen sich auf dasselbe Ereignis, sind aber aus zwei ganz verschiedenen Blickwinkeln heraus entstanden: Kapitel 4 aus der Sicht der deuteronimistischen Geschichtsschreibung, die das Buch der Richter prägte;
• Kapitel 5 als poetisches Danklied direkt nach dem großen Sieg von Debora (Barak und den beteiligten Stämmen im Wechsel) gesungen.

Das Buch der Richter markiert eine wichtige Phase in der frühen Geschichte Israels. Es umfasst die Zeit der Landnahme nach dem Tod Josuas bis zur Vorgeschichte der Geburt und Berufung Samuels, des »Königsmachers«.

Mose hatte die Israeliten aus der Sklaverei in Ägypten geführt. Er war vom Gott Abrahams, Isaaks und Jakobs damals am Horeb dazu berufen worden, das Volk Israel aus Ägypten herauszuführen (2. Mose 3,10). Der Initiator und Ausführende dieser Befreiungsaktion ist und bleibt Gott (2. Mose 3,7-10). Das Führungsamt Moses war im Kern ein Herausführungs- und Rettungsamt. Mose war aber auch Prophet, Knecht und Freund Gottes. Es gab keinen Propheten mehr wie Mose (5. Mose 34,10). Am Ende seines Lebens wird er als Knecht Gottes bezeichnet (5. Mose 34,5-6), den sein Herr selbst begräbt. Mose ist der Einzige im Alten Testament, von dem es heißt, dass Gott mit ihm redete von Angesicht zu Angesicht, wie jemand mit seinem Freund spricht (2. Mose 33,11).

Josuas Lebensauftrag war dagegen, das Volk Israel in das verheißene Land hineinzuführen (Jos 1,2-3) und es den einzelnen Stämmen zuzuteilen (Jos 1,6). Als Nachfolger Moses war er auch Hüter und Bewahrer des mosaischen Gesetzes (Jos 1,7-9). Für dieses Amt war er im Auftrag Gottes durch Mose berufen worden (5. Mose 31,3). Vor den Augen des ganzen Volkes sprach er ihm Mut zu, weil der HERR selbst, der Befreier, vor ihm und dem Volk hergeht. Doch nirgends wird Josua ausdrücklich als Prophet bezeichnet.

Doch bei Josua setzte schon ein, was im Richterbuch die Regel sein sollte:

»Israel blieb dem Herrn treu, solange Josua und nach ihm die Ältesten lebten, die noch alles mit eigenen Augen gesehen hatten, was der Herr für Israel getan hatte« (Jos 24,31, vgl. Ri 2,6-9). *»Die neue Generation kannte den Herrn nicht, noch wusste sie, was er für Israel getan hatte«* (Ri 2,10).

Israel wandte seinem Gott den Rücken zu und fand die Gottheiten der umliegenden Völker bedeutend attraktiver. Damit forderten sie den Zorn des Herrn heraus, der zuließ, dass sich sein Volk gegen die Feinde nicht mehr behaupten konnte.
In dieser Zeit der Bedrängnis berief der Herr Richter, die das Volk aus der Hand der Feinde befreiten (Ri 2,16).

Schon in dieser Formulierung wird deutlich, dass dieser Begriff »Richter« nicht unbesehen in unseren modernen Sprachgebrauch übertragen werden kann. Bei uns heute sind Exekutive, Legislative und Judikative politisch und personell gesehen getrennt, auch wenn sie im politischen Alltagsgeschäft eng verzahnt sein müssen. In jener Zeit standen also die so genannten »Richter« nicht im Dienste einer institutionalisierten Rechtsprechung, sondern waren Befreier und Retter aus politischen Zwangslagen.[1] Das hebräische Verb ›SCHAFAT‹ hat neben der Grundbedeutung »richten, Recht sprechen« auch noch die vertiefenden Aspekte a) den Schuldigen richten, verurteilen und strafen, b) dem hilflosen Gerechten zu seinem Rechte verhelfen und c) richten als besondere Pflicht des Herrschers. Mit diesen Bedeutungsvarianten im Blick findet sich das Wort im Richterbuch häufig, und wird später auch in der Beschreibung von Amtspflichten von Königen gebraucht.

»In diesem Sinne sind die Richter echte Vorläufer der Könige, dem Volke von Gott gesandt, um in einer Zeit außen- und innenpolitischer Unordnung immer wieder die Ordnung Gottes aufzurichten.« [2]

»Richter« und »König« sind demnach austauschbare Begriffe und bezeichnen unterschiedliche Aspekte des Führungsamtes (Ri 4,4; Ri 16,31; Hos 7,7 u. Ä.). Zu beachten wäre auch der Psalm 72, wo die richterlichen Tätigkeiten: Recht sprechen, zum Recht verhelfen, für die Unterdrückten einzutreten und sich zum Anwalt der Armen machen ... geradezu die Grundlage und Voraussetzung eines Gott wohlgefälligen Königtums bilden.

Doch zurück in die Richterzeit. Die großen Führergestalten Mose und Josua waren tot, der Verband der nach Kanaan eingewanderten Stämme war dabei, das jeweils zugewiesene Land in Besitz zu nehmen. Das Volk schien sich nicht persönlich an Jahwe gebunden zu haben, obwohl Josua in seiner Abschiedsrede in Sichem einen direkten Bund zwischen Gott und den Israeliten geschlossen hatte (Jos 24,25-27), der eine Erneuerung und Fortführung des Bundes darstellte, den Mose am Ende seines Lebens vermittelt hatte.

»Du hast dir heute vom HERRN sagen lassen, dass er dein Gott sein wolle und dass du sollest in allen seinen Wegen wandeln und halten seine Gesetze, Gebote und Rechte und seiner Stimme gehorchen. Und der HERR hat dir heute sagen lassen, dass du sein eigenes Volk sein wollest, wie er dir zugesagt hat, und alle seine Gebote halten wollest« (5. Mose 26,17-18).

Doch jene glorreichen Zeiten sind längst vorbei und vergessen:

»Wenn aber der HERR ihnen Richter erweckte, so war der HERR mit dem Richter und errettete sie aus der Hand ihrer Feinde, solange der Richter lebte. Denn es jammerte den HERRN ihr Wehklagen über die, die sie unterdrückten und bedrängten. Wenn aber der Richter gestorben war, so fielen sie wieder ab und trieben es ärger als ihre Väter, indem sie andern Göttern folgten, ihnen zu dienen und sie anzubeten. Sie ließen nicht von ihrem Tun noch von ihrem halsstarrigen Wandel. Darum entbrannte der Zorn des HERRN über Israel, und er sprach: Weil dies Volk meinen Bund übertreten hat, den ich ihren Vätern geboten habe, und gehorcht meiner Stimme nicht, so will ich auch hinfort die Völker nicht vertreiben, die Josua übrig gelassen hat, als er starb« (Ri 2,18-21).

Um die Bedeutung der Geschichte von Debora und Barak im Rahmen des Richterbuchs würdigen zu können, betrachten wir zunächst kurz ihre drei Vorgänger.

Der erste der zwölf »Richter« war *Otniel* (Ri 3,5-12). An ihm wird exemplarisch ein heilsgeschichtliches »Grundmuster« statuiert, das sich im ganzen Richterbuch finden lässt, auch wenn die einzelnen Phasen nicht immer ausdrücklich dargestellt werden.

1. Israel dient anderen Göttern und tat, was der Herr verabscheute ... (Ri 3,7f.).
2. Der Herr wird zornig auf sein Volk und übergibt es in die Gewalt eines Fremdherrschers (V. 8).
3. Die Israeliten schrien zum Herrn um Hilfe (V. 9).
4. Er schenkt ihnen einen Befreier (V. 9bf.).
5. Der feindliche König wird besiegt (V. 10).
6. Im Land herrschte 40 Jahre Ruhe (V. 11).
7. Dann starb der Richter und die Israeliten taten wieder, was der Herr verabscheute (V. 11b ff.).

Bei Otniel fällt auf, dass er als von Gott geschenkter Befreier vom Geist des Herrn erfasst wurde und sich unverzüglich an die Spitze des Heeres stellte. Seine Aufgabe spielte sich schwerpunktmäßig im politisch-militärischen Bereich ab. Die Hilfe Jahwes war so wirksam, dass das Land während seiner Amtszeit 40 Jahre Ruhe hatte.

Nach dem Tod Otniels fielen die Israeliten wieder in ihr altes Verhalten zurück: der Bund mit dem Herrn war schnell vergessen. Die Folgen waren deutlich spürbar: 18 Jahre lang dienten sie dem Moabiterkönig Eglon.

»Da schrien sie (die Israeliten) zu dem Herrn und der Herr erweckte ihnen einen Retter, Ehud, den Sohn Geras...« (Ri 3,15).

Verglichen mit Otniel hören wir nichts davon, dass der Geist Jahwes über ihn kam. Auch das Wort »Richter« fällt nicht ausdrücklich. Dafür erfahren wir, dass *Ehud* sowohl ein talentierter, gerissener Einzelkämpfer war, der sich im Alleingang in die Höhle des Löwen wagte und Eglon, den Moabiterkönig, mitten in seinem Palast umbrachte – als auch eine charismatische Führergestalt, der die Israeliten mühelos auf seine Person vereinigen konnte (Ri 3, 27-29). Aufgrund dieser militärischen Befreiung hatte das Land 80 Jahre lang Ruhe.

Vom direkten Vorgänger Deboras und Baraks erfahren wir nur aus einem einzigen Vers (Ri 3,31) seinen Namen: *Schamgar*, Sohn des Anat. Er rettete Israel durch den machtvollen Einsatz eines Ochsensteckens – 600 Philister fielen ihm zum Opfer. Es fällt auf, dass er nicht als Richter, sondern nur als Retter bezeichnet wird. Außerdem fehlt die Erwähnung des Heiligen Geistes und eine anschließende Ruhephase für das Volk. Ist hier schon ein Zerfall des Richtertums zu beobachten, kaum dass es sich »etabliert« hatte?

DEBORAH UND BARAK

◆ Nun also die »Doppelspitze«: Debora (›Biene‹) und Barak (›Blitz‹).

Wir befinden uns im 12. Jahrhundert vor Christus. Debora ist nach Miriam die zweite Frau im Alten Testament, die uns ausdrücklich als Prophetin überliefert wird. Außerdem ist sie die einzige Frau im Alten Testament, der der Titel »Richterin« zuerkannt wurde. Sie vereinigte in ihrer Person beides: berufene Ruferin = Prophetin zu sein und gleichzeitig das höchste politische Führungsamt = Richterin zu bekleiden, das in der damaligen Zeit möglich war.

Heilsgeschichtlich steht sie zwischen Mose, dem größten Propheten, der das Volk aus Ägypten durch die Wüste führte, und Samuel, der gleich drei zentrale Aufgaben wahrnahm: Er war Priester, Prophet und Richter (1. Sam 1-7), zugleich der letzte der »Richter« und der erste »Königsmacher« (1. Sam 8-12).

Debora wird auf eine sehr bemerkenswerte Weise vorgestellt (Ri 4,4). Wörtlich übersetzt heißt es da:

1. Und Debora (Name, dt. »Biene«),
2. eine Frau (allgemeine Geschlechtsbezeichnung),
3. eine Prophetin (weibliche Form von Prophet),
4. und Ehefrau Lappidots,
5. diese »war eine Richterin« (und sie führte Israel zu jener Zeit).

Mir ist keine Bibelübersetzung bekannt, die dieser Art kompakter Vorstellung Deboras angemessen Rechnung tragen würde. Grammatisch gesehen ist 1. »Debora« und 5. »eine Richterin« als Klammer, als »äußerer Rahmen« zu verstehen: Debora hatte zu jener Zeit diese »Richter-Funktion« inne.

Die Biene war ein altes Symbol für das Königtum, wohl organisiert und dem Menschen dienlich durch den Honig, der dem Menschen mehr gibt, als er eigentlich zum Leben nötig hat (siehe 2. Mose 3,17, dort wird das verheißene Land als ein Land angekündigt, in dem Milch und Honig fließt). Debora wird mit ihrem Namen vorgestellt, sie ist zuerst und vor allem eine beim Namen Gerufene.

Eigentlich wäre das nachfolgende Wort »Frau« nach dem eindeutig weiblichen Vornamen überflüssig gewesen. Und doch glaube ich, dass es als eine Art »Signalwort« zu verstehen ist. Deborah war eine Frau, dies soll klargestellt werden!

Sie war eine Prophetin, ebenfalls in ausdrücklich weiblicher Form notiert. Vor ihr lebte nur Miriam, die Schwester Moses, diese Berufung (2. Mose 15,20 + 21). Prophetie in der Bibel ist ein durch göttliche Berufung und Vollmacht legitimiertes Hereinsprechen göttlicher Weisungen in eine konkrete geschichtliche Situation. Überbringer der Prophetie sind im alten Israel die Propheten und

Prophetinnen. Sie standen in unmittelbarem, direktem Kontakt zu Gott und waren sozusagen Mittelsmänner bzw. -frauen der Botschaften Gottes an das Volk.

»Last not least« ist Debora auch noch Ehefrau Lappidots, der in der ganzen Geschichte nur dieses eine Mal erwähnt wird.

Debora, die Frau, die Prophetin und die Ehefrau übt nun dieses Richteramt, das zugleich Rettung aus der politischen Not und Führungsaufgaben in Friedenszeiten beinhaltet, aus. Betrachten wir die Reihenfolge aufmerksam, fällt auf, dass in der Mitte ihres Lebens und ihres Seins das Prophetenamt steht, die direkte Verbindung zum Gott Israels. Eine besonders prägnante Zusammenfassung des Prophetenamtes findet sich in 1. Samuel 12:

»Es sei aber auch ferne von mir, mich an dem HERRN dadurch zu versündigen, dass ich davon abließe, für euch zu beten und euch zu lehren den guten und richtigen Weg! Nur fürchtet den HERRN und dienet ihm treu von ganzem Herzen; denn seht doch, wie große Dinge er an euch getan hat« (1. Sam 12,23-24).

Erst aus diesem Prophetenamt ergibt sich auch das Richteramt Deboras. Sie übte es an zentraler Stelle des Landes aus, zwischen Rama und Bethel im Gebirge Ephraim, unter einer Palme. Eigentlich wuchsen in in jener Gegend keine Palmen. Die Palme mit ihrem langen, geraden Stamm wird in Psalm 92,13-16 als Bild des Gerechten, dessen Fels der Herr ist, gerühmt. Im Talmud (Traktat Megilla 14a) findet sich ein weiterer interessanter Gesichtspunkt. Rabbi Simeon b. Abischalom meinte zur Stelle, Debora wollte jede Art von unguter »Privatsphäre« meiden. Dadurch, dass Debora die Israeliten unter einer Palme empfing, war auch gewährleistet, dass die Verhandlungen offen, unter freiem Himmel stattfanden. Vor dem Stamm einer Palme gab es nur begrenzte Möglichkeiten der Einflussnahme der Konfliktparteien – Gericht zu halten unter einem Palmbaum ist ein Bild für die große innere und äußere Unabhängigkeit und Souveränität von Debora. Ihr Tun ist weithin einsehbar und über jeden Zweifel erhaben. Eine weitere Erklärung Rabbi Simeons war: Wie ein Palmbaum nur ein Herz habe, so sei in jener Generation in Israel nur ein Herz wirklich dem Vater im Himmel treu gewesen, nämlich das Deboras.

Erst nachdem die Israeliten zum HERRN geschrien hatten, tritt Debora im Auftrag des Herrn in Aktion. Die Zeit des Sitzens und Richtens unter der Palme ist nun vorbei. Sie lässt Barak, den Sohn Abinoams, herholen und übermittelt ihm einen eindeutigen und klaren Befehl Jahwes:

»Und sie sandte hin und ließ rufen Barak, den Sohn Abinoams aus Kedesch in Naftali, und ließ ihm sagen: Hat dir nicht der HERR, der Gott Israels, geboten: Geh hin und zieh auf den Berg Tabor und nimm zehntausend Mann mit dir von Naftali und Sebulon? Ich aber will Sisera, den Feldhauptmann Jabins, dir zuführen an den Bach Kischon mit seinen Wagen und mit seinem Heer und will ihn in deine Hände geben« (Ri 4,6-7).

Doch dieser zögert:
»Wenn du mit mir ziehst, so will auch ich ziehen; ziehst du aber nicht mit mir, so will auch ich nicht ziehen« (Ri 4,8).

Warum wollte Barak, dass Debora ihn begleitet, mit ihm in den Kampf zieht? Hatte er Angst? Sah er schon im Geist, wie die schnellen Streitwagen seine Truppe zermalmten? Nein, von all dem steht nichts im Text. Deutlich ist aber, dass Barak trotz der eindeutigen Zusage des militärischen Sieges durch die Hilfe Jahwes seine Beteiligung an diesem Unternehmen an die Teilnahme Deboras bindet. Ohne sie geht er nicht. Das kleine Wort ›IMI‹ = ›mit mir‹ bezeichnet nicht einfach die bloße Anwesenheit einer anderen Person, sondern die teilnehmende, teilhabende, partnerschaftliche Gemeinschaft!

Eine ähnliche Formulierung findet sich im Gebet Moses in 2. Mose 33,15, als er und das Volk in einer kritischen Phase während der

Wüstenwanderung steckten: »*Mose aber sprach zu ihm (Jahwe): Wenn nicht dein Angesicht vorangeht, so führe uns nicht von hier hinauf.*«

Barak akzeptierte zweierlei:

• Debora hatte als Prophetin die Initiative ergriffen und ihn zum Feldherrn für diesen Kampf berufen.

• Debora stand in ihrer Eigenschaft als Prophetin in einem unmittelbareren Verhältnis zu Jahwe, dem eigentlichen Auftraggeber und Retter Israels.

Er brauchte also nicht nur die Gewissheit seiner Berufung, sondern auch das Signal, wann der geeignete Zeitpunkt für die Schlacht gekommen war. Er ordnete sich bewusst der prophetischen Autorität Deboras unter: **Diese Doppelspitze ist also eine gaben- und auftragsorientierte Dienstgemeinschaft!** Nicht die Machtposition stand zur Debatte, sondern der gemeinsame Auftrag.

Später scheiterte der erste König Israels, Saul, an genau dieser Aufgabenteilung zwischen König (= militärischem Führer) und Prophet und Priester (= geistlichem Führer). Er hatte seine Kompetenzen überschritten und sich Samuels Amt angemaßt (1. Sam 13,1-15).

Die Souveränität und Unabhängigkeit Deboras erweist sich ein weiteres Mal in ihrer Antwort. Sie sagt Barak ihre Teilnahme zu, aber:

»*Ich will mit dir ziehen; aber der Ruhm wird nicht dein sein auf diesem Kriegszug, den du unternimmst, sondern der HERR wird Sisera in eines Weibes Hand geben*« (Ri 4,9).

Ob mit diesem »Weib« Jael oder sie selbst gemeint ist oder möglicherweise beide, bleibt offen. Dieser Satz entbehrt nicht einer gewissen Schärfe, doch Barak schien davon unbeeindruckt. Wollte sie einer verständlichen Neigung von Siegern vorbeugen, sich selbst den alleinigen Ruhm zuzuschreiben? Barak jedenfalls kannte seinen Platz und seinen Auftrag. Im Siegeslied in Kapitel 5 erfahren wir nichts von irgendwelchen Querelen oder Bitternissen zwischen den beiden.

Das Führungsteam handelt wie vereinbart. Debora zieht mit Barak nach Kedesch und ist auch bei der Rekrutierung der 10 000 Kämpfer anwesend. Auch Sisera, der Gegner, positioniert sich mit seinen 900 Streitwagen, ein durchaus beeindruckendes Aufgebot, am von Debora vorhergesagten Ort, dem Bach Kischon. Nun ist jeder der Anwesenden zum Kampf bereit und es fehlt nur noch das Signal zum Aufbruch.

»Debora aber sprach zu Barak: Auf! Das ist der Tag, an dem dir der HERR den Sisera in deine Hand gegeben hat, denn der HERR ist ausgezogen vor dir her. So zog Barak von dem Berge Tabor hinab ...« (Ri 4,14).

Wir erfahren hier vom reibungslosen Miteinander einer Doppelspitze aus Mann und Frau, die ihresgleichen im Buch der Richter und im ganzen Alten Testament sucht! Debora und Barak, nicht miteinander verheiratet, und doch verbunden durch den gemeinsamen Auftrag!

Leider ging das Wissen um die Geschehnisse in jenen Tagen ziemlich schnell verloren. Das von Debora angedeutete »Prinzip«: »Ehre, wem Ehre gebührt« setzte sich nicht einmal in der Bibel selbst durch: Schon in seiner Abschiedsrede erwähnt Samuel nur Barak – keine Spur von Debora und Jael (1. Sam 12,11). Diese Linie setzt sich im Hebräerbrief fort: auch dort erscheint Debora nicht (Hebr 11,32).

Doch hören wir auf das großartige Finale, das Lied von Debora und Barak in Kapitel 5, das der längste und wichtigste Bestandteil des Richterbuches ist, aber auch der älteste, wie an seiner altertümlichen Sprache deutlich wird.[3] Dieses Lied ist wahrscheinlich sofort nach dem Sieg gesungen worden, was nicht nur aus Kapitel 5,1 formal hervorgeht, sondern auch aus der gesamten Diktion. Dort wird das Lied zwar nur Debora und Barak zugewiesen, aber ich gehe davon aus, dass auch die siegreichen Kämpfer in diesen Wechselgesang eingestimmt haben.

Ich möchte nur einige Verse erwähnen, die sich eindeutig auf Debora beziehen.

»Still war's bei den Bauern, ja still in Israel, bis du, Debora, aufstandest, eine Mutter in Israel« (Ri 5,7).

»Mutter in Israel«, dieser Titel wird keiner anderen Frau in der Bibel zuteil. Katharina Elliger schreibt in ihrem Aufsatz zu Debora [4]:

»Was das heißt, wird vor dem Hintergrund der anderen hier genannten Mutter, der Mutter Siseras, deutlich: Sie wartet egoistisch und habgierig auf Beute. Aus dem Textzusammenhang geht eindeutig hervor, dass Debora nicht deswegen ›Mutter in Israel‹ genannt wird, weil sie zur Mobilmachung gegen Sisera aufgerufen oder eine kriegerische Leistung vollbracht hat, sondern weil sie Israel aus Unterdrückung, tiefer Depression und Lethargie herausgeführt hat, weil sie präsent war, offen für die Nöte ihrer Mitmenschen (... und offen für die Weisungen Jahwes, Anm. F. Stricker), *weil sie sich nicht verweigert, sondern effizient und dynamisch gehandelt hat. Wie eine Mutter hat sie ihrem Volk Mut gemacht, Hoffnung gegeben, ja es zu neuem, menschenwürdigem Leben erweckt.«*

In Richter 4,5 saß Debora als Richterin unter der Palme. Nun ist ihre Zeit gekommen. Nun steht sie auf, wird aktiv und setzt dem todgeweihten Zustand Israels durch ihre Initiative ein Ende.

»Mein Herz ist mit den Gebietern Israels, mit denen, die willig waren unter dem Volk. Lobet den HERRN!« (Ri 5,9).

Nicht nur Debora und Barak waren als »Doppelspitze« tätig: auf der Seite Israels ließen sich sowohl die »Gebietenden« als auch das Volk dazu bewegen, »dem Herrn zu Hilfe zu kommen« (Ri 5,23b). Beides muss zusammenkommen: Die Führung, die im Auftrag Gottes handelt und das Volk, das sich zum Handeln rufen lässt. Erst dann sind die Voraussetzungen für die Aktion gegeben. Die Betonung der »Willigkeit« des Volkes und seiner Führung hat

»... *letztlich einen theologischen Grund: das Volk ist der eigentliche Partner des Gottesbundes, und von seinem Jasagen zum Bunde und zu dessen Bestimmungen hängt Entscheidendes ab.«[5]*

»Auf, auf, Debora! Auf, auf und singe ein Lied! Mach dich auf, Barak, und fange, die dich fingen, du Sohn Abinoams! Da zog herab, was übrig war von Herrlichen im Volk. Der HERR zog mit mir herab unter den Helden« (Ri 5,12-13).

Das viermalige »auf« klingt im Hebräischen wie Fanfarenstöße, denen sich keiner entziehen kann. Das Lied, das Debora hier singen soll, ist vermutlich ein die Krieger anfeuernder Kampfgesang. Auch hier wird deutlich, dass Debora nicht nur in Friedenszeiten als Autorität akzeptiert war, sondern auch im Krieg auf ihre Initiative gebaut wurde.

Am Ende dieses Liedes steht ein Vers, der für mich einer der schönsten im Alten Testament ist:

»Aber die Gott lieben, sollen sein wie die Sonne, wenn sie aufgeht in ihrer Kraft« (vgl. Ri 5,31).

Könnte es einen strahlenderen, kraftvolleren Schlussakkord dieses Liedes geben als den, dass die Liebe zu Gott Debora und Barak, Jael und die Führer und Stämme Israels verbunden und neues Leben in Freiheit ermöglicht hat? Die Kraft der Sonne, die beim Sonnenaufgang sichtbar und spürbar wird, ist keine statische, sondern eine dynamische, vorwärts und aufwärts weisende Kraft. Es ist von der Grundbedeutung des Wortes ›GABAR‹ eine zunehmende, nach außen hin wirkende, unüberwindliche Kraft, die Leben und

Licht schenkt. Wer könnte die aufgehende Sonne aufhalten? Hier ging es nicht darum, wer die Initiative ergriffen hat und wer dem Ruf gefolgt ist, sondern um die alles überstrahlende Liebe zu Gott. Der wahrhaft grandiose Schluss eines Siegesliedes, das von der Dankbarkeit gegenüber dem Herrn, dem Gott Israels geprägt ist und ihm allein die Ehre gibt (Ri 5,1-4).

Literatur:

• LaSor, W. S.; Hubbard, D. A.; Bush, F. W.: Das Alte Testament. Entstehung – Geschichte – Botschaft. Aus dem Amerikanischen übersetzt und herausgegeben von Helmuth Egelkraut, Brunnen Verlag, Gießen/Basel 1989

• Kommentar zur Bibel, AT und NT in einem Band, Hg. von Guthrie, Donald u. Motyer, J. Alec. Brockhaus Verlag, Wuppertal/ Zürich, 1. Sonderauflage 1992

• Von Rad, Gerhard: Theologie des Alten Testaments. Bd. 1. Die Theologie der geschichtlichen Überlieferungen Israels. Chr. Kaiser Verlag, München, 7. Aufl. 1978

• Hertzberg, Hans Wilhelm: Die Bücher Josua, Richter, Ruth. Vandenhoeck und Ruprecht Verlag, Göttingen, 3. Auflage 1965

• Walter, Karin (Hg.): Zwischen Ohnmacht und Befreiung. Biblische Frauengestalten. Herder Verlag, Freiburg, Basel, Wien 1988. Reihe: Frauenforum.

---

[1] H. Egelkraut, Das Alte Testament, S. 252 ff.
[2] W. Hertzberg, Das Buch der Richter, ATD, S. 143
[3] Kommentar zur Bibel, S. 316
[4] Katharina Elliger in »Zwischen Ohnmacht und Befreiung«, S. 61
[5] W. Hertzberg, S. 177

DEBORA UND BARAK – WENN MANN UND FRAU GEMEINSAM KÄMPFEN

◆ Die biblische Geschichte von Debora und Barak (Ri 4-5) ist für die heutige Zeit von besonderer Aktualität. Im alten Israel standen ein Mann und eine Frau auf, um das Volk Gottes aus der Gewalt seiner Feinde zu befreien. Normalerweise gibt es im Alten Testament für eine solche Situation eine klare Rollenverteilung: Der Mann führt den Krieg allein, Frauen treten höchstens in Erscheinung, um prophetische Weisungen zu erteilen oder um den Sieg zu feiern.

In dieser Geschichte stehen die Richterin Debora und Barak gleichberechtigt nebeneinander. Die Initiative zum Kampf geht auf eine Prophetie hin von Debora aus. Barak weigert sich, ohne Debora in den Krieg zu ziehen. Nach erfolgreichem Kampf ist es eine Frau, Jael, die dem feindlichen Feldherrn Sisera den entscheidenden Todesstoß versetzt. Ihr gehört auch der Ruhm, der sonst dem Heerführer Barak zustehen würde. Ich möchte aus dieser Geschichte vier Leitlinien für das Verhältnis der Geschlechter in der heutigen Gemeinde formulieren:

MANN UND FRAU KÄMPFEN GEMEINSAM

◆ Es ist an der Zeit, dass die »Baraks« in der Gemeinde zu den »Deboras« sagen: Wenn ihr Frauen mit uns geht, so werden wir gehen, wenn ihr aber nicht mit uns geht, so gehen wir nicht (vgl. Ri 4,8). Und wir wollen euch nicht dabeihaben, damit ihr uns das Mittagessen im Feld zubereitet. Ihr sollt mit uns die Verantwortung tragen. Verantwortung bedeutet immer auch Last und Kampf. Ihr sollt mit uns zusammen leiten und mit uns entscheiden, wo wir zu kämpfen haben und wo besser nicht. Ihr sollt ganz öffentlich mit uns vorn stehen.

Debora war eine Frau, die ein ganzes Volk leitete. Warum sollte Gott die Gabe der Leitung nicht auch heute Frauen geben können? Nicht jeder Frau – so wie er sie auch nicht jedem Mann gibt. Ich weiß, dass Paulus Bedenken hatte gegenüber der dominanten Rolle der Frau. Ich will hier auch nicht der Dominanz das Wort reden, sondern der möglichen Berufung durch Gott den Weg bereiten. Außerdem lebte Paulus in einer Kultur, die für die öffentliche Funktion der Frau nicht reif war.

Ganz anders ist das heute! Wenn auch nicht kulturelle Relevanz die Rollen der Geschlechter bestimmen darf, sondern die biblischen Leitlinien, so ist die kulturelle Gepflogenheit doch auch zu beachten. Vor allem, wenn die Bibel vor langer Zeit ein so starkes Beispiel gesetzt hat und auch Jesus einen für die damalige Zeit völlig neuen, revolutionären Umgang mit Frauen gepflegt hat.

Wir haben gegen die »modernen Kanaaniter« keine Chance, wenn die Frauen nicht mitkommen und sich daheim ausschließlich auf ihre »Kinder-Küche-Kuchen-Rolle« fixieren.

MANN UND FRAU FÜHREN GEMEINSAM

◆ Wir brauchen in unseren Gemeinden Leitungsgremien, in denen Männer und Frauen gleichberechtigt nebeneinander wirken. Wenn die Gemeinde mit einem Tempel verglichen wird, so sind Mann und Frau wie Mörtel und Steine. Es braucht beides, um eine stabile Mauer zu bauen. Die Steine bringen Stabilität, der Mörtel den Kitt.

Nach meiner Beobachtung sind die Männer, welche in den Gemeinden Leitungsfunktionen ausüben, oftmals nicht wirklich echte Freunde, sondern Konkurrenten. Frauen haben ein Auge für Beziehungsprobleme und können Sand aus dem Getriebe herausholen. Sie bringen neue Dynamik in erstarrte Fronten, Machtspiele verlieren ihren Vorrang. Gemischte Gremien sind kreativer, offener und ausgewogener. Die Atmosphäre wird wärmer und freundschaftlicher, rücksichtsvoller. Leitende Gremien werden zu Freundschaftsnetzen, die das Reich Gottes fördern, weil sie der Vorstellung von Jesus, wie sein Leib funktionieren sollte, entsprechen.

DER MANN MUSS VON SEINEM SOCKEL HERUNTERSTEIGEN

◆ Wenn wir Männer die Frauen auf allen Ebenen mit einbeziehen und mitwirken lassen, bedeutet dies für uns einen Abstieg.

Mir persönlich sind vor allem zwei Sockel bewusst. Der eine ist mein Thron als Mann und der andere mein Thron als Pfarrer. In beiden Positionen genieße ich in meiner Umgebung Privilegien und Startvorteile. Es stellt sich oftmals automatisch ein Gefälle ein: Ich bin oben – mein Gegenüber ist unten.

Als Mann genieße ich in meiner christlichen Umgebung viele Dinge, die mir angenehm sind: Plätze vorn und oben sind in unseren Kreisen normalerweise für Männer reserviert, ohne dass ich als Mann diesen Platz erst erkämpfen muss. Des Weiteren ist es mehr oder weniger selbstverständlich, dass meine Frau die Hauptlast in der Erziehung unserer Kinder trägt. Als berufstätiger Mann brauche ich Zeit, mich weiterzubilden. Ich besuche Seminare, komme viel herum, genieße Abwechslung, während die Kinder meine Frau an unser Haus binden.

Als Pfarrer bin ich für viele Leute der Wissende, ich habe studiert, ich weiß Bescheid. Meine Meinung ist in einer Zeit gefragt, in der Fachleute hohes Ansehen genießen und der Irrtum vorherrscht, das Wesentliche im Leben sei an Seminaren erlernbar.

Von diesen beiden Sockeln herunterzukommen ist für mich erfahrungsgemäß nicht einfach. Aber Jesus hat mir vorgelebt, wie »klein und schwach werden« geht. Verglichen mit seinem »Abstieg« werden meine Abstiege immer relativ unbedeutend sein. Bei jedem bisherigen Abstieg brauchte ich viel Liebe – sonst hätte ich den Schritt nicht gewagt. Ich verlor Verehrung – aber ich gewann Freundschaft. Wie sagt das Sprichwort? »Besser eine Hand voll Freundschaft als eine Wagenladung voll Verehrung.«

MANN UND FRAU LERNEN VONEINANDER

◆ Nach meiner Beobachtung haben Frauen nur dann eine Chance in Leitungsgremien, wenn sie dasselbe auszeichnet wie viele Männer: Sachlichkeit, Effizienz und Rationalität. Diese

Charaktere beherrschen nicht nur unsere Gesellschaft, sondern auch weithin unsere christlichen Gemeinden. Sind es aber nicht gerade reine Effizienz ohne Anmut, Sachlichkeit ohne Beziehung und Kopflastigkeit ohne Herzlichkeit, die manche Leitungsgremien grau, langweilig, unschöpferisch und leblos erscheinen lassen?

Wenn Frauen führen, müssen sie ihre Veranlagungen einbringen können! Frauen wissen mehr über das Leben, weil sie Leben in sich tragen und zur Welt bringen können. Frauen wissen meist intuitiv, dass das Reich Gottes eine Welt des Wachsens ist und nicht des Machens.

Das Reich Gottes wächst nicht durch gute Programme, sondern durch lebendige Beziehungen. Strukturen und Programme können das Leben in Bahnen lenken und schützen – für sich allein aber auch ersticken ...

Männer und Frauen können viel voneinander lernen, wenn sie gegenseitig offen für ihren spezifischen Beitrag sind, sich aufeinander einlassen und sich miteinander auseinander setzen. Natürlich geschieht dies vorab in der Ehe, welche immer noch der Ort Nummer eins ist für gegenseitige, befruchtende Lernprozesse. Doch abgesehen davon, dass in mancher Ehe dieser Lernprozess eingeschlafen ist, haben auch Alleinstehende das Anrecht darauf, sich als Mann und Frau gegenseitig zu bereichern.

Mancher Mann erlebt in seinem Beruf durch die Frauenemanzipation nur den intensiven Machtkampf der Geschlechter – etwas, das in der Gemeinde niemals so aussehen darf. Jesus hat die Gemeinde einen anderen Umgang mit Macht gelehrt: »Der eine achte den anderen höher als sich selbst.« Ein solcher Umgang hat Tiefgang, ist geprägt von Wärme, Natürlichkeit und Heiligkeit, von gegenseitiger Unterordnung und Respekt.

RUT UND NOOMI
(RUT 1-4)

◆ Eine 3100 Jahre alte Geschichte aus dem alten Israel. »Zu der Zeit, als die Richter richteten, entstand eine Hungersnot im Lande« (Rut 1,1), so beginnt die Erzählung von Rut und Noomi. Zwei Frauen gehen in einer schweren Zeit unter schwierigsten Bedingungen ihren Weg. Ein Weg unter der Führung Gottes – obwohl von Gott in der Geschichte kaum die Rede ist. Und doch ist er die Hauptperson darin; denn »er führt alles wohl«. Das erschließt sich allerdings nicht vom Anfang der Geschichte her.

Schwierige wirtschaftliche Verhältnisse, eine Hungersnot, zwingen eine Familie zur Auswanderung. Die äußere Not wirft ursprüngliche Lebensplanungen über den Haufen. Nicht nur zu biblischen Zeiten. Menschen geben ihre Heimat auf, um in der Fremde zu überleben, eine Situation, aktuell zu allen Zeiten.
Die Zeitungen sind voll davon, und wir begegnen diesen Menschen auf unseren Straßen.

Elimelech und seine Frau Noomi wandern mit ihren beiden Söhnen Machlon und Kiljon aus ihrem Heimatort Bethlehem nach Moab aus. Von Israel nach Moab, das ist kein einfacher Grenzübertritt. Seit alters her herrscht Feindschaft zwischen den Völkern.

Der Seher Bileam wurde vom moabitischen König zum Fluch gegen Israel aufgeboten, Gemeinschaft mit den Moabitern ist den Israeliten ausdrücklich untersagt (vgl. 4. Mose 22-24; 5. Mose 23,4ff.). Die Not muss groß gewesen sein, um eine solche Grenzüberschreitung zu erzwingen. In der Fremde kehrt so etwas wie Normalität ein. Man arrangiert sich mit den Verhältnissen. Die Söhne heiraten moabitische Frauen. Die gemischt-religiöse Eheschließung wird ohne Kritik berichtet.

Dann aber kommen für Noomi die persönlichen Schicksalsschläge: Zuerst stirbt der Ehemann, nach zehn Jahren sterben die Söhne. Noomi steht mit ihren beiden kinderlosen Schwiegertöchtern allein da. Noomi, eine trauernde, vereinsamte Hinterbliebene.

»Nennt mich nicht Noomi (d. h. ›lieblich‹), sondern Mara (d. h. ›bitter‹), denn der Herr hat mir viel Bitteres angetan« (Rut 1,20).

»Da machte sie sich auf mit ihren beiden Schwiegertöchtern und zog aus dem Land der Moabiter wieder zurück; denn sie hatte erfahren im Moabiterland, dass der Herr sich seines Volkes angenommen und ihnen Brot gegeben hatte« (Rut 1,6).

Noomi hält nichts mehr in der Fremde. Zur Heimat ist sie ihr nicht geworden. Sie kehrt zurück in ihre altvertraute Umgebung, in ihren Volksverband, zu ihrer religiösen Herkunft. Sie klammert sich nicht an die junge Generation.
Sie belastet die beiden jungen Witwen Orpa und Rut nicht mit ihrem Leid, ihren Erwartungen und ihren Forderungen. Jede neue Generation muss schließlich ihre eigenen Wege finden und gehen. So bittet Noomi Orpa und Rut in Moab, der eigenen Heimat zu bleiben und dort einen neuen Anfang zu versuchen.

»Geht hin und kehrt um, eine jede ins Haus ihrer Mutter! Der Herr tue an euch Barmherzigkeit, wie ihr an ... mir getan habt« (Rut 1,8).

Keine Worte der Belehrung, keine unterschwelligen Vorwürfe.

Noomi zwingt ihre Schwiegertöchter beinahe zur Selbstständigkeit.

Diese Schwiegermutter hat nicht nur ihre Söhne losgelassen für die Ehe mit den Moabiterinnen, sondern gibt nun auch ihre Schwiegertöchter frei für eine neue glückliche Beziehung. Sie dankt beiden für die Liebe an den Söhnen und für das, was sie selbst dadurch erfahren hat. Noomi hat ihre Schwiegertöchter bejaht, freigegeben und dadurch gewonnen. Orpa und Rut haben den Glauben ihrer Schwiegermutter kennen gelernt und Güte und Weisheit, Selbstlosigkeit und Vertrauen bei Noomi gespürt und erfahren. Noomi – eine Schwiegermutter mit einem großen, weiten Herzen, geborgen in Gott.

Orpa kehrt nach Moab zurück. Ohne Bitterkeit lässt Noomi sie ziehen. Rut begleitet Noomi nach Bethlehem.

»Wo du hingehst, da will ich auch hin gehen; wo du bleibst, da bleibe ich auch. Dein Volk ist mein Volk, und dein Gott ist mein Gott. Wo du stirbst, da sterbe ich auch, da will ich auch begraben werden. Der Herr tue mir dies und das, nur der Tod wird mich und dich scheiden« (Rut 1,16).

Damit gibt Rut ihre Heimat mit ihrer Sitte, ihrer Sprache, ihrem Glauben und den vertrauten Rechtsverband auf. Ohne Sentimentalität, mit großer Entschlossenheit, fast bekenntnishaft, lässt Rut alle Sicherheiten hinter sich und macht sich in eine ungewisse Zukunft auf, in ein fremdes Land, allein im Vertrauen auf den Gott, den sie durch ihren verstorbenen Ehemann und durch ihre Schwiegermutter kennen gelernt hat.

Was als Auswanderungsgeschichte begonnen hat, setzt sich nun als Einwanderungsgeschichte fort. Noomi kommt nach Bethlehem zurück, begleitet von einer Fremden, einer Moabiterin. Der Neuanfang in Bethlehem ist schwer, äußerlich und innerlich. *»Voll zog ich aus, aber leer hat mich der Herr wieder heimgebracht«* (Rut

1,21), klagt Noomi. Für den Lebensunterhalt sind Noomi und Rut auf das Armenrecht angewiesen:

»Wenn du auf deinem Acker geerntet und eine Garbe vergessen hast auf dem Acker, so sollst du nicht umkehren, sie zu holen, sondern sie soll dem Fremdling, der Waise und der Witwe zufallen, auf dass dich der Herr, dein Gott, segne in allen Werken deiner Hände« (5. Mose 24,19).

Und:

»Wenn du dein Land aberntest, sollst du nicht alles bis an die Ecken deines Feldes abschneiden, auch nicht Nachlese halten ... sondern dem Armen und Fremdling sollst du es lassen; ich bin der Herr, euer Gott« (3. Mose 19,9-10).

Gott hat ein Herz für die Armen, sein Gebot heißt Nächstenliebe. Noomi und Rut haben sie bitter nötig. Sie ist für sie überlebensnotwendig. So geht Rut zur Zeit der Gerstenernte täglich auf die Felder und liest Ähren auf. Wenn das auch ihr gutes Recht war, so bleibt sie trotzdem auf das Wohlwollen derer angewiesen, denen sie begegnet. Es hätte durchaus sein können, dass man sie vom Feld verscheucht hätte, dass die Knechte sie beleidigt, belästigt hätten, die schutzlose, wehrlose, arme junge Frau auf fremdem Feld. Zufall? Glück? Fügung würde es unsere Geschichte nennen, dass Rut beim Ährenlesen an den Bauern Boas gerät, einen Verwandten ihrer Schwiegermutter:

»Und es traf sich, dass dies Feld dem Boas gehörte, der von dem Geschlecht Elimelechs war« (Rut 2,3).

Die junge Frau fällt ihm auf. Natürlich will er wissen, welche Unbekannte auf seinem Feld Ähren liest. So wendet er sich an seinen Vorarbeiter und erhält die Antwort:
»Es ist eine Moabiterin, die mit Noomi gekommen ist aus dem Land der Moabiter« (Rut 2,6). Nun ist sein persönliches Interesse geweckt. Er spricht Rut an und verrät ihr:

»Man hat mir alles angesagt, was du getan hast an deiner Schwiegermutter nach deines Mannes Tod; dass du verlassen hast deinen Vater und deine Mutter und dein Vaterland und zu einem Volk gezogen bist, das du vorher nicht kanntest« (Rut 2,11).

Und Boas bleibt Rut das Zeugnis seines Glaubens nicht schuldig: »Der Herr vergelte dir deine Tat, und dein Lohn möge vollkommen sein bei dem Herrn, dem Gott Israels, zu dem du gekommen bist, dass du unter seinen Flügeln Zuflucht hättest« (Rut 2,12).

Bei Boas stimmen Worte und Taten überein. Er erteilt Rut nicht nur die Erlaubnis, weiter zu sammeln, sondern ermächtigt sie auch in aller Form, auf seinen Feldern zu bleiben und lädt sie ein, mit den Knechten zu essen. Die Knechte aber weist er an:

»... zieht etwas aus den Garben für sie heraus und lasst es liegen, dass sie es auflese, und niemand schelte sie darum« (Rut 2,16).

So kehrt Rut am Abend mit einem halben Zentner Gerste zu ihrer Schwiegermutter zurück. Leere Hände sind gefüllt worden, leere Mägen können gefüllt werden. Und bei aller Bitterkeit und inneren Leere, mit der Noomi heimgekehrt ist, wächst in ihr der Glaube und die Zuversicht, dass Gott »seine Barmherzigkeit nicht abgewandt hat von den Lebendigen und von den Toten« (Rut 2,20).

Mit dem Namen Boas tut sich für Noomi eine ganz neue Perspektive auf: »Der Mann steht uns nahe; er gehört zu unseren Lösern« (Rut 2,20).

Noomi erinnert damit an ein Rechtsinstitut, das uns heute fremd, fast befremdlich erscheinen muss. Das soziale Netz ist die Großfamilie. Grund und Boden bilden ihre Lebensgrundlagen. So müssen Grund und Boden in der Familie bleiben, denn mit dem Verlust des Landes (oder Grundbesitzes) steht die Zukunft der Familie auf dem Spiel. Falls nun Besitz verloren zu gehen droht, aus Verarmung des Besitzers beispielsweise oder auch aus anderen Gründen, hat es der

Nächstverwandte, der Löser, einzulösen und für die Familie zu sichern (vgl. Jer 32,7f.). In diesen Zusammenhang gehört auch die Leviratsehe, wonach eine kinderlose Witwe in die Familie des Schwagers aufzunehmen ist:

»Wenn Brüder beieinander wohnen und einer stirbt ohne Söhne, so soll seine Witwe nicht die Frau eines Mannes aus einer anderen Sippe werden, sondern ihr Schwager soll zu ihr gehen und sie zur Frau nehmen und mit ihr die Schwagerehe schließen. Und der erste Sohn, den sie gebiert, soll gelten als der Sohn seines verstorbenen Bruders, damit dessen Name nicht ausgetilgt werde aus Israel« (5. Mose 25,5f).

Fremde Sitten und Gebräuche sicherlich, aber bemerkenswert, wie das alte israelitische Recht Schutz und Hilfe für Schutz- und Hilfsbedürftige bietet – Sozialgesetzgebung im alten Orient. Boas ist ein Löser und Noomi sinnt auf die Versorgung ihrer Schwiegertochter.

Was vom Ende der Geschichte als Gottes Führung offenbar wird, stellt sich zunächst als – durchaus raffinierter – schwiegermütterlicher Plan dar, zwei Menschen zusammenzubringen. So fädelt sie eine Begegnung in nicht unverfänglicher Situation ein. Eine erotische Spannung durchzieht die Szene.
Noomis Rat:
»Siehe, Boas, unser Verwandter, bei dessen Mägden du gewesen bist, worfelt diese Nacht Gerste auf seiner Tenne. So bade dich und salbe dich und lege dein Kleid an und geh hinab auf die Tenne. Gib dich dem Mann nicht zu erkennen, bis er gegessen und getrunken hat. Wenn er sich dann schlafen legt, so merke dir die Stelle, wo er sich hinlegt, und geh hin und decke zu seinen Füßen auf und leg dich hin, so wird er dir sagen, was du tun sollst« (Rut 3,2–4).

Rut folgt dem Rat Noomis. Warum sie zu Boas gekommen ist, sagt sie ihm, als er erwacht: *»Breite den Zipfel deines Gewandes über deine Magd, denn du bist der Löser«* (Rut 3,9). Rut bietet sich damit Boas als Ehefrau an.

Was als Auswanderungsgeschichte begann, zur Einwanderungsgeschichte wurde, bekommt nun die Züge einer Liebesgeschichte. Allerdings ist das glückliche Ende noch nicht absehbar. Lust und Liebe sind eine Sache, Disziplin eine andere. Boas weiß von einem anderen Löser, der nach Recht und Sitte zuerst zu fragen ist. Solange das nicht geschehen ist, hat die Disziplin die Lust in Schach zu halten. Boas muss, Boas kann warten – für diese Nacht lässt er Rut auf der Tenne schlafen – *»zu seinen Füßen«* (Rut 3,14).

Dann nimmt Boas die Sache in die Hand, das Problem muss gelöst werden, möglichst in seinem Sinn. Er hat Gefallen an der jungen Frau gefunden. So tritt er in Verhandlungen mit dem näheren Löser ein. So weit es um das Erbe des Elimelech, Noomis verstorbenem Mann geht, ist dieser schnell zur Lösung bereit. Der wirtschaftliche Vorteil liegt auf der Hand, der Grundbesitz kann arrondiert werden. Allerdings hat diese Lösung unter wirtschaftlichen Gesichtspunkten einen Haken:

»Boas sprach: An dem Tag, an dem du von Noomi das Feld kaufst, musst du auch Rut, die Moabiterin, die Frau des Verstorbenen nehmen, um den Namen des Verstorbenen zu erhalten auf seinem Erbteil« (Rut 4,5).

Das aber rechnet sich nicht, das schädigt nur das eigene Erbteil, denn das erworbene Feld würde im Fall der Geburt eines Sohnes an diesen zurückfallen. Investitionen verlangen aber Rendite, so lehnt der erste Löser diese Lösung dankend ab. Sie hätte seinen Namen in der heiligen Schrift verewigt. So aber verschwindet er aus der Geschichte, namenlos, als jemand, der kurzsichtig nur auf schnellen Gewinn aus ist. An seine Stelle tritt Boas. Verpflichtung und Liebe gehen in seiner Person eine enge Verbindung ein.

»So nahm Boas die Rut, dass sie seine Frau wurde. Und als er zu ihr einging, gab ihr der Herr, dass sie schwanger ward, und sie gebar einen Sohn. Da sprachen die Frauen zu Noomi: Gelobt sei der Herr, der dir zu dieser Zeit einen Löser nicht versagt hat! Des-

sen Name werde gerühmt in Israel! Der wird dich erquicken und dein Alter versorgen. Denn deine Schwiegertochter, die dich geliebt hat, hat ihn geboren, die dir mehr wert ist als sieben Söhne« (Rut 4,13-15).

Noomi und Rut, die Geschichte einer Auswanderung, einer Einwanderung, einer Liebe, und in allem eine Geschichte von Gottes Führung. Und wie Gott das Schicksal einiger Personen in dieser Geschichte fügt, so fügt er zugleich seine Geschichte mit dieser Welt.

Rut, die Ausländerin, geht in die göttliche Heilsgeschichte ein, sie wird ein »Pfeiler im Tempel Gottes« (G. V. Rad). Sie wird in eine Reihe gestellt mit den Müttern Rahel, Lea und Tamar. Und sie geht in den Stammbaum Jesu ein:

»Boas zeugte Obed mit der Rut. Obed zeugte Isai. Isai zeugte den König David« (Mt 1,5f.).

Eine Linie also von Boas über David zu Jesus. Wohl nicht zufällig spielt die alte Geschichte in Bethlehem. Boas als Löser wird dort geboren, Jesus Christus, der Erlöser kommt dort 1100 Jahre später zur Welt.

So weist die alttestamentliche Geschichte weit über sich hinaus. Löser und Erlöser – im Hebräischen das gleiche Wort ›GO'EL‹. Deutet nicht der Löser Boas auf den Einen, der die Welt erlösen wird, auf Jesus Christus?

ABIGAJIL – EINE FRAU
AUF DEN SPUREN SAMUELS

◆ Wir begegnen Abigajil (dt. »Mein Vater jauchzt«) in einer der kritischsten Situationen des Königtums in Israel. Im Verlauf der Erzählung wird sich zeigen, dass nicht nur der Vater Abigajils Grund zur Freude hat.

SAMUEL, SAUL UND DAVID

◆ Samuel war nicht nur Richter, sondern auch Priester und Prophet und hatte eine zentrale geistliche und politische Funktion im vorstaatlichen Israel inne. Noch zu seinen Lebzeiten zeichnete sich die Unzufriedenheit des Volkes ab, die im Wunsch des Volkes nach einem König »wie bei allen anderen Völkern« (vgl. 1. Sam 8) gipfelte. Unter großen inneren Kämpfen gab Samuel im Auftrag des Herrn dem Drängen des Volkes nach und begann, es auf das Königtum vorzubereiten, zunächst theoretisch (1. Sam 8,10 ff.), danach auch mit der Salbung des ersten Königs Israels, Saul (1. Sam 10). Damit reduzierte sich gleichzeitig auch sein eigener Auftrag, das politische Führungsamt hatte nun der designierte und gesalbte König wahrzunehmen (1. Sam 12,2).

Nach einem guten Start Sauls, in dem er die verstreut wohnenden Stämme intern zu einen versuchte und die äußeren Bedrohungen durch Philister und Ammoniter in Angriff nahm, kam es durch Ungehorsam Sauls zum Bruch mit Samuel und zur Verwerfung seines Königtums. Saul hatte durch das voreilige Darbringen des Brandopfers eindeutig seine Kompetenz überschritten (1. Sam 13,8-9).

Eine Tragödie – kaum war der erste König Israels einigermaßen etabliert, schlittert er schon in eine existenzielle Krise, die sein Scheitern einleitete. Jahwe lässt Saul durch Samuel mitteilen, dass er schon einen (Ersatz-)Mann nach seinem Herzen gesucht hat, der seine Gebote befolgt (1. Sam 13,13f.). Die Gratwanderung, die Saul auferlegt worden war, einerseits den politischen Führungsauftrag übertragen zu bekommen, andererseits trotz dieses öffentlichen Spitzenamtes von der geistlichen Führung und Begleitung eines anderen abhängig zu sein, war ihm nicht gelungen.

Davids Salbung lässt nicht lange auf sich warten. Ein Mann, eine Generation jünger als Saul, wird von Samuel zum neuen König gesalbt, obwohl der alte »offiziell« noch in Amt und Würden ist. Diese Spannung zwischen »nicht mehr« (Saul) und »schon jetzt« (David) überschattet das Verhältnis der beiden »Könige« und lässt sich auch trotz gelegentlicher Versöhnungsversuche (zuletzt 1. Sam 24) nicht mehr überbrücken.

In dieser kritischen Zeit stirbt Samuel.

»Und Samuel starb, und ganz Israel versammelte sich und hielt ihm die Totenklage. Und sie begruben ihn in seinem Hause zu Rama« (1. Sam 25,1a).

Eine Ära war nun unwiederbringlich zu Ende gegangen. Der letzte, der Priester-, Richter- und Prophetenamt in seiner Person vereinigt hatte, lebte nun nicht mehr. Damit war auch ein geistliches Vakuum entstanden. An wen sollte sich nun Saul in seiner Verzweiflung wenden (1. Sam 28,3)? Woher kam für den jungen, zum König gesalbten David geistlicher Rat, Weisung, Ermutigung, Korrektur auf dem Weg ins Amt? Auch für ihn galt ja dieser Schwebezustand »schon jetzt« – und »noch nicht« mit den damit verbundenen Gefahren und Versuchungen.

Mit dem Tod Samuels setzt unsere Erzählung ein. Der Einschnitt ist deutlich hörbar, auch, dass mit Samuel die vorläufig letzte integrative Figur (»*Ganz Israel versammelte sich ...*«; Kap. 25,1) dahingegangen war.

»Mit dem Tod Samuels war eine Wurzel ausgerissen, die David im Erdreich Israels hatte. Wie dem auch sei: Samuels Tod richtet noch einmal aller Augen nicht nur auf den »grand old man«, sondern auch auf das Phänomen »ganz Israel«, das im Begriff ist, sich in Plänkeleien und Gegensätzen zu verzehren und das Bewusstsein der Einheit zu verlieren. Es gibt eben nicht nur Saul und David; es gab noch Samuel und damit »ganz Israel«. Nun aber stirbt er, und die Gefahr, dass es ganz Israel nicht mehr gibt, könnte vor der Tür stehen.«[1]

Aber nicht nur das, auch das noch junge und schon wieder gefährdete Königtum stand auf dem Spiel – Samuel hatte die beiden ersten Könige gesalbt, doch sie standen sich nicht nur einmal als Feinde gegenüber. Es war auch ein politisches Vakuum entstanden.

Von David erfahren wir, dass er daraufhin in die Wüste ging, weit weg Richtung Halbinsel Sinai. Begann er seine Berufung, König zu werden, aus dem Auge zu verlieren und zog deshalb mit seiner Truppe möglichst außer Reichweite von Saul?

NABAL

◆ Nach Samuel, David und Saul wird uns der »vierte Mann« in dieser Geschichte vorgestellt. Zunächst wird nicht einmal sein Name genannt, stattdessen erfahren wir von immensem Reichtum, der knapp die Hälfte von Hiobs Kleinviehbestand erreicht (vgl. Hiob 1,3). Da es hier um das Schafschurfest geht, wird etwa vorhandenes Großvieh gar nicht erst erwähnt. Er hatte es als reicher Herdenbesitzer nicht nötig, sich selbst um die Herde zu kümmern, sondern besaß Angestellte, die für die Tiere zuständig waren. Deshalb lag auch sein eigentlicher Wohnsitz nicht im Weidegebiet. Das Schafschurfest als »Erntefest« [2] des Herdenbesitzers wurde jedoch im Weidegebiet vor Ort festlich begangen.

Erst in Vers 3 erfahren wir den Namen »Nabal«, gleich darauf auch den seiner Frau: Abigajil. Bei ihr springt ein anderer »Reichtum« sofort ins Auge: Sie hatte erstens einen scharfen Verstand und zweitens eine schöne Gestalt.
Auffallend ist die Reihenfolge: Erst die »inneren Werte« und dann die dekorative »Verpackung«. Das hebräische Wort ›SACHAL‹ mit den viel sagenden Bedeutungsvarianten »klug machen, belehren, richtig handeln, Erfolg haben« steht in denkbar scharfen Kontrast zu den inneren »Werten« ihres Mannes, der als roh und bösartig beschrieben wird, ein »typischer Kalebiter« eben. Auch sein Name »Nabal« = »Tor, Dummkopf« macht uns deutlich, dass uns hier ein im biblisch-weisheitlichen Sinn völlig unfähiger Mensch vorgestellt wird. Wie wird sich diese Spannung letztendlich auswirken?

DAVID

◆ Der designierte junge König hatte sich inzwischen provisorisch in der Wüste eingerichtet. Seine kleine Privatarmee umfasst 600 Mann, die sich durchaus nützlich machten. Anstatt die Gunst der Stunde zu ergreifen, ab und zu Fleischbeilagen zu organisieren, bewachten sie, wie wir später von einem Augenzeugen erfahren (Kap. 25,15-16) die Herden Nabals und sorgten dafür, dass sie weder belästigt noch in irgendeiner Weise geschädigt wurden.

Indirekt erfahren wir hier auch von den Führungsqualitäten Davids, der seine Truppe so gut in der Hand hatte, dass sie nicht zur Selbstbedienung griff. Er nützt daher das Schafschurfest, eine kleine Delegation zu Nabal zu entsenden, um ein »Schutzgeld«, das diesen Namen verdiente, zu erbitten. Es war nämlich beileibe nicht selbstverständlich, dass Nabal keinen wirtschaftlichen Schaden während der Weidezeit davongetragen hatte. In wohlgesetzten, höflichen Worten bringen die jungen Abgesandten Davids die Bitten vor und warten dann auf die Reaktion Nabals.

Erschien uns die Charakterisierung Nabals in Vers 3 noch als voreilig und etwas übertrieben, macht er jetzt seinem Namen alle Ehre. Grob fährt er die Boten an, stellt sich unwissend und beschimpft David gar als einen Knecht, der seinem Herrn entlaufen sei. Ob er da aus eigener Erfahrung als Unternehmer spricht (Vers 10)? Die nächste Frage Nabals zeigt deutlich, worum sein ganzes Denken kreist:

Soll ich *mein* Brot und *meinen* Wein und *mein* Schlachtvieh, das ich für *meine* Scherer geschlachtet habe, nehmen ... (so wörtlich in Vers 11)?

Viermal signalisiert er, dass es ihm nur um seinen Besitz geht! Mehr als seinen Bestand an Nahrungsmitteln, Tieren und Menschen kann er gar nicht wahrnehmen! Nabals Torheit ist offensichtlich kein intellektuelles Defizit, sondern eine Wahrnehmungsstörung, die ihn nur um sich selbst kreisen lässt ... In Vers 36 erfahren wir von einem wahrhaft königlichen Gelage, das Nabals selbstzufriedenes Herz höher schlagen ließ – doch nicht für lange.

Die jungen Krieger Davids tun das einzig Sinnvolle: sie diskutieren nicht, sondern machen sich umgehend auf den Rückweg. Respekt vor einer solch disziplinierten und klugen Delegation! Als David von dieser Brüskierung erfährt, reagiert er nur mit dem Befehl, die Schwerter umzugürten und abzumarschieren. Sein Zorn über das erlittene Unrecht ist auch ohne viele Worte deutlich zu spüren. Die

Situation beginnt zu eskalieren, nachdem alles so friedlich und harmonisch begonnen hatte. Wir stehen kurz vor einem Blutbad!

ABIGAJIL

◆ Abigajil, die »Freude ihres Vaters« (war Nabal überhaupt in der Lage, die Qualitäten seiner Frau wahrzunehmen und zu würdigen?) hatte offensichtlich einen bedeutend besseren Draht zu den Angestellten als ihr Mann. Ein Knecht hatte ihr kurz und präzise Bericht erstattet und im Übrigen die Bitte Davids noch einmal als absolut berechtigt bestätigt. Abigajil hatte den Zwischenfall mit den Abgesandten Davids nicht mitbekommen. Die Aufforderung des Knechts ist sehr bezeichnend:

»So bedenke nun und sieh zu, was du tust; denn es ist gewiss ein Unheil beschlossen über unsern Herrn und über sein ganzes Haus. Er aber ist ein heilloser Mensch, dem niemand etwas zu sagen wagt« (1. Sam 25,17).

Haben wir hier ein eingespieltes Team vor uns: »Geschäftsführender Knecht – Frau des Hauses«, weil der Herr des Hauses seine Unfähigkeit oft genug unter Beweis gestellt hat?

Was für eine Frau ist Abgajil?

• Sie pflegt ein partnerschaftliches Vertrauensverhältnis zu den Angestellten ihres Mannes.
• Sie hört den Bericht des Knechts ohne Unterbrechungen und zeitraubende Fragen an.
• Ihr scharfer Verstand (d. h.: ihre schnelle Auffassungsgabe und soziale Kompetenz) zeigt sich in ihrem Verhalten:
• Drei Mal wird betont, dass Abigajil »schnell, eilends« reagiert: (Vers 18, 23, 42; ›UTEMAHER‹ = ›schnell, tüchtig sein‹). Es ist keine überstürzte, hirnlose Eile, sondern geplantes, zügiges Vorwärts gehen – es geht ja um Leben und Tod!

- Es fällt auch auf, dass sie in vollkommener Eigeninitiative handelt: Sie fragt ihren Mann nicht um Erlaubnis (Vers 19b) und erzählt ihm auch nach erfolgreicher Aktion aus naheliegenden Gründen erst am nächsten Morgen von ihrem Alleingang (V. 36b). Was wäre wohl geschehen, wenn sie zuerst versucht hätte, die Genehmigung ihres Gatten einzuholen?
- Sie ist eine brillante Organisatorin und Strategin: Sie veranlasst sofort die Bereitstellung und Verladung der von David und seinen Männern erwarteten Lebensmittel; eine symbolische Gabe, 600 hungrige Wüstenkämpfer werden nicht davon satt geworden sein!
- Konfliktmanagment und Rhetorik sind ihre absoluten Stärken. Wo sonst im Alten Testament finden wir eine solch ausgefeilte Rede? Sie schickt wie einst Jakob vor der Begegnung mit seinem Bruder Esau (1. Mose 32,14-22) die besänftigenden Gaben voraus, um den Konflikt zunächst zu entschärfen.

Diese Geschichte ist übrigens so plastisch und lebendig erzählt, dass ich den Eindruck gewann, die Erzählung beruht auf den Augenzeugenberichten der Beteiligten, nämlich Abigajil und David. Wer sonst als ein dem späteren Königshof nahe stehender Autor[3] hätte solche Details liefern können? Sogar vom Selbstgespräch Davids in Vers 21 und 22 wird berichtet. Er schnaubt vor Zorn und hat vor, das fröhliche Schafschurfest in einem Gemetzel enden zu lassen. Keinen Mann will er am Leben lassen!

Nun kommt es also zur ersten Begegnung zwischen Abigajil und David: Auf der einen Seite des Berges zieht eine schwer bewaffnete Truppe junger Männer mit David an der Spitze heran, die erlittene Ungerechtigkeit blutig zu rächen; auf dem anderen Bergpfad die schöne Abigajil auf ihrem Esel, deren Auftritt durch die nahrhafte Vorhut glänzend vorbereitet war. Anders als in Kapitel 24 bei der Begegnung mit Saul war David diesmal davon überzeugt, im Recht zu sein, wenn er zur Waffe greift.

Abigajil beherrscht auch virtuos die Körpersprache der Deeskalation. Vier Gesten sollen David besänftigen (Vers 23f.):

- Sie steigt *schnell* vom Esel ab (s. oben).
- Sie wirft sich vor David auf ihr Gesicht.
- Sie verneigt sich bis zur Erde,
- und fällt vor ihm auf die Knie.

Damit ist David schon kräftig der Wind aus den Segeln genommen!

Ihre Rede ist ein rhetorisches Meisterstück, in der wir Abigajils scharfen Verstand souverän am Werk sehen. Zunächst nimmt sie »provisorisch« die Schuld auf sich (Vers 24) und bittet um Gehör. Doch gleich im nächsten Satz wird der eigentlich Schuldige unverblümt beim Namen genannt, »Nabal, dieser bösartige Mensch«. Sie findet vernichtende Worte über die Torheit ihres Mannes. Abgajil deckt ihn und sein Verhalten nicht um jeden Preis, sondern verhält sich als eine unabhängige, selbstständig denkende Frau. Letztendlich spricht sie ein endgültiges Urteil über die Torheit ihres Mannes, von dem sie sich schon jetzt distanziert.

Sie, Abigajil, träfe aber faktisch keine Schuld, da sie die Delegation von Davids Leuten gar nicht mitbekommen habe. In ihren Augen ist jeder für seine (Fehl-)Entscheidungen verantwortlich, auch in einer Ehe, über deren Qualität wir aus dieser Geschichte nur indirekt Schlüsse ziehen können.
Doch hält sie sich nicht lange bei der Ursachenforschung auf. Entscheidend ist für Abigajil die geistliche Dimension:

»Nun aber, mein Herr, so wahr der Herr lebt und so wahr du selbst lebst ...« (1. Sam 25,26a).

In taktischer und prophetischer Vorwegnahme geht Abigajil schon jetzt (Vers 26b) davon aus, dass Jahwe durch ihre Initiative David davon abgehalten hat, Selbstjustiz zu üben. Beiläufig weist sie noch einmal auf die mitgebrachten Gaben hin, deren Verweigerung den Konflikt erst eigentlich heraufbeschworen hatten (Vers 27).

Ganz im Gegensatz zu ihrem Mann, der David als einen entlaufenen Knecht bezeichnete, weiß sie etwas von der großen Zukunft Davids (Vers 28-31).
Müssen wir jetzt nicht davon ausgehen, dass Nabal die Abgesandten Davids aus purer Bösartigkeit und wider besseres Wissen beleidigt hat?

Abgesehen von ihren sonstigen Qualitäten ist Abigajil auch eine Meisterin der bildhaften Sprache (vgl. Vers 29):

»... möge die Seele meines Herrn eingebunden sein in den Beutel des Lebens bei Jahwe, deinem Gott ...«

Im Beutel des Lebens werden die persönlichen Schätze aufbewahrt, hier: Gott hütet das Leben seiner Freunde wie einen Schatz![4] An anderer Stelle erfahren wir[5], dass ein Beutel die Zählsteine des Viehs aufnahm. So kannte der Hirte jederzeit den Bestand. Ein anschauliches Bild für die wachsame Sorge, mit der Gott Davids Leben behütet – und David aus eigener Berufserfahrung wohl vertraut. In der Tat schwebte er schon mehrfach in Lebensgefahr. Faszinierend ist, wie Abigajil dann den Beutel des Lebens zur Schleuderkappe umfunktioniert:

»... aber das Leben deiner Feinde soll er fortschleudern mit der Schleuder« (Vers 29b).

... in die Gottesferne. Es ist für einen Hirten ein leichtes, einen offenen Beutel in eine Schleuderkappe umzuwandeln!

»Aber die psychologischen (= rhetorischen, Anm. d. Verf.) Feinheiten der Rede sind ja nicht das Wesentlichste. Die Hauptsache ist jenes Andere: Sie ruft David unter die Verantwortung vor dem Herrn, aus der er im Begriffe ist auszubrechen, und bewahrt ihn davor, damit seiner Stellung im Gottesplan verlustig zu gehen oder sie wenigstens zu belasten.«[6]

Eindeutig sind die Verse 28 bis 31 der Höhepunkt der Rede Abigajils und bilden gleichzeitig das theologische Herzstück des Kapitels:

»Die Frau Abigajil redet im Namen Jahwes, wenn sie David von seinen blutigen Plänen abzubringen sucht. Gott schickt David diese Frau, um seinen Willen kundzutun und Abigajil ist in diesem Moment Gottes Prophetin.«[7]

Im Übrigen wird Abigajil in rabbinischer Tradition zu den sieben Prophetinnen des Alten Testaments gezählt: Sara, Mirjam, Debora, Hanna (Mutter Samuels), Abigajil, Hulda und Ester. Haben wir Christen, was die Bedeutung der Prophetinnen im Alten Testament anbelangt, einiges aus den Augen verloren? [8]

DAVID

◆ Wie reagiert David auf diese ungewöhnliche Prophetin (Kap. 25,32f.)?

»Da sprach David zu Abigajil: Gelobt sei der HERR, der Gott Israels, der dich heute mir entgegengesandt hat, und gesegnet sei deine Klugheit, und gesegnet seist du, dass du mich heute davon zurückgehalten hast, in Blutschuld zu geraten und mir mit eigener Hand zu helfen« (1. Sam 25,32-33).

Ein dreifacher, umfassender Segen wird hier ausgesprochen:

• David akzeptiert diese Frau als Gesandte, als Botschafterin, als Prophetin Gottes! Das hebräische Wort ›SCHALACH‹ ist der häufigste Fachbegriff für die Entsendung von Propheten durch Gott (2. Mose 16,28; 2. Kön 2,2; Jes 61,1 u. ö.). Der Begriff »entgegen« (›LIKRATI‹) präzisiert die Sendung des Gesandten: es geht um eine geplante Begegnung im freundlichen wie im konfrontativen Sinn (vgl. 2. Mose 4,27, Jes 7,3; 2. Kön 1,3; 1. Sam 17,48 u. ö.).
• David akzeptiert, dass Gott direkt durch den ›TA'AM‹ (Hertzberg: »Riecher«) [9] [Moderner: »Emotionale Intelligenz«] einer

Frau wirkt. Ihrer Klugheit verdankt er es, seiner Berufung als König Israels in dieser Situation treu geblieben zu sein. Samuel als geistlicher Ratgeber war ja kurz vorher gestorben! In Kapitel 25 rettet der HERR David durch Abigajil aus einer Gefahr, die in ihrer Tragweite vergleichbar ist mit der Szene in der Höhle von En-Gedi aus Kapitel 24. Dort ermutigten die Männer Davids ihn: *»Siehe, das ist der Tag, von dem der HERR zu dir gesagt hat: Siehe, ich will deinen Feind in deine Hände geben, dass du mit ihm tust, was dir gefällt« (1. Sam 24,5).* Er konnte dieser Versuchung nur knapp widerstehen und hinterher schlug ihm sein Gewissen: »Er ist der Gesalbte des Herrn« (1. Sam 24,7b). Damals war Samuel noch am Leben und David konnte mit diesem geistlichen Rückhalt seine Leute in ihre Schranken weisen und sie scharf tadeln.

• Gepriesen seist du selbst ... David nimmt Abigajil als Einzelperson wahr, die sich ihm als Thronanwärter in den Weg gestellt hat. Sie hat schnell und souverän gehandelt, unter großem persönlichen Risiko.

»Es ist in jeder Hinsicht bemerkenswert, dass hier, eingereiht in die Tradition der großen Propheten Israels, eine Frau diese Botschaft verkündet und die Sache Gottes mit Erfolg führt.« [10]

David hebt ihre schnelle Entschlusskraft hervor, die sie nicht zögern ließ, das als richtig Erkannte in die Tat umzusetzen. Ohne diese Schnelligkeit hätte auch der scharfe Verstand Abigajils nichts genützt (Vers 34). Abigajil hat nicht demütig geschwiegen und David hat ihrer Stimme trotzdem – oder gerade deswegen Gehör geschenkt (Vers 35)!

Auf diese Weise hat sie vielen Männern das Leben gerettet, und David wieder in seine Verantwortung vor den Gott Israels gerufen.

Nur einen Mann kann sie nicht retten – ihren eigenen. Nach ihrer Rückkehr zu Nabal ist wieder eine ganz andere Form der Klugheit gefordert: Sie schweigt. Ihrem betrunkenen Mann erzählt sie nichts, »weder wenig noch viel, bis an den lichten Morgen« (Vers 36b) [11] – nicht einmal, dass er und seine Festgesellschaft nur knapp einem Blutbad entronnen waren. Erst als er wieder nüchtern war, erfuhr er von den jüngsten Ereignissen. Lapidar wird festgestellt, dass Nabal »das Herz in der Brust erstarb«, das sich vorher so an den kulinarischen Genüssen erfreut hatte. Was hat Nabal am Bericht seiner Frau wohl am meisten geschockt? Nach 10 Tagen ließ, so wird berichtet, der Herr Nabal eines »natürlichen« Todes sterben. Ein Ereignis, das David ursprünglich vorzeitig hatte herbeiführen wollen.

David hat diese kluge Frau nicht vergessen, die ihm in einer kritischen Situation seines Lebens souverän entgegengetreten war, und schickt ihr seine Brautwerber entgegen, nachdem er erfahren hatte (vielleicht von den Knechten, mit denen er so effektiv zusammengearbeitet hatte), dass sie wieder frei war.

In Vers 42 erscheint Abigajil (leider) zum letzten Mal in den Erzählungen von der Königszeit Davids, abgesehen von der Geburt eines Sohnes in 2. Sam 3,3. Als sie vom Heiratsantrag Davids erfährt, steht sie eilends auf und folgte den Boten Davids und wurde seine Frau. Hat sie darauf gewartet, gehofft?

Eine Frage kommt mir immer wieder in den Sinn: Was wäre geschehen, wenn Batseba, Mutter des dritten Königs in Israel, David ebenso souverän entgegengetreten wäre wie Abigajil einige Jahre früher (2. Sam 11+12; 1. Kön 1+2)?

Literatur:

- Die Bibel, Deutsche Ausgabe mit den Erläuterungen der Jerusalemer Bibel, hrsg. von D. Arenhoevel, A. Deissler, A Vögtle, Herder Verlag Freiburg 13. Aufl. 1978
- Kommentar zur Bibel, AT und NT, hrsg. Donald Guthrie, J. Alec Motyer, Brockhaus Verlag, Wuppertal Zürich, 1. Sonderauflage 1992
- Hertzberg, Hans Wilhelm, Die Samuelbücher, übersetzt und erklärt, Verlag Vandenhoeck und Ruprecht, Göttingen, 3. Auflage 1965
- Walter, Karin (Hrsg.), Zwischen Ohmacht und Befreiung. Biblische Frauengestalten, Reihe: Frauenforum, Herder Verlag, Freiburg 1988
- Das Alte Testament, Entstehung – Geschichte – Botschaft. Brunnen Verlag, Gießen, Basel 1989. W. S. La Sor/D. A. Hubbard/F. W. Bush, hrsg. von Helmuth Egelkraut

[1] Hertzberg, S. 161
[2] Hertzberg, S. 164
[3] Hertzberg, S. 164
[4] Jerusalemer Bibel, Kommentar zur Stelle
[5] Kommentar zur Bibel, S. 362
[6] Hertzberg, S. 166
[7] Karin Walter (Hrsg.), S. 96f.
[8] H. L. Strack/P. Billerbeck, Kommentar zum NT aus Talmud und Midrasch, Bd. II, München 5. Aufl. 1969, S. 140
[9] Hertzberg, S. 163
[10] Karin Walter, S. 97
[11] Übersetzung von Hertzberg, S. 163

ESTER

◆ Ungefähr vier Wochen vor dem Passafest ist was los – überall dort, wo Juden zusammen sind und feiern. ›PURIM‹ (akkad./babyl. ›PUR‹ = »Los«) heißt das Fest, ein ausgelassenes Freudenfest, an dem man sich verkleidet, an dem man einander besondere Speisen schenkt und dabei vor allem die Armen mit Gutem versieht.
PURIM – ein besonderes Fest. Das jüdische Volk ist (einmal mehr) gerettet, gerettet vor der Vernichtung, die ein wütender Feind beschlossen hatte, und die das aufgebrachte Volk im persischen Reich vollbracht hätte, wenn nicht ...

Das Buch Ester ist in der hebräischen Bibel unter den Schriften (hebr.: ›KETUBIM‹ als eine von fünf Festrollen, hebr.: ›MEGIL-LOT‹; die anderen Festrollen sind die Bücher Hohelied, Rut, Prediger und Klagelieder) zu finden. Es hat seinen Platz in der Liturgie des Purimfestes und erklärt die Entstehung und den Anlass dieses Festes, das außer im Buch Ester nur im 2. Buch der Makkabäer Erwähnung findet.
Das Buch Ester fand erst spät Anerkennung im jüdischen Kanon. Während es aber im Judentum allgemein sehr wertgeschätzt wird, ist es im Christentum weithin recht unbekannt oder gering geachtet. Luther z. B. sagte über dieses Buch: »Ich bin dem Buch und Ester so feind, dass ich wollte, sie wären gar nicht vorhanden; denn sie judenzen zu sehr und haben viel heidnische Unart« (WA TR I,

S. 208, 30f. vgl. O. Kaiser, Einleitung in das AT. Bln. 1973. S.161). Es ist in der Tat ein sehr »weltliches Buch«, das, oberflächlich betrachtet, wenig theologischen Gehalt hat. Doch lohnt es sich, tiefer zu sehen.

Die Geschichte, die im Buch Ester erzählt wird, führt uns in die Zeit des medisch-persischen Reiches. Nachdem 587 v. Chr. die Babylonier dem selbstständigen jüdischen Staat ein Ende bereitet, Jerusalem zerstört und viele gefangen weggeführt hatten (vgl. z. B. 2. Kön 24,14ff. u.a.), hatte fast 50 Jahre später (538 v. Chr.) König Kyrus von Persien per Dekret den Juden die Rückkehr in ihr Land gestattet. (vgl. Jes 45,1ff.; Esr 1,1ff.). Was zunächst mit Jubel und Begeisterung begann, erlahmte jedoch recht schnell.

Während Esra und Nehemia, die Propheten Haggai und Sacharja mitten in den Herausforderungen des Aufbaus nach der Rückkehr in Juda stehen und bestehen müssen, gibt uns das Buch Ester einen Einblick in die Situation der Juden, die im persischen Reich, in der östlichen Diaspora, verbleiben, sich dort untermischen, und fern von Juda ihre Zukunft sehen.

Auch wenn im Buch Ester der Name Gottes kein einziges Mal erwähnt wird, Hinweise auf Bund und Gesetz Gottes mit und für Israel, Prophetien und Offenbarungen gänzlich fehlen, so ist es doch ein theologisch wertvolles Zeugnis.
Mitten in den Zuständen und Umständen, die sich »rein zufällig« ergeben, ist dennoch, wenn auch verborgen, der Gott Israels souverän am Werk, und er gebraucht für sein Werk Menschen, die sich ihm bereit halten. Wir nehmen die Geschichte auf in dem Rahmen, in dem sie erzählt wird, und wollen tiefer sehen und hören, welche Botschaft sich uns erschließt. Letztlich geht es um die Wahrnehmung der biblischen Botschaft, wie der Gott Israels, der Gott des Alten und des Neuen Bundes Geschichte macht, Geschichte seines Volkes, Geschichte von Menschen, Männern und Frauen, die er in sein Wirken einbezieht. Das Zeugnis der Geschichte Gottes gilt es wahrzunehmen, weil sich darin immer

auch sein Wesen erschließt und unsere Bestimmung als seine Menschen.

Im Exil der Juden seit 587 v. Chr. waren die knapp 50 Jahre lange genug, um sich einzurichten, um Reichtum und Einfluss im persischen Reich erworben zu haben. Die schwierige Situation im väterlichen Erbland Juda lässt viele vor einer Rückkehr zurückschrecken. Die Sicherheit in der Fremde wiegt schwerer als die Verpflichtung, die Heimat der Väter wieder aufzubauen, jüdisches Leben neu zu gestalten. Wusste man doch um die Fülle der Schwierigkeiten, die der Aufbau bringen würde in einem Land, zu dem 127 Provinzen gehörten, von denen Juda nur eine kleine war; da waren die Probleme unüberschaubar, und Feindschaften gab es viele in diesem Völkergemisch.

Der König Ahasveros (griech.: Xerxes I., 485 – 465 v. Chr.) gehört zu den Großen seiner Zeit, dem es an nichts mangelt und der sein Leben ausfüllt mit vielfachem Reichtum, Prunk, Gelagen ... *»machte er ein Festmahl ... damit er sehen ließe den herrlichen Reichtum seines Königtums und die köstliche Pracht seiner Majestät viele Tage lang ...« (Est 1,3-4).*

Das klingt in den Ohren, das »zur Schau stellen« dessen, was »man« hat ... Und dazu soll nun auch die Frau kommen, Wasti, die selbst ein Gastmahl veranstaltet (Est 1,9) – *»die Königin Wasti mit ihrer königlichen Krone holen sollten vor den König, um dem Volk und den Fürsten ihre Schönheit zu zeigen; denn sie war schön« (Est 1,11).*

Eine delikate Begründung? Etwas fremd Anmutendes? Etwas ganz Normales? Wasti weigert sich. Wir erfahren nichts von ihren Gründen, nichts von ihrer Absicht. Aber der Konflikt ist offen da. Sein Befehl – ihre Weigerung – sein Zorn. Und damit nicht genug! Die Männer am Hof befinden:

»Denn es wird diese Tat der Königin allen Frauen bekannt werden, so dass sie ihre Männer verachten und sagen: Der König

Ahasveros gebot ...; aber sie wollte nicht. ... es wird Verachtung und Zorn genug geben ... der König ihre königliche Würde einer andern geben solle, die besser ist als sie ... so würden alle Frauen ihre Männer in Ehren halten bei Hoch und Niedrig« (Est 1,17-20).

Das ist das Urteil, die Frau des Königs hat verspielt! Wo die Frau nur zum Gehorsam gegen Befehle da ist, hat sie keine Chance ... Sie wird verstoßen. Und zum Gesetz der Meder und Perser wird es erhoben: »*... dass ein jeder Mann der Herr in seinem Hause sei ...«* *(Est 1,22b).*
Befehle, Verweigerung, Zorn, Strafe, Angst ... Die Situation zwischen Mann und Frau ... Machtkampf.

Aber der König braucht eine Frau, er will eine Frau, er sucht eine Frau. Obwohl er gewiss nie Mangel an Frauen gehabt hat – ist doch die Rede vom Frauenhaus – scheint deutlich, dass er eine vermisst; eine besondere; eine, die eine andere Position hat; eine, die dann auch Königin werden kann. Spricht da heraus nicht doch die Sehnsucht nach Beziehung, dass da *eine* Frau ist, die anders ist, eine andere Stellung hat, in einer anderen Beziehung zu ihm lebt als die anderen?

So kommt Hadassa (hebr.: Myrte), genannt Ester, an den Hof. Sie ist die Tochter eines Onkels des Mordechai. Er war einer von denen, die damals aus Jerusalem gefangen weggeführt worden waren. Als die Eltern Esters gestorben waren, hatte er sie als seine Tochter angenommen.

Wir erfahren nichts von den näheren Umständen, unter denen Ester an den Hof gelangt, wenig über die Zeit, die sie dort verbringt.

»Und der König gewann Ester lieber als alle Frauen, und sie fand Gnade und Gunst bei ihm vor allen Jungfrauen. Und er setzte die königliche Krone auf ihr Haupt und machte sie zur Königin an Wastis Statt« (Est 2,17).

Mordechai bleibt unter den schwierigen Umständen ihr so nahe wie nur möglich. Er nimmt einen Platz im Tor des Königs ein (Est 2,11.19) Die Beziehung zwischen ihm und Ester gewinnt für das gesamte Geschehen Bedeutung.

»Aber Ester sagte ihm nichts von ihrem Volk und ihrer Herkunft; denn Mordechai hatte ihr geboten, sie solle es nicht sagen« (Est 2,10). Das wird betont: *»Und Ester hatte noch nichts gesagt von ihrer Herkunft und von ihrem Volk, wie ihr Mordechai geboten hatte; denn Ester tat nach dem Wort Mordechais wie zur Zeit, als er ihr Pflegevater war«* (Est 2,20).

Das Motiv für diese Verschwiegenheit bleibt verborgen. Dass es Feigheit ist, die zu angepassten Juden passen würde, erscheint jedoch höchst unwahrscheinlich. Wird doch wenig später berichtet, wie Mordechai standhaft dem Gebot widersteht, sich vor Haman, dem Agagiter, den der König groß gemacht und erhoben hat, zu beugen: *»und setzte seinen Stuhl über alle Fürsten, die bei ihm waren. Und alle Großen des Königs, die im Tor des Königs waren, beugten die Knie und fielen vor Haman nieder; denn der König hatte es so geboten. Aber Mordechai beugte die Knie nicht und fiel nicht nieder«* (Est 3,1-2).

Und hierfür hält Mordechai seinen Grund nicht verborgen. *»... denn er hatte ihnen gesagt, dass er ein Jude sei. Und als Haman sah, dass Mordechai nicht die Knie beugte noch vor ihm niederfiel, wurde er voll Grimm ... sondern er trachtete danach, das Volk Mordechais, alle Juden, die im ganzen Königreich des Ahasveros waren, zu vertilgen«* (Est 3,4-6).

Und diesem Ziel dient nun alles. Haman will die Juden vernichten. Und er verfügt über die Macht und Möglichkeiten, das umzusetzen. Der König erteilt ihm die Generalvollmacht zu tun, was er tun will. Das Los (›PUR‹) ist gefallen auf den 13. Tag des 12. Monats, das ist der Monat Adar. An diesem Tag, so wird es überall verkündet als ein Gesetz der Meder und Perser, sollen überall alle Juden vernichtet, umgebracht und ausgerottet werden, »jung und alt, Kinder und Frauen ...« (Est 3,13)

Aufregung, Entsetzen, Angst ergreift die Stadt. Mordechai geht in Sack und Asche gekleidet mit lautem und bitterem Klagegeschrei bis vor das Tor des Königs. Er erregt Aufsehen, so sehr, dass Ester durch ihre Dienerinnen von dem Geschehen erfährt. *»Da erschrak die Königin sehr«* (Est 4,4). Sie versucht, Mordechai zur Ruhe zu bringen, vergeblich. Ihre Diener erhalten von Mordechai genaue Information über das Geschehen und die Weisung:

»… damit er's Ester zeige und es ihr sage und ihr gebiete, dass sie zum König hineingehe und zu ihm flehe und bei ihm Fürbitte tue für ihr Volk« (Est 4,7).

Dies jedoch erscheint ihr unmöglich:
»Es wissen alle Großen des Königs und das Volk in den Ländern des Königs, dass jeder, der ungerufen zum König hineingeht in den inneren Hof, Mann oder Weib, nach dem Gesetz sterben muss, es sei denn, der König strecke das goldene Zepter gegen ihn aus, damit er am Leben bleibe« (Est 4,11).

Es geht um Leben und Tod. Und an dieser Stelle stehen ein Mann und eine Frau, und ringen um ihr eigenes Leben und das Leben ihres Volkes.

»Denke nicht, dass du dein Leben errettest, weil du im Palast des Königs bist, du allein von allen Juden. Denn wenn du zu dieser Zeit schweigen wirst, so wird eine Hilfe und Errettung von einem andern Ort her den Juden erstehen, du aber und deines Vaters Haus, ihr werdet umkommen. Und wer weiß, ob du nicht gerade um dieser Zeit willen zur königlichen Würde gekommen bist?« (Est 4,13-14)

Mordechai dringt hart auf Ester ein. Ein Ringen um Leben und Tod, und das nicht nur für sich selbst, sondern für ihr ganzes Volk. Wir erfahren nichts vom Prozess, der in Ester abläuft, bis ihre Antwort klar ist:

»... fastet für mich, dass ihr nicht esst und trinkt drei Tage lang, weder Tag noch Nacht. Auch ich und meine Dienerinnen wollen so fasten. Und dann will ich zum König hineingehen entgegen dem Gesetz. Komme ich um, so komme ich um« (Est 4,16).

Was bei ihm, Mordechai, als ein unerschütterlicher Glaube zu finden ist, dass Errettung und Befreiung geschehen werden, erwächst in ihr, Ester, zu einer unerschütterlichen Entschlossenheit, alles zu wagen, alles einzusetzen, was ihr möglich ist. Egal, was passiert. Eine Entschlossenheit, die das eigene Leben gering achtet und Leben anderer retten kann.

Hier stoßen wir auf den Schlüsselsatz des ganzen Buches, der weit über dieses Buch hinausreicht: *»Komme ich um, so komme ich um.«* Ein Kern biblischer Botschaft schlechthin: *»Wer sein Leben lieb hat, der wird's verlieren; und wer sein Leben auf dieser Welt hasst, der wird's erhalten zum ewigen Leben«* (Joh 12,25).

Was lange nach der Zeit der Ester von Jesus verkündet und gelehrt wird, wird hier schon gelebt. *»Komme ich um, so komme ich um.«* Das ist der Satz einer Frau, in deren Leben Werte verändert wurden. Nicht mehr das eigene Leben, eigene Sicherheit, eigenes Glück sind Ziel und Zweck. Es gibt etwas Höheres ... Dafür kann sie sogar umkommen, das Leben verlieren ... sich selbst verlieren. Furchtloses Wagnis, rückhaltlose Hingabe um ihres Volkes willen, dafür steht Ester. Und ...

»Mordechai ging hin und tat alles, was ihm Ester geboten hatte« (Est 4,17).

Die Rollen sind wie vertauscht. Jetzt hat Ester die Befehle gegeben. Jetzt folgt Mordechai dem, was sie anordnet. Im Dienst für ihr Volk stehen sie gemeinsam, ohne Konkurrenz, ohne Positionskampf. Und Ester, die Frau, die bereit ist zur rückhaltlosen Hingabe, hat Autorität gewonnen, sodass der, dem sie sich bislang unterordnete, sich nun ihr unterordnet.

Am 3. Tag ist es so weit. Ester geht den Weg, der ihr Tod sein kann. Auf dem Weg zur Rettung ihres Volkes gibt es kein Zurück mehr.

»Und als der König die Königin Ester im Hofe stehen sah, fand sie Gnade vor seinen Augen. Und der König streckte das goldene Zepter in seiner Hand gegen Ester aus. ... Da sprach der König zu ihr: Was hast du, Ester, Königin? Und was begehrst du? Auch die Hälfte des Königreichs soll dir gegeben werden« (Est 5,2-3).

Das Begehren der Ester ist eine Einladung. Der König und Haman, der Erzfeind ihres Volkes, sollen zu ihr zum Mahl kommen. Sie hat es nicht eilig mit ihrem Begehren. Was mag sie bewegen, es so allmählich anzugehen? Will sie sich der guten Beziehung zum König vergewissern, bevor sie ihn mit dem grausamen Treiben seines engsten Vertrauten konfrontiert?

Haman fühlt sich geehrt. Haman ist auf Ehre aus, mehr kennt er nicht. Deshalb bleibt der standhafte Mordechai, der sich immer noch nicht beugt vor ihm, auch der größte Anstoß und Ärgernis für ihn. Haman lässt einen Galgen aufstellen, an dem er Mordechai hängen will, diesen unbeugsamen Juden, der darauf beharrt, sich einzig vor seinem Gott zu beugen.

Es ist auffällig, dass im ganzen Buch Ester der Name Gottes nicht erscheint. Und doch ist die Geschichte transparent für ihn und sein wunderbares Wirken an seinem Volk. Die feste Hoffnung Mordechais, dass seinem Volk Hilfe erstehen wird (Est 4,14) und die Anordnung Esters zum dreitägigen Fasten vor ihrem Gang zum König (Est 4,16) sind Zeugnisse ihres Glaubens an den Gott, der ihrem Volk Bund und Treue zugesagt hat.

Mitten im Geschehen scheint die Hand Gottes präsent und wirksam zu sein. Der König lässt sich in einer schlaflosen Nacht aus dem »Buch der Denkwürdigkeiten« vorlesen (Est 6,1) und dabei erfährt er, wie Mordechai ihn vor Zeiten gerettet hatte vor einem

Attentat, das Diener des Königs geplant hatten. »*Welche Ehre und Würde hat Mordechai dafür bekommen?*« (Est 6,3)
Darauf hin erfährt er, dass noch keinerlei Ehrung geschehen ist, und holt sich Rat von Haman: »*Was soll man dem Mann tun, den der König gern ehren will?*« (Est 6,6)

Haman, der nur seine eigene Ehre kennt, malt sich aus, was ihm gefallen würde, nicht ahnend, was dann geschehen wird. Er erhält den Befehl, nun Mordechai zu ehren, bekleidet mit königlichem Gewand, auf einem königlichen Pferd reitend, mit königlichem Kopfschmuck versehen, so führt Haman ihn durch die Straßen der Stadt und ruft aus: »*So geschieht dem Mann, den der König gern ehren will*« (Est 6,11).

Der König und Haman erscheinen bei Ester zum zweiten Festmahl. Denn das war zunächst am Vortag ihr Begehren, dass die beiden Männer sie noch einmal beehren, bevor sie dann ihr wahres Anliegen vorbringen wird. Und so ist sie jetzt vor dem König:

»*Hab ich Gnade vor dir gefunden, o König, und gefällt es dem König, so gib mir mein Leben um meiner Bitte willen und mein Volk um meines Begehrens willen. Denn wir sind verkauft, ich und mein Volk, dass wir vertilgt, getötet und umgebracht werden*« *(Est 7,3-4)*.

Erst jetzt erfährt der König vom Treiben des Mannes, der sein volles Vertrauen genießt.
»*Und der König stand auf vom Weingelage in seinem Grimm und ging in den Garten am Palast. Aber Haman trat vor und bat die Königin Ester um sein Leben; denn er sah, dass sein Unglück vom König schon beschlossen war. Und als der König zurückkam aus dem Garten am Palast in den Saal, wo man gegessen hatte, lag Haman vor dem Lager, auf dem Ester ruhte. Da sprach der König: Will er auch der Königin Gewalt antun bei mir im Palast?*«
(Est 7,7-8).

Haman, der Feind nicht nur Mordechais, sondern zugleich der Gegenspieler Esters. Er, der alles Vertrauen des Königs besitzt, der Macht und Möglichkeiten hat, hat sie grenzenlos eigennützig gebraucht. In der Situation der Gefahr bleibt ihm nur die Angst, nur die flehentliche Bitte um sein Leben, die ihm nicht gewährt wird. »Wer sein Leben lieb hat, der wird's verlieren ...« (Joh 12,25; vgl. oben). Haman wird an dem Galgen erhängt, den er für Mordechai hatte aufrichten lassen. Und noch einmal erscheint Ester vor dem König mit einer Bitte:

»Gefällt es dem König, und habe ich Gnade gefunden vor ihm, und dünkt es den König recht, und gefalle ich ihm, so möge man die Schreiben mit den Anschlägen Hamans, des Sohnes Hammedatas, des Agagiters, widerrufen, die er geschrieben hat, um die Juden umzubringen« (Est 8,5).

Ester und Mordechai bekommen nun gemeinsam den Auftrag:

»So schreibt nun ihr wegen der Juden, wie es euch gefällt, in des Königs Namen und siegelt's mit des Königs Ring. Denn ein Schreiben, das in des Königs Namen geschrieben und mit des Königs Ring gesiegelt war, durfte niemand widerrufen« (Est 8,8).

Das gilt nun sowohl für das Schreiben Hamans als auch für das Schreiben Mordechais und Esters, unwiderrufliches Gesetz. Die Lösung ist, dass an dem Tag, den Haman ausgelost hatte, an dem die Juden vernichtet werden sollten, sie aufgerufen werden, gegen ihre Feinde aufzustehen, sich zu wehren und diese zu vernichten. In allen Provinzen des Reiches wird dies kundgetan. »Und in allen Ländern und Städten, an welchen Ort auch immer des Königs Wort und Gesetz gelangte, da war Freude und Wonne unter den Juden, Gastmahl und Festtag ...« (Est 8,17).

Und so wird der Tag, an dem die Juden vernichtet werden sollten, zu einem Tag des Sieges für sie. Denn überall schlagen sie ihre Feinde nieder und vernichten die, die sie vernichten wollten. Und

Mordechai, der inzwischen den Platz Hamans eingenommen hat, und Vertrauen und Ehre des Königs genießt, ordnet an:

»Sie sollten als Feiertage den vierzehnten und fünfzehnten Tag des Monats Adar annehmen und jährlich halten, als die Tage, an denen die Juden zur Ruhe gekommen waren vor ihren Feinden, und als den Monat, in dem sich ihre Schmerzen in Freude und ihr Leid in Festtage verwandelt hatten: dass sie diese halten sollten als Tage des Festmahls und der Freude und einer dem andern Geschenke und den Armen Gaben schicke ... Und die Königin Ester ... und Mordechai, der Jude, schrieben mit ganzem Ernst ein zweites Schreiben über das Purimfest, um es zu bestätigen« (Est 9, 29ff.).

Ester und Mordechai – sie sind ohne den/die jeweils andere/n nicht zu denken. Sie leben an völlig verschiedenen Orten, haben andere Positionen und stehen doch aufs Engste zusammen. Die Geschichte der Rettung der Juden in diesem dramatischen Geschehen ist ohne ihre Einheit nicht zu denken.

Mordechai begegnet uns als ein Mann in festem Vertrauen, dass Rettung möglich wird. Ein Mann mit großer Weisheit, die erdenkt, wie es geschehen könnte. Ein Mann, mit Hartnäckigkeit Ester gegenüber, um sie für den Platz zu gewinnen, der ihr in diesem Geschehen zukommt.

Ester begegnet uns nach ihrem Ringen in fester Entschlossenheit, alles zu wagen, alles hinzugeben, eigenes Leben verlieren zu können, um anderes Leben zu retten. Ester ist eine mutige Frau, die es wagt, gegen das gängige Gesetz (*»... die Männer sollen Herr im Haus bleiben...«*; vgl. Est 1,22) zu handeln und von ihrem Mann, dem König, etwas zu erbitten, ja sogar zu fordern, um ihr Volk vor dem Untergang zu bewahren.

Die Einheit beider vollbringt das, was nötig war, um das jüdische Volk zu retten, eine Tat, die bis heute gefeiert wird.

Unabhängig davon, welche historische Bedeutung wir dem Buch Ester zugestehen, welches theologische Gewicht wir dem Buch bisher zumessen, diese Botschaft gilt es wahrzunehmen und umzusetzen: Die Einheit, mit der Mordechai und Ester in der schwierigen Situation bestehen und widerstehen, wie sie gemeinsam die Herausforderung der Bedrohung ihres Volkes annehmen, bewältigen und überwinden, diese Einheit ist ein Schlüssel zur Rettung.

Literatur:

- Elberfelder Bibel, 7. Aufl. 1996
- Bibellexikon, hrsg. von H. Haag, Leipzig 1969
- Jerusalemer Bibellexikon, hrsg. von K. Hennig, Stuttgart 1989
- G. Fohrer, Das Alte Testament, Berlin 1970 (S. 129 – 131)
- O. Kaiser, Einleitung in das Alte Testament, Berlin 1973 (S. 160 – 163)
- W. I. Thomas, Tote können nicht sterben, Stuttgart 1973/97
- S. Ph. De Vries, Jüdische Riten und Symbole, Wiesbaden 1981

Helga Weippert

DIE BEDEUTUNG DER KLEIDUNG IM ALTEN TESTAMENT[1]

(Anmerkung: Lexikonartikel siehe hinten)

QUELLEN

◆ Als Quellen für eine Rekonstruktion von Kleidung dienen die in Palästina bis in das 4. Jt. v. Chr. zurückreichenden Funde von gewobenen, manchmal auch zu Kleidungsstücken zusammengenähten Stoffen (meist Leinen, seltener Wolle; Baumwolle nicht vor dem 6. Jh. v. Chr. im Alten Testament nur in Est 1,6 erwähnt), Kleidungsstücken aus Leder (Sandalen, Gürtel), Geräten (Spindeln, Webergewichte) und Einrichtungen (Gerbereien, Färbereien) zur Textilherstellung, ferner Darstellungen bekleideter Personen, die im Land selbst im 2. Jt. v. Chr. beginnen und um Abbildungen aus der Umwelt, v. a. von Fremdvölkern in Ägypten und Mesopotamien, zu ergänzen sind. Biblische und zeitgenössische außerbiblische Texte verdeutlichen Sitten und Vorstellungen, die sich auf die Kleidung bezogen, am besten; unterstützend kommen ethnoarchäologische Beobachtungen hinzu.

TERMINOLOGIE

◆ Da Kleidung sich aus vielen Einzelteilen zusammensetzte, gab es eine Vielzahl von entsprechenden Bezeichnungen. Als wichtigste Oberbegriffe dienten hebr. ›BĀGĀD‹ und ›LEBUSCH‹, gr. ›HIMA-TIA‹. Über dem hebr. ›KUTTONÄT‹, ›SADIN‹, gr. ›CHITON‹ genannten (Unter-)Gewand trug man in der Öffentlichkeit ein Obergewand, das mantel- oder schärpenartig war, vielerlei Gestalt haben konnte, und für das deshalb viele Termini belegt sind (hebr. ›SIMLA‹, ›SALMA‹, ›KESUT‹, ›GELOM‹, ›ME'IL‹, ›ADDÄRÄT‹, gr. ›HIMATION‹, ›CHLAMUS‹, ›PHELONES‹ u. a.). Eine Kopfbedeckung, Gürtel und Sandalen gehörten zur Grundausstattung, außerdem Accessoires und Stücke, die ihrer Herkunft, ihres Materials oder ihrer Verarbeitung wegen mit einem eigenen Begriff bezeichnet wurden.

ALLGEMEINES

◆ Kleidung kam in Israel wie im gesamten Vorderen Orient dem Schutz-, Darstellungs- und Schmuckbedürfnis des Menschen nach und diente als seine zweite, in der Öffentlichkeit getragene Haut, derer man sich im Haus und zum Schlafen zum Teil entledigte (Hoheslied 5,3) und die gegürtet werden musste, wenn man handlungsfähig sein wollte, da sich dann die Gewandlänge verkürzte, sodass man besser ausschreiten konnte (Spr 31,17; 1. Petr 1,13). Kleidung schützte ihre Träger vor Hitze und Kälte (Spr 31,21), aber auch vor ungewollten Blicken und Zugriffen, sie machte ihren Zustand (z. B. Trauer, Unreinheit; zur Barthülle: 3. Mose 13,45), ihren reicheren oder ärmeren Status und ihre Gruppenzugehörigkeit sichtbar (etwa durch Gewandquasten: 4. Mose 15,37-41; 5. Mose 22,12; zum Prophetenmantel: 1. Kön 19,13.19; 2. Kön 2,13f.; Sach 13,4; Mt 3,4; Mk 1,6; zur Priester-Kleidung: 2. Mose 28; zur Witwentracht: 1. Mose 38,14.19; 2. Sam 14,2) und schmückte sie (zu modischen Extravaganzen: Jes 3,19-23).

Nacktheit oder teilweise Körperentblößung galten demgegenüber als Schande (1. Mose 3,7.10f.; 9,22f.), die dem Besiegten (Gefangenen: 2. Sam 10,4; Jes 20,4; Fliehenden: Am 2,16; Mk 14,52) aufgezwungen wurde und die man sich bei Minderungsriten (Trauer, Buße) selbst auferlegte. Nicht nur der Körper wurde dann vernachlässigt, auch die Kleidung wurde zerrissen (2. Sam 13,19; Apg 14,14. 22,23) und auf das Notwendigste, den um die Hüften getragenen Trauerschurz (hebr. ›SAQ‹), reduziert (2. Kön 19,1f.; 21,27; vgl. Joh 13,4f.). Lediglich dem Hohenpriester war dieser Ritus untersagt (3. Mose 21,10; doch vgl. Mt 26,65).

Ohne Oberkleid (1. Sam 19,24; Jes 20,2; Joh 21,7) oder ärmlich gekleidet (Jes 58,7; Hiob 22,6; 24,7.10; Mt 25,36-38) galt man bereits als nackt. Wenn auf assyrischen Reliefs besiegte Feinde sich ohne Obergewand vor dem Großkönig niederwarfen, wie es laut der Beischrift etwa der »Schwarze Obelisk« Salmanassars III. (858-824 v. Chr.) von Jehu von Israel (ANEP 355) und Reliefs aus der Zeit Sanheribs (704-681 v. Chr.) von den besiegten Bürgern der Stadt zeigen (ANEP 371), dann wurde dies als erniedrigende Zurschaustellung empfunden. Nur bei körperlichen Arbeiten konnte für Männer ein Hüftschurz genügen (Joh 13,4f.) und war deshalb auch die typische Soldaten-Kleidung.

Diese Grundvoraussetzungen weisen auf den engen Zusammenhang zwischen Selbstbewusstsein und Fremdeinstufung von Personen und der Kleidung. In der Kleidung, besonders im Saum des Gewands, fand deshalb die Persönlichkeit ihren Ausdruck (Jes 6,1; Mt 9,20f. par.). Wenn das Volk beim Einzug Jesu in Jerusalem seine Kleider auf dem Weg ausbreitete (Mt 21,8 par.), drückte es damit seine Unterwerfung aus. Barg ein Mann eine Frau unter dem Zipfel seines Obergewands (Hes 16,8), so übernahm er ihren Schutz. Mit Kleidertausch (1. Sam 18,4f.; vgl. Rut 4,7) und der Übernahme fremdländischer Trachten (Jos 7,21; Zef 1,8) verband sich deshalb wohl die Vorstellung, dass die Eigenschaften ihrer Träger wechselten, und wer Kleidungsstücke anderer besaß, konnte möglicherweise Macht über diese erlangen (1. Sam 24,5f.12). Teile der Kleidung konnten aber auch magisch eingesetzt werden, um Schaden von ihren Trägern abzuwenden. So sind bei einem Kinderhemd aus dem *Wādī l-Habra* (Zeit Hadrians) drei kleine Beutel abgebunden und mit Kräutern, Gewürzen und Samen gefüllt worden, um das Kind vor schädlichen Einflüssen zu schützen (Wenning 145). Da sich ein erhöhtes Schutzbedürfnis außerdem in einer weitgehenden Körperverhüllung ausdrückte, waren Frauenkleider oft länger als Männergewänder (zur ausnahmsweisen Gesichtsverschleierung bei Frauen, 1. Mose 24,65). Auch Ranghöhe zeigte sich nicht nur in kostbarer, sondern weitgehender Körperbedeckung. Eine ritzverzierte Elfenbeinplakette vom *Tell el-Mutesellim* (in Megiddo) aus dem ausgehenden 2. Jt. v. Chr. verdeutlicht diesen Sachverhalt. Der einmal als Sieger auf dem Streitwagen heimkehrend und einmal auf dem Thron sitzend dargestellte Fürst und die vor ihm stehende Frau tragen die aufwändigste Kleidung mit Borten- und Bänderschmuck, die Frau zusätzlich eine Kopfbedeckung. Die hinter ihr stehende Frau ist dadurch, dass sie ohne Kopfbedeckung und mit einfacherem Gewand abgebildet ist, als rangniedriger eingestuft, ebenso die hinter dem Thron stehenden Diener. Die Soldaten sind mit dem einfachen Hüftschurz bekleidet. In der Nacktheit der gefesselt vorgeführten Feinde drückte sich schließlich ihre Schutz- und Rechtlosigkeit sowie ihre Schande aus.

GESCHICHTE

◆ Die für Palästina seit dem 2. Jt. v. Chr. verfolgbaren Kleidungssitten blieben ihrer Zielsetzung, den Körper weitgehend zu verhüllen, trotz wechselnder Moden treu, und die zwischen Männer- und Frauen-Kleidung erkennbaren Unterschiede waren geringer als 5. Mose 22,5 vermuten lässt.
Das im 2. Jt. v. Chr. übliche Wickelgewand, bei dem eine lange Stoffbahn um den Körper gewickelt über die linke Schulter geworfen wurde und dessen Halt Gewandnadeln oder Fibeln sicherten, wurde gegen Ende des Jahrtausends von in Form geschnittenen und genähten, knöchellangen Hemdkleidern mit rundem Halsausschnitt und meist kurzen Ärmeln verdrängt. Männer wie Frauen

trugen diese Gewänder (ANEP 371.187), die in der Taille von einem Gürtel zusammengehalten wurden und deren Saum mit einer Fransenborte verziert sein konnte (ANEP 355). Zog man das Oberteil über dem Gürtel hoch, so entstand ein Gewandbausch, in dem sich vielerlei (etwa Geld, Spr 17,23) verwahren ließ. Besonders aufwendig waren gefältelte Hemdkleider gestaltet, die wohl nur Vermögenden erschwinglich waren (hebr. ›KUTTONÄT PASSIM‹, 1. Mose 37,3; 2. Sam 13,18f.; eine entsprechend gekleidete Männerstatuette aus 'Ammān, 8. Jh. v. Chr. bei Weippert 141). Frauen trugen über dem Hemdkleid in der Öffentlichkeit meist einen Mantel mit Kapuze oder ein vom Hinterkopf bis zu den Knöcheln herabhängendes Tuch, Männer oft einen ärmellosen Mantel, der wie die moderne arabische 'abā, 'abāye aus zwei seitlich und oben zusammengenähten Stoffbahnen bestand, bei denen man Öffnungen für Arme und Kopf gelassen hatte (Aus V, 240-248). Bortenbesatz an den Säumen kam häufig vor. Unter oder anstelle eines Mantels konnten Männer eine Art Stola tragen (hebr. ›ME'IL‹, vgl. ›STOLE‹, 1. Makk 6,15). Ihre lange Stoffbahn wurde mehrfach um den Körper gewickelt und ihr Ende hing über die linke Schulter auf den Rücken hinab (Statuette aus 'Ammān, s.o.). Für Männer gab es unterschiedliche Kopfbedeckungen, unter denen eine turbanähnlich gewickelte wohl am weitesten verbreitet war (hebr. ›SANIP‹, ›MISCHNĀFĀT‹). Als Fußbekleidung waren lederne Sandalen allgemein üblich (hebr. ›NA'AL‹, ›SEROK‹, »Riemen«).

Das gefältete Hemdkleid, die um den Körper gewickelte Stola mit Eckquasten am über die Schulter herabhängenden Ende und die gewickelte Kopfbedeckung tragen auch noch die Tributbringer der sechsten Delegation auf den Reliefs von Persepolis in persischer Zeit und setzen damit die Mode fort, die durch die genannte Männerstatuette aus 'Ammān schon für das 8. Jh. v. Chr. bezeugt ist.

Auch in hellenistisch-römischer Zeit blieb das bis über die Waden herabfallende Hemdkleid aus zwei aneinander genähten Stoffbahnen in Gebrauch. Wie die römische Tunika war es mit zwei seitlich über die gesamte Gewandlänge verlaufenden farbigen Parallelstreifen verziert. Es wurde ebenso wie der darüber getragene weite Mantel gegürtet. Funden zufolge fand jetzt das Gesetz Beachtung, das die gemeinsame Verwendung von zweierlei Garn (Wolle und Leinen) verbot (3. Mose 19,19; 5. Mose 22,11). Unter den Stoffen aus → *Kuntilet 'Aǧrūd* (8./7. Jh. v. Chr.) sind dagegen Mischgewebe nachgewiesen. Es ist deshalb anzunehmen, dass das Verbot damals noch unbekannt oder nicht allgemein akzeptiert war.

Neugeborene hat man in schmale Stoffbinden gewickelt (Hes 16,4; Lk 2,7), Kleinkinder dürften Hemdkleider und, wenn sie größer geworden waren, auch die geschlechtsspezifischen Obergewänder getragen haben. Tote bestattete man bekleidet, wie Funde von Gewandnadeln und Fibeln in Gräbern seit dem 2. Jt. v. Chr. indirekt bezeugen. Spätestens seit hellenistisch-römischer Zeit hat man Verstorbene in Leinentücher gehüllt (›SINDON‹; Mt 27,59 par.) und ihren Kopf mit einem gesonderten Tuch bedeckt (›SUDA-RION‹; Joh 11,44; 20,7). Sicherlich kamen zur Grundausstattung zahlreiche Accessoires hinzu, die sich aber nicht jeder leisten konnte. Festgewänder (Ri 14,12; Mt 22,11f.; Lk 15,22) und Kleiderreichtum (Hiob 27,16; Hes 16,10-13) waren keineswegs selbstverständlich. Der Durchschnittsbürger besaß nicht viel mehr als das, was er auf dem Leibe trug. Deshalb verlangte das Gesetz, die Rückgabe eines gepfändeten Obergewands noch vor Sonnenuntergang (2. Mose 22,25f.; 5. Mose 24,12f.; vgl. Am 2,8); denn der Besitzer brauchte es, um sich nachts damit zudecken zu können (Hiob 24,7; 31,19; vgl. die entsprechende Bittschrift eines Erntearbeiters auf einem Ostrakon aus *Mṣad Hašavyāhū*, 7. Jh. v. Chr., KAI Nr. 200; TGI Nr. 42).

Literatur:

- Aus V. BRL.2 185-188. I.Ä VI, 726-737. RLA VI, 18-38
- A. Jirku, Zur magischen Bedeutung der Kleidung in Israel, ZAW 37, 1917/18, 109-125
- E. Haulotte, Symbolique de vêtement selon la Bible, P 1966
- G. Walser, Die Völkerschaften auf den Reliefs von Persepolis: Historische Studien über den so genannten Tributzug an der Apadanatreppe, TF 2, 1966

- M. Wäfler, Nicht-Assyrer neuassyrischer Darstellungen, AOAT 26, 1975
- P. Albenda, Western Asiatic Women in the Iron Age, BA 46, 1983, 82-88.
- E. Kutsch, »Trauerbräuche« und »Selbstminderungsriten« im Alten Testament, in: Ders., Kleine Schriften zum Alten Testament, B 1986, 78-95
- H. Weippert, Textilproduktion und Kleidung im vorhellenistischen Palästina, in: G. Völker – K. von Welck – K. Hackstein (Hg.), Pracht und Geheimnis: Kleidung und Schmuck aus Palästina und Jordanien, K1987, 136-142.421f.
- R. Wenning, Anmerkungen zu palästinensischen Textilien in hellenistischer, römischer und byzantinischer Zeit aus archäologischer Sicht, ebd., 144–149.422.
- A. Sheffer – A. Tidhar, Textiles and Basketery at *Kuntilet ʿAǧrūd ??* 20, 1991, 1-26
- H. Utzschneider, Die »Realia« und die Wirklichkeit, WuD 21, 1991, 59-880 (Handweberei), M. Görg, BN 68, 1993, 5-9

[1] Quelle: Görg/Lang, Neues Bibel-Lexikon Faszikel 9
© 1994 Benzinger Verlag, Düsseldorf

DAS FRAUENBILD
IN DEN SPRÜCHEN

◆ Sprücheklopfer! Wahrlich kein Kompliment in unserer Kultur! Ob wir uns deshalb mit der Weisheitsliteratur des Alten Testaments und hier besonders mit den Sprüchen so schwer tun? Ein »Sprücheklopfer« bringt überzogene, selten durchdachte Aussagen auf den Tisch und darf sich nicht wundern, wenn er nicht richtig ernst genommen wird.

Die »Spruchweisheit« des Alten Testaments ist von dieser Art der Geltungssucht weit entfernt. Weisheit, in Sprüchen formuliert, will bei der Lebensbewältigung helfen und ist deshalb eng mit der praktischen Lebenserfahrung verbunden.[1] Die Spruchweisheit war keineswegs eine israelitische Eigenheit, sondern im gesamten geographischen Gebiet des Alten Testaments verbreitet. So finden sich auch in den Aussagen der Sprüche manche Parallelen zu Schriftstücken anderer Völker und Kulturen.[2]

Der Tun-Ergehen-Zusammenhang ist in der Weisheitsliteratur deutlich sichtbar und erkennbar: Tu dies und das und dein Leben wird erfolgreich, d.h. von Gott gesegnet verlaufen. Diese Denkweise durchzieht das gesamte Alte Testament, wird aber an einigen

Stellen durchbrochen, weil sie der Lebenserfahrung nicht immer entspricht. Hiobs Freunde argumentieren in dieser Weise: Dir geht es schlecht, weil du etwas getan hast (haben musst), das Gott verärgert hat. Doch Hiob kommt zu der Erkenntnis, dass Gott sich nicht auf einen solchen Automatismus reduzieren lässt, sondern souverän Leben bestimmt und verändert.

Die Spruchweisheit basiert auf verarbeiteter Erfahrung, die korrigierbar und damit erweiterungsfähig ist. Wenn es also »korrigierende Sprüche« zu früheren Lebensregeln gibt, bedeutet das nicht primär, dass der vorige Spruch falsch war, sondern dass es inzwischen eine Weiterführung zu einer neu erkannten Lebensordnung gab.[3] Diese aneinander gereihten Spruchweisheiten werden von manchen als »banale Weisheit« kritisiert.

Doch in welcher Phase der Heilsgeschichte Gottes befinden wir uns zur Zeit der Entstehung der Sprüche? Zu einer Zeit, als der Blick im Diesseits verweilt: die Auferstehung der Toten und das ewige Leben sind noch nicht in den Blickwinkel getreten. Gottes Handeln wird ausschließlich im alltäglichen Leben erfahren: für den Weisen als Segen, für den Toren als Fluch. Wenn diese Gleichung allerdings einmal nicht aufgeht, muss eine Glaubenskrise entstehen![4]

In Ägypten wie in Israel wurde weisheitliches Denken zunächst als etwas allgemein Menschliches gesehen. Gleichzeitig galt »*die Weisheit als hohes Kulturgut, dessen Pflege und Förderung vor allem den Königen anbefohlen wurde*«[5]. So wundert es nicht, dass die alttestamentliche Sprüchesammlung Salomo zugeschrieben wird, obwohl offensichtlich mehrere Autoren Beiträge leisteten und die Sammlung der Sprüche sich über mehrere Jahrhunderte hinzog.[6] Die mündliche Überlieferung begann lange vor der ersten Niederschrift. Es lässt sich in Israel kein »Amt« des Weisen feststellen, es dürfte sich eher um eine Begabung handeln, die Menschen aus unterschiedlichen gesellschaftlichen Gruppen zuteil werden konnte. Und schon sehr früh in der Geschichte Israels begegnen Hinweise auf weise Frauen.[7]

Lehren und Lernen geschah in alttestamentlicher Zeit zu einem Großteil durch Wiederholen und Auswendiglernen – und besonders Spruchweisheiten ließen sich durch ihre einprägsamen Formulierungen, durch ihre zum Nach- und Weiterdenken anregenden Argumentationslinien und durch die Bezüge zum Alltag leicht behalten. Ganz allgemein legen die Sprüche mehr Wert auf das Hören als auf das Lesen (Spr 1,8; 4,1). [8] Die Spruchweisheit nutzt dafür so genannte »mnemotechnische Mittel«, das sind Techniken und Methoden, die ein Erinnern und Auswendiglernen des Gehörten erleichtern.

Da findet sich zum einen der »Parallelismus membrorum« in verschiedenen Ausführungen. Beim synonymen Parallelismus wird der Gedanke der ersten Zeile eines Spruches in der zweiten wiederholt, allerdings mit anderen Begriffen oder Bildern. Zum Beispiel Sprüche 1,8:

Höre, mein Sohn, auf die Zucht deines Vaters, und lass nicht fahren die Weisung deiner Mutter. [9]

Die Gesamtaussage des Verses besagt, dass die Eltern gemeinsam für die spätere Lebensführung das Fundament gelegt haben. Die »Weisung« der Mutter erinnert hier durchaus an das Konzept der göttlichen Weisung aus Priestermund. [10]

Der antithetische Parallelismus verdeutlicht einen Gedanken, indem in der zweiten Zeile der Gegensatz zur ersten dargestellt wird, wie in Sprüche 10,1:

Ein weiser Sohn erfreut den Vater, aber ein törichter Sohn (bedeutet) Gram für seine Mutter.

Damit wird eben nicht ausgesagt, dass Väter weise und Mütter törichte Söhne haben. [11]

Die Fortführung eines Gedankens in der zweiten Zeile bzw. Aussage wird als synthetischer Parallelismus bezeichnet:

Denn eine Hure bringt einen nur ums Brot, aber eines andern Ehefrau um das kostbare Leben.

Dazu kommt die akrostichische Dichtung: hier beginnt jede Zeile mit dem jeweils nächsten Buchstaben des hebräischen Alphabets. Ein Beispiel dafür ist Psalm 119 [12] und auch Sprüche 31. (Mit diesem Kapitel beschäftigt sich der letzte Teil dieses Artikels.)

WEISHEIT, TORHEIT
UND DIE FRAUEN

◆ Inhaltsübersichten und Einteilungen der Sprüche Salomos finden sich in jedem Kommentar. Für diesen Artikel erscheint es allerdings hilfreicher, eine Einteilung vorzunehmen, die sich nicht an Kapiteln orientiert, sondern thematisch geordnet ist:

• Einleitung, Ziel und Motto: Die Furcht des Herrn ist ... Weisheit
• Weisheit und Torheit: Zwei Frauen werben um einen Mann
• Sammlungen: DAS ist weise!
• Weisheit par excellence!

Einleitung, Ziel und Motto:
Die Furcht des Herrn ist ... Weisheit

Weisheit lernen (Spr 1,2), an Weisheit wachsen (Spr 1,5) ist Ziel der Sprüche – und Weisheit beginnt da, wo die Furcht des Herrn[13] vorhanden ist. Wenn die Furcht des Herrn der Anfang der Weisheit ist und die Sprüche helfen sollen, dass Menschen an Weisheit zunehmen, dann ist letztendlich das Ziel des gesamten Buches, den Glauben an den Gott Abrahams, Isaaks und Jakobs zu stärken.[14] Auf der anderen Seite dagegen zeigt sich Glaube (die Furcht des Herrn) durch ein Leben, wie es in der Weisheitsliteratur beschrieben und empfohlen wird.

Die Sprüche geben in konzentrierter Form verarbeitete Erfahrungen von Generationen weiter, die auf Beobachtungen von Prozessen und deren Konsequenzen beruhen. Über all dieser Lebenserfahrung steht allerdings das Wissen, dass diese beobachtete und erlebte Ordnung dem Menschen nicht verfügbar ist – der Gott Abrahams, Isaaks und Jakobs ist derjenige, der diese Ordnungen geschaffen hat und sie souverän beherrscht. Es handelt sich um Erfahrungsweisheit und nicht um absolute Weisheit; letztere ist und bleibt Gott vorbehalten.

Torheit ist also in der Gedankenwelt der Sprüche kein »intellektueller Defekt«[15], sondern beschreibt die Missachtung dieser Lebensordnungen und die daraus resultierende Unordnung im Lebenszentrum des Menschen.

Weisheit und Torheit:
Zwei Frauen werben um einen Mann ...

... und Hollywood demonstriert uns immer wieder, wie furchtbar ein solcher Konkurrenzkampf sein kann. In den Sprüchen Salomos wird allerdings eines sehr deutlich: Es geht nicht um eine kurze Romanze, sondern um eine Verbindung für die Ewigkeit. Für wen wird sich der Mann entscheiden? Für die Weisheit und damit für das Leben? Oder für die Torheit und damit letztendlich für den Tod? Und im gesamtbiblischen Zusammenhang gesehen müssen wir natürlich fragen: Für wen entscheidet sich der einzelne Mensch?

In Ägypten wurde Ma'at verehrt. Sie war die ägyptische Weisheitsgöttin, die Göttin der Gerechtigkeit und (Schöpfungs-)Ordnung; in Israel gab es keine solche Gottheit. Vielmehr wurde ›CHOKMAH‹ (Weisheit) um der Anschaulichkeit willen personifiziert.[16]

Durch die Darstellung der Weisheit in Form einer Frau wird ein abstraktes Konzept (Weisheit) greifbar gemacht.[17] Diese Frau

»wirbt« auf der Straße und auf öffentlichen Plätzen, d.h., sie ist für alle ansprechbar, die sich für sie interessieren. So wie das Leben eben auf diesen Straßen und öffentlichen Plätzen stattfand, ebenso tangiert das Anliegen der Weisheit jeden Menschen und jeden Aspekt menschlichen Lebens. Die Formulierungen erinnern an andere alttestamentliche Stellen, wo Gott sein Volk ruft, das sich wieder einmal von ihm abgewandt hat. Die Weisheit lässt die Menschen nicht im Ungewissen. Sie zeigt die Konsequenzen einer Entscheidung für oder gegen sie klar auf.

Wer sich ihr anvertraut, erntet Leben, Schutz und die Erkenntnis Gottes (Spr 1,23; 2,5-11). Wer sich ihr zuwendet, erfährt Bewahrung vor »den Leuten, die Falsches reden« (Spr 2,12) und vor der »fremden Frau« (vgl. Spr 2,16), die hier zum ersten Mal vorgestellt wird. Die Konsequenzen für ihre Nichtbeachtung werden klar und deutlich aufgeführt. Sie wird sich abwenden und ihren Schutz zurückziehen (Spr 1,24-33)[18], das Ende ist der Tod (Spr 8,35-36).

Nun könnte man erwarten, dass auch die Torheit in Form einer Frau eingeführt wird. Allerdings geht die Sammlung der Sprüche hier einen anderen Weg und stellt zunächst mehrere Frauengestalten vor, die den Menschen von der Weisheit ablenken können, bevor in Kapitel 9 die Torheit endlich als Person in Erscheinung tritt. Klar ist eines: Torheit selbst und die »törichten Frauen« spielen kein offenes Spiel mit den Menschen. Sie sind unbändig, schamlos, haben eine »glatte Zunge.« Die Darstellungen dieser Frauen mögen variieren. Eines haben sie gemeinsam: der Umgang mit ihnen führt zum Tod.[19]

Sammlungen – DAS ist weise!

Nachdem Weisheit und Torheit in Form zweier Frauen vorgestellt wurden, finden sich im Buch der Sprüche immer wieder Verse, die an Frauengestalten einzelne Aspekte törichten und weisen Handelns illustrieren.[20] Insgesamt ist zu bemerken, dass ein ausgewogenes Verhältnis zwischen positiven und negativen Aussagen herrscht. Ebenso wie Männer als töricht oder weise beschrieben werden, geschieht dies mit Frauen.

Die Lehre einer Mutter und ein Beispiel von Weisheit par excellence!

Es gibt mehrere ägyptische und babylonische Texte, die Instruktionen eines Königs an seinen Sohn beinhalten – in Sprüche 31,1-9 findet sich ein ähnlicher Text, der sich doch wesentlich von den anderen unterscheidet: hier geschieht die Unterweisung durch die Mutter. Sie will ihren Sohn auf die Amtsführung als König vorbereiten. Sie warnt ihn vor Ausschweifungen in Bezug auf Frauen und Wein (beide können ihn seine Kraft kosten) und ermahnt ihn, sich vor allem für die Armen und Entrechteten einzusetzen.

Ohne eine weitere Überschrift im hebräischen Text beginnt in Vers 10 eine Hymne auf eine Frau. Die verschiedensten Überschriften (von Übersetzern eingefügt) reichen von »Das Gedicht auf die tüchtige Frau« bis zu »Lob des tugendsamen Weibes«. Liest man Kommentare verschiedener Epochen, zeigt sich schon in diesen Überschriften sehr deutlich das jeweilige Frauenbild ihrer Zeit. Was in der eigenen Zeit nicht sein konnte, durfte auch im biblischen Text nicht vorkommen. Doch wer bestimmt, wie eine Frau zu sein hat oder sein darf? Wer sind wir, dass wir heute entscheiden könnten, welche Begriffe und Konzepte vor mehr als 2000 Jahren angemessen waren, um eine Frau zu beschreiben?[21] Der Text selbst zeigt eine erfrischende Unbefangenheit und benutzt Worte und Begriffe, die »männliche« Attribute und militärische Konzepte beschreiben. Doch zunächst einige grundsätzliche Gedanken.

Sprüche 31,10-31 erscheint in der Form eines akrostichischen Gedichtes. Ignatius Gous schreibt in seinem Artikel »Proverbs

31:10-31 – The A to Z of Woman Wisdom«[22], dass durch die alphabetische Anordnung Verlässlichkeit und Voraussehbarkeit vermittelt werden: Auf A folgt B und das ändert sich nicht. Wenn man jedoch davon ausgeht, dass die Form ein Teil der Botschaft ist[23], dann wird deutlich, dass hier – am Ende der Sprüche Salomos – etwas Vollständiges, Perfektes von großer Bedeutung kommuniziert wird.

Ross erkennt hier einen Hymnus an die abstrakte Weisheit, die nur deshalb in weiblicher Form erscheint, weil »Wahrheit« ein feminines Hauptwort ist. Die perfekte Hausfrau wird für ihn glorifiziert, und er beschränkt diese Verse darauf, Frauen zu empfehlen, ihre gottgegebenen Talente in der Familie einzusetzen.[24]
Ist das alles? Oder stellt dieses Porträt den idealen Abschluss der Sprüche dar? Zeigt es, wie ein bis ins Einzelne von Gehorsam gegen Gott geprägtes Leben ein gutes, gelungenes und gesegnetes Leben ist?[25] Was sagt der Text selbst?

• *Vers 10*
Eine tüchtige Frau ... ›CHAYIL‹ wird von Luther als »tugendsam« übersetzt. Es ist jedoch dasselbe hebräische Wort, das in Richter 6,12 mit »streitbarer Held« (Gideon) übersetzt wird. Dieser Begriff meint einen starken Krieger von hohem Stand (›GIBBOR HACHAYIL‹), mit großer körperlicher und/oder geistiger Kraft, mit starkem Charakter.[26] In Bezug auf diese Frau zeigt der Begriff, dass sie die nötige Kraft, die nötigen Fähigkeiten und die nötige charakterliche Stärke hat, um im geschäftlichen wie im privaten Leben das auszurichten, was in den nächsten Versen beschrieben wird.

... wer kann sie finden? Eine Frage, die eine negative Antwort voraussetzt. Diese negative Antwort muss allerdings nicht absolut, sondern kann auch relativ sein. Es heißt ja nicht, dass es eine solche Frau nicht gibt, sondern lediglich, dass eine solche Frau schwer zu finden ist.[27] Wir haben es hier also zunächst mit einer rhetorischen Frage zu tun. Wenn wir uns die Beschreibung dieser Frau nun genauer ansehen, werden wir feststellen, dass es wirklich schwer

sein dürfte, eine solch starke und vielseitig begabte Frau zu finden. Genauso schwer dürfte es allerdings sein, einen ähnlich starken und vielseitig begabten Mann zu finden.

• *Vers 11-12*
Was sie einbringt ist nicht gering – dies ist eigentlich der militärische Ausdruck für »Beute« (›SHALAL‹, s. Jes 8,1.3). Hier wird dieser Begriff allerdings in friedvoller Bedeutung gebraucht. Vielleicht ist dieser Begriff ein Zeichen dafür, dass ihr erwirtschafteter Gewinn so groß sein wird wie die Beute nach einem erfolgreichen Feldzug. Wichtig wird dieser Gewinn vor allem, wenn die Frau einem großen Haushalt, wie in diesem Abschnitt beschrieben, vorstehen und ihn versorgen muss.[28]

• *Verse 13-15*
Palästina war »Durchgangsland« und fungierte für Händler und Reisende vieler Nationalitäten als Landbrücke zwischen Europa, Asien und Afrika. Kontakte zu Geschäftsleuten waren also nichts Ungewöhnliches.[29] Die Weberei war von alter Zeit her ein »normales« Gewerbe für Frauen. Handel zu treiben war ebenfalls nichts Außergewöhnliches. Sie stellt sich der Verantwortung für ihren großen Haushalt und sorgt für Nahrung und Kleidung. Die Leitung zu übernehmen (Vers 15b) und damit auch die Notwendigkeit, Entscheidungen zu treffen und Anweisungen zu geben, sind ihr nicht fremd.

• *Verse 16-18*
Sie plant einen Landkauf, investiert ihr eigenes Geld und pflanzt dann einen Weinberg. Erfolg stellt sich ein.
Sie ist eine starke Frau: *Sie umgürtet mit Kraft ihre Hüften ...* Hier findet sich ein weiterer militärischer Begriff. Die »Hüften zu gürten« bedeutete im ursprünglichen Sinn, sich für einen Kampf vorzubereiten, indem die Kleidung eng an den Körper geschnürt wurde, um nicht zu hindern.[30]
Hier geht es darum, dass sie sich auf harte und ernsthafte Arbeit vorbereitet, wie ein Krieger es für die Schlacht tun würde:

... und macht stark ihre Arme für die Arbeit. Der Begriff für diese Kraft in Vers 17 und 25 (»'oz«) wird an anderer Stelle für mächtige Taten und für Helden verwandt (2. Mose 15,2.13; 1. Sam 2,10).[31]

• *Verse 19-21*
Ihre Hände halten die Spindel ... Auch das Wort für »halten« (›SHIL-LECHAH‹) in Vers 19 stammt aus dem militärischen Bereich und wird z. B. in Richter 5, 26 benutzt, wenn Jael mit ihrer Hand den Pflock und den Schmiedehammer ergreift, um Sisera zu töten. Hier ist kein Raum für Zweifel. Hier wird entschieden gehandelt.

Ihre Hand hält sie offen ... Sie nutzt ihre Gewinne, um für die Armen zu sorgen. Dieser synonyme Parallelismus betont, wie großzügig ihre Hilfe für die Armen ausfällt.

• *Verse 22-24*
Byssus und Purpur sind ihre Kleidung. Und diese kostbare Kleidung scheint hier kein Problem oder Hindernis für weises Handeln zu sein. Diese Beschreibung steht ganz im Gegensatz zur Situation des Reichen Jünglings im Neuen Testament, der nicht bereit war, alles mit den Armen zu teilen.
Bekannt ist in den Toren ihr Mann ... Dies ist die einzige Stelle, an der wir etwas über den Ehemann erfahren. Der Platz in den Toren war der Versammlungsplatz der Ältesten. Hier wurde unter anderem Recht gesprochen (Rut 4,1-12). Hier war das politische Zentrum des Lebens in Israel. [32]
Der Mann gehörte also zu den anerkannten Führern des Volkes. [33]

• *Verse 25-27*
Schon in Vers 17 wird auf die »Kraft« verwiesen. Vers 25 geht einen Schritt weiter:
Kraft und Ansehen sind ihr Kleid ... In Psalm 111,3 wird dieser Begriff (›HADAR‹) für das Werk Gottes verwandt, das herrlich und prächtig ist. [34] Man könnte sagen, dass ihr herrliches und prächtiges Werk, d.h. ihre klugen Investitionen und Geschäftskontakte, sie zuversichtlich in die Zukunft schauen lassen.

Sie öffnet ihren Mund ... Hier findet sich ein hebräisches Idiom. Es bedeutet, dass diese Person ausführlich spricht, und zwar in großer Freiheit. [35] Und: Was sie sagt, hat Gewicht. [36]

• *Verse 28-29*
Ross übersetzt hier mit »Kinder«, nicht Söhne. [37] Das mag keine größere Bedeutung haben, erscheint aber doch als Ergänzung zu anderen Übersetzungen erwähnenswert.
... du übertriffst sie alle. Die militärische Beschreibung einer siegreichen Situation! Zu Beginn dieses Gedichtes wurde die Frage in den Raum gestellt, wo eine solche Frau gefunden werden kann. In Vers 29b bringt der Ehemann zum Ausdruck, dass er sie gefunden hat!

Auch heute noch ist es etwas Besonderes, einzelne Männer und Frauen kennen zu lernen, die von Gott viele »Talente« erhalten haben. Man trifft sie nicht oft, diese wahren »Multitalente«. Aber es gibt sie. Genauso wenig wie diese Ausnahmeerscheinungen zum Idealbild eines jeden Menschen werden können oder sollen, genauso wenig ist Sprüche 31,10-31 als Idealbild für jede Frau gemeint. Wer es als solches betrachtet, wird an der eigenen Unzulänglichkeit verzweifeln.

• *Verse 30-31*
Hier wird deutlich: Diese Frau wird am Tor um ihrer selbst willen gepriesen[38], denn ihre weise Lebensführung ist Ausdruck ihrer Gottesfurcht, ihres Glaubens, ihres Gehorsams.
Die Furcht des Herrn ist der Anfang der Weisheit. Diese starke, tüchtige, talentierte Frau stellt wirklich dar, was es heißt, ein bis ins Einzelne vom Gehorsam gegen Gott geprägtes Leben, ein gutes, gelungenes und gesegnetes Leben zu führen.

Die Furcht des Herrn rundet das Sprüche-Buch ab. Weisheit par excellence – das wird hier dargestellt am Beispiel einer starken Frau. Alles, was in den Sprüchen an Weisheit gelehrt wird, findet seinen Kulminationspunkt in ihr.

Gott stellt in seiner Offenbarung die Verkörperung alttestamentlicher Weisheit in Form einer Frau dar. Darüber dürfen wir Frauen uns freuen!

Aber an diesem Punkt dürfen wir nicht stehen bleiben. *»Der gekreuzigte Christus, der in den Augen der menschlichen Denker eine »Torheit ist«* (1. Kor 1,23), *»ist uns von Gott gemacht zur Weisheit und zur Gerechtigkeit und zur Heiligung und zur Erlösung«* (1. Kor 1,30), denn *»die Torheit Gottes ist weiser, als die Menschen sind«* (1. Kor 1,25)«[39].

In den Sprüchen Salomos werden Männer und Frauen gleichermaßen vor die Wahl gestellt. Für wen werden sie sich entscheiden? Für die Torheit, die zum Tode führt? Oder für die Weisheit, die zum Leben führt? Zum Leben mit Gott, für Gott, aus Gott. In Kapitel 31,10-31 begegnet uns eine Frau in einer patriarchalischen Gesellschaft, die mit teilweise ungewöhnlichen Worten und Begriffen beschrieben wird.

Sie stellt exemplarisch dar, was es bedeuten kann, die von Gott gegebenen Gaben und Fähigkeiten für Gott einzusetzen. Sie wird von den Männern ihrer Tage nicht in die Schranken gewiesen, sondern gelobt. In den Toren. In der Öffentlichkeit. Mit völliger Selbstverständlichkeit und ohne Anzeichen von Missmut. Ein Leben in der Weisheit, d.h. in Gemeinschaft mit Gott führt zu einem Miteinander und Nebeneinander von Mann und Frau mit der Freiheit, die von Gott gegebenen Fähigkeiten voll einzusetzen (Spr 31,31).

»Gebt ihr von den Früchten ihrer Hände und ihre Werke sollen sie loben in den Toren!«

[1] S. von Rad, Gerhard. Theologie des AT, Band 1. München: Chr. Kaiser Verlag, 1992, S. 430ff.

[2] Eine gute Zusammenstellung antiker Sammlungen findet sich bei Allen P. Ross, Proverbs, in: Gaebelein, Frank E., Hg., The Expositor's Bible Commentary, Volume 5. Grand Rapids: Zondervan, 1991. S. 883ff

[3] von Rad. a.a.O., S. 435

[4] LaSor, Hubbard, Bush. Das Alte Testament. Entstehung – Geschichte – Botschaft. Hrsg. Helmuth Egelkraut. Gießen/Basel: Brunnen Verlag, 1992, S. 653

[5] A.a.O., S. 442

[6] A.a.O., S. 642. Schriftlich kaum vor 715–686 v. Chr. bis ca. 500 v. Chr.

[7] LaSor, a.a.O., 640–641

[8] LaSor, a.a.O., 632

[9] Die Übersetzung der zitierten Verse stammt zum größten Teil aus Otto Plöger, Sprüche Salomos. Biblischer Kommentar Altes Testament Band XVII. Neukirchen-Neukirchener Verlag, 1984

[10] Otto Plöger, a.a.O., S. 15, 69

[11] La Sor, a.a.O., 651: »Diese Form eignet sich ideal für die Weisheitslehre, denn in einem Satz werden negative und positive Folgen eines Verhaltens bzw. einer Einstellung aufgezeigt. Es ist die Überzeugung des Weisen, dass dem Menschen letztlich nur zwei Wege offen stehen – der Weg der Gerechtigkeit, den der Weise wählt, und der Weg der Bosheit, für den sich der Tor entscheiden wird. Der eine führt zum Segen, der andere ins Verderben – auch wenn es anfänglich nicht so aussieht (Ps 1).«

[12] Hier beginnt jeder Abschnitt mit dem jeweils nächsten hebräischen Buchstaben.

[13] Zur »Furcht des Herrn« siehe Ross, a.a.O., S. 906–07, und von Rad, a.a.O., S. 406ff.

[14] Ross, a.a.O., S. 890

[15] A.a.O., S. 441

[16] Ross, a.a.O., S. 886. Siehe auch Rainer Bickert, »Frau Weisheit«, Deutsches Pfarrerblatt 1993:5-7, S. 268–271

[17] Ross, a.a.O., S. 1130

[18] Die Nähe zu Jesaja 59,2 ist nicht zu übersehen und hier ist es Gott, dem sich sein Volk nicht mehr nähern darf.

[19] Plöger, a.a.O., S. 28.

[20] Eine Auflistung aller Stellen würde den Rahmen dieses Artikels sprengen.

[21] Gous, Ignatious. »Proverbs 31:10–31 – The A to Z of Woman Wisdom.« In Old Testament Essays 9/1 (1996), 35-51. 38. Er argumentiert, dass es unschicklich für eine Frau war, mit Begriffen beschrieben zu werden, die aus dem militärischen Sprachgebrauch stammen bzw. mit Aktivitäten, die normalerweise Männern vorbehalten waren. »This woman does what men were

expected to do ... she becomes a role model for men.« Es stellt sich die Frage, nach welchen Maßstäben Gous sich hier richtet und ob er bereit ist, sein eigenes Leben nach diesem Vorbild zu gestalten. Klar ist, dass diese Sicht (Spr 31, 10-31 als Vorbild für Männer) sich in keinem anderen Kommentar findet.

[22] A.a.O., S. 45

[23] LaSor. a.a.O., S. 374

[24] Ross, a.a.O., S. 1130

[25] LaSor, a.a.O., S. 658

[26] Farmer, Kathleen. Proverbs & Ecclesiastes. Who Knows What Is Good? Grand Rapids, Eerdmans, 1991, 124

[27] Bullinger, E. Figures of Speech used in the Bible. Grand Rapids, Baker Books House, 1997, 950

[28] Gegen Atkinson, David. The Message of Proverbs. Leicester, Intervarsity Press, 1996, 167. Er bezeichnet diese Familie und den dazugehörigen Haushalt als »ziemlich durchschnittliche Mittelklasse«.

[29] LaSor, a.a.O., S. 52

[30] Hubbard, David. Mastering the Old Testament – Proverbs. Dallas, Word Publishing, 1989, 481

[31] Ross, a.a.O., S. 1129

[32] Hubbard, a.a.O., S. 483

[33] Diese Argumentation ist gegen Gous, a.a.O., S. 37

[34] Ross, a.a.O., S. 1129

[35] Bullinger, a.a.O., S. 842

[36] Ploeg, a.a.O., S. 378

[37] Ross, a.a.O., S. 1133

[38] Atkinson, David. The Message of Proverbs. Leicester, Intervarsity Press, 1996, S. 167. Und wird so auch nicht über ihren Mann definiert, sondern über ihr eigenes Wesen und über ihre eigenen Taten.

[39] Hennig, Kurt. »Weisheit« in Jerusalemer Bibellexikon. Neuhausen-Stuttgart: Hänssler, 1989, S. 929

Esther Schaaf

DIE MÜTTERLICHE SEITE GOTTES BEIM PROPHETEN JESAJA UND IN DEN PSALMEN

PSALM 131

Übersetzung

(1) Ein Wallfahrtslied. Von David.
Jahwe, mein Herz will nicht hoch hinaus und meine Augen über-
heben sich nicht. Ich gehe nicht um mit Dingen, die zu hoch und
zu wunderbar für mich wären. (H.-J.Kraus: »Nicht erstrebe ich
hohe Ziele, die über mein Vermögen gehen.«)
(2) Nein, geebnet (besänftigt) und gestillt habe ich meine Seele.
Wie ein gestilltes Kind bei seiner Mutter, so ist gestillt in mir
meine Seele.
(3) Israel, harre auf Jahwe, von nun an bis in Ewigkeit.

Auslegung

Der Psalm 131 gehört innerhalb der Psalmen zur Gruppe der Gebetslieder des Einzelnen, wobei dieser Psalm in erster Linie durch seine Vertrauensäußerungen (in Wort und bildhaftem Vergleich) geprägt ist. Der Beter (der »Gerechte«, hebr. ›ZADDIK‹) hat seine persönliche Erfahrung – ein in Gott ruhendes Herz, das sich im Frieden Gottes geborgen weiß – in weisheitlichem Sprachstil formuliert und lädt die »Gebeugten« (die »Armen«, hebr. ›ANIJM‹) ein, ihr Leben ganz und gar der Hilfe und dem Schutz des Herrn anzuvertrauen.

Vers 1 zeigt den Beter, der sein Herz vor Gott öffnet und ein Bekenntnis (bzw. eine Loyalitätserklärung für seine ›ZEDAKA‹, seine Gerechtigkeit) ablegt. Der Inhalt dieses Bekenntnisses ist, dass sein Herz der »Überheblichkeit« (d.h. der Hybris, nach 1. Mose 3ff. die Ursünde des Menschen überhaupt) abgesagt hat; dass er gelernt hat, sich zu bescheiden, keine hohen Ansprüche stellt und nicht nach »Dingen, die zu hoch und zu wunderbar für ihn sind«, strebt.

Damit ist nicht das Streben nach Ehre und Ruhm, Einfluss, Reichtum und Macht gemeint oder der Verzicht auf hohe Zukunftspläne und eigene Lebenswünsche.

In Ps 139,6 weist diese Wendung hin auf das Geheimnis der Majestät Gottes, seine Allgegenwart, Allmacht und Allwissenheit, die alle Vernunft übersteigt und nicht zu begreifen ist. Gegenüber allen spekulativen Versuchen, durch die der Mensch »in den Himmel klettern« (Luther) und Gottes ewige, unfassbare Majestät ergründen will, wird hier ein deutliches Nein gesetzt; das Nein zu einer geistlichen Hybris, die über das hinausstrebt, was Gott uns in seinem Wort offenbart.

Vers 2 ist »*eine Vertrauensäußerung von einzigartiger Zartheit und Innigkeit*« (Kraus). Der Beter ruft nicht mit derselben Leidenschaft zu Gott wie in anderen Klagepsalmen; ein tiefer, innerer Friede ist in sein Herz eingekehrt, seine Seele (hebr. ›NÄFASCH‹) ist ganz stille (vgl. Ps 37,7; 62,2). Diese Geborgenheit des Beters bei seinem Gott und sein völliges Vertrauen, in dem er zum Herrn aufschaut, werden veranschaulicht in dem Bild von einem Kind, das befriedigt und geborgen bei seiner Mutter liegt.

In Vers 3 wird sein Verhalten zum Vorbild für die ganze Gemeinde Israel. So wie er allein von Gott alle Hilfe erwartet, soll auch Israel vertrauensvoll vor dem Herrn leben. Die Mitte von Psalm 131 wird bestimmt von dem ausdrucksstarken Bild des gestillten Kindes in den Armen seiner Mutter – ein einprägsamer Vergleich für das rechte Vertrauen zu Gott, bei dem von der Perspektive des Beters her (im Gegensatz zu Jes 49 und 66, dort geschieht es von der Perspektive Gottes her) eine mütterliche Seite Gottes ins Blickfeld gerückt wird: wie ein Kind bei der Mutter weiß der Vertrauende sich geborgen in der Nähe Gottes.

JESAJA 49,13-16

Übersetzung

(13) Jubelt, ihr Himmel, freue dich, Erde! Brecht in Jubel aus, ihr Berge! Denn Jahwe hat sein Volk getröstet und über seine Elenden (Armen) erbarmt er sich.
(14) Zion sagte: Verlassen hat mich Jahwe, der Herr hat mich vergessen.
(15) Vergisst denn eine Frau ihren Säugling, ohne dass sie sich erbarmt über den Sohn ihres Leibes? Selbst wenn eine Frau (ihn) vergäße – ich vergesse dich nicht!
(16) Siehe, in (meine) beiden Handflächen habe ich dich eingezeichnet, deine Mauern sind beständig vor mir.

Auslegung [1]

Die Verse 14-16 stehen im Zusammenhang der Verheißung Gottes über die Wiederherstellung des durch die Babylonier zerstörten Landes Israel und besonders der Stadt Jerusalem (in Jes 49 Zion genannt) mit dem Tempel als dem Ort der Gegenwart Gottes unter seinem Volk. Dabei ist Vers 14-21 als eine Einheit zu sehen (ein »Seelsorgewort« des Propheten, vgl. Grimm, S. 342); mit Vers 22 beginnt dann ein neuer Sinnabschnitt, der mit der sogenannten Botenspruchformel »So spricht der Herr« eingeleitet wird.

Zion erscheint als personifizierte Stadt Jerusalem und wird symbolisch als Frau vorgestellt, die Kinder gebären oder haben sollte, aber unfruchtbar und kinderlos ist. Dabei wechseln die Bildebenen in Jesaja 49 ständig hin und her zwischen der verwüsteten, aber für einen glänzenden Wiederaufbau vorgesehenen Stadt Jerusalem und einer verlassenen, aber einer festlichen Hochzeit entgegengehenden Frau.

Zur Gliederung unseres Abschnitts (Jes 49,14-21):
1. Zions Klage (V. 14)
2. Gottes Zusagen (V. 15-21); sie beinhalten
   a) Gottes unkündbare Liebe zu seinem Volk (V. 15-16)
   b) Verheißung des Wiederaufbaus der Stadt (V. 17)
   c) Verheißung der Rückkehr aus dem Exil nach Jerusalem (V. 18)
   d) Verheißung des Kinderreichtums (V. 19-21)

In Vers 14 zitiert Jesaja die Klage über das Unheil der Zerstörung Jerusalems und Verbannung der Bewohner in das babylonische Exil. Das Unheil hat sich ereignet, weil Gott Jerusalem verlassen und vergessen hat. Die Not Jerusalems (im Bild der kinderlosen Frau dargestellt) musste nach der Vorstellung des Volkes auf einem Fluch Gottes beruhen, denn Kindersegen galt in der Zeit des Alten Testamentes als Geschenk Gottes. Die Klage Zions hat die Vorstellung einer engen personalen Bindung Gottes zu Zion zur Voraussetzung.

Jesaja stellt die Beziehung zwischen Jahwe und seinem Volk als ein Liebesverhältnis dar (vgl. ähnlich Hos 2,15; Jer 2). Die große Existenzfrage für das Volk ist die, ob Gott bei ihr bleibt oder ob er sie verlässt, ob er an sie denkt (hebr. ›SACHAR‹) oder sie vergisst (hebr. ›SAKACH‹). Diese Frage lässt die Tiefe der Verzweiflung erahnen, in die hinein der Prophet die Verheißungsbotschaft Gottes zu verkündigen hat.

In diese »Verlassenheitsangst« Zions hinein kann nur *»ein elementares Wort der Liebe und der Zuwendung«* (Grimm) helfen. Deshalb kommt Jesaja nicht einfach nur mit einer Gegenbehauptung: »Gott vergisst dich doch nicht«, sondern, setzt zwei prägende Bilder dagegen, die Zion im Herzen behalten soll:

Vers 16: Als Gedenkzeichen hat Gott die zukünftigen Mauern der Stadt, »den Bauplan« in seine Handflächen[2] eingezeichnet, sodass er sie stets vor Augen hat und immer wieder an sie erinnert wird – ein eindrückliches Bild dafür, was es heißt, wenn Gott nicht vergisst, sondern »gedenkt«.

Vers 15: Das zweite Bild – ein Bild von großer seelsorgerlicher Tiefe gegen die Verlassenheitsangst des Volkes im Exil – ist das »Urphänomen« der Liebe einer Mutter zu ihrem Kind. Mit diesem Vergleich zeigt der Prophet, dass Gottes Gottheit nicht nur seine Herrschaft, seine Vaterschaft, sein Königtum etc. umschließt, sondern auch sein mütterliches Erbarmen (vgl. Jes 49,10.13).
Denn nirgends in der ganzen Schöpfung wird das Phänomen, dass eine Person die andere nicht vergessen kann, so eindrücklich sichtbar wie in der Beziehung zwischen Mutter und Kind.

Es wäre eine widernatürliche Ausnahme, wenn eine Mutter ihr Kind doch vergessen würde. Gott ist die vollkommene Mutterliebe, er ist jene mütterliche Person, für die absolut ausgeschlossen werden kann, dass sie das geliebte Kind vergisst.[3] Und dieses Bild ist für Jesaja nicht nur eine »theologische Richtigkeit«, ein dogmatischer Lehrsatz oder das Ergebnis einer abstrakten Denkbemühung, sondern ist aus dem Vollzug einer praktischen Seelsorge, die ganz auf Gott und ganz auf die (zu tröstenden) Menschen ausgerichtet ist, erwachsen!

In Vers 17 kündigt Jesaja den Wiederaufbau Jerusalems an; so schnell wie die Babylonier, die die Stadt verwüstet haben, abziehen müssen, wird der Neubau vor sich gehen. Mit dem Wiederaufbau der Mauern erfolgt auch eine Wiederbevölkerung (V. 18) der Stadt. Es wird sogar zu eng in der Stadt werden, wenn die »Kinder deiner Einsamkeit«, d.h. die im Exil Geborenen zurückkehren (V. 19-20). Über Nacht ist »Zion«, die Frau, die um ihre verlorenen Kinder trauert, zur stolzen Mutter vieler Kinder geworden, ihre Ehre wiederhergestellt, ihre Zukunft gesichert.[4] Hier öffnet Jesaja den Blick auf das zukünftige Jerusalem.

In zwei Liedern von Paul Gerhardt fand das Bild von der mütterlichen Seite Gottes aus dem Trostbuch Jesajas dichterische Gestalt und blieb auf diese Weise in der gottesdienstlichen Gemeinde hörbar lebendig:

»Kann und mag auch verlassen ein Mutter je ihr eigen Kind und also gar verstoßen, dass es kein Gnad mehr find't? Und ob sich's möcht begeben, dass sie so gar abfiel: Gott schwört bei seinem Leben, er dich nicht lassen will« (EG 243,3).

»Denn wie von treuen Müttern in schweren Ungewittern die Kindlein hier auf Erden mit Fleiß bewahret werden, also auch und nicht minder lässt Gott uns, seine Kinder, wenn Not und Trübsal blitzen, in seinem Schoße sitzen« (EG 58,4.5).

Die ausdrucksstärkste Gestalt, in der väterliche und mütterliche Eigenschaften Gottes zusammengehalten werden, findet sich für mich in der Darstellung des Vaters in Rembrandts Meisterwerk »Die Rückkehr des verlorenen Sohnes«. Hier könnten die Hände des Vaters als die eigentliche Mitte dieses Bildes gelten.
Auf sie ist alles Licht gebündelt, auf sie sind alle Augen der Umste-

henden gerichtet, in diesen Händen verkörpert sich Erbarmen, in ihnen kommen Vergebung, Versöhnung und Heilung zusammen.

In seiner geistlichen Deutung dieses Gemäldes von Rembrandt weist Henry Nouwen[5] darauf hin, wie unterschiedlich die beiden Hände des Vaters sind.
Die linke Hand des Vaters ist kräftig und muskulös, die Finger bedecken wie mit einem festen Griff einen großen Teil der Schulter und des Rückens des Sohnes. Man kann einen gewissen Druck, besonders beim Daumen ahnen. Die rechte Hand des Vaters dagegen ist feingliedrig, sanft und zart; sie hält und greift nicht. Sie liegt weich auf der Schulter des Sohnes, als ob sie streicheln, liebkosen und trösten wollte. Es ist die Hand einer Mutter.

Für Nouwen war der Blick auf diese Hände eine Schlüsselerkenntnis (S. 119f.):
»*Sobald ich den Unterschied zwischen den beiden Händen des Vaters erkannte, erschloss sich mir eine neue Bedeutungswelt. Der Vater ist nicht einfach ein großer Patriarch. Er ist ebenso Mutter wie Vater. Er berührt den Sohn mit einer männlichen und einer weiblichen Hand. Er hält, und sie streichelt. Er bekräftigt, und sie tröstet. Er ist wirklich Gott, in dem beides ... Vaterschaft und Mutterschaft, voll und ganz gegenwärtig ist. Die zärtlich liebkosende rechte Hand ist für mich [d.h. Henry Nouwen, Anm. d.V.] ein Echo der Worte des Propheten Jesaja: ›Vergisst denn ein Weib ihren Säugling, ohn' Erbarmen für den Sohn ihres Leibes? Auch diese mögen vergessen, ich aber, ich vergesse dich nicht. Da, auf beide Handflächen habe ich dich eingegraben.*‹«
Das Geheimnis in Rembrandts Darstellung liegt nach Nouwen darin, dass die Vatergestalt gezeichnet wird, die dem heimkehrenden Sohn um den Hals fällt, *und* die mütterliche Seite Gottes deutlich wird, die sich in ihrem unendlichen Mitleiden auf ewig mit dem Leben ihrer Kinder verbunden hat. Damit hat sich Gott freiwillig von uns, seinen Geschöpfen abhängig gemacht, er erlebt Herzensleid, wenn seine Kinder ihn verlassen, und Herzensfreude, wenn sie heimkehren. Aber seine Freude ist nicht vollkommen, solange nicht alle, die Leben von ihm empfangen haben, nach

Hause gekommen und um den Tisch versammelt sind, der für sie bereitet ist.

JESAJA 66,13 (UND KONTEXT)

Übersetzung

(13) Wie einen seine Mutter tröstet, so will ich euch trösten – und an Jerusalem sollt ihr getröstet werden.

Auslegung

In diesem Kapitel wendet sich Jesaja gegen den falschen Gottesdienst und blickt auf die große verheißene Zukunft der Gottesstadt. Der Anbruch der letzten Zeit wird Heil und Gericht einschließen. Alles Kommende ist nur denkbar unter einer Umwälzung von Himmel und Erde und wird Gottes unermessliche Größe offenbaren, der schon jetzt erhaben ist über allen Dingen (Jes 66,1.2a) und darum schon jetzt den Ärmsten im Blick hat (V. 2b).

Das Kommen Gottes für Israel wird verglichen mit einer plötzlichen Geburt (V. 7-9), dem sich dann das Aufziehen des »Kleinkindes« durch Gott anschließt (V. 10-14). Hinter dem Bildwort von der plötzlichen Geburt steht die Anfechtung der Gemeinde, die auf das Heil wartet; eine Gemeinde, die den Anbruch der letzten Zeit sehnlichst erwartete und unter dem Eindruck litt, dass es bei ewigen Geburtswehen zu bleiben schien. Nein, versichert ihnen der Prophet, Gott wird alles zu seinem Ende führen. Das Heil kommt ganz gewiss, weil Gott nichts unvollendet lässt. Der göttliche Trost nach der jetzigen Zeit der Anfechtung wird am besten mit dem Trösten einer Mutter vergleichbar sein. Das Volk Israel könnte dann verglichen werden mit einem aus der Fremde heimgekehrten, der Knechtschaft entkommenen Mann, noch voll schwerer Erinnerungen, deren Nachklänge aber in Jerusalem »*in den Mutterarmen der göttlichen Liebe*« (Delitzsch) verschwinden.

Auffallend ist, dass Gott bei Jesaja sowohl als Vater (»*Bist du doch unser Vater ...*« – Jes 63,16; 64,7) wie auch als Mutter (»*Ich will euch trösten, wie einen seine Mutter tröstet ...*« – Jes 66,13) vorgestellt wird. Das »Amt der Mutter« ist, dass sie in besonderer Weise trösten kann: »*Vielleicht ist dieser so starke Ausdruck für Gott entstanden aus dem eben geschilderten Bild von der plötzlichen Geburt: Was wäre ein Kind, das in die Welt gesetzt wird, ohne die Vorsorge der Mutter – was wäre das neugeborene Israel ohne Gottes weiterhin begleitende Fürsorge?*« [6]

Neben dem Bild des Hirten (Jes 40,11) verweist das Alte Testament mit dem Bild der Mutter auf Gott als den eigentlichen Tröster. Getröstet zu sein ist das Merkmal des Gottesvolkes der Zukunft. Der heilsgeschichtliche Bogen dieses Gottes, der uns tröstet, wie einen seine Mutter tröstet, zieht sich vom Alten hinüber ins Neue Testament (Jesus gibt in seinen Gleichnissen Beispiele für rechten Trost wie das Erbarmen des Samariters mit dem Schwerverletzten oder des Vaters mit dem verlorenen Sohn; Paulus stellt in 2. Kor 1 den Gott des Trostes vor ...) bis zum letzten Buch der Bibel, wo uns endgültiger Trost erwartet. Da wird dann aller Grund für das Leid, Sünde und Tod besiegt sein (Offb 19-22), Gott wird unter seinem Volk wohnen und er wird abwischen alle Tränen von ihrem Augen – hier wird eine unendlich zarte, tröstende Gebärde Gottes beschrieben (Offb 21,4) die uns auf den tröstenden Gott bei Jesaja zurückverweist.

METAPHORISCHES (BILDHAFTES) REDEN VON GOTT IM ALTEN TESTAMENT

◆ Für das Alte Testament ist es selbstverständlich und Ausdrucksform eines lebendigen Glaubens, in menschlichen Metaphern und Bildern von Gott zu reden (z. B. Gott als Vater, der seinen Arm bewegt in Ps 89,11; Gott als Mutter, die tröstet in Jes 66,13; Gott als Mensch, dem etwas Leid tut in 1. Mose 6,6). Das Bilderverbot (2. Mose 20,4; 5. Mose 5) wendet sich nicht gegen bildhaftes Reden von Gott überhaupt. Aber die menschlichen Bilder für Gott im Alten Testament sind nicht beliebig!

Die anthropomorphen Metaphern[7] für Gott sind jeweils von ihrer Funktion her bestimmt, sie reden bildhaft von Gottes Wirken, von seinem Leiden und seiner Liebe. Deshalb können männliche oder weibliche Metaphern[8] für Gott auch nicht willkürlich konstruiert werden[9] noch kann Gottes Wesen von der Bibel her auf männliche oder weibliche Eigenschaften eingegrenzt werden, sonst macht man aus dem Gott, der von sich sagt: »Ich werde sein, der ich sein werde« (2. Mose 3,14) ein Gottesbild und ersetzt den lebendigen Gott durch eine Gottheit.[10]

Im Gegensatz zu einer philosophischen Richtung, die Gott als Neutrum beschreibt, als das »wahre Sein«, das »höchste Gut« oder »höchste Wesen« wird gerade im anthropomorphen Reden von Gott, wie es im Alten Testament geschieht, deutlich, dass Gott in einer persönlichen Beziehung zu seiner Schöpfung steht. In Jesus wurde Gott Mensch, nicht Begriff.[11] Zu einem philosophischen »Es«, einem Neutrum, kann man nicht beten.

Vielleicht gerade um der Beziehung zu unserem Schöpfer willen beschreibt uns die Bibel Gott nicht als philosophischen Gedanken, sondern in vielen menschlichen Metaphern: als Richter und König, als Liebhaber und Werbender, als Zorniger und Zerstörender, als

Tröster und Helfer, als Hirte und Geber aller Gaben. Gerade weil keine der Gottes-Metaphern (weder männliche noch weibliche) Gott selbst fassen kann, sind wir eingeladen, hinter all diesen Bildern unseren Schöpfer zu erkennen, der seine Menschen anspricht und bei ihnen Liebe und Gehorsam sucht.

[1] Die Diskussion um Verfasserschaft und zeitliche Einordnung von Jesaja 40–66 und die Frage eines »Deuterojesaja« kann an dieser Stelle zugunsten des Schwerpunkts dieses Beitrags auf der Fragestellung nach der mütterlichen Seite Gottes im Alten Testament nicht geführt werden. Eine Darstellung verschiedener Positionen finden sich in neueren Kommentaren, z. B. bei Grimm/Dittert, S. 15–22.

[2] Auffällig ist, dass hier nicht das häufig belegte hebr. ›YAD‹ für Hand verwendet wird, was eher die Macht- oder Gewalthand impliziert, sondern ›KAP‹. Diese Vokabel betont die Handhöhlung (vgl. 3. Mose 14,15) und kennzeichnet vor allem die geöffnete und empfangende Hand (vgl. 2. Mose 29,24) sowie die bergende Hand (vgl. Ps 139,5). Zion darf sich, in den Händen Gottes eingezeichnet, gut aufgehoben wissen.

[3] Die implizite Argumentation in Jesaja 49,15f. (wie auch 40,30f.; 54,10) hat Anklänge an eine Denkform der christlich-abendländischen Theologie, der so genannten »Theologia eminentiae.« Sie geht davon aus, dass man durch unendliche Steigerung der positiven Eigenschaften der geschaffenen Welt zu Aussagen über die Eigenschaften des unendlich überlegenen Gottes kommt: »Alle in den Kreaturen relativ und begrenzt gegebenen Vollkommenheiten sind von Gott in unendlicher, unbegrenzter Fülle auszusagen.« (W. Joest, Dogmatik, Göttingen 1984, S. 127). Das heißt, gegenüber jeder menschlichen Mutter ist Gott die Person, für die wir absolut ausschließen können, dass sie ihr geliebtes Kind vergisst.

[4] Vgl. dazu auch Grimm, S. 342–347 (Werner Grimm, Kurt Dittert, Deuterojesaja. Deutung-Wirkung-Gegenwart. Stuttgart 1990).

[5] Henry Nouwen, Nimm sein Bild in dein Herz. Geistliche Deutung eines Gemäldes von Rembrandt. Freiburg im Breisgau 1991.

[6] Dieter Schneider, Der Prophet Jesaja. Kapitel 40–66. Wuppertal 1990, S. 331.

[7] Unter Anthropomorphismus (»Menschengestaltigkeit«) versteht man die bildhafte Rede von Gott, in der von ihm wie von einem Menschen geredet wird.

[8] In der heidnischen Umwelt Israels waren weibliche Metaphern von Gott gedanklich in einer bestimmten Weise gefüllt: Mutter- und Liebesgöttinnen, die sich mit Göttern verbinden, galten als Voraussetzung zum Entstehen und Bestand der Welt. Solche Vorstellungen sind dem auserwählten Volk durch das erste Gebot untersagt (Jahwe ist dein Gott, keine anderen Götter!).

[9] Die Bibel redet von Gott in männlichen Bildern nicht, um Gottes Wesen als Männlichkeit zu bestimmen. Bei der alttestamentlichen metaphorischen Rede von Gott geht es nicht um Verherrlichung von Männlichkeit oder Patriarchalismus und auch nicht um eine Gottheit, die weiblichen Identifikationsbedürfnissen entspricht!

[10] Vgl. dazu »Stellungnahme zu Fragen der Feministischen Theologie« der Evang.-Theologischen Fakultät der Universität Tübingen von Okt. 1990, S. 3ff.; 16ff. Vgl. auch Ingeborg Hauschild, Gott eine Frau?, Wuppertal 1983: »Wer Gott in die Niederungen des Menschlichen und der Natur herabzieht, der hat eben keinen Gott mehr. Der hat Götter und Götzen, die ohne Kraft sind. Wo die Transzendenz geleugnet wird, da sind wir Menschen arm dran und haben unsere Mitte verloren.« (Ebd., S. 55)

[11] An dieser einen Stelle, in seinem Sohn Jesus Christus, hat Gott sich sichtbar gemacht, dass wir (ohne bildliche Rede) ihn sehen können, wie er ist. Dort ist er in unsere Welt gekommen und uns nahe geworden.

FRAUEN AUS DEM STAMMBAUM JESU

◆ Im Gegensatz zum Markusevangelium, das um 70 n. Chr. entstand, haben Matthäus und Lukas, die etwa zehn Jahre später ihre Evangelien aufschrieben, der Wirkungszeit von Jesus in Galiäa eine Vorgeschichte vorangestellt.

Matthäus überrascht mit der Aufstellung des Stammbaums von Jesus. Sie reicht über 17 Verse. Der Stammbaum ist in drei Gruppen zu je 14 Namen eingeteilt.
Die erste Gruppe ist die Grundlage dieses Artikels.

»Dies ist das Buch von der Geschichte Jesu Christi, des Sohnes Davids, des Sohnes Abrahams. Abraham zeugte Isaak. Isaak zeugte Jakob. Jakob zeugte Juda und seine Brüder. Juda zeugte Perez und Serach mit der Tamar. Perez zeugte Hezron. Hezron zeugte Ram. Ram zeugte Amminadab. Amminadab zeugte Nachschon. Nachschon zeugte Salmon. Salmon zeugte Boas mit der Rahab. Boas zeugte Obed mit der Rut. Obed zeugte Isai. Isai zeugte den König David. David zeugte Salomo mit der Frau des Uria« (Mt 1,1-6).

Die Geschichte des Volkes Israel beginnt mit Abraham, der von Gott gerufen wurde und die große Verheißung Gottes erhält. Die Väter der Söhne, die die Verheißung bis Jesus weitertragen, werden angeführt. In unserem Teilabschnitt sind es 14 Generationen.

Erneut überrascht Matthäus. Während im Alten Testament in den einzelnen Stammbüchern stets nur die Männer, die Väter angegeben werden, fallen hier vier Frauennamen auf. Zwischen Patriarchen und Königen verblüfft hier die Nennung von vier Müttern.

Ihre Namen stehen hier. Ihren Lebenssituationen und ihrem Tun und Lassen soll im Folgenden nachgegangen werden.

»Juda zeugte Perez und Serach mit der Tamar.«

Juda war einer der 12 Söhne Jakobs. Sein Urgroßvater war also Abraham. Dieser erhielt die große Verheißung Gottes: »Du sollst ein großes Volk sein und du sollst gesegnet sein.« Eine Verheißung, die für Jakob wiederholt wurde.

Hatte Abraham für seinen Sohn Isaak noch eine Frau aus der Verwandtschaft holen lassen – es war Rebekka – und heiratete deren Sohn Jakob zwei Schwestern aus dem Haus seiner Mutter, so waren später für die vielen Söhne Jakobs lauter religiös einwandfreie Heiraten nicht mehr möglich.

1. MOSE 38

◆ Jakobs drittgeborener, mit seiner Frau Lea gezeugte Sohn Juda, heiratete eine Tochter des Kanaaniters Schua. Im Lauf der Jahre gebar sie drei Söhne: Er, Onan und Schela. Zwischen den Zelten des Viehzüchters und Sippenfürsten Juda wuchsen sie heran.
»Juda gab seinem erstgeborenen Sohn Er eine Frau, die hieß Tamar« (1. Mose 38,6).

Auch Tamar ist eine Kanaaniterin. Wie mag sie sich gefühlt haben in dem Hause des wohlhabenden Israeliten? Es lohnt sich, sich in die Lebensgewohnheiten und das Tun der jungen Frau hineinzudenken. Nur so kann die Geschichte mit prallem Leben erfüllt werden und ein Verstehen eröffnen.

Als Kanaaniterin war Tamar eine, die mit ihren Freunden und Geschwistern auf die Höhen lief, um Baal und Aschera zu opfern. Aschera war die Fruchtbarkeits- und Liebesgöttin. Von der Fruchtbarkeit des Landes waren alle abhängig. Aschera musste gnädig gestimmt werden. Die Feste zu Ehren der Göttin waren fröhlich. Es wurde getanzt und gesungen und Liebesspiele veranstaltet. Prostitution im Dienste der Göttin gehörte zum kultischen Leben. Die Göttergeschichte erzählt, dass Aschera sich mit dem höchsten Gott, dem Sonnengott vermählt hat und mit ihm 70 Kinder hatte. Einer davon ist Baal, für den es in Kanaan auch unzählige Heiligtümer gab. Die vielen heidnischen Götter konnten schon verwirren. Aber verwirrender musste Tamar wohl vorkommen, dass die Fremden, die sich in Kanaan niedergelassen hatten, nur mit einem Gott auskamen. Wie der aussah, wusste keiner. Es war verboten, sich ein Bild von ihm zu machen. Auch der Besuch der heidnischen Feste war für die Israeliten verboten.

Eine Hilfe und Stütze mag für Tamar gewesen sein, dass ihre Schwiegermutter auch einmal eine Kanaaniterin gewesen war. Sie ging jetzt in der Sippe Judas auf, zumal der gesamte heidnische Kult ihr hier verboten war. Von ihrem jungen Ehemann hat Tamar die Geschichte über die Familie gehört und über die Erfahrungen mit dem Gott Abrahams, Isaaks und Jakobs. Sie hörte von der Verheißung, die der Stammvater Abraham von Gott erhalten hatte. Dieser Gott wollte ihn segnen und zum großen Volk machen. Besonders berührten sie dabei die Worte: »Durch dich sollen alle Geschlechter der Erde Segen erlangen.«
Tamar lernte so den Gott Israels ein wenig kennen und machte sich Gedanken um diese Verheißung.

Eine verhängnisvolle Tragik schien jedoch über dem Schicksal der Söhne Judas gelegen zu haben, mit dem Tamar so eng verbunden war.

»Aber Er war böse vor dem Herrn, darum ließ ihn der Herr sterben« (1. Mose 38,7).

So drückt es die Bibel gern aus, wenn einer vorzeitig stirbt. Aber auch der zweite Sohn, Onan, stirbt sehr bald. Hier kommt eine plausible Erklärung, die den Zorn Gottes hervorrufen muss. Juda hatte seinem zweiten Sohn Tamar zur Frau gegeben. Mit seinem Kind konnte er dem verstorbenen Erstgeborenen einen Erben verschaffen. Doch Onan verweigerte sich. Jedes Mal wenn er zu Tamar ging, ließ er seinen Samen auf den Boden fallen. Welch eine Erniedrigung für Tamar! Und welches Leid! Sie brauchte ein Kind, um in dieser Familie einen festen Platz zu bekommen. Und nach israelitischem Glauben, der auch der ihre wurde, brauchte sie ein Kind, um in den Heilsplan Gottes eingebunden zu werden.

Juda, der starke Sippenobere, wurde nun von Sorge und Angst erfüllt. Noch hatte er seinen Sohn Schela. Was aber, wenn die hübsche Tamar verhext war? Durfte er ihr dann seinen letzten Sohn geben? Er war jetzt sein letzter Hoffnungsträger. Nur durch ihn konnte sein Geschlecht weiter bestehen und in Gottes Heilsplan eingereiht werden.

Juda schickte Tamar nach Hause zu ihrem Vater. Traurig und demütigend für die junge Frau!

Tamar wurde Magd beim Bruder. Ihre Hoffnung, dass Juda sie holen würde, wenn Schela ein richtiger Mann sei, schwand von Monat zu Monat. Jahre vergingen. Juda ließ sie auch nicht kommen, als ihre Schwiegermutter starb.

Tamar erkannte, dass sie handeln musste, wenn sie nicht lebenslang die Magd ihres Bruders sein wollte. Sie gehörte in das Haus Juda! Als sie erfuhr, dass Juda hinauf nach Timna zur Schafschur gehen wollte, verfolgte sie einen Plan. Sie zog ihre Witwenkleider aus und verhüllte sich mit einem Schleier. Dann setzte sie sich wie eine

Tempelhure an den Ortseingang von Enajim. Hier musste Juda vorbeikommen.

Juda konnte in der Verhüllten seine Schwiegertochter nicht erkennen. Er meinte, sie sei eine Dirne und hatte Lust auf sie. Er wollte zu ihr kommen. Schlagfertig und mit verstellter Stimme fragte Tamar: »Was gibst du mir?« »Ein Ziegenböcklein sollst du haben.« »Doch bis dahin will ich ein Pfand.« Und sie verlangte von ihm Siegelring, Schnur und den Stab in seiner Hand. Er stimmte ihrem Wunsch zu und übergab ihr die Gegenstände. Dann ging er zu ihr ein.

Das, was Tamar erhoffte, fühlte sie in sich geschehen. Sie wurde schwanger.

Zu Hause zog sie wieder ihre Witwenkleidung an und ging ihrer Arbeit nach. Nach einigen Tagen sah sie, wie Judas Freund mit einem Ziegenböcklein auf der Schulter von Haus zu Haus ging und nach der Dirne suchte. Doch keiner hatte sie gesehen.

Schon nach drei Monaten meldete man Juda: »Deine Schwiegertochter ist schwanger. Sie hat Unzucht getrieben.« Ob er wollte oder nicht, Juda musste einschreiten. Dies wurde von ihm als oberster Richter einer Sippe erwartet. Sie sollte auf dem Scheiterhaufen enden.
Ein Holzstapel wurde angezündet und Tamar geholt. Doch auf dem Weg zum Feuer ließ sie Juda seinen Siegelring, Schnur und Stab bringen. »Von dem Mann, dem das gehört, bin ich schwanger.«

Wie leicht hätte Juda das überhören können. Er hätte auch leugnen können. Der Frau hätte man nicht geglaubt.
Doch Juda bewies Größe. »*Sie ist gerechter als ich.*« Er erkannte darin seine Schuld, dass er seiner verwitweten Schwiegertochter nicht seinen Sohn Schela zum Mann gegeben hatte.

Tamar, die Frau voll erschütternder Kraft und Stärke, wurde in die Zelte Judas geführt. Er hat sie nie wieder berührt. Aber sie gebar ihm die Zwillingssöhne Perez und Serach und war Herrin zwischen den Zelten.

Wunderbar, gleich zweifach wurde Judas Geschlecht weitergetragen. Und dies nicht durch Schela, der seine einzige Hoffnung schien, sondern durch ihn selbst. Gott hatte seine eigenen Pläne. So kam Tamar, die geborene Kanaaniterin, in den Stammbaum von Jesus.

JOSUA 2–6

◆ Die zweite Frau im Stammbaum ist Rahab. Ihr Auftauchen im Stammbaum wird noch mehr erstaunen.

Vieles war seit Juda und Tamar geschehen. Wegen einer Hungersnot waren die Söhne Jakobs nach Ägypten gezogen. Nach guten Jahren dort mussten sie für den Pharao Frondienste leisten. Das Volk wurde hart bedrängt.
Mose führte es schließlich aus der Knechtschaft heraus. Nach 40 Jahren Wüstenwanderung drangen die Israeliten über den Jordan in das ihnen verheißene Land Kanaan.

Die Geschichte von Rahab stellt sich in ihrem Kontext hier als eine Art Sage dar, die wohl begründen will, warum in Israel die Existenz der kanaanäischen Sippe Rahabs geduldet wurde (Jos 6,25)

Rahab war eine Hure. In Kanaan war das nicht so anstößig, weil Prostitution im heidnischen Ritus verankert war. Doch Rahab war eine stadtbekannte Hure, die das schon immer zu sein schien. Ihr Haus war ein öffentliches Haus, in dem die Männer ein- und ausgingen.

Warum sie dies Gewerbe ständig ausübte? Aus Not, aus Verzweiflung? Wegen des Überlebens für sich und ihre Sippe? Die Verantwortung für ihre ganze Familie schien auf ihr zu liegen. Vielleicht wurde Rahab überhaupt erst zur Dirne durch ihre starke soziale Bindung an die Familie? Es ist jedenfalls nicht zu übersehen, mit welcher Überlegung und Sorgfalt sie den Schutz ihrer Angehörigen vorbereitete.

Die Israeliten wollten über den Jordan und das Land Kanaan einnehmen. Dem stand gleich am Anfang ein Bollwerk entgegen: die befestigte Stadt Jericho. Josua schickte zwei Kundschafter aus. Wie zu allen Zeiten versuchten die beiden, Informationen bei einer Liebesdienerin herauszulocken. Das Haus der Hure Rahab lag so herrlich bequem in der Nähe des Stadttores, wie hineingedrückt in die Stadtmauer. Doch trotz des kurzen Weges und des öffentlichen Hauses war der Besuch der beiden Fremden bemerkt und gemeldet worden. Rahab hatte damit gerechnet und die Besucher vorsorglich auf ihrem Flachdach unter Flachsstängeln versteckt. Für sie gehörte es zur Berufsehre, für die Sicherheit ihrer Kunden zu sorgen.

Jericho war in Alarmstimmung. Das wusste Rahab nur zu genau. Da draußen über dem Jordan lagerte seit langem ein Wüstenvolk, das sich in den Kopf gesetzt hatte, nach Kanaan einzudringen.

Boten des Königs von Jericho erschienen bei Rahab: »Gib die Männer heraus, die bei dir in dein Haus gekommen sind; denn sie sind gekommen, um das ganze Land zu erkunden« (Jos 2,3)
Den Besuch der fremden Männer konnte sie nicht leugnen. Doch mit Schlagfertigkeit und List rettete Rahab den beiden das Leben. Glaubhaft klang es, als sie sagte, dass sie schon wieder fort seien. Wer wird schon bleiben bei einer viel beschäftigten Dirne? Außerdem wollten sie weg, bevor die Stadttore geschlossen wurden.

Rahabs Haus wurde nicht durchsucht. Eilig stürmten die Männer zum Tor hinaus, Richtung Jordan.

Rahab erwies sich als schlau und informiert. Voller Achtung und Respekt sprach sie zu den beiden Israeliten über deren Gott. Die Rettung am Schilfmeer hatte ihr sehr eindrücklich die Macht dieses

Gottes gezeigt. Aber sie erzählte auch von dem Schrecken und der Angst ihrer Mitbürger vor diesem mächtigen Gott.

Zielstrebig schloss Rahab mit den beiden Kundschaftern ein Geschäft ab. Nicht, dass die beiden mit ihr schlafen und die Nacht bei ihr bleiben können. Sie hat ihnen das Leben gerettet, und da kann sie die Bedingungen diktieren! Sie werden jetzt ihr Leben retten müssen und das ihrer Angehörigen. Rahab war wohl klar, dass sie eine Verräterin war. Aber sie kannte auch die Angst und den Schrecken, der in den Gassen und Häusern Jerichos umherschlich. Die Menschen hier wussten, wie das Wüstenvolk mit den beiden Amoriterkönigen östlich des Jordan umgegangen war. Keine Gefangenen und keine Beute! Nur Erschlagene. So wollten es die Regeln ihres Heiligen Krieges auf Befehl ihres Gottes.

Rahab wusste, es galt rechtzeitig in den Schutz dieses Gottes überzulaufen. So ließ Rahab die beiden Männer schwören, dass sie der Familie ihres Vaters ihr Wohlwollen erweisen, so wie sie es ihnen gegenüber erwiesen hatte. Die Männer versprachen, mit ihrem Leben zu bürgen, dass ihr und ihrer Familie nichts passiert, wenn sie sie nicht noch verraten würden. Ein Pakt wurde geschlossen. An einem roten Seil ließ Rahab die beiden Israeliten aus dem Fenster, das über die Stadtmauer lugte. Das rote Seil sollte Zeichen und Schutz sein, dass die Israeliten beim Überfall alle verschonen sollten, die in Rahabs Haus versammelt waren.

Die Kundschafter versteckten sich drei Tage lang auf dem Gebirge, so wie Rahab ihnen geraten hatte. Dann erst zogen sie über den Jordan, weil sie annehmen mussten, dass ihre Verfolger inzwischen aufgegeben hatten.

Die beiden Kundschafter konnten Josua erzählen: »*Der Herr hat uns das ganze Land in unsere Hände gegeben, und es sind alle Bewohner des Landes vor uns feige geworden*« (Jos 2,24)

Jericho wurde gestürmt. Rahab und ihre Familie blieben verschont. Sie wurden aus dem brennenden Jericho hinausgeführt in die Nähe des israelitischen Lagers. Als Heiden waren sie für die Israeliten unrein. Erst nach vielen rituellen Waschungen und nach der Beschneidung der männlichen Familienmitglieder wurde Rahabs Sippe ins Lager geholt und in die Volksgemeinschaft Israels aufgenommen.

Bei Matthäus können wir nun staunend feststellen, dass diese Episode aus der Zeit der Landnahme eine entscheidende Bedeutung erhält.
Matthäus identifiziert in einem dieser Kundschafter Salmon und erklärt Rahab, die Hure aus Jericho, zur Vorfahrin des Boas.

BUCH RUT

◆ Und Boas, Sohn der Rahab, heiratete Rut, die dritte Frau in unserer Genealogie.

Rut ist wohl die bekannteste dieser vier Frauen.
Rut, eine Moabitin, also auch sie eine Ausländerin, die sich führen ließ durch ihre Liebe und Treue zur Schwiegermutter.
Wegen einer Hungersnot war die Familie Elimelechs aus Bethlehem über den Jordan in das Grünland Moab ausgewandert. Die beiden Söhne heirateten zwei Mädchen des Landes. Ob wegen Hungerschäden oder Heimweh: alle männlichen Glieder der Familie starben. Eine prekäre Situation für Noomi und die beiden jungen Schwiegertöchter. Drei allein stehende Witwen ohne Kinder.

Noomi entschloss sich, nach Bethlehem zurückzukehren. Ihre Schwiegertöchter Orpa und Rut wollten sie begleiten. Doch Noomi erklärt ihnen eindrücklich, warum sie das nicht tun sollten. Orpa kehrte schließlich um. Rut jedoch ließ sich nicht abweisen.

»Rut antwortete: Rede mir nicht ein, dass ich dich verlassen und von dir umkehren sollte. Wo du hin gehst, da will ich auch hingehen; wo du bleibst, da bleibe ich auch. Dein Volk ist mein Volk, und dein Gott ist mein Gott« (Rut 1,16).

Ein ungewöhnliches Bekenntnis einer moabitischen Heidin. Aber wahrscheinlich war sie schon gar keine Heidin mehr, sondern hatte in dem kultischen Leben der Familie Elimelechs Heimat und Geborgenheit gefunden. Über alle religiösen Trennungen, ja über Israels Verbot, sich mit Andersgläubigen einzulassen, setzte sie sich hinweg. Liebe war es, die sie bestimmte, und die der israelitische Gott nur gutheißen konnte.

Schwer wird es für Noomi in Bethlehem. Kein Besitz, keine Nachkommen. Doch da war noch ein kleiner Acker von Elimelech. Und da gab es auch einen Verwandten ihres Mannes, den Grundbesitzer Boas. Vielleicht knüpften sich Noomis Hoffnungen an diesen Mann. Sie erwies sich als sehr vorsichtig und diplomatisch. Rut erzählte sie nichts davon. Aber sie ließ ihre Schwiegertochter ziehen, als sie Ähren auflesen wollte – das Recht der Armen. War es Fügung oder gerade das nächstgelegene Feld? Rut sammelte Ähren auf Boas' Feld, die die Schnitter hatten liegen lassen oder die aus den Garben gerutscht waren. Sie erregte Aufmerksamkeit durch ihren Fleiß. Boas erfuhr von ihrer Herkunft und ihrer Liebe zu ihrer Schwiegermutter. Er begrüßte sie mit einer Art Segenswunsch.

»Der HERR vergelte dir deine Tat, und dein Lohn möge vollkommen sein bei dem HERRN, dem Gott Israels, zu dem du gekommen bist, dass du unter seinen Flügeln Zuflucht hättest« (Rut 2,12).

Rut muss es warm ums Herz geworden sein. Als sie mit ihren vielen gesammelten Ähren zu Noomi kam, erfuhr sie Erstaunliches: »Der Mann ist mit uns verwandt, er ist unser Löser.« Nach israelitischem Gesetz soll Grundbesitz bei der Sippe bleiben. Der nächste Verwandte eines in Not geratenen Israeliten ist verpflichtet, den aus Not veräußerten Acker auszulösen.

Das 3. Kapitel von Rut mag verärgern, empören oder erstaunen. Was für neue Wesenszüge von Noomi und auch von Rut treten hier zutage? Eine merkwürdige Mischung von Scheu und wohl kalkulierter Schläue, von Bescheidenheit und Anspruchsdenken.

Auf Geheiß ihrer Schwiegermutter legte sich die sittsame Rut nachts zu Füßen des schlafenden Boas auf der Tenne. Erschrocken war Boas, als er die Frau unter seiner Decke bemerkte. Doch es ging alles gut aus.

Zu fragen bleibt zwar, warum Boas nicht selbst aktiv wurde und sich schon früher als Löser einsetzte? Die Geschichte in Gang gebracht hatte nun Rut in einer in unseren Augen reichlich demütigenden Weise. Und sie hatte mit ihrem Handeln eigentlich alles aufs Spiel gesetzt! Doch das Buch hat ein echtes »Happy End«; obwohl noch ein retardierendes Moment hinein kommt, weil es überraschenderweise noch einen näheren Verwandten gab.

Ein erstaunliches Buch, das Buch Rut! Nicht nur über das 3. Kapitel werden sich einige ärgern. Es steht als Ganzes in deutlichem Kontrast zu den priesterlichen Reinheitsgeboten.

Die Entstehungszeit des Buches Rut ist nicht eindeutig geklärt. In der Richterzeit hatten die mosaischen Reinheitsgebote noch nicht ihre Gültigkeit. Und wenn das Buch erst in nachexilischer Zeit entstand, hat sich der Verfasser bewusst aufgelehnt gegen die rigorosen Ehegesetze Esras (um 400 v. Chr.; siehe Esra 9-10), die sich nie voll durchsetzen konnten.

◆ Die vierte Frau im Stammbaum hat Matthäus nicht mit ihrem eigenen Namen genannt. Die Frau Urias hieß Batseba. Sie dürfte nach Rut die bekannteste sein, und dies wohl mehr durch ihre Darstellung in Malerei und Dichtung.

Der Bericht über Batseba gehört zu den ältesten schriftlichen Geschichtsdarstellungen des Alten Testaments, zu den »Thronfolgegeschichten« von König David.

Batseba war die Frau des Uria, und Uria einer der Hauptleute König Davids. In den Tagen ihrer Reinigung nahm Batseba auf dem Dach des Hauses ein Bad. Sie meinte, dass alle Männer Israels gegen die Ammoniter im Kampf waren. Sie irrte. König David, der bisher stets mit seinen Soldaten im Feld war, war dieses Mal zu Hause geblieben. Vom Söller sah er hinab auf seine Stadt und sah – auch eine wunderschöne Frau, die gerade aus dem Bad stieg.

Obwohl David das Haus voll schöner Frauen hatte – David hatte sieben Hauptfrauen und eine Menge Nebenfrauen – und obwohl er erfuhr, dass die Badende die Frau seines Offiziers, des Hetiters Uria war, ließ er sie holen.

Es ist eine Überlegung wert, ob sich Batseba wehren konnte oder wollte.
König David schlief mit ihr. – Ehebruch.

Batseba wurde schwanger. David kam in zeitliche Not, denn Uria kämpfte gegen die Ammoniter. Schnell musste Uria nach Jerusalem. David ließ sich von ihm über den Stand der Kampfhandlungen berichten und entließ ihn dann zu seiner Frau. Doch das misslang gleich zweimal. Uria war ein verantwortungsvoller Offizier und wollte lieber bei seinen Soldaten im Königshof schlafen.

David konnte das Kind Uria auf diese Weise nicht unterschieben. Uria musste verschwinden! Im Kampf sollte es geschehen. Einen entsprechenden Brief (»Uriasbrief«) sollte er dem Feldhauptmann Joab übergeben. Uria fiel, Batseba wurde in den Palast geholt.

Über Batsebas Situation nachzudenken, lohnt. Hat sie König David mit ihrem Bad provoziert, wie viele männliche Ausleger es zumeist sehen? Dann hätte sie jetzt gewonnen. Ist sie echtes Opfer und liebte ihren Mann Uria, dann mag sie ungern und mit Rachegefühlen in den Königshof gezogen sein. Beide Möglichkeiten könnten die Zielstrebigkeit, mit der Batseba später vorging, erklären. Doch zunächst musste Batseba sich im Harem zurechtfinden und mit den tuschelnden Stimmen über ihre so frühe Schwangerschaft.

Batseba gebar einen Sohn, der bald mit dem Leben zu ringen hatte. David wusste um seine Schuld; nicht zuletzt durch die Strafrede des Propheten Nathan: Ehebruch und Mord. Durch Bußübungen rang er mit Gott um das Leben des Kindes. Doch es starb.

Batseba wurde die Lieblingsfrau Davids. Sie gebar wieder einen Sohn. David nannte ihn Salomo = Frieden. Er bekam als Erzieher den weisen Nathan. Eine Größe Davids, denn Nathan hatte ihn wegen der Untat an Uria hart kritisiert. Auch noch drei weitere Söhne gebar Batseba. Aber sie blieben Randfiguren.

Salomo war begabt mit hohen Geistesgaben, die durch die Erziehung des weisen Nathan noch verstärkt wurden.
Batseba brachte Salomo auf den Königsthron als Nachfolger Davids hinweg über die Leichen aller möglichen Thronkonkurrenten, zuletzt auch unterstützt durch Nathan (s. 2. Sam 6.19; 1. Kön 1.2; 1. Chr 22).

Was waren David und Batseba für Menschen? Waren sie triebhafte oder berechnende Bösewichter oder Demütige? Vielleicht waren sie davon eine Mischung. David und Batseba wurden eingereiht in den Weg des Heils.

Trotz Schuld und Sünde oder anstößigem Tun band Gott auch Menschen wie Tamar, Rahab, Rut und Batseba in seine Heilsgeschichte mit ein. Das zeigt, dass Gott auch Menschen, die Fehler machen, für seinen Heilsplan benutzen kann und will.

Der Evangelist Matthäus, vormals der Zolleinnehmer Levi, hat es am eigenen Leib erfahren, wie es ist, ein Unreiner und damit ein Ausgestoßener zu sein. Für Jesus war Levi ein Kind Gottes. Er holte ihn in seine Jüngerschar. Jesus riss Schranken ein, die Menschen aufgerichtet hatten. Um Jesus waren Licht und Leben.

Der Anfang des Evangeliums korrespondiert auch mit dem Schluss. Bei Matthäus sagt Jesus im Missionsbefehl: Darum geht zu allen Völkern und macht alle Menschen zu meinen Jüngern. Zu allen Völkern! Am Anfang des Evangeliums stehen im Stammbaum nicht die ehrwürdigen Patriarchenfrauen, die in Israel noch heute hochverehrte Sara, Rebekka, Rahel oder Lea, sondern vier Nichtisraelitinnen. Die fremden, ursprünglich heidnischen Frauen hatten dazu noch alle etwas Anstößiges getan, etwas, was außerhalb der Moralvorstellungen lag. Jede von ihnen wurde in besonderer Weise fertig mit einer prekären Lage. Jede griff aktiv in ihr Leben ein und damit auch in das des Volkes Israel. Sie wurden in das Heilsgeschehen mit einbezogen, in das große Heilsgeschehen, das alle Völker erreichen wird.

II.

JESUS UND

DIE FRAUEN

Wilfried Haubeck

ZUR STELLUNG DER FRAU
IM FRÜHEN JUDENTUM

◆ Als Zeit des frühen Judentums wird die Zeit nach dem Abschluss des Alten Testaments, also etwa vom 4. Jahrhundert v. Chr. bis zum 4. Jahrhundert n. Chr. bezeichnet. Die Grundlage für die Stellung der Frau im frühen Judentum bildet das Alte Testament. Trotzdem kann man die Aussagen des Alten Testaments nicht einfach auf die Zeit des frühen Judentums übertragen.

Im Lauf der Geschichte und unter dem Einfluss anderer Völker und Kulturen veränderten sich Verhaltensweisen und Einstellungen. Dabei ist zu berücksichtigen, dass besonders durch das babylonische Exil vielfältige Einflüsse in das Judentum eindrangen. Dies gilt sowohl für die Juden, die nicht nach Palästina zurückkehrten und das so genannte Diasporajudentum bildeten, also das Judentum, das über die Länder der Erde verstreut lebte. Es gilt aber auch für die Juden, die nach den Jahren des Exils in ihre Heimat zurückkehrten. Diese Zeit hatte ihre Spuren hinterlassen, auch wenn sich die Juden in einer ganz neuen Weise auf das Gesetz und die Propheten zurückbesannen, um ihre Identität nach der Zerstörung des Tempels zu wahren. In den Jahrhunderten danach wurde Israel häufig von anderen Völkern beherrscht. Diese übten ebenfalls Einfluss auf die jüdische Kultur und Gesellschaft aus.

Das Diasporajudentum wird auch als hellenistisches Judentum bezeichnet, da es in weit stärkerem Maß von der griechisch-hellenistischen Kultur beeinflusst war als das palästinische Judentum. Im Folgenden beziehe ich mich hauptsächlich auf das palästinische Judentum. Zu vielen der Aussagen finden sich jedoch Parallelen im hellenistischen Judentum, besonders beim jüdischen Philosophen Philo von Alexandrien, der in der ersten Hälfte des 1. Jahrhunderts n. Chr. wirkte.

EIN NEGATIVES FRAUENBILD

◆ Die verführerische Rolle der Frau in der Sündenfallgeschichte war vielfach Ausgangspunkt für die Entwicklung eines negativen Frauenbildes[1]. So wird in zwei apokryphen jüdischen Schriften, die um die Zeitenwende entstanden sind, betont, dass die Sünde durch den Sündenfall Evas in die Welt kam. Das hatte zur Folge, dass Unglück, Leid und Tod den Menschen bedrängten[2]. Im Buch Jesus Sirach heißt es: *»Die Sünde nahm ihren Anfang bei einer Frau, und um ihretwillen müssen wir alle sterben«* (Sir 25,32). Die Schuld am Bösen in der Welt wurde hier einseitig Eva – und dann der Frau allgemein – zugewiesen.

Es gibt allerdings auch Stellen in anderen jüdischen Schriften aus dieser Zeit, die sagen, dass Adam als Erster gesündigt habe und durch ihn die Sünde mit all ihren Folgen in die Welt gekommen sei (vgl. auch Röm 5,12-21)[3].

Häufig finden sich abwertende Äußerungen über die Frau. So sagte zum Beispiel Josefus, ein jüdischer Historiker aus dem 1. Jahrhundert n. Chr., dass die Frau in jeder Hinsicht geringer sei als der Mann (Contra Apionem 2,24)[4]. Als negative Eigenschaften werden den Frauen zugeschrieben: Genusssucht, Neugier, Trägheit, Eifersucht, Hang zur Aufwiegelei und Geschwätzigkeit[5]. Häufig findet sich die Bitte um Verschonung vor der »bösen Frau«[6]. Jeder Kontakt und jede Begegnung mit Frauen konnte für den frommen Juden zur Versuchung werden, sodass man Begegnungen mit fremden Frauen vermied, Frauen nicht grüßte, nicht mit ihnen redete und sie möglichst gar nicht anschaute. Bezeichnend ist die Rede von den »Pharisäern mit der blutigen Stirn«, die, um dem versuchlichen Anblick der Frau zu entgehen, mit geschlossenen Augen durch die Straßen gingen und sich an Wänden und Mauern die Köpfe blutig stießen[7].

Das Selbstverständnis des Mannes wird daran deutlich, dass jüdische Männer täglich im Morgengebet Gott dafür dankten, dass er sie nicht als Heiden, als Frau und als Unwissenden geschaffen habe. So sagte Rabbi Juda ben Elai (um 150 n. Chr.): *»Drei Lobpreisungen muss man jeden Tag sprechen: Gepriesen sei, der mich nicht zum Heiden machte! Gepriesen sei, der mich nicht zur Frau machte! Gepriesen sei, der mich nicht zum Unwissenden machte! Gepriesen sei, der mich nicht zum Heiden machte: alle Heiden sind wie nichts vor ihm. Gepriesen sei, der mich nicht zur Frau machte: denn die Frau ist nicht zu Geboten verpflichtet. Gepriesen sei, der mich nicht zum Ungebildeten machte: denn der Ungebildete fürchtet die Sünde nicht«* (tBer 7,18)[8]. Begründet wurde der Dank nicht einfach mit der Überlegenheit des Mannes, sondern mit dem Verhältnis zum Gesetz. Es zu besitzen, wurde als Israels Vorrecht angesehen, um entsprechend dem Willen Gottes leben zu können und so Heil zu erfahren.

POSITIVE ÄUSSERUNGEN
ÜBER FRAUEN

◆ Neben diesen negativen, teilweise sogar groben Äußerungen über Frauen finden sich in der jüdischen Literatur auch andere Stimmen. Diese zeigen, dass es damals auch unter jüdischen Männern eine andere Sicht der Frau gegeben hat. Ich nenne dazu einige Beispiele.

Im babylonischen Talmud finden sich die folgenden Aussagen: *»Der Schöpfer hat der Frau mehr Einsicht als dem Mann geschenkt«* (bNid 45b). Die Zusammengehörigkeit von Mann und Frau wird betont: *»Ein Mann, der keine Frau hat, ist kein Mensch«* (bYev 63a) oder: *»Ein Mensch, der keine Frau hat, lebt ohne Freude, ohne Segen und ohne Güte«* (62b). Die gute Frau wird gelobt, wie sich solches Lob schon in Sir 26,1 findet: *»Wohl dem Mann, der eine gute Frau hat! Der lebt noch einmal so lange.«* Gelobt werden ihre tätige Hilfe für die Armen und ihre Mitleidsfähigkeit. Ihr wurden größeres Gottvertrauen und eine bewundernswerte Bereitschaft zum Martyrium nachgesagt[9].

ZUR GESELLSCHAFTLICHEN STELLUNG DER FRAU

◆ Trotz dieser positiven Äußerungen über Frauen muss man feststellen, dass die Frau in der gesellschaftlichen Wirklichkeit in der Regel als dem Mann unterlegen bzw. als minderwertig angesehen wurde.

In gesetzesstrengen Kreisen des frühen Judentums wurden die Frauen und heranwachsenden Töchter in den Frauengemächern eingeschlossen. Sie durften sich in der Öffentlichkeit nur verschleiert zeigen. Die Ausnahme war ihre Hochzeit; an diesem Tag durfte sich die Frau mit unverhülltem Haupt im Hochzeitszug zeigen[10]. Es gab also eine strenge Trennung der Geschlechter, um Unzucht zu vermeiden und auch, um sich nicht durch menstruierende Frauen, die als kultisch unrein galten, selbst zu verunreinigen.

Im Erbrecht waren im Alten Testament ursprünglich Töchter nicht erbberechtigt. Dies änderte sich zwar unter hellenistischem Einfluss, dennoch gingen Söhne den Töchtern auch im frühen Judentum beim Erbe vor[11].

Die Töchter unterstanden der fast unumschränkten Verfügungsgewalt des Vaters. *»Sie werden vom Vater verlobt, möglichst bis zum Alter von zwölfeinhalb Jahren, weil es bis dahin ohne ihre Zustimmung geschehen kann«;* danach musste sie als Volljährige der Verlobung zustimmen[12]. Der Verlobte musste eine Art Kaufgeld an den Vater zahlen, und als seine Ehefrau ging sie dann in die Gewalt ihres Mannes über. Von der verwendeten Begrifflichkeit und den Vorstellungen her handelte es sich fast um eine Art Eigentumsübertragung. So galt die Rechtsvorschrift: Eine Ehefrau wird erworben durch Geld, Urkunde und Beischlaf; mit Geld ist das vom Verlobten zu zahlende Brautgeld gemeint, mit der Urkunde die Hochzeitsverschreibung. Die Ehe wurde, nachdem diese Voraussetzungen erfüllt waren, durch die Heimholung der Braut und die geschlechtliche Vereinigung mit ihr geschlossen.

Es gab allerdings auch vielfältige Mahnungen der Rabbinen zu einem guten Verhältnis der Eheleute untereinander, zu einem menschlichen Gegenüber. Darauf weisen auch die oben angeführten positiven Äußerungen über die Frauen hin. Das Eheleben erfreute sich allgemeiner Wertschätzung, nicht zuletzt um der Nachkommenschaft willen[13].

Die Frau erfüllte ihre Bestimmung vor allem als Mutter, durch die Nachkommen für die Familie geboren wurden. Unfruchtbarkeit wurde deshalb häufig nicht nur als ein möglicher Scheidungsgrund angesehen, sondern manche Rabbinen hielten dann eine Scheidung sogar für geboten. Der Aufgabenbereich der Frau war vor allem das Haus, während der Mann für den öffentlichen Bereich zuständig war. Es wurde als unpassend empfunden, dass die Frau in der Öffentlichkeit auftrat[14].

Offiziell gab es zur Zeit des Neuen Testaments noch die Polygamie. Ein Mann konnte also mehrere Frauen gleichzeitig haben. Allerdings wurde die Einehe von den Rabbinen eindeutig bevorzugt. Unter der Voraussetzung der rechtlich zulässigen Polygamie konnte ein Ehemann seine eigene Ehe nicht brechen. Er beging nur dann Ehebruch, wenn er mit der Ehefrau eines anderen geschlechtlichen Umgang pflegte. Dagegen beging die Ehefrau immer, wenn sie sich einem anderen Mann hingab, Ehebruch, da sie mehr oder weniger dem Eigentum ihres Mannes zugerechnet wurde[15].

Die Scheidung konnte fast ausschließlich nur durch den Mann betrieben werden. Diese wurde von ihm einseitig durch die Ausstellung eines Scheidebriefes erklärt. Ausreichend war dafür fast jeder Anlass[16].

ZUR RELIGIÖSEN STELLUNG DER FRAU

◆ Mit der Rolle als Mutter und Hausfrau hing zusammen, dass die Frauen von allen Geboten des Gesetzes befreit waren[17], die an eine bestimmte Zeit und an einen bestimmten Ort gebunden waren, da ihre häuslichen Pflichten sonst beeinträchtigt würden. *»Dagegen ist die Frau an alle Verbote der Thora gebunden und untersteht der ganzen Strenge der Strafen, die auf diese Verbote gelegt sind.«*[18] Der Ehemann konnte Gelübde der Frau wieder auflösen, da er die Verfügungsgewalt über die Frau besaß[19].

Von Rabbi Eliezer (um 90 n. Chr.) werden die Aussagen überliefert: *»Wer seine Tochter Thora lehrt, lehrt sie Albernheit«* (mSota 3,4) und: *»Lieber möge die Thora in Flammen aufgehen, als dass sie den Frauen übergeben werde«* (ySota 3, 4.19a7)[20]. Hier wurde also bezweifelt, dass Frauen das Gesetz bzw. das Alte Testament richtig verstehen könnten. Daher wäre es unsinnig, sie darin zu unterrichten. Deshalb hatten die Rabbinen auch keine Frauen als Schülerinnen.

In eine ähnliche Richtung zielte die Vorschrift, dass Frauen in der Synagoge nicht dazu aufgefordert werden sollen, aus der Thora vorzulesen. Die Begründung, die dazu im babylonischen Talmud gegeben wurde, lautete: Eine Frau darf aus Achtung vor der Gemeinde nicht aus der Thora vorlesen (bMeg 23a). Aus dem Zusammenhang wird nicht klar, worin diese Rücksicht besteht. Vermutlich wurde es als unpassend angesehen, dass eine Frau sich vor einer Männerversammlung zur Schau stellt[21]. Ein minderjähriger Junge durfte dagegen aus der Thora vorlesen (mMeg 3, 6)[22].

Dass eine Frau in religiöser Hinsicht nicht als vollwertig angesehen wurde, lässt sich auch daran ablesen, dass für einen Gottesdienst in der Synagoge die Anwesenheit von zehn Männern erforderlich war; sonst konnte er nicht stattfinden. Frauen zählten nicht mit. Auch waren die Plätze, auf denen Frauen am Gottesdienst teilnehmen durften, von denen der Männer durch ein Gitter abgetrennt. Später saßen die Frauen auf einer Empore, die einen eigenen Zugang von außen hatte. Seit dem Bau des herodianischen Tempels gab es einen gesonderten Vorhof der Frauen. Nur diesen durften die Frauen betreten, nicht aber den Vorhof der Israeliten. Vom Priesterdienst waren Frauen ausgeschlossen.

Aus diesen unterschiedlichen Aussagen und Vorschriften lässt sich deutlich ablesen, dass die Frauen im frühen Judentum weder menschlich noch religiös als dem Mann gleichwertig angesehen wurden. Sie wurden vielfach abgewertet und durften im jüdischen Gottesdienst in der Regel keine Funktion übernehmen.

[1] Ferdinand Dexinger, Art. Frau III. Judentum, in: Theologische Realenzyklopädie (TRE) 11, S. 424–431, S. 425

[2] Stellenangaben aus der »Apokalypse des Mose« und dem »Leben Adams und Evas« siehe bei Susanne Heine, Frauen der frühen Christenheit, Göttingen 1990³, S. 22f.

[3] Vgl. die Stellen, die von Heine (Frauen, S. 25) aus dem 4. Esrabuch und dem syrischen Baruch angeführt werden.

[4] Hermann Strack/Paul Billerbeck, Kommentar zum Neuen Testament aus Talmud und Midrasch (abgekürzt: Bill.), Bd. III, München 1975⁶, S. 558, vgl. Walter Grundmann, Das palästinische Judentum im Zeitraum zwischen der Erhebung der Makkabäer und dem Ende des Jüdischen Krieges, in: Johannes Leipoldt/Walter Grundmann, Umwelt des Urchristentums Bd. 1: Darstellung des neutestamentlichen Zeitalters, Berlin 1971³, S. 174

[5] Dexinger, TRE 11, S. 425

[6] Ebd.

[7] Friedrich Heiler, Die Frau in den Religionen der Menschheit, Berlin 1977, S. 75

[8] Zitiert nach Grundmann/Leipoldt, Umwelt des Urchristentums Bd. I, S. 174

[9] Dexinger, TRE 11, S. 425

[10] Grundmann/Leipoldt, Umwelt des Urchristentums Bd. I, S. 175

[11] Vgl. ebd., S. 179; K. Thraede, Art. Frau, in: Reallexikon für Antike und Christentum (RAC) 8, Sp. 197–269, Sp. 225

[12] Grundmann/Leipoldt, Umwelt des Urchristentums Bd. I, S. 179

[13] Vgl. ebd., S. 176

[14] Dexinger, TRE 11, S. 429

[15] Dies spiegelt sich auch in den Aussagen Jesu zur Ehescheidung noch wider; vgl. dazu unten, S. 000. [[Punkt 3 im Artikel »Mann und Frau bei Jesus«]]

[16] Vgl. dazu Grundmann/Leipoldt, Umwelt des Urchristentums Bd. I, S. 178

[17] Ebd., S. 174

[18] Bill. III, S. 558f. mit den zugehörigen Belegen

[19] Vgl. dazu Johannes Leipoldt, Die Frau in der antiken Welt und im Urchristentum, Leipzig 1955², S. 82f.

[20] Zitiert nach Grundmann/Leipoldt, Umwelt des Urchristentums Bd. I, S. 174

[21] Vgl. Dexinger, TRE 11, S. 428

[22] Vgl. Leipoldt, Die Frau in der antiken Welt, S. 81. Er weist darauf hin, dass damit die Frau mit dem zerlumpten und nackten Mann auf eine Stufe gestellt wurde, während sie dem Minderjährigen untergeordnet war.

Wilfried Haubeck

FRAUEN IN DER BEGEGNUNG MIT JESUS UND IN SEINER NACHFOLGE

◆ Wenn wir danach fragen, wie Jesus sich Frauen gegenüber verhalten hat, wie er zu Ehe und Ehescheidung Stellung genommen hat und welche Rolle Frauen in den Evangelien spielen, dann geschieht dies auf dem Hintergrund der damaligen jüdischen Umwelt[1]. Vergleicht man die dort herrschenden Einstellungen mit dem Verhalten von Jesus, werden die Unterschiede schnell deutlich. Es lässt sich klar erkennen, dass Jesus mit seinen Worten und seinem Verhalten für eine andere Beziehung zu Frauen eintrat, als es im frühen Judentum üblich war.

DAS VERHALTEN VON JESUS GEGENÜBER FRAUEN

◆ Jesus hat während seiner Wirksamkeit nicht zur »Frauenfrage« grundsätzlich Stellung genommen. Dennoch hat er durch sein

Verhalten gezeigt, dass er nicht einverstanden war mit der weit verbreiteten Ansicht, Frauen seien in gesellschaftlicher und religiöser Hinsicht minderwertig bzw. nicht vollwertig. Das zeigt sich schon an der Art und Weise, wie er Frauen begegnete. In mehrfacher Hinsicht setzte er sich über geltende jüdische Sitten und Vorstellungen hinweg. Ich nenne im Folgenden einige Beispiele:

Nach dem Alten Testament war eine Frau während der Zeit ihrer Menstruation unrein. Durch die Berührung mit ihr wurden andere Menschen ebenfalls kultisch unrein. Man erwartete von den Frauen, dass sie sich in dieser Zeit von anderen zurückzogen. Nun berichten uns die Evangelien (Mk 5,25-34 par.; Mt 9,20-22), dass sich eine blutflüssige Frau Jesus näherte und ihn berührte. Es wird von ihr gesagt, dass sie seit zwölf Jahren unter Blutfluss litt – also wohl unter chronischer Gebärmutterblutung – und dadurch von allen religiösen und gottesdienstlichen Aktivitäten als kultisch unrein ausgeschlossen war (vgl. 3. Mose 15,25-27). Sie konnte den Tempelbereich nicht betreten, am Synagogengottesdienst und am Passafest nicht teilnehmen. Letztlich war sie damit aus der menschlichen Gesellschaft ausgeschlossen, da sie durch ihre Berührung jeden verunreinigte[2]. Sie berührte Jesus in der Hoffnung, dadurch von ihrer Krankheit geheilt zu werden. Durch diese Berührung wurde Jesus nach 3. Mose 15,19 unrein, und zwar bis zum Abend des Tages. Jesus tadelte die Frau jedoch nicht, weil sie jüdische Reinheitsvorschriften verletzt und ihn verunreinigt hatte, sondern er redete sie liebevoll als »meine Tochter« an, lobte ihren Glauben, entbot ihr den Friedensgruß und sprach ihr so das Heil zu.

Auch als eine syrophönizische Frau, also eine Heidin, ihn um Heilung ihrer von einem Dämon besessenen Tochter bat, lobte er ihren Glauben (Mt 15,21-28 par.; Mk 7,24-30). Obwohl Jesus ihre Bitte scharf abwies, weil er nur zu den Israeliten gesandt sei, ließ sie nicht locker. Da erfüllte Jesus ihre Bitte und sagte zu ihr: »Frau, dein Glaube ist groß.«

Jesus setzte sich über die jüdische Sitte, mit Frauen nicht zu sprechen, hinweg. Er nahm sie als Menschen ernst, die seine Hilfe brauchten, und er gewährte sie ihnen. Angesichts der durch Jesus nahe gekommenen Königsherrschaft Gottes rief Jesus zum Glauben auf. Dieser Glaube war die Antwort, die Gott erwartete und durch die Menschen Anteil gewannen an der Königsherrschaft Gottes. Indem Jesus diesen Glauben unterschiedslos Männern und Frauen zuerkannte, gab es im Blick auf die Gottesbeziehung und das Heil keinen Unterschied mehr zwischen Männern und Frauen. Die im Judentum übliche Zurücksetzung der Frau wurde von Jesus damit grundsätzlich abgewiesen.

So wie Jesus mit der Heidin sprach – was in doppelter Weise anstößig war –, redete er am Jakobsbrunnen auch mit der Samariterin (Joh 4). Dass dieses alles andere als selbstverständlich war, zeigte schon die Reaktion der Jünger, von denen es heißt: »*... sie wunderten sich, dass er mit einer Frau redete*« (Joh 4,27). Ein doppelter Anstoß lag auch darin, dass Jesus am Sabbat in einer Synagoge eine Frau heilte, die seit 18 Jahren verkrümmt und nicht in der Lage war, sich ganz aufzurichten. Jesus berührte sie und heilte sie und begründete dies gegenüber den Vorwürfen des Synagogenvorstehers, dass sie eine Tochter Abrahams sei (Lk 13,16).

Gegen jüdische Sitte verstieß auch, dass Jesus bei zwei vermutlich unverheirateten Frauen, den Schwestern Maria und Marta, einkehrte und sich von ihnen bedienen ließ (Lk 10,38-40). Das galt als anstößig, aber Jesus hat sich daran nicht gestoßen. Noch deutlicher setzte Jesus sich über die geltenden Vorschriften und Sitten hinweg, als er sich von Maria kurz vor seinem Tod salben ließ (Joh 12,1-8; vgl. Mk 14,3-9 par.; Mt 26,6-13). Jesus tadelte diese Handlung nicht, sondern nahm Maria sogar gegenüber den Vorwürfen aus dem Jüngerkreis in Schutz und sagte: »*Wo das Evangelium gepredigt wird in aller Welt, da wird man auch das sagen zu ihrem Gedächtnis, was sie jetzt getan hat*« (Mk 14,9).

Noch größeren Anstoß erregte Jesus, als er sich im Haus eines Pharisäers durch eine stadtbekannte Sünderin – vielleicht eine Prostituierte – die Füße küssen und salben ließ und sich dabei in aller Öffentlichkeit in einer unschicklichen und geradezu peinlichen Weise von dieser Frau berühren ließ (Lk 7,36-50). Andere Männer hätten die Frau fortgejagt und sie beschimpft, wären empört über ihre Annäherung und Berührung gewesen. Aber Jesus nahm diese Frau an und hatte sie lieb. Dem frommen Pharisäer stellte er sie sogar als Vorbild hin: *»Ihre vielen Sünden sind vergeben, denn sie hat viel Liebe gezeigt; wem aber wenig vergeben wird, der liebt wenig«* (Lk 7,47). Er sprach der Frau die Vergebung der Sünden zu und entließ sie mit den Worten: *»Dein Glaube hat dir geholfen; geh hin in Frieden!«* (Lk 7,50).

Das Verhalten von Jesus zeigte deutlicher, als es viele Worte auszudrücken vermochten, dass er Frauen in einer anderen Weise ansah, als dies in seiner Umgebung üblich war. Indem Jesus sich in dieser Weise Frauen zuwandte, ihnen den rettenden Glauben zuerkannte, sich nicht durch irgendwelche Vorschriften der Sitte daran hindern ließ, ihnen in Liebe zu begegnen, erkannte er ihnen die volle menschliche und geistliche Würde zu wie den Männern. Es ist nicht zu erkennen, dass Jesus Frauen zurücksetzte.

FRAUEN IN DER NACHFOLGE JESU

◆ Unter den zwölf Jüngern bzw. Aposteln, die Jesus als seinen engsten Mitarbeiterkreis berief, war keine Frau. Dies war auch nicht zu erwarten, da die zwölf Apostel das neue Gottesvolk repräsentieren sollten, so wie die Söhne Jakobs für das alte Bundesvolk standen. Als Repräsentanten kamen nach damaligem jüdischen Verständnis nur Männer infrage. Aus einem ähnlichen Grund führte Paulus unter den Auferstehungszeugen in 1. Korinther 15,5-7 nur Männer an, obwohl im Neuen Testament eindeutig Frauen zu den ersten Zeugen der Auferweckung von Jesus gehörten; aber Frauen wurden als Zeugen nicht akzeptiert.

Ob zum weiteren Kreis von 70 bzw. 72 Jüngern, der Jesus umgab und den er nach Lukas 10,1 zur vorbereitenden Verkündigung jeweils zu zweien aussandte, Frauen waren, wissen wir nicht. Die sprachliche Formulierung lässt dies nicht eindeutig erkennen[3]. Eindeutig ist jedoch, dass Jesus Frauen in seiner Begleitung hatte. So lesen wir in Lukas 8,1-3: »*Und es begab sich danach, dass er durch Städte und Dörfer zog und predigte und verkündigte das Evangelium vom Reich Gottes; und die Zwölf waren mit ihm, dazu einige Frauen, die er gesund gemacht hatte von bösen Geistern und Krankheiten, nämlich Maria, genannt Magdalena, von der sieben böse Geister ausgefahren waren, und Johanna, die Frau des Chuzas, eines Verwalters des Herodes, und Susanna und viele andere, die ihnen dienten mit ihrer Habe.*«

Aus dieser Stelle geht hervor, dass eine größere Anzahl von Frauen Jesus begleitete. Nach Matthäus 27,55 par., Markus 15,40 par., Lk 23,49.55 finden sich etliche von ihnen in der Nähe des Kreuzes von Jesus wieder, wobei ausdrücklich gesagt wird, dass sie ihm bereits von Galiläa an nachgefolgt waren.

Das zeigt erstens, dass eine größere Anzahl von Frauen Jesus nicht nur hin und wieder nachliefen, sondern ihm seit Monaten auf dem Weg von Galiliä nach Jerusalem bis zu seinem Tod nachgefolgt waren. Das war im palästinischen Raum ein äußerst anstößiges Verhalten[4]. Verheiratete – und wohl auch unverheiratete – Frauen begleiteten Jesus kreuz und quer durchs Land. Das war für palästinische Menschen fast unerträglich[5]. Diese Frauen hielten ihm selbst dann noch die Treue, als er am Kreuz, dem Galgen der damaligen Zeit, hingerichtet wurde.

Zweitens wird von ihnen gesagt, dass sie Jesus nachfolgten. Es wird also ein Begriff gebraucht, der auch auf die Jünger angewandt wurde, um auszudrücken, dass sie an Jesus glaubten und ihm in ganzer

Hingabe dienten. Die Nachfolger von Jesus waren beteiligt an der Verkündigung der guten Nachricht von der Königsherrschaft Gottes; sie heilten Kranke und trieben Dämonen aus. Auch wenn dies von den Frauen nicht ausdrücklich gesagt wird, waren sie doch nicht nur Hilfspersonal, sondern Jüngerinnen von Jesus, die ihm nachfolgten[6]. Grammatisch stehen die Zwölf und die namentlich genannten Frauen unmittelbar als Begleitung von Jesus zusammen, nur durch ein »und« getrennt. Sie werden in Lukas 8,1f. also in die Nähe der Zwölf gerückt. Man kann vermuten – es bleibt allerdings eine, wenn auch begründete Vermutung –, dass auch sie das Evangelium verkündigten, und zwar unter Frauen. Angesichts der – zumindest bei strenggläubigen Juden – strikten Trennung der Geschlechter konnten Männer das Evangelium solchen Frauen außerhalb der Synagoge kaum verkündigen.

Drittens heißt es, dass sie Jesus und seinen Jüngern mit ihrem Vermögen dienten. Ob dies auch für die namentlich genannten Frauen gilt oder nur von den »vielen anderen«, lässt sich grammatisch nicht sicher entscheiden. Es ging bei diesem Dienen nicht nur um ein Bedienen bei Tisch, da ja ausdrücklich gesagt wird, dass sie mit ihrem Vermögen dienten. Sie kamen also für den Lebensunterhalt von Jesus und seinen Jüngern auf, versorgten sie mit Lebensmitteln und trugen so dazu bei, dass diese umherziehen konnten und frei waren für den Dienst der Verkündigung.

Kurz möchte ich noch auf die genannten Frauen eingehen. Susanna taucht nur hier auf und ist sonst nicht bekannt. Johanna wird näher bestimmt als Frau Chuzas, eines *epitropos* des Königs Herodes; dieser Begriff ist vieldeutig: Verwalter, Aufseher, Statthalter[7]. Es handelte sich also um einen höheren Hofbeamten, der im politischen oder wirtschaftlichen Bereich beschäftigt war. Vermutlich war er ein Verwalter der privaten Besitztümer von Herodes[8]. Dass Johanna eine Witwe war, wird nicht gesagt; sie hat also wohl ihren Ehemann, einen höher gestellten Beamten von Herodes, für eine längere Zeit verlassen, um Jesus nachzufolgen. Aus der Tatsache, dass der Name ihres Ehemannes genannt wird, kann man schließen, dass er in der Gemeinde bekannt war und vielleicht zu ihr gehörte[9]. Johanna wird in Lukas 24,10 neben anderen als Zeugin der Auferweckung von Jesus genannt. Eine besondere Rolle unter den Frauen aus dem Jüngerkreis von Jesus nahm Maria aus Magdala ein.

DIE STELLUNGNAHME VON JESUS ZUR EHE UND ZUR EHESCHEIDUNG

◆ Eine ausführliche Stellungnahme zu der im Judentum umstrittenen Frage der Ehescheidung, und zwar nicht, ob Ehescheidung erlaubt sei, sondern ob sie aus jedem Anlass erlaubt sei, finden wir in Matthäus 19,1-12 par., Markus 10,1-12; knapper in Matthäus 5,31f. und Lukas 16,18. Gegenüber dem pharisäischen Einwand, dass Mose die Ausstellung eines Scheidebriefs erlaubt habe (5. Mose 24,1), antwortete Jesus, dass dies nicht der ursprünglichen Absicht Gottes entspreche: *»Der im Anfang den Menschen geschaffen hat, schuf sie als Mann und Frau und sprach (1. Mose 2,24): ›Darum wird ein Mann Vater und Mutter verlassen und an seiner Frau hängen, und die zwei werden ein Fleisch sein‹? So sind sie nun nicht mehr zwei, sondern ein Fleisch*. Was nun Gott zusammengefügt hat, das soll der Mensch nicht scheiden!«*
Jesus begründete die grundsätzliche Unauflöslichkeit der Ehe mit den Worten 1. Mose 1,27 und 2,24 aus dem Schöpfungsbericht. Diese ursprünglich intendierte Unauflöslichkeit der Ehe wertete Jesus höher als das Gebot vom Scheidebrief und setzte es damit praktisch außer Kraft. Jesus hob damit die einmalige, von Gott geschenkte, unauflösliche Partnerschaft von Mann und Frau in der Ehe als Gottes Ziel hervor und schützte sie als Raum der Liebe. Wie unerhört das war und wie sehr es gegen die jüdische Praxis verstieß, zeigte die Reaktion der Jünger in Matthäus 19,10: *»Steht die Sache eines Mannes mit seiner Frau so, dann ist's nicht gut zu heiraten.«*

Jesus schob damit männlicher Willkür und Verfügung über die Ehefrau einen Riegel vor und schützte die Frau vor willkürlicher Entlassung. Sie war der schwächere Partner, da ihre wirtschaftliche und rechtliche Stellung im palästinischen Judentum es ihr in aller Regel nicht erlaubte, unverheiratet zu bleiben. Meist war sie genötigt, möglichst schnell einen anderen Mann zu suchen, um nicht in eine soziale Notlage zu kommen, wie es das Schicksal vieler Witwen in der damaligen Zeit war.

Kurz möchte ich noch auf die bekannte Stelle Mattäus 5,28 eingehen: *»Wer eine Frau ansieht, sie zu begehren, der hat schon mit ihr die Ehe gebrochen in seinem Herzen.«* Dieses Wort ist vielfach missverstanden worden. Darauf will ich jetzt nicht im Einzelnen eingehen. Wichtig erscheint mir in unserem Zusammenhang, dass Jesus hier – entgegen der jüdischen Auffassung, dass die Frau das verführerische sexuelle Wesen sei, vor dem der Mann bzw. die »Labilität« des Mannes geschützt werden müsse – den Mann anspricht als den, der durch seine »Aggressivität« im Umgang mit Frauen diese verführt. Jesus verurteilte nicht das erotische Gefühl, sondern ein Verhalten, durch das Männer versuchten, eine andere Frau für sich zu gewinnen oder zu besitzen, durch das sie leichtfertig Gefühle bei ihnen weckten, sie verführen wollten und in eine bestehende Ehe einbrachen.

Jesus warnte also nicht die Männer vor der Gefährlichkeit der Frau, sondern er sah die Gefahr für das Wohl der ehelichen Gemeinschaft beim Mann und machte diesen für den sozialen Frieden im persönlichen Zusammenleben verantwortlich. Wo Menschen ihr geschlechtliches Begehren der Liebe zum verheirateten Nächsten, der Achtung vor dem anderen als Ehepartner eines Dritten, unterordnen und beherrschen können, und zwar nicht nur in Taten, sondern schon im Denken und Wollen, da können Männer und Frauen sich offen begegnen, ohne die Liebe, die Ehe und die Persönlichkeit des anderen zu verletzen. So wird die Würde von Mann und Frau gewahrt.

FRAUEN ALS ZEUGEN DER AUFERWECKUNG VON JESUS

◆ Frauen hatten im Judentum nur ein sehr eingegrenztes Zeugenrecht. Meistens wurden sie als Zeugen vor Gericht nicht zugelassen[10]. So ist es nicht verwunderlich, dass Paulus in 1. Kor 15,3-8, als er die für die Auferweckung von Jesus maßgeblichen Zeugen, denen der Auferweckte erschienen ist, nennt, keine Frauen erwähnt. Ihre Nennung würde dem Auferweckungszeugnis aus jüdischer Sicht keine größere Verlässlichkeit geben, da Frauen als Zeugen in der Regel nicht anerkannt wurden.

Dennoch wird in allen Evangelien berichtet, dass nicht nur mehrere Frauen aus dem Jüngerkreis von Jesu die Kreuzigung als Zeugen miterlebten, sondern dass sie auch sahen, wie der Leichnam von Jesus in das Grab gelegt wurde. Weiter berichten alle Evangelien, dass einige Frauen als Erste das leere Grab am Ostermorgen entdeckten und dass der auferweckte Jesus ihnen zuerst begegnete. Da dies nicht dazu dienen konnte, um verlässliche Zeugen gegenüber ungläubigen Zeitgenossen aufzubieten, werden wir nach einem anderen Grund dafür zu suchen haben, warum Jesus ausgerechnet zuerst Frauen nach seiner Auferweckung begegnete.

Aus den Berichten lässt sich nur die folgende Begründung entnehmen: Während alle Jünger – sieht man von dem in Johannes 19,26f. erwähnten Lieblingsjünger ab – aus Angst um ihr Leben Jesus nach seiner Gefangennahme verließen, hielten die Frauen treu zu ihm und blieben bis zu seinem Tod in seiner Nähe. Sie verfolgten das Geschehen bis zur Grablegung. So waren sie wohl auch die Einzigen aus dem Jüngerkreis, die wussten, wo Jesus begraben war. Aus Liebe und Treue zu ihm wollten sie nach dem Sabbat die vor dem Begräbnis nicht mögliche Einbalsamierung des Leichnams von Jesus nachholen. So führt ihre Treue und Liebe zu Jesus dazu, dass sie als Erste am Sonntag das leere Grab entdeckten und dass der auferweckte Jesus ihnen begegnete. Sie wurden so die ersten Zeugen seiner Auferweckung und die ersten Verkündiger der Osterbotschaft an die Jünger.

Die Namen der Frauen, die im Zusammenhang von Kreuzigung, Grablegung, Entdeckung des leeren Grabs und Erscheinungen des Auferweckten genannt werden, stimmen in den Evangelien nicht ganz überein. Überall jedoch wird Maria aus Magdala genannt[11]. Daraus kann man folgern, dass sie eine bedeutende Stellung innerhalb der frühen Gemeinde einnahm, obwohl wir außerhalb der Evangelien im Neuen Testament nichts mehr von ihr hören. Ausdrücklich wird in Markus 16,9 betont, dass Jesus ihr als der Auferweckte zuerst erschien; das ergibt sich auch aus den Berichten der anderen Evangelien.

Häufiger taucht eine weitere Maria auf, die Mutter von Jakobus und Joses[12]. Es würde jetzt zu weit führen, auf alle Frauen einzugehen, die im Zusammenhang mit Kreuzigung und Auferweckung von Jesus in den Evangelien genannt werden[13]. Eindeutig ist, dass Jesus sie würdigte, die ersten Boten seiner Auferweckung zu werden. Dass die Jünger ihnen nicht glaubten, hing nicht mit ihrer Unglaubwürdigkeit zusammen, auch nicht damit, dass die Jünger sie nicht als vollgültige Zeugen ansahen. Das Geschehen der Auferweckung von Jesus war zu gewaltig, als dass die Jünger es damals fassen konnten. Auch die Frauen konnten es trotz der Engelbotschaft nicht glauben und mussten erst durch die Begegnung mit dem Auferweckten überzeugt werden. Danach wurden sie die ersten Zeugen seiner Auferweckung von den Toten.

ZUSAMMENFASSUNG

◆ Dieser kurze Überblick zeigt, dass für Jesus der Unterschied zwischen Frauen und Männern hinsichtlich des Heils keine Rolle mehr spielte. Er verkündigte Männern und Frauen unterschiedslos das Evangelium und sprach ihnen die liebende Zuwendung des himmlischen Vaters zu. Dabei setzte er sich über die jüdische Sitte, die Begegnung und das Gespräch mit Frauen zu vermeiden, hinweg. Er sah Frauen in einer völlig anderen Weise an, als dies in seiner Umgebung üblich war. Er ließ sich nicht durch irgendwelche Vorschriften der Sitte daran hindern, ihnen in Liebe zu begegnen, und erkannte ihnen so die volle menschliche und geistliche Würde zu wie den Männern.

Unter den Nachfolgern von Jesus finden wir zahlreiche Frauen, die entgegen jüdischer Sitte ihre Männer und Familien verließen, um Jesus über Monate hinweg kreuz und quer durchs Land zu folgen. Sie sorgten mit ihrem Vermögen für den Lebensunterhalt von Jesus und seinen Nachfolgern. In Lukas 8,1-3 werden einzelne Frauen neben den Zwölfen genannt, bei denen man annehmen kann, dass sie ebenfalls das Evangelium von der Königsherrschaft Gottes bezeugten.

[1] Vgl. dazu auch den Beitrag »Zur Stellung der Frau im frühen Judentum«, in diesem Buch ab S. 202.

[2] R. und M. Hengel; zitiert nach Rudolf Pesch, Das Markusevangelium I, HThK II/1, Freiburg 1976, S. 301

[3] Die maskuline Formulierung »Jünger« lässt keinen sicheren Rückschluss darauf zu, da damals und auch im Neuen Testament Männer und Frauen mit der maskulinen Form zusammengefasst werden konnten. So sind in der Anrede »Brüder« in den neutestamentlichen Briefen häufig – wenn auch nicht immer – Frauen eingeschlossen.

[4] Heinz Schürmann, Das Lukasevangelium I, HThK III/1, Freiburg 1969, S. 446

[5] Johannes Leipoldt, Die Frau in der antiken Welt und im Urchristentum, Leipzig 1955², S. 128

[6] Vgl. Susanne Heine, Frauen der frühen Christenheit, Göttingen 1990³, S. 70

[7] François Bovon, Das Evangelium nach Lukas I, EKK III/1, Neukirchen–Vluyn 1989, S. 399

[8] Ebd.

[9] I. Howard Marshall, Commentary on Luke, NIGTC, Grand Rapids 1978, S. 317

[10] Hermann Strack/Paul Billerbeck, Kommentar zum Neuen Testament aus Talmud und Midrasch, Bd. III, München 1975⁶, S. 559f.

[11] Mt 27,56.61; 28,1; Mk 15,40.47; 16,1.9; Lk 24,10; Joh 19,25; 20,1ff.

[12] Mt 27,56.61; 28,1; Mk 15,40.47; 16,1; Lk 24,10

[13] Bei der Kreuzigung sind nach Mt 27, 56 zugegen: Maria aus Magdala, Maria, die Mutter von Jakobus und Joses sowie die Mutter der Söhne des Zebedäus. Mk 15,40 nennt die beiden ersten ebenfalls, aber statt der Mutter der Söhne des Zebedäus führt Markus Salome auf. Lukas nennt hier keine Namen, Joh 19,25 außer Maria aus Magdala noch Maria, die Mutter von Jesus, die Schwester der Mutter von Jesus und Maria, die [Frau] des Klophas. – Bei der Grablegung nennt Lukas wiederum keine Namen, und Johannes erwähnt gar keine Frauen. Mt 27,1 und Mk 15,47 nennen übereinstimmend Maria aus Magdala und Maria, die Mutter des Joses (Mt: andere Maria). – Diese beiden werden in Mt 28,1 auch genannt als die, die das leere Grab entdeckten und die dem Auferweckten begegneten. Mk 16,1 ergänzt hinsichtlich der Entdeckung des leeren Grabs zu diesen beiden noch Salome (wie 15,40); nach Mk 16,9 erschien Jesus zuerst Maria aus Magdala. Lk 24,10 nennt neben Maria aus Magdala noch Johanna (vgl. Lk 8,3) und Maria, die [Mutter] des Jakobus, während Joh 20,1 nur von Maria aus Magdala spricht.

MARIA

◆ »*Nach der babylonischen Gefangenschaft zeugte Jojachin Schealtïl. Schealtiël zeugte Serubbabel. Serubbabel zeugte Abihud. Abihud zeugte Eljakim. Eljakim zeugte Asor. Asor zeugte Zadok. Zadok zeugte Achim. Achim zeugte Eliud. Eliud zeugte Eleasar. Eleasar zeugte Mattan. Mattan zeugte Jakob. Jakob zeugte Josef, den Mann der Maria, von der geboren ist Jesus, der da heißt Christus*« *(Mt 1,12-16).*

Im 16. Vers des Stammbaumes, den der Evangelist Matthäus aufschrieb, steht Maria, mit deren Sohn sich die Heilsgeschichte erfüllte.

In der Urchristenheit wurde von Maria nur wenig gesprochen. Im Mittelpunkt der Verkündigung stand immer Jesus Christus. Seine Mutter wurde nur im Hinblick auf ihn genannt. Erst die Evangelisten schrieben über Maria. Allerdings nur an wenigen Stellen.

Kirchenfürsten, Theologen, Mystiker, Maler, Dichter, Konzile und Dogmen haben Maria überhöht und ihr viele Gesichter aufgedrückt. Es gibt Tausende von Madonnendarstellungen in Kirchen und in Schlafzimmern, an Wegkreuzungen und Halskettchen. Millionen von Menschen suchten und suchen bei Maria Zuflucht, Heil, Fürbitte. Sie formten ihr Bild nach ihrem Glauben, ihren Gefühlen,

ihren Vorstellungen und nach ihrer Sehnsucht nach einem Himmel, den ihnen die Gottesmutter verkörperte.

Hinter all diesen Bildern verschwand die etwa 16-jährige Mirjam,
wie sie in ihrer aramäischen Muttersprache genannt wurde. Die
junge fromme Jüdin wurde durch die Geburt ihres Sohnes, der als
Sohn Gottes in die christliche Heilslehre einging, neben ihm
erhöht und gekrönt. Lehrsätze und Legenden umhüllten oder
erdrückten die von Gott Erwählte.

Maria stammte wahrscheinlich aus einer armen frommen Handwerkerfamilie. Brauch und Sitte des Volkes und das Gesetz Israels
wurden streng eingehalten. Maria stand fest im Glauben und
konnte ihn auch vermitteln, wie es im so genannten Magnifikat (Lk
1,46-55) zu sehen ist.

Im Alten Testament und zur Zeit von Jesus wurden die jüdischen
Frauen im familiären Bereich hoch geachtet. Das Haus war ihr
Reich, die Kindererziehung lag in ihrer Hand. Die Frau musste das
Gesetz gut kennen, damit sie ihre Kinder darin unterrichten
konnte. Dem Haushalt vorzustehen und der Familie zu dienen,
waren die Aufgaben einer Frau.

Das waren auch Marias Aufgaben, auf die hin sie erzogen wurde.
Wie andere Mädchen holte sie das Wasser vom Brunnen. Zwischen
zwei Steinen mahlte sie das Getreide zu Mehl. Sie buk Brot und
sorgte für das Öl in den Lampen.

Es mag sein, dass in jener Zeit jüdische Mädchen davon geträumt
haben, den von den Propheten angekündigten Messias zur Welt zu
bringen. Vielleicht auch Maria. Aber der Einbruch Gottes in ihr
schlichtes Leben erwartete nun doch von ihr eine Glaubenskraft,
die kaum vorstellbar ist. Es begann wie das sanfte Berühren von
unsichtbaren Schwingen (berühren = anzünden im Hebräischen)
und wurde packend und real.

Wir wissen von Gottes Botschaft an Maria nur, was der Evangelist Lukas aufschrieb. Der Engel Gabriel erschien vor Maria. Er war mit der Botschaft geradezu identisch; denn Gabriel heißt: »Mann Gottes« oder »Kraft Gottes«. Als Begnadete wurde sie von dem Engel angeredet.

»Siehe, du wirst schwanger werden und einen Sohn gebären, und du sollst ihm den Namen Jesus geben. Der wird groß sein und Sohn des Höchsten genannt werden; und Gott der Herr wird ihm den Thron seines Vaters David geben, und er wird König sein über das Haus Jakob in Ewigkeit, und sein Reich wird kein Ende haben« (Lk 1,31-33).

Maria war verwundert und erschrocken. Sie wusste noch nicht von einem Mann. Der Engel gab ihr noch eine Hilfe, ein Zeichen mit auf den Weg, indem er auf die späte Schwangerschaft ihrer Verwandten Elisabeth hinwies.

Mit ihrer Antwort auf die Verkündigung des Engels *»Siehe, ich bin des Herrn Magd, mir geschehe wie du es gesagt hast«*, hat Maria in einem Akt höchster Freiheit am Heilsgeschehen mitgewirkt (Lk 1,38).
Sie konnte es in der ihr eigenen Demut vor Gott sagen. Kaum ein anderes Mädchen hätte wohl in dieser Situation solche Stärke und Glaubenskraft ausdrücken können.
Sie sagt Ja zu Gottes schwerem Weg mit ihr, obwohl sie wusste, dass sie dadurch in Schwierigkeiten verwickelt werden konnte.
Maria war doch verlobt mit dem Zimmermann Josef. Das war schon eine feste eheähnliche Bindung, die nur durch eine offizielle Scheidung gelöst werden konnte. Unverheiratet schwanger zu sein, wurde nach dem mosaischem Gesetz mit der Steinigung bestraft (5. Mose 22,20-21). Der Verlust der Jungfräulichkeit war ein schweres Vergehen. Ganz zu schweigen von der moralischen Verurteilung und den zu erwartenden Peinlichkeiten. Sie sagt trotz all dem Ja zu Gottes Weg mit ihr.
Und was würde Josef zu dieser Schwangerschaft sagen, obwohl er

sie doch noch nie berührt hatte? Würde er begreifen, was sie noch nicht begriff?

Geheimnisvoll war die Botschaft. Ein Kind sollte in ihr wachsen. Die Verwirrung der ersten Augenblicke löste sich auf. Sie vertraute auf die Gnade und Güte Gottes. Nur immer wieder ihr Erstaunen, warum gerade sie? Das zu begreifen war nicht so leicht.
Zielstrebig und kraftvoll machte Maria sich auf den beschwerlichen Weg durch das Gebirge zu Elisabeth, die mit dem Priester Zacharias verheiratet war. Die beiden waren schon alt. Sie hatten sich in ihrer langen Ehe vergeblich Kinder gewünscht. Nun war ein Wunder geschehen: Elisabeth erwartete die Geburt eines Kindes.

Das hatte der Engel als »Zeichen« zu Marias Vergewisserung schon gesagt.
Und nun geschieht etwas ganz Besonderes in der Begegnung zwischen Elisabeth und Maria: das werdende Kind in Elisabeth, der zukünftige Täufer Johannes, begrüßt im Leib der Mutter den Christus, der in Maria wächst. Das Kind hüpfte vor Freude im Leib (Lk1,41-44) und im gleichen Moment wird Elisabeth mit dem Heiligen Geist erfüllt, sodass sie in einen Lobpreis ausbricht. »*Selig bist du, die du geglaubt hast ... was dir gesagt ist von dem Herrn.*« Dieses so ganz ungewöhnliche Erlebnis, dass schon das ungeborene Kind in Elisabeth zum Hinweis auf Christus wird, ist für Maria eine Bestätigung der Engelsbotschaft und des Weges Gottes mit ihr. Befreit und gestärkt durch diese Begegnung brach nun auch Maria in einen jubelnden Lobpreis aus. Dank und Prophetie kamen darin zum Ausdruck.

Nach drei Monaten innigen Verstehens zwischen den beiden von Gott begnadeten Frauen kehrte Maria nach Nazareth zurück. Bei Elisabeth hatte Maria die Gewissheit erhalten, dass alles richtig war, so wie es war.

Doch jetzt wollte Josef sie aufgrund ihrer Schwangerschaft heimlich verlassen. Die öffentliche Schande einer Scheidung sollte ihr so erspart werden. Maria war bestürzt. Sie musste einsame, bittere Stunden erlebt haben. Alles schien zu zerbrechen. Doch sie hoffte auf Gott, und dass der Mann, mit dem sie verlobt war, die Wahrheit erfasste.

Da erschien Josef im Traum der Engel des Herrn:
»Und sie wird einen Sohn gebären, dem sollst du den Namen Jesus geben, denn er wird sein Volk retten von ihren Sünden« (Mt 1,21).

Ob Josef und Maria die volle Größe und Tragweite dieser Botschaft erfassten? Zwischen Gott und der Armseligkeit ihres Lebens waren doch Welten! Wieso das?

War es die Botschaft des Engels oder die Liebe zu Maria? Josef nahm Maria als seine Frau zu sich (Mt 1,18-25).

Wegen der Steuererhebung (Grundsteuer) des Kaisers Augustus musste Josef mit Maria nach Bethlehem. Dort hatte die Großfamilie, zu der Josef gehörte, Landbesitz. In dem Ort, wo Rut und Boas lebten und König David geboren wurde, gebar Maria ihren Sohn. Nirgends war Platz. So fand das Kind Schutz in der Krippe in einer Höhle, die als Stall diente.

Seltsame Dinge geschahen, die Maria alle in ihrem Herzen bewahrte. Da erschienen Hirten, die das Kind anbeteten. Sie erzählten von einer ganzen Heerschar von Engeln, die ihnen die Geburt ihres Heilandes verkündet hätten. Und in die armselige Behausung traten sogar Weise, heidnische Astrologen aus dem Osten, die königlich aussahen. Sie huldigten dem Kind und beschenkten es. Jupiter (Stern der Könige) und Saturn (Stern der Juden) hatten ihnen als leuchtender Stern den Weg gewiesen.

Nach acht Tagen wurde das Kind in der Synagoge beschnitten und erhielt den Namen Jesus (Jeschua) = Gott selbst rettet.

Als vierzig Tage um waren, brachten Maria und Josef das Kind hinauf nach Jerusalem, um es dem Herrn zu weihen, ganz wie es das

Gesetz vorschrieb. Als Opfergabe hatten sie zwei Turteltauben, das so genannte Armenopfer, bei sich. Ein alter frommer Mann mit Namen Simeon, ließ sich das Kind auf seine Arme geben und rief glücklich und verklärt aus:

»Herr, nun lässt du deinen Diener in Frieden fahren, wie du gesagt hast; denn meine Augen haben deinen Heiland gesehen, den du bereitet hast vor allen Völkern, ein Licht, zu erleuchten die Heiden und zum Preis deines Volkes Israel.« (Lk 2, 29-32).

Nach diesem Ausruf segnete er Maria und ließ noch eine kleine prophetische Rede aus seinem Mund hören. Große Worte über Jesus, aber auch noch ein Schreckensruf für Maria: »... und auch durch deine Seele wird ein Schwert dringen.« Schon hier kündigt Gott Maria an, dass ihr Weg mit diesem Kind nicht leicht sein würde. Er bereitet sie auch hier innerlich vor und rüstet sie zu. Ob die Erhöhung des Kindes diese letzte Prophezeihung für Maria überdeckt hatte? Wie um sie zu mildern, trat noch die alte Prophetin Hanna herzu, pries Gott und sprach über das Kind zu allen, die auf die Erlösung Jerusalems warteten.

Wie durch den Besuch der Hirten und der Weisen wurde auch durch Simeon und Hanna die Erfüllung der Verheißung bestätigt.

Ein behagliches Handwerkerdasein rückte in weite Ferne. Seit dem Werden des Kindes erschienen immer wieder Engelsbotschaften und andere ungewöhnliche Besucher. Jetzt erfuhr Josef durch einen Engel, dass er mit Maria und dem Kind schleunigst nach Ägypten fliehen sollte. König Herodes trachtete dem Kleinen nach dem Leben.

Flucht! Eine gefährliche und entsagungsvolle Zeit für die arme Flüchtlingsfamilie! Lange Zeit blieben sie im Exil, bis wieder ein Engel auftrat und Josef verkündete, dass er nun nach Israel zurückkehren konnte.

Josef – aus dem Geschlecht Davids, in juristischem Sinn Vater von Jesus und in den Stammbaum eingegliedert. Mit dem Titel »Sohn Davids« werden Josef und auch Jesus belehnt. Und an Jesus glaubte man unter diesem Titel als den Messias. Der Gang der Geschlechter wurde von der Gegenwart zurück bis hin zu David und über David weiter bis zu Abraham verfolgt. Marias und Josefs Sohn Jesus war die Frucht eines langen, geduldigen Mitgehens Gottes an der Seite seines Volkes. Es scheint, als ob all die Geschlechter in ihrem Sehnen und Hoffen sich auf die Person vorbereitet haben, in der sich alles erfüllte.

Den Sohn Gottes, um den gerade zu Beginn seines Erdenlebens aufregende Dinge passierten, wobei der Engel des Herrn eingriff.

Maria und Josef wurden in Nazareth wohl ein paar ruhigere Jahre gegönnt, in denen sie das Leben einer normalen Handwerkerfamilie führten. Weiter lebten sie streng nach dem Gesetz. So gingen sie jedes Jahr zum Passafest nach Jerusalem. Ein langer Weg. Aus Sicherheitsgründen schlossen sich stets Verwandte und Freunde zu einer Pilgergruppe zusammen. Als Jesus zwölf Jahre alt war, nahmen sie ihn mit, denn in diesem Alter werden die Jungen in die gottesdienstliche Gemeinschaft aufgenommen.

Im Tempel wurde offenbar, dass Jesus ihnen nicht allein gehörte. Unbemerkt von der Familie war er zurückgeblieben und diskutierte mit den Schriftgelehrten. Nach langem Suchen fanden ihn seine Eltern und waren erleichtert, aber auch ärgerlich. Als Maria ihn fragte: *»Mein Sohn, warum hast du uns das getan? Siehe, dein Vater und ich haben dich mit Schmerzen gesucht«* (Lk 2,48b), konterte Jesus *»Warum habt ihr mich gesucht? Wisst ihr nicht, dass ich sein muss in dem, was meines Vaters ist?«* Betrübt und erschrocken musste Maria erfahren, dass die Normalität ihres Familienlebens in Nazareth ihr wohl so manches im Verborgenen gelassen hatte. Jesus gehörte in einer besonderen Weise zu Gott. Er war Gottes Sohn, auf dem die Verheißung lag.

Und Jesus hatte hier im Tempel selbst entdeckt, wer er war. Doch das Bewusstsein, Gottes Sohn zu sein, machte ihn nicht überheblich. Er blieb der vollkommene Sohn seiner irdischen Eltern. Jesus kehrte mit ihnen nach Nazareth zurück.

Doch für Maria gehörte auch die Erfahrung im Tempel zu den Besonderheiten, die sie tief in sich bewahrte.

Als Jesus fast dreißig Jahre alt war, siedelte wohl seine ganze Familie von Nazareth nach Kapernaum um. Josef schien bereits verstorben zu sein.

Ob Maria sich insgeheim verwunderte, dass ihr Sohn so anders war, als sie es in ihrem Lobgesang ausgedrückt hatte, bleibt uns verborgen. Großes Zutrauen hatte sie jedenfalls zu seiner göttlichen Vollmacht, was sich bei der Hochzeit zu Kana zeigt (Joh 2,1-11).

Jesus trat jetzt öffentlich auf und sammelte Jünger um sich. Aber so sehr Maria auch um Jesus besorgt war, zeigte sich doch, dass Mutter und Geschwister ihm innerlich nicht mehr folgen konnten. Die Brüder standen ihm verständnislos gegenüber (Joh 7,1-13). Zeitweilig meinten sie, er sei von Sinnen (Mk 3,21). Und seine Jünger waren ihm auch näher als die Verwandten.

Wie weh müssen Maria manche brüskierenden Aussprüche getan haben (Joh 2,4). So wollte ihn Maria einmal sprechen. Er war in einem Haus und redete dort vor vielen Leuten. Ein Neuankömmling sagte zu Jesus: »*Deine Mutter und deine Brüder draußen fragen nach dir.*« Da erwiderte Jesus: »*Wer ist meine Mutter, und meine Brüder?*« (Mk 3,33f.). Und einmal rief eine einfache Frau, die von seiner Lehrpredigt beeindruckt war: »*Selig ist der Leib, der dich getragen hat, und die Brüste, an denen du gesogen hast.*« *Darauf sagte Jesus:* »*Ja, selig sind, die das Wort Gottes hören und bewahren*« (Lk 11,27f.).

Die Verleugnung seiner Familie erscheint ungeheuerlich, denn bei den Juden bildeten Mutter, Vater und Kinder nicht nur eine natürliche, sondern auch eine kultisch-sakrale Gemeinschaft. Aber

Maria schien verstanden zu haben: Wer den Willen Gottes erfüllt, der ist für ihn Bruder und Schwester und Mutter und gehört zu den Seligen. Und dazu gehörte eben auch sie. Sie wurde nicht ausgeschlossen, sondern der Kreis von den Verwandten von Jesus wurde durch die Glaubenden erweitert. Seine Verkündigung machte deutlich, dass Jesus die Verbundenheit mit Mutter und Geschwistern lediglich der Bindung zu Gott nachgeordnet sah.

Während sich die Brüder zurückzogen, hielt sich Maria zunehmend mit anderen Frauen in der Nähe von Jesus und seinen Jüngern auf. Sie sorgten sich um ihn. Schriftgelehrte und Pharisäer konnten die Gottessohnschaft von Jesus nicht sehen. Sie provozierten ihn und klagten ihn schließlich an. Als Jesus von den Römern zum Tode verurteilt wurde, war es für Maria und andere nicht ganz ungefährlich, sich zu ihm zu bekennen. Doch Maria und die anderen Frauen waren furchtlos durch ihre große Liebe zu Jesus. Sie blieben ihm treu. Mochte Jesus in den Augen der Gesetzeslehrer ein Verbrecher sein, für Maria blieb er der geliebte Sohn. Auch ihre Schwester Salome war Jesus bis unter das Kreuz gefolgt. Dann auch Maria, die Frau des Kleopas und natürlich auch die treue Maria Magdalena.

Über ihnen am Kreuz hing der zerschundene Körper von Jesus. »Jesus von Nazareth, der König der Juden« stand auf einer Latte am Kreuz. König – ja, was war mit der Verheißung? Da hing ihr armer, geliebter Sohn. Gottes Sohn?! Unter dem Kreuz würfelten die römischen Soldaten um die Kleider von Jesus, während ihr Sohn im Todeskampf bebte.
Hier wurde die Prophetie Simeons im Tempel wahr – ein Schwert durch ihre Seele. Wie schwer muss es für Maria gewesen sein, ihren eigenen Sohn sterbend am Kreuz hängen zu sehen. In welche Tiefen sie wohl gestürzt ist. Sie wusste nichts von der Auferstehung in diesem Moment, sie konnte dies alles nicht verstehen. Denn dieses Geschehen stand doch im Widerspruch zu all den Verheißungen, die Gott ihr am Anfang ihres Weges gegeben hatte.: *»Der wird groß sein ... Gott der Herr wird ihm den Thron seines Vaters David*

geben, und er wird König sein ... in Ewigkeit« (Lk 1,32-33). Eine Stunde tiefer Anfechtung und vielleicht auch Zweifel an Gott? Jesus war mehr tot als lebendig. Als er jedoch seine Mutter neben seinem Lieblingsjünger Johannes sah, flackerte seine menschliche Liebe zu den beiden Menschen auf, die so treu zu ihm gestanden haben. So vertraute Jesus Maria der Fürsorge des Johannes an und diesen umgekehrt der Fürsorge von Maria. Beide sollten und werden einander trösten, wenn er nicht mehr da war.

Maria muss tief berührt worden sein. Während seines fürchterlichen Todeskampfes gedachte ihr Sohn an ihr Leid und ihre Einsamkeit.

Doch die Leidenszeit war nicht das Letzte. Maria tauchte aus ihrem Schmerz wieder auf. Nach der Auferstehung und der Himmelfahrt von Jesus war sie mitten in der Gemeinde zwischen den Jüngern und Jüngerinnen von Jesus (Apg 1,14). Sie hatten bei ihm ausgehalten, hatten Ohnmacht und Tod miterlebt und ließen sich verbinden durch den Geist eines neuen Lebens. Maria war eine unter den Brüdern und Schwestern.

Als eine Art Zusammenfassung soll hier am Schluss ein Bild von Karl Rahner stehen:
»Maria ist nicht als himmlisches Wesen zu sehen, sondern als Mensch, der aus der Gewöhnlichkeit seiner Situation und in ihr seine heilsgeschichtliche Funktion, für sich und die anderen tätig leidend, in vielen Unsicherheiten lernend, in Glaube, Hoffnung, Liebe annahm und gerade so Vorbild und Mutter der Glaubenden ist.«

Siegfried Kettling

DER DRITTE WEG –
DIE WORTE VON JESUS ZU
EHE UND EHELOSIGKEIT
(MT 19,3-12)

◆ Streitgespräche – unter diesem Titel pflegt man eine Gruppe von Texten in den Evangelien zusammenzufassen. Jesus wird jeweils von einer der miteinander verfeindeten Gruppen (Pharisäer, Zeloten, Sadduzäer, Herodianer) angegriffen. Ernsthafte Gewissensfragen werden dabei heuchlerisch zu Fangfragen manipuliert. Raffiniert ist die Strategie: Man stellt die Frage so, dass jeweils nur ein Entweder-Oder als Antwort möglich erscheint. Jeder der beiden denkbaren Antworten muss den Propheten aus Nazareth als Ketzer oder Dummkopf, als Lästerer oder Schwärmer disqualifizieren. Jesus aber geht voller Hoheit »mitten durch sie hindurch«. Was ist das Besondere? Dass Jesus jeweils souverän den eigenen Kopf aus der Schlinge zieht und diese den Gegnern um den Hals wirft? Dass er stets die Attacke so glänzend pariert, dass die vermeintlich Superklugen als Blamierte dastehen? Nein, solche intellektuellen

Bravourstücke sind keine Siege im Reich Gottes! Jesus ist nicht einfach so clever, einen dritten Weg, den Ausweg herauszufinden, den die listigen Gegner zuvor übersahen. Jesus bietet mehr als die Summe von Taubeneinfalt und Schlangenklugheit. Als der »eingeborene Sohn vom Vater, voller Gnade und Wahrheit«, schafft er allerdings den dritten Weg, jene Reich-Gottes-Straße, die auf eine völlig andere Ebene emporführt, eine ganz neue Dimension eröffnet. »Offenbarung« geschieht hier. Und diese »Offenbarung« lädt die Gegner ein, den neuen Weg zu betreten, den Pfad der Umkehr und Heimkehr. So vergilt Jesus denen, die ihn vernichten wollen. Den Tod hat man ihm zugedacht; er bietet dafür das Leben!

DAS NEUE JA ZUR EHE (V. 3-10) – LEGAL, DESHALB LEGITIM?

◆ Fragt man einen Pharisäer, einen Schriftgelehrten: »Ist Ehescheidung rechtens, ist sie legitim?«, dann kommt ohne Zögern – fast erstaunt über so rückständiges Fragen – die Antwort: »Selbstverständlich! Ganz klar! Es steht doch 5. Mose 24,1 deutlich geschrieben:

»Wenn ein Mann an seiner Frau etwas Schändliches findet, soll er ihr den Scheidebrief ausstellen und sich damit von ihr trennen.«

Ehescheidung ist also nach dem Wort Moses völlig legal. Die Aussage »Völlig legal« bekommt (damals wie heute) ein unheimliches Gefälle: legal – also erlaubt, erlaubt – also rechtens, rechtens – also richtig, richtig – also gut, gottgewollt, notwendig! Was »legal« ist (vom Gesetz vorgesehen), das muss doch auch »legitim« sein (der Sache nach gut und richtig). Man kann also ein gutes Gewissen dabei haben, den Kopf hochtragen: Ich tue doch nur, was »mein gutes Recht ist«, was mir »zusteht« (man vergleiche heute das fatale Gefälle beim Abtreibungsparagraphen 218).

Ob Ehescheidung, darüber ist jede Diskussion überflüssig. Debattiert wird von den Zeitgenossen von Jesus nur das *Wann*, die Frage nach dem ausreichenden Scheidungsgrund. Was bedeutet konkret »etwas Schändliches« (5. Mose 24,1)? Darüber streiten die beiden pharisäischen Schulen. Der – in der Männeroptik – »scharfe« Rabbi Schammaj erklärt streng: Ausschließlich bei Ehebruch! Der »milde« Hillel lehrt: Schon ein angebranntes Essen ist schwerwiegend genug. Sein Schüler Rabbi Akiba weitet das später noch aus: Es reicht, wenn du eine andere Frau attraktiver, deine also relativ hässlich findest ...

»WAS GOTT ZUSAMMENGEFÜGT HAT ...«

◆ Mit dieser Zankfrage, gedacht als Fangfrage, geht man Jesus an. Auf welche Seite wird er sich schlagen? So oder so ist er in der Klemme, im Dilemma, wird entweder die Schammaiten oder die Hilleliten gegen sich aufbringen. »Tertium non datur« (ein Drittes gibt es nicht), sagt ein lateinisches Sprichwort!

Aber nun geschieht das Überraschende, Unvorhersehbare: Jesus überholt die Alternative, lässt sie zerbrochen am Rand zurück. Von der Reich-Gottes-Dimension her argumentiert er und lässt dabei die Frager nicht nur »abblitzen«, sondern macht sie zu von Gott Gefragten. Er lässt sich nicht auf ihre Ebene zerren, sondern hebt sie auf sein Niveau. »*Habt ihr nicht gelesen, was die Schrift sagt?*« (Mt 19,4) Souverän greift Jesus zurück auf den Anfang (1. Mose 1-2).

Als Mann und Frau – zueinander, füreinander – hat Gott die Menschen geschaffen. Indem sie sich zu ehelicher Gemeinschaft verbinden, werden sie »ein Fleisch«, ein neues Wesen, eine neue Person. Nicht die Summe zweier Zahlen entsteht, das gäbe eine Mehrzahl, etwas bloß Zusammengeklebtes, nein, eine neue Einheit und Ganzheit, ein neuer Singular ganz eigener Art. Und bei diesem Wunder ist Gott am Werk. Er »hat zusammengefügt« (›SYNEZEUXEN‹, wörtlich: eine Jochgemeinschaft gebildet).

Das ist bei Jesus nicht etwa nur eine historische Aussage, die nur Adam und Eva beträfe, das gilt für jede Ehe (wie seltsam sie auch zustande kam), das gilt ausnahmslos. »Was aber Gott zusammenfügte, wie sollte das der Mensch zerreißen dürfen?« Hinter das Mose-Gesetz greift Jesus zurück auf den Anfang, über das Mose-Gesetz hinaus zu dem Anfänger: Gott selbst steht als Schöpfer und Garant jeder ehelichen Gemeinschaft vor uns. Wer die Ehe eingeht, beugt sich nicht etwa nur einer »bürgerlichen Konvention«; er tritt vor Gott! Wer die Ehe zerbricht, bekommt es also mit Gott zu tun. Gott will Ehescheidung nicht, niemals. »Schuldlos« sich scheiden oder geschieden werden, das gibt es vor Gott nicht.

VERKALKTE HERZEN

◆ Aus Verblüffung wird Widerspruch: Aber Mose hat's doch geboten! Wie sollten, wie dürften wir da auf unser gutes Recht verzichten, schier gegen Gottes Willen handeln? Jesus korrigiert präzis: Nicht geboten hat Mose, von Gottes gutem Gebieten kann nicht die Rede sein. Erlaubt hat er nur, und zwar erlaubt »eures Herzens Härte wegen« (Mt 19,8).

Darin steckt die ernste Diagnose des Arztes: Ihr leidet an tödlicher Krankheit, »Sklerokardia« heißt sie, Sklerose des Herzens, Herzverkalkung. Versteinert ist euer Herz. Auf dieses zu Liebe und Treue unfähige, von Egoismus ummauerte, steinharte Herz hat Mose Rücksicht nehmen müssen. Gottes anfänglichen guten Willen, den runden und vollen, konnte er diesen Herzen nicht mehr zumuten. Ein Zugeständnis war nötig, eine Konzession an eure Bosheit. So ist – nach dem Urteil von Jesus – Moses Gesetz nur eine halbe Sache, ist notvoller Kompromiss zwischen Gottes ursprünglichem Willen und der menschlichen Unfähigkeit. Schlimmes setzt dieser Kompromiss voraus, noch Schlimmeres möchte er verhüten. »*Von Anfang an aber ist's nicht so gewesen*« (Mt 19,8).

Jesus schützt mit seinem Widerspruch die Frauen, hilft ihnen zu neuer Würde, holt sie heraus aus der Abhängigkeit von der Willkür ihrer Ehemänner, sie nach deren Gutdünken oder Eigensucht entlassen oder im Stand der Verheirateten belassen zu können.

Nun ist Ehescheidung zwar »legal«, ist in Moses Notverordnung vorgesehen (wie jedes staatliche Gesetz das tut), aber sie ist eben nicht »gutes Recht«, sondern schlimmes Recht, das Schlimmerem den Riegel vorschiebt. Ehescheidung ist nun keineswegs »ein klarer Fall«, sondern ein sehr unklarer, trüber, dunkler – wirklich »Fall«, Folge der Ursünde. Bei eurer Herzenshärtigkeit, so argumentiert Jesus, ist Scheidung wohl unvermeidlich, aber Gott hat sie keinesfalls »abgesegnet«, im Gegenteil: sein Fluch über die Sünde waltet darin. Es gibt keinen Anlass, mit erhobenem Haupt zur Scheidung zu schreiten, ein gesenkter Kopf ist am Platz und ein Brandmal im Gewissen. Ehescheidung ist in jedem Fall Ausdruck eurer Bosheit, ist stets Schuld.

Schon die Erinnerung an den Scheidebrief durch Jesus ist bemerkenswert. Bereits darin wertet er die Frauen auf: er erinnert an die Würde der Frau schon zur Zeit Moses (Mt 19,7-8). Einen Scheidebrief zu schreiben, erschwerte es den Männern auf jeden Fall, eine Frau einfach so hinauszuwerfen. Viele Männer waren des Schreibens gar nicht kundig und mussten zu diesem Zweck einen Priester oder anderweitig Gelehrten aufsuchen, bereits dies war eine Hürde zum Schutz der Frau, die damals zur Zeit von Jesus in der Gesellschaft nicht mehr beachtet wurde. Denn ohne Mann stand sie ohne Versorgung und Hilfe da und ohne Rechte.

EHEFÄHIG WERDEN!

◆ Wenn Jesus so souverän über Mose hinweggreift und den ursprünglichen Gotteswillen steil vor uns aufrichtet, verstehen wir da nicht die verzagte Frage der Jünger:»Herr, wenn die Dinge so stehen, ist es dann nicht besser, ledig zu bleiben?« Hier steht Gottes guter Schöpferwille, einer Steilwand vergleichbar, die wir herzverkalkten Leute nimmermehr erklimmen können, dort Moses Erlaubnis, jener Kompromiss, der wohl praktikabel ist, bei dem wir aber gerade auf unsere Bosheit fixiert werden. Nun sind wir ins Dilemma geraten, kein Ausweg zu beiden Seiten. Herr, ist es da nicht besser, auf die Ehe zu verzichten? Wir sind eben zur Liebe unfähige Leute, wir haben's nicht hinauszuführen. Ist Ehe – wie Gott sie meint! – nicht eine totale Überforderung, ein übermenschliches Unterfangen?

Dass wir hier nicht das Entscheidende übersehen: Jesus steht vor uns, nicht irgendein kalter Moralist. Nicht nur die unerbittliche Diagnose hat er gestellt; er ist der Arzt, der als einziger die Therapie bereit hat. Er heißt doch »Heiland«, Retter. Auch hier öffnet er den neuen, den dritten Weg, die Reich-Gottes-Straße. In Jesus bricht Gottes neue Schöpfung herein, die neue Welt beginnt. Was der Prophet einst verheißen, die Verwandlung des Herzens (Hes 11,19-20), die rettende Transplantation – Jesus nimmt sie vor. Eben dazu ist er gekommen. Indem er uns in seine Liebe zieht (ganz frei, ganz ungeschuldet, ganz unverdient), macht er uns zu Liebenden. Indem er sich für uns in den Tod gibt, überwindet er unseren Egoismus.

Bei Jesus können Menschen – mit neuen Herzen begabt – ehefähig werden. Nicht durch moralische Appelle geschieht's, sondern durch Neuschöpfung. *»Liebende leben von der Vergebung«* (M. Hausmann), das ist der neue Weg. Von Gottes verwandelnder Agape-Liebe erfasst, werden wir auf das Niveau gehoben, das dem ursprünglichen Gotteswillen entspricht. Menschen werden jetzt wahrhaft menschlich. Ehen werden »herrlich wie am ersten Tag.« Oesers »Ehezuchtbüchlein« trifft schon ins Schwarze: »*Wer glücklich werden will, soll nicht heiraten; glücklich machen – da liegt es.*« Aber so sich selbst überschreiten kann nur ein neues Herz.

Versuchen wir das bisher Gesagte theologisch zusammenzufassen: Unter der therapeutischen Kraft des Gottesgeistes wird das ursprüngliche Schöpfungsziel neu entdeckt und wir zu ihm ermächtigt. Das Licht der neuen Welt lässt Gottes Schöpfung neu erglänzen. Vom hereinbrechenden Gottesreich her wird die Ehe neu fundiert. Nun ist die Ehe wahrhaft ein »Stand« – nicht nur ein schwieriger »Fall«. Wer Jesus kennt, kann in seinem Namen die Ehe fröhlich wagen. Jetzt darf ich heiraten.

DAS NEUE JA ZUR EHELOSIGKEIT (VERS 11-12) – EHE – DIE »ERSTE CHRISTENPFLICHT«?

◆ Jesus fundiert die Ehe neu. Nun kann ich heiraten. Muss ich auch? Gibt es eine »Pflicht zur Ehe«? So haben die Pharisäer zur Zeit von Jesus gedacht; christliche Ethik hat oft ähnlich gesprochen: »*Niemand hat das Recht, sich dem Schöpfungswillen Gottes, der uns in der menschlichen Anlage und dem natürlichen Drange zu zeugen fordert, zu versagen*« (Paul Althaus).

So »naturalistisch« hat Jesus eben nicht geredet, solche gewalttätigen Folgerungen aus einer stark biologisch fundierten Schöpfungsordnung nicht gezogen. Von ein und demselben Standort aus, nämlich dem Hereinbrechen der neuen Welt Gottes (»Himmelreich«) eröffnet Jesus neben dem neuen Ja zur Ehe zugleich ein neues Ja zur Ehelosigkeit. Die Ehe – auch die von Gottes Geist auf ein neues

Fundament gegründete! – bleibt eine Gestalt des »alten Äons«, bleibt dieser Weltstruktur verhaftet. *»Wenn sie von den Toten auf-erstehen werden, so werden sie weder heiraten noch sich heiraten lassen, sondern sie sind wie die Engel im Himmel«* (Mk 12,25). Die Ehe gehört in diese Weltzeit. Das ist ihre Grenze.

EHELOSIGKEIT – EIN CHARISMA

◆ Von der neuen Welt, die in Jesus bereits im Anbruch ist, fällt demnach auf die Ehe noch einmal neues Licht: Sie wird von daher – so sahen wir eben – neu fundiert, aber sie wird von dorther auch relativiert. Der biologisch-vitale Zwang zur Praktizierung der triebhaften Anlage, das darin angelegte naturhafte »Müssen« wird aufgehoben: Nun kann ich ehelos sein, kann den Verzicht auf die Ehe bewusst ergreifen.

Jesus redet davon in einem seltsamen Rätselwort, dem so genann-ten Eunuchenspruch: Es gibt Menschen, die sich um des Himmel-reiches willen selbst verschnitten, kastriert (wörtlich: zu Eunuchen gemacht) haben. Der Bildcharakter dieser Aussage ist wohl zu beachten (der berühmte Theologe Origenes nahm den Satz wört-lich und vollzog Selbstverstümmelung). Vielleicht gab es Leute, die Jesus seiner Ehelosigkeit wegen mit dem Schimpfwort »Verschnit-tener« belegten (ein solcher hatte ja nach jüdischem Recht keinen Anteil an der Gottesgemeinde, vgl. 5. Mose 23,2). Jesus nimmt die Vokabel auf; er stellt neben die von Geburt her Eheunfähigen und neben die durch Unfall, Operation oder Gewalttat dazu Gemach-ten als dritte Gruppe »die um des Himmelreichs willen Verschnit-tenen«.

Wieder sehen wir solch eine neue »dritte Kategorie«, einen dritten Weg, der aus den bisherigen Alternativen heraus und darüber hin-weg führt: Da sind Menschen, die – um mit Haut und Haar, mit Stunden und Minuten, mit allen Energien und Gedanken exklusiv für die Reich-Gottes-Belange verfügbar zu sein – bewusst und mit Freuden auf die Ehe verzichten (der Apostel Paulus, der Theologe Hermann Bezzel, Diakonissen, bewusst zölibatär lebende Brüder und Schwestern in Kommunitäten ...). Allerdings betont Jesus stark, dies Wort »fasse« nicht jedermann. Nicht weil der Rätselspruch intellektuell zu schwierig wäre, sondern weil nicht jeder diesen besonderen Ruf Gottes empfängt. Nicht jeder, aber doch immer wieder die eine und der andere!

»Ehelose Menschen gehören notwendig zur Kirche Christi« (Karl Heim). Es gibt – Gott gibt – neben dem Stand der Ehe das besondere Charisma der Ehelosigkeit als Dienstgabe (vgl. 1. Kor 7). Dieses Nein zur Ehe entspringt unter Christen gerade nicht heidnischer Leibfeindlichkeit, nicht neuplatonischer Verachtung des Sexuellen (Jesus hat die Ehe ja gerade geheiligt!). Dieses Charisma hebt auch nicht auf ein höheres sittliches oder gar geistliches Niveau: Die mittelalterliche Einschätzung von Zölibat und »Josefsehe« ist tief unbiblisch. Erst recht geht es nicht um verdienstliche Leistung, die auf himmlischen Lohn spekuliert. Biblische, evangelische Askese, neutestamentliches »Fasten« ist stets Verzicht auf Gutes, Schönes, Helles, Gottgegebenes um eines positiven Zieles willen, ist Verzicht aus (nicht: auf!) Freiheit im Hinblick auf Gottes Reich. Diese Ehelosigkeit ist dann nicht Rückständigkeit, sondern gerade Vorzeichen, Vorschein des Kommenden.

DIE EHE IST DER GÜTER HÖCHSTES NICHT...

◆ Von diesem »Charisma«, von dieser Berufung zur Ehelosigkeit, diesem fröhlichen, bewussten Ja zum Ledigsein kann Ermutigung ausgehen für alle, die sich zur Ehelosigkeit genötigt sehen, sie nicht frei wählten, sondern eher als Last tragen, sie nicht als »Ruf«, sondern als »Diktat« empfinden. Jesus stößt einen neuen Horizont auf.

Unter der eschatologischen Perspektive vom kommenden Reich wird manche seit der Romantik im Schwange gehende Ideologisierung, ja Vergötzung der Ehe (*die* Lebenserfüllung, *das* Glück, *die* Ganzwerdung des Menschen ...) kräftig entmythologisiert. Die Ehe ist nicht »die Seligkeit«, in die neue Welt geht sie nicht ein. Von diesem letzten, höchsten Standort lassen sich Ehe wie Ehelosigkeit »sachlich« betrachten: Beide sind konkrete Platzanweisungen Gottes auf Zeit, beide Orte zu seiner Verherrlichung. Vor Gott gilt (um ein Wort von Paulus zu variieren) weder Verheiratet- noch Ledigsein, sondern »die neue Kreatur«.

DAS DOPPELTE JA

◆ Die Aussagen von Jesus über die Ehe sind oft als widersprüchlich empfunden worden. Auf den ersten Blick scheinen sie ja tatsächlich in zwei Richtungen auseinander zu streben: hier das Ja zur Ehe, dort das Ja zur Ehelosigkeit. Aber unsere Alternativen binden ihn so wenig wie es die listenreichen Fragen seiner Gegner taten. Sein »dritter Weg« überrundet sie. Es gilt, den Standort zu erkennen, vom dem aus Jesus spricht; es gilt, das Reich Gottes (das Jesus letztlich selbst »ist«) als perspektivische Mitte zu erfassen. Da entdecken wir, wie beide Aussagen derselben Quelle entspringen:

Weil Gottes neue Welt hereinbricht, wird unter seiner heilenden Kraft Gottes gute Schöpfung neu entdeckt, neu geheiligt, erstrahlt wieder in ursprünglichem Glanz. Deshalb das neue Ja zur Ehe. Zugleich wird der ganze jetzige Weltbestand als vorläufig enthüllt und auf das »Himmelreich« ausgerichtet. Daraus entspringt zeichenhaft ein neues Ja zur Ehelosigkeit. Verheiratete aber und Ehelose treten miteinander unter die Seligpreisung des Heinrich Jung-Stilling: *»Selig sind, die da Heimweh haben; denn sie sollen nach Haus kommen.«*

DER UMGANG VON JESUS MIT AUSSENSEITERINNEN

◆ Vom Umgang von Jesus mit Frauen entfaltet sich unser Verständnis, wie wir als Frauen und Männer miteinander leben und arbeiten können, wie wir die Arbeit von Männern und Frauen in der Gemeinde von Jesus bewerten. Jesus war in seiner Art, in seinem Stil ungewöhnlich, er durchbrach immer wieder die gängigen Konventionen und Traditionen und machte deutlich, dass es ihm darauf ankam, dass jeder einzelne Mensch seinen Wert und seine Würde entdeckt, die ihm von Gott geschenkt wird. In den folgenden drei Geschichten möchte ich besonders darauf hinweisen, wie Jesus mit Außenseitern umgegangen ist, in diesem Fall am Beispiel von drei Außenseiterinnen.

DIE PROSTITUIERTE UND JESUS (LK 7,36-50)

◆ Jesus ist eingeladen zu einem Gastmahl – solche Einladungen werden in den Evangelien immer wieder berichtet. In der Regel verliefen diese Gastmähler so, dass nur die Männer miteinander aßen, sie lagen dabei zu Tisch, wie es in der damaligen Zeit üblich war. Die Zeit am Tisch wurde nicht nur zum Essen genutzt, sondern auch für Gespräche, Diskussionen. Meist fanden diese im Innenhof des Hauses statt, so dass es durchaus möglich war, dass andere Menschen das Gespräch als Zuschauer bzw. Zuhörer verfolgen konnten – auch Einmischung in die Gespräche war erlaubt. In Lukas 7,36ff. ist Jesus Gast bei einem Pharisäer. Die Pharisäer waren Juden, die es mit ihrem Glauben besonders ernst meinten. Dass sie dabei einen Hang zur Gesetzlichkeit oder auch Engstirnigkeit entwickelten, wird immer wieder beschrieben. Jesus greift sie immer wieder an den Punkten an, wo ihnen das Gesetz bzw. ihre eigene Frömmigkeit wichtiger wird als der Mensch in Not (z. B. Lk 6,6ff.; 13,10ff.; 14,1ff. usw.).

Die Anrede »Meister« (= Rabbi), die der Gastgeber gebraucht (V. 40), zeigt aber, dass der Pharisäer Jesus ernst nimmt, dass er ihn hoch schätzt, ihn also nicht eingeladen hat, um ihm eine Falle zu stellen, wie an anderen Stellen immer wieder berichtet wird. Nicht alle Pharisäer waren Gegner von Jesus (Lk 13,31)

Die Sünderin der Stadt mischt sich nun unter die Zaungäste, eine verachtete, unreine Frau. Sie wurde gebraucht und missbraucht zur Befriedigung einzelner Männer, dies wiederum schadete ihrem Ansehen und machte sie zu einer verachteten und eben auch kultisch unreinen Frau. Sie sehnt sich nach Vergebung und Neuanfang. Und sie erzwingt nun für sich eine Begegnung mit Jesus. Sie stört das Gastmahl, verhält sich so, dass sie damit öffentlich Anstoß erregt. Sie weint, ihre Tränen fallen auf die Füße von Jesus, dann löst sie ihr Haar, was in der Öffentlichkeit nicht erlaubt war bzw. ein Hinweis auf das Gewerbe der Prostitution. Sie trocknet die Füße von Jesus mit ihrem Haar.

Durch die Berührung macht sie Jesus unrein, sodass er streng genommen das Gastmahl nicht mehr fortsetzen kann, da er dadurch auch alle anderen Teilnehmer an diesem Essen unrein macht (man aß gemeinsam aus den Schüsseln auf dem Tisch). Die Frau küsst die Füße von Jesus und salbt ihn mit Salböl, das man normalerweise als Zeichen besonderer Ehrung auf das Haupt goss.

Dass Jesus dies alles mit sich geschehen lässt, ist für den Gastgeber der Beweis dafür, dass er kein Prophet ist (V. 39). Jesus erkennt seine Gedanken und antwortet mit einem Gleichnis, das genau das Thema seiner Gedanken aufnimmt: Schuld und Vergebung. Damit zeigt er, dass er sowohl über die Frau als auch über die Gedanken des Gastgebers Simon Bescheid weiß.

Er will dem Pharisäer Simon zu einer neuen Sichtweise der Frau verhelfen. Er will ihm die Augen öffnen für deren Liebe und Liebenswürdigkeit. Er führt ihm vor Augen, dass die Frau ihm viel mehr Liebe entgegengebracht hat als der Gastgeber. Zu Simon sagt Jesus: *»Du hast mir kein Wasser für meine Füße gegeben ... Du hast mir keinen Kuss gegeben ... Du hast mein Haupt nicht mit Öl gesalbt. (V. 44f.)«* Das alles wären zwar Dinge gewesen, die eine besondere Ehre gegenüber dem Gast gewesen wären, also nicht unbedingt als selbstverständlich erwartet werden konnten. Dennoch hätten sie von einer besonderen Herzlichkeit und Würdigung gezeugt. Dem Pharisäer aber waren andere Dinge wichtiger, möglicherweise der theologische Disput oder der Besuch eines Propheten in seinem Haus.

Die Frau dagegen zeigt den Männern, was Liebe heißt. Jesus kommentiert ihr Verhalten so: *»... diese aber hat meine Füße mit Tränen benetzt und mit ihren Haaren getrocknet ... diese aber hat, seit ich hereingekommen bin, nicht abgelassen, meine Füße zu küssen ... sie aber hat meine Füße mit Salböl gesalbt«* (Lk 7,44-46).

Jesus macht deutlich, dass diese Frau viel ehrlicher und echter nach Gemeinschaft mit ihm sucht, als der Pharisäer. Und Jesus vergibt ihr, schenkt ihr einen Neuanfang mit Gott.

Was für einen Mut brauchte es vonseiten der Frau, diese Männergesellschaft und diese Tischgemeinschaft einfach so zu stören und dann in aller Öffentlichkeit mit Tränen die eigene Sünde zu bekennen! Wie groß muss ihre Sehnsucht nach Vergebung gewesen sein. Jesus sieht in ihr Herz, sieht was sie braucht und begegnet ihr mit Barmherzigkeit und Liebe. Und er stellt sie als positives Beispiel vor diese Männer hin, die meinten, alles zu wissen und in allem gelehrt und weise zu sein. Nehmt euch diese Frau zum Beispiel: »*Sie hat viel Liebe gezeigt*«. Vers 47 müsste wörtlich etwa so übersetzt werden: »Ihr sind viele Sünden vergeben, das sieht man daran, dass sie mir jetzt so viel Liebe gezeigt hat.« Darauf kommt es an, nicht auf unser Wissen, sondern auf unsere Ehrlichkeit auch gegenüber Schuld, auf unsere Bereitschaft, Vergebung zu empfangen und dann in Form von Liebe weiterzuschenken. Wer Vergebung erfahren hat, der wird befreit zum Lieben, das macht diese Frau deutlich.

Immer wieder wird in einzelnen Kommentaren eine Linie gezogen zwischen der Sünderin und Maria Magdalena, weil auch Maria Magdalena die Füße von Jesus mit Salböl salbte. Dass es sich aber nicht um die gleiche Person handeln kann, zeigen zum einen die beschriebenen äußeren Umstände und auch die Ortsangaben. In Lukas 7 ist Jesus noch in Galiläa, die Salbung durch Maria Magdalena erfolgte in Betanien, das ganz in der Nähe von Jerusalem liegt.

DIE FRAU MIT DEM BLUTFLUSS
(MK 5,25-34)

◆ Die Frau, von der in Markus 5 berichtet wird, hatte permanente Menstruationsblutungen. Über die Gründe können wir nur spekulieren (hormonelle Zyklusstörungen, Symptome der Wechseljahre oder sexueller Missbrauch – all dies könnte der Auslöser dafür sein). Viele Frauen reagieren auf bestimmte Lebenssituationen mit solchen oder ähnlichen Zyklusstörungen. Immer ist eine davon betroffene Frau in ihrem gesamten Lebensempfinden gestört, verunsichert, isoliert. Die Frau in der Geschichte von Markus 5 hatte deswegen schon viele Ärzte aufgesucht, aber keiner konnte ihr helfen. Diese Krankheit hatte ihr schon viel Leid zugefügt und sie war darüber hinaus dadurch auch arm geworden, da sie ihr ganzes Geld für Behandlungskosten und Arzthonorare ausgegeben hatte. Aber es hatte ihr nichts geholfen.

Zu ihrem persönlichen Leid, zu ihren körperlichen und seelischen Schmerzen kam nun verstärkend noch hinzu, dass sie durch diese ständigen Blutungen vom Kontakt mit anderen Menschen ausgeschlossen war. Denn laut dem mosaischen Gesetz war eine Frau während der Zeit ihrer Monatsblutung kultisch unrein.

»Wenn eine Frau ihren Blutfluss hat, so soll sie sieben Tage für unrein gelten. Wer sie anrührt, der wird unrein bis zum Abend. Und alles, worauf sie liegt, solange sie ihre Zeit hat, wird unrein, und alles worauf sie sitzt, wird unrein. Und wer ihr Lager anrührt, der soll seine Kleider waschen und unrein sein bis zum Abend. Und wer irgend etwas anrührt, worauf sie gesessen hat, soll seine Kleider waschen und sich mit Wasser abwaschen und unrein sein bis zum Abend. Und wer etwas anrührt, das auf ihrem Lager gewesen ist oder da, wo sie gesessen hat, soll unrein sein bis zum Abend. ... Wenn aber eine Frau den Blutfluss ein lange Zeit hat, zu ungewöhnlicher Zeit oder über die gewöhnliche Zeit hinaus, so wird sie unrein, solange sie ihn hat, wie zu ihrer gewöhnlichen Zeit, so soll sie auch da unrein sein. Jedes Lager, worauf sie liegt die ganze Zeit ihres Blutflusses, soll gelten wie ihr Lager zu ihrer gewöhnlichen Zeit. Und alles, worauf sie sitzt, wird unrein wie bei ihrer Unreinheit ihrer gewöhnlichen Zeit. Wer davon etwas anrührt, der wird unrein und soll seine Kleider waschen und sich mit Wasser abwaschen und unrein sein bis zum Abend. Wird sie aber rein sein von ihrem Blutfluss, so soll sie sieben Tage zählen, und danach soll sie rein sein« (3. Mose 15,19-29).
Alles, was diese Frau berührte, wurde unrein und jeder, der diese Frau berührte, wurde kultisch unrein bis zum Abend und damit ausgeschlossen vom Kontakt mit anderen Menschen.

Diese Gesetze über die Unreinheit waren natürlich auch hygienische Sicherheitsmaßnahmen und sicher berechtigt in einem heißen Wüstenland, wo es kaum Wasser zum Waschen und keine Kenntnisse über Viren und Bakterien, über Ansteckung und Gesundheitshygiene gab. Heute wissen wir, dass der Wochenfluss infektiös ist und dass solche Gesetze auch ein Schutz für die Menschen der damaligen Zeit waren. Aber dieses Gesetz führte auch dazu, dass Menschen den Kontakt mit anderen unreinen Menschen wie z. B. mit einer solchen Frau vermieden. Die Folge für diese Frau war die soziale Isolierung.

Diese Frau sieht in Jesus ihre letzte Rettung. Trotz aller Vorschriften, Tabuisierungen und Isolation versucht diese Frau nun, Jesus zu berühren. Sie verbindet mit dem Kontakt zu Jesus alle ihre Hoffnungen. Sie malt sich aus, dass allein das Berühren des Gewandes von Jesus ihr Leben heilen kann. Und es geschah so, im selben Moment noch spürt sie, dass sie frei von jahrzehntelangen Qualen, Schmerzen und Demütigungen wird. Damit könnte die Geschichte zu Ende sein.

Aber Jesus sucht nun die direkte Begegnung mit dieser Frau. Er spürt, dass die Frau in seiner Nähe war, dass sie ihn berührt hat und er fragt nach dem Grund. Fast amüsant wirkt der Dialog zwischen Jesus und seinen Jüngern (V. 30 ff.). Wenn wir uns die Szene vorstellen, dann so wie in einer großen Menge, wenn Menschen in einer Schlange stehen, um irgendwo Eintritt zu bekommen oder auf einem Jahrmarkt, wo es etwas umsonst gibt. Das Gedränge um Jesus war sicher unbeschreiblich. Darum verstehen die Jünger Jesus im ersten Moment auch nicht. »Wieso fragst du, wer dich berührt, wo doch die ganze Menge um dich herum drängelt?« Doch Jesus geht es um etwas anderes, er will die Frau nicht wieder in der Anonymität verschwinden lassen, er sucht den persönlichen Kontakt von Angesicht zu Angesicht, nicht von hinten will er nur berührt werden und als Wunderheiler in Erinnerung bleiben, sondern er will in eine persönliche Beziehung treten mit dieser Frau. Er will ihr in die Augen sehen.

Davor aber fürchtet sich die Frau, zu sehr hatte sie sich in all den Jahren an Verachtung und Isolierung, an Scham und Leid gewöhnt. Auch hier verhält sich Jesus gegen alle Konventionen und gegen das mosaische Gesetz. Er spricht öffentlich mit der Frau. Er ließ sich von ihr berühren, obwohl sie unrein war. Durch die Berührung der Frau wird er nach dem mosaischen Gesetz unrein, aber er nimmt ihre Unreinheit auf sich und heilt diese Frau von der jahrelangen Krankheit – und damit auch von der jahrelangen Verachtung und Isolierung. Er begegnet ihr mit Würde und Achtung.

Er spricht sie an mit »meine Tochter«. Es ist die einzige Heilungsgeschichte, die mit dieser Anrede endet. In anderen Begegnungen benützt Jesus als Anrede »Frau oder Mädchen«. Mit dieser Anrede »meine Tochter« wird das Beziehungsgefüge dieser Frau neu geordnet, sie gewinnt neue Sicherheit, erfährt Heilung ihrer Seele. Sie ist nun »Tochter«, sie hat nun einen Vater in Jesus.

Möglicherweise erlebt sie jetzt etwas, das sie bisher ihr Leben lang vermisst hat: eine liebevolle Beziehung zu einer männlichen Person. Nicht nur ihr Körper, sondern auch ihre Seele hat jetzt Frieden.
Jesus begegnet dieser Frau in ganzheitlicher Weise, er sieht das ganze Problemfeld und heilt nicht nur die Symptome, sondern auch die Ursache der Krankheit. Die Frau geht als neuer Mensch aus der Begegnung mit Jesus hervor.

Eingebettet ist diese Geschichte übrigens in eine andere – in eine Auferstehungsgeschichte. Sie wird sozusagen im Vorbeigehen berichtet, denn Jesus ist eigentlich auf dem Weg zur Tochter des Jairus, die im Sterben liegt. Auf dem Weg zu einer von ihrem Vater geliebten Tochter, die Jesus dann vom Tod auferweckt, wird von dieser an Leib und Seele kranken Frau berichtet, die in der Begegnung mit Jesus nun auch ihren liebenden Vater findet.

DIE FRAU AM JAKOBSBRUNNEN (JOH 4)

◆ Das Besondere und Revolutionäre in dieser Geschichte besteht auch hier im Umgang von Jesus mit gesellschaftlichen Normen und Vorschriften, die er übertritt, um Menschen zu begegnen und ihnen Heil für Leib und Seele zu bringen.

Juden zur Zeit von Jesus durften in der Öffentlichkeit nicht mit fremden Frauen reden. Das war verboten. Und doch führt Jesus mit der Frau am Jakobsbrunnen eine lange Unterhaltung, ja es ist sogar die längste Unterhaltung überhaupt, die von Jesus im Neuen Testament berichtet wird. Er würdigt die Frau, indem sie – eine unreine, ausländische Frau – die allererste ist, die von seinem Messiasanspruch erfährt. Nachdem seine Jünger aus der Stadt zurückkommen (Joh 4, 27), wundern sie sich, dass er mit einer Frau redet. Das widersprach dem, was normalerweise üblich war, was Sitte war, was erlaubt war.

Die Männer hatten Angst, sich im Umgang und im Kontakt mit anderen Frauen zu verunreinigen. Männer in der jüdischen Gesellschaft damals dankten Gott jeden Tag dafür, dass sie nicht als Frau geboren worden waren. Juden verkehrten nicht mit Samaritern, weil sie ein Mischvolk waren, das in den Augen der Juden unrein war. Wer also Kontakt hatte zu Samaritern, der war für einige Stunden oder auch Tage unrein und musste sich komplizierten Reinigungsritualen unterziehen.

Zwei ganz gegensätzliche Menschen begegnen sich da in der Mittagshitze am Jakobsbrunnen.
Jesus, ein frommer Jude – die Frau konnte das schon an seinem Gewand erkennen. Sein Verhalten muss die Frau absolut erstaunen oder auch verunsichern (V. 9).
Die samaritische Frau – schon die Tatsache, dass sie in der brütenden Mittagshitze ihr Wasser holen geht, zeugt davon, dass sie in der Dorfgemeinschaft nicht akzeptiert wird, dass sie den Kontakt zu den anderen Frauen meiden muss. Üblich war es, dass die Frauen des Dorfes abends zum Wasserholen an den Brunnen gingen. Dort fanden dann auch Kontakte und Gespräche statt, dort war der Treffpunkt, an dem Informationen und Meinungen ausgetauscht wurden.

Die Frau in dieser Geschichte war eine Gemiedene, sonst wäre sie nicht zur ungünstigsten Tageszeit zum Brunnen gekommen. Die Gründe für ihre soziale Isolierung werden nicht genannt, aber aus dem Kontext ergibt sich, dass sie eine Frau mit Beziehungsproblemen war. Fünf Männerbeziehungen hatte sie hinter sich und nun lebt sie mit einem Mann unverheiratet zusammen, ein ungeklärtes Verhältnis. Was hätte sie sich wohl alles anhören müssen bei den abendlichen Brunnengesprächen? Und dennoch spricht Jesus mit ihr. Jesus beginnt das Gespräch mit einer Bitte. Er stellt sich nicht über sie, sondern neben oder sogar unter sie. Er ist echt und sagt, was er braucht. Es war sicher keine Taktik von Jesus, dass er um Wasser gebeten hat. In Israel hat jeder, der in der Mittagshitze unterwegs ist, Durst und ermüdet schnell. Jesus begegnet ihr nicht als Überlegener, er stellt sich auf eine Stufe mit ihr. Gerade, dass er keine Hemmungen hat, seine Bitte an eine samaritische Frau zu richten, ist ein Zeichen dafür, wie sehr er jeden Menschen gleich wertschätzt und achtet.

Und doch führt er diese alltägliche Begegnung gleich in ein Gespräch über die Grundfragen des Lebens. Jesus macht der Frau deutlich, dass er ihr etwas an Lebensqualität geben kann, das mehr ist als das, was sie bisher kennt. Er macht es deutlich an dem Bild des Wassers. In Israel unterscheidet man drei Arten von Wasser.
Das eine ist *Zisternenwasser*: Wasser, das in der Regenzeit gesammelt und dann in der Trockenzeit, in der es nicht regnet, verbraucht wurde. In Israel gibt es nur zwei Jahreszeiten: Sommer und Winter, Trocken- und Regenzeit. Im Winter regnet es etwa ein halbes Jahr und im Sommer regnet es überhaupt nicht. Da müssen die Wasservorräte der Regenzeit ausreichen.
Dann gibt es *Brunnenwasser*, das sich vom Grundwasserspiegel her immer wieder erneuert und dazu noch frisches *Quellwasser*, eine besondere Kostbarkeit in Israel. Denn so viele Quellen gibt es dort nicht. Zisternenwasser und auch Brunnenwasser können ganz schön abgestanden und fade schmecken. Wirklich gut ist nur das frische sprudelnde Quellwasser.

Der Jakobsbrunnen führte Quellwasser – darum stellt Jesus einen Zusammenhang her zwischen dem Quellwasser und dem lebendigen Glauben. Wenn er von sich als dem Wasser des Lebens spricht, meint er: Ich, als Messias, als Retter der Welt, ich habe Quellwasser, frisch, sprudelnd und lebendig. Wasser, das den Durst, den Lebensdurst wirklich stillt. Bei mir hat das ständige Suchen nach Sinn und Lebenserfüllung und Lebensqualität endlich ein Ende. Der immer wiederkehrende Durst nach tiefer Erfüllung, nach Gesättigtsein und Geborgensein hört auf bei mir. Bei mir ist Geborgenheit, bei mir könnt ihr satt werden. Das, was ich anzubieten habe, ist nicht fade, sondern frisch und ständig neu. – Und Jesus möchte das mit dieser Geschichte zugleich auch uns sagen, dass er weiß, was wir wirklich brauchen. Er will unser Leben so ordnen auf ihn hin, dass dieser Durst aufhört. Er schenkt Vergebung, Lebendigkeit, sprudelnde Frische. Jeder Tag kann durch die Beziehung mit ihm neu werden, bis in die alltäglichsten Kleinigkeiten hinein können wir sein Wirken erfahren und mit seiner Gegenwart rechnen. Unsere tiefsten Sehnsüchte können bei ihm zur Ruhe kommen.

Nachdem die Neugier und auch die Sehnsucht der Frau geweckt sind, führt Jesus das Gespräch noch eine Stufe tiefer, er spricht die Frau auf ihre persönliche Lebenssituation und auf ihre Schuld an. Er tut das, ohne sie zu verurteilen (V. 16-17), wie das die anderen Menschen in ihrem Umfeld immer getan haben; und sie erkennt, dass ihr Leben vor Gott in der Vergebung und Umkehr wieder etwas wert sein kann.
Er berührt die Grundfragen in ihrem Leben. Ob in den vielen Männerbekanntschaften vielleicht auch eine tiefe Sehnsucht mitschwingt? Eine Sehnsucht oder eine Suche nach der wahren Liebe, nach Geborgenheit, nach Anerkennung? Auch bei Frauen, die sich zur Prostitution freigeben, steckt oft hinter diesem Verhalten die tiefe Sehnsucht nach Glück, nach Erfüllung, nach Geliebtsein.

Jesus moralisiert nicht, aber er ist klar in der Aussage und dennoch liebevoll. Das Aufdecken der Schuld war nicht peinlich, sondern befreiend, danach ist die Frau offen und stellt zum ersten Mal eine geistliche Frage (V. 19). Die Frau merkt in diesem Gespräch, dass Jesus etwas Besonderes ist. Sie spürt, dass von ihrem Gesprächspartner etwas Heiliges und Prophetisches ausgeht. *(»Herr, ich sehe, dass du ein Prophet bist«;* Joh 4,19). Und einige Verse später ahnt die Frau, dass Jesus vielleicht noch mehr als ein Prophet ist (V. 25). Und Jesus bekennt sich in dem Gespräch mit der Frau ganz klar als Messias: *»Ich bin's, der mit dir redet«* (V. 26).

Die Frau begreift, dass sie hier vor der entscheidenden Lebensfrage und Lebenswende steht. Sie hat den wichtigsten Mensch und zugleich den Sohn Gottes persönlich kennengelernt. An dieser Stelle endet auch der Bericht über das Einzelgespräch von Jesus mit der Frau. Denn in diesem Moment kommen die Jünger aus der Stadt zurück.

Die Frau geht nun und lässt ihren Krug stehen – eine Frau im alten Israel hätte niemals ihren Wasserkrug stehen lassen! Selbst wenn das Haus brennen würde, würde sie zuerst ihre Kinder und dann ihren Wasserkrug retten. Diesen Krug, der so wichtig ist, den sie füllen wollte, den sie braucht für ihr tägliches Leben – zum Trinken, zum Waschen, zum Kochen, den lässt sie stehen.

Plötzlich ist der Krug gar nicht mehr so wichtig. Viel wichtiger ist ihr plötzlich, dass da jemand war, der sie in ihrer Schuld durchschaut hat, der ihr Leben durchschaut mit aller Unvollkommenheit und Festgefahrenheit, auch mit allem Falschen, was darin ist. Und es ist ihr wichtiger, dass Jesus ihr die Augen geöffnet hat für einen ganz neuen Lebenssinn und für eine ganz neue Lebensqualität.

Jesus schenkt der Frau neue Lebensziele. Er sagt ja zu ihr: Wer sich bei mir den Durst stillen lässt, der wird nicht nur selbst satt, sondern er wird selbst zu einer Quelle werden, zu einem Menschen, der weiß, wo der Durst gestillt werden kann und der anderen den Weg zu diesem Durstlöscher, zu Jesus zeigen kann.

Die Frau wird durch ihr eigenes Verhalten eigentlich zu einem Beweis dessen, was Jesus gesagt hat, sie wird für andere zur Quelle. Noch in derselben Stunde wird diese Frau, die vorher aus der Gemeinschaft mit anderen Menschen ausgeschlossen war, zur Zeugin für die anderen. Was vorher verborgen, verheimlicht und verdrängt war, liegt jetzt offen da (bei ihr, bei anderen, bei Gott). Sie geht in die Stadt und erzählt allen, was sie erlebt hat.

»Kommt, seht einen Menschen, der mir alles gesagt hat, was ich getan habe, ob er nicht der Christus sei!« (Joh 4,29) So etwas kann nur jemand tun, der sich der Vergebung ganz bewusst ist. Denn was ist das für eine Demütigung, zu denen hinzugehen, die einen sowieso verachten und verurteilen, und denen dann noch zu sagen: *»Kommt und seht einen Menschen, der mir alles gesagt hat, was ich getan habe«.* Die Frau am Jakobsbrunnen hat das Entscheidende entdeckt, nämlich dass es befreiend ist, wenn Sünde erkannt und vergeben wird.

Sündenerkenntnis ist zunächst demütigend und beschämend. Da zerbricht unser Stolz, unser so schönes perfektes Image. Aber zugleich ist es der Beginn einer neuen Identität und damit auch von neuen und intensiveren und echteren Beziehungen als je zuvor. Jesus hat ihr schonungslos aufgedeckt, wer sie ist und wie sie ist. Und er hat ihr dennoch gleichzeitig Wertschätzung, Würdigung und Liebe vermittelt.

Sie muss sich nicht mehr rechtfertigen, aber sie hat auch keine Minderwertigkeitsgefühle mehr, sie hat eine neue Würde durch die Begegnung mit Jesus erfahren.

Am Ende der Geschichte heißt es dann, dass viele aus der Stadt an Jesus glaubten. So wird die Frau für genau die, die sie früher verachtet und ausgeschlossen haben, zu einem Hinweis, sie wird ein Wegweiser auf Christus, sie wird zu einer Quelle der Wahrheit, von ihrem Leib sprudeln Ströme des lebendigen Wassers.

Renate Görler

MARIA UND MARTA –
DIE FRAGE NACH DEN
PRIORITÄTEN

◆ »*Als sie aber weiterzogen, kam er in ein Dorf. Da war eine
Frau mit Namen Marta, die nahm ihn auf. Und sie hatte eine
Schwester, die hieß Maria; die setzte sich dem Herrn zu Füßen
und hörte seiner Rede zu. Marta aber machte sich viel zu schaffen,
ihm zu dienen. Und sie trat hinzu und sprach: Herr, fragst du nicht
danach, dass mich meine Schwester lässt allein dienen? Sage ihr
doch, dass sie mir helfen soll! Der Herr aber antwortete und
sprach zu ihr: Marta, Marta, du hast viel Sorge und Mühe. Eins
aber ist not. Maria hat das gute Teil erwählt; das soll nicht von ihr
genommen werden*« (Lk 10,38-42).

Bevor wir uns dem vorliegenden Abschnitt zuwenden, sollten wir
uns bewusst machen, welche biblischen Texte unseren Abschnitt
einrahmen. Da ist das Gleichnis vom barmherzigen Samariter
(Lk 10,25ff.) mit der Aufforderung, Nächstenliebe konkret werden
zu lassen, da ist die »kleine Schule« von Jesus übers Beten, eine
Unterweisung also, wie Menschen sich zu Gott wenden und mit

ihm reden können. Mittendrin die kurze Erzählung des Besuches von Jesus bei Marta und Maria. Diese Begegnung von Jesus mit den Frauen wird nur hier im Lukasevangelium erzählt. Es ist davon auszugehen, dass diese Perikope zum lukanischen Sondergut gehört und von Lukas bewusst in diesen Zusammenhang gestellt wurde.

Warum? Weil er den weiten Bogen vom praktischen Handeln übers Hören auf das Wort Gottes bis hin zur persönlichen Hinwendung zu Gott für die Glaubenden vermitteln möchte. Noch eins müssen wir im Auge behalten: Das Lukasevangelium insbesondere zeichnet sich dadurch aus, dass oft von Begegnungen von Jesu mit Frauen, aber auch von den Armen und Benachteiligten der damaligen Gesellschaft erzählt wird. Ein paar Beispiele:

Jesus ist auf der Wanderschaft durch Galiläa und mit ihm ziehen die Jünger, aber auch etliche Frauen, die sogar namentlich genannt werden (Lk 8,1-3); da heilt Jesus drei Frauen von verschiedenen Krankheiten: die Schwiegermutter des Petrus (Lk 4,38ff.), die blutflüssige Frau (8,43-48), die Frau mit der verkrümmten Hand (Lk 13,10ff.). Eine Frau ist es, die aus der Volksmenge heraustritt, Jesus öffentlich preist und sich auf die Worte Elisabeths bezieht (Lk 1,42ff.). Jesus lässt sich durch das Leid und die Trauer einer Witwe anrühren und schenkt ihr ihren Sohn zurück (Lk 7,11ff.).

Auch in seiner Verkündigung greift Jesus Bilder aus dem Alltag und Leben der Frauen auf (Lk 15,8-10; 18,1-8) und markiert damit, dass er die sonst gängige Haltung »von Frauen redet man nicht« negiert. Schließlich gewinnen die Frauen am Schluss des Evangeliums noch einmal besondere Bedeutung. Sie gehen den Weg bis zum Kreuz mit (Lk 23,27), halten Jesus auch in der Todesstunde die Treue (Lk 23,49) und sind die ersten, die das leere Grab entdecken und die frohe Nachricht hören, dass Jesus auferstanden ist (Lk 24,1ff.).

Ein erstes kleines Fazit: Im Lukasevangelium begegnet uns Jesus als jemand, der Männer und Frauen in gleicher Weise anspricht und in die Nachfolge ruft. Jesus schenkt beiden seine Liebe und Vergebung, mit beiden will er die Herrschaft Gottes aufbauen – und das, obwohl dies den gesellschaftlichen Normen und Wertschätzungen deutlich widerspricht.

MARTA, EINE FRAU
DIE SICH GANZ EINBRINGT

◆ Ähnlich wie in Lukas 8 beginnt die Perikope damit, dass Jesus wieder einmal unterwegs ist und diesmal von Marta aufgenommen wird. Es ist anzunehmen, dass Marta (wörtlich übersetzt: ›die Herrin‹) die Hausherrin ist und als Einladende in Erscheinung tritt. Auch wenn sie und ihre Schwester Jesus schon gekannt haben (Joh 11,1ff.), so ist ihr Tun für die Bewohner Palästinas eine klare Provokation. Als Frau lud man keine Männer zu sich ins Haus, und Männer nahmen erst recht nicht eine solche Einladung an.

Beides wird hier durchbrochen. Für Marta scheint nur eines wichtig zu sein: Sie möchte Jesus, den sie schätzen gelernt hat und der ihr persönlicher Herr geworden ist, Achtung und Ehre erweisen und ihm aus freien Stücken dienen. »Gastfreundschaft« vom Feinsten will sie anbieten. Schließlich hat sie hohen Besuch bekommen. So öffnet sie ihr Haus, lässt Jesus (und vermutlich seine Begleiter) einkehren und gibt ihm Einblick in ihre Welt, in ihre »vier Wände«, hinter denen sich ein großer Teil ihres Lebens abspielt.

Aus meiner Sicht eine bewundernswerte Haltung von Marta und ich möchte fragen: Gewähren wir heute auch noch Gastfreundschaft, öffnen wir bereitwillig unsere Wohnungen und Häuser? Für Marta hat es offensichtlich nichts Selbstverständlicheres gegeben, als ihre Wohnung zu öffnen und diese zur Verfügung zu stellen. Aber – noch etwas scheint ihr ganz klar zu sein: Zur Gastfreundschaft gehört eine gute Bewirtung.

Also, schnell in die Küche, nachschauen, was zur Verfügung steht und los ... Sie scheut dabei keine Mühe und schafft herbei, so viel sie eben kann. Wenn wir uns in die Situation hineindenken, dann können wir Marta so richtig wirbeln sehen, mit hochrotem Kopf, etwas hektisch, ein Handgriff jagt den anderen, ab und zu die Frage »Klappt das alles zeitlich ..., reicht die Menge ..., ist das in Ordnung so?« – einige sorgenvolle Gedanken werden folgen.

Marta setzt wirklich alle Hebel in Bewegung, um ihrem Herrn zu dienen. Im griechischen steht hier das Wort ›DIAKONEIN‹, von dem unsere Worte ›Diakonie/Diakon‹ abgeleitet sind. Marta versteht ihre Tätigkeit demnach als Dienst am Herrn, als Liebesdienst, bei dem sie alles, was sie hat und kann, gern und aus freien Stücken zur Verfügung stellt. Marta, tatsächlich eine Jüngerin, eine Frau, die zupackt und sich aufopfernd einsetzt.

MARIA, EINE FRAU, DIE ES WAGT, SICH ZU ENTSCHEIDEN

◆ Ganz schön mutig, möchte ich zu Maria sagen. Wusste sie doch auch, dass es nur in Ausnahmen einer Frau zustand, in frommen Übungen unterrichtet oder in der Thora und der Geschichte Gottes mit seinem Volk unterwiesen zu werden! Aber Maria setzt sich darüber hinweg. Ohne großen Aufhebens setzt sie sich Jesus zu Füßen; sie nimmt die Haltung einer Jüngerin an, eine Haltung, in der sie ganz Ohr sein und jedes der Worte von Jesus aufnehmen kann. Sie nimmt Platz, weil sie die Gunst der Stunde erfasst hat: Jesus, der Herr, ist da und will ihnen, so auch ihr, etwas sagen.
Ganz sicher wird Maria auch von den Aufgaben ihrer Schwester gewusst haben, ganz sicher wird sie sonst auch an den kleinen und größeren Arbeitsgängen bei der Zubereitung von Mahlzeiten beteiligt gewesen sein, aber jetzt entscheidet sie sich anders und schenkt Jesus ihre volle Aufmerksamkeit. Sie öffnet sich dem, was Jesus

lehrt, bezeugt, verkündigt. Sie öffnet sich dem Wort von Jesus und damit seinem Dienst an ihr.

Und Jesus lässt sie gewähren – kein Wort einer anderen Platzanweisung oder einer Zurechtweisung ist zu hören. Jesus akzeptiert sie als Hörerin, als Schülerin; er nimmt ihre Bereitschaft zum Hören wahr und schenkt ihr lehrende, hilfreiche, Heil bringende Worte. Maria hat es gewagt, sich über ihre von der Gesellschaft zugeschriebene Rolle hinwegzusetzen, sich aus der Betriebsamkeit zu lösen und sich in dieser Situation für das Hören auf Gottes Wort zu entscheiden.

Ganz schön mutig, Maria! Alles stehen und liegen zu lassen, das, was man von ihr erwartet, nicht tun; die vielen kleinen Aufgaben, Termine – heraus aus allen Verpflichtungen und sich einfach hinzusetzen, still zu werden, zu hören, zuzuhören, hinzuhören und sich von Jesus dienen zu lassen! Ob uns das auch gelingen könnte?

MARTA, EINE FRAU, DIE LERNEN MUSS

◆ Kaum ist uns das mutige und ungewohnte Verhalten Marias bewusst geworden, da hören wir schon die vorwurfsvolle, fast etwas schroffe Bitte Martas:
»Herr, fragst du nicht danach, dass mich meine Schwester lässt allein dienen? Sage ihr doch ...« (Lk 10,40)

Da klingen ärgerliche Töne an. Marta ist aufgebracht, sie fühlt sich von Maria im Stich gelassen. Da hat sie nun schon so viel in der Küche vorbereitet und Maria macht noch immer keine Anstalten, ihr zur Hand zu gehen und sie zu entlasten. Marta fühlt sich allein, vielleicht merkt sie auch, dass sie ein wenig »außen vor« ist, an der direkten Gemeinschaft mit Jesus nicht teilnehmen kann.

Außerdem möchte Marta die vertraute Ordnung wieder hergestellt sehen. Eine Frau, auch Maria, ist verantwortlich für den Haushalt und die Mahlzeiten, erst recht, wenn Gäste bewirtet werden wollen. Wie gut kann ich Martas Reaktion verstehen! Und wie oft habe ich in anderen Situationen mir auch die Hilfe von anderen gewünscht!

Aber Marta wird korrigiert. Marta muss lernen, dass ihre Einschätzung der Situation nicht die angebrachte ist. Sie muss lernen, dass sie in aller Aktivität den Blick für das Wichtige und Dringende verloren hat. Der »Herr« ist zu ihr zu Besuch gekommen – und sie lässt sich von allen anderen Dingen in Beschlag nehmen, der »Herr« ist in ihrem Haus und sie verliert sich im Übereifer und in fast übertriebener Aktivität.

Marta erfährt Korrektur – das ist richtig. Dabei geht es aber nicht darum, dass sie zupackt und voller Tatendrang ist, sondern es geht um die Einschätzung der Situation. Sie erkennt nicht, dass Jesus bei ihr ist und auch mit ihr ins Gespräch kommen möchte. Jesus möchte ihr genauso dienen wie Maria. Er möchte zu beiden reden, sie lehren, ihnen neue Denk- und Glaubensanstöße geben; er möchte Raum schaffen für eine Begegnung mit der rettenden und froh machenden Botschaft.

Zugleich ist ihm aber wichtig, dass er neue Formen des Miteinanders schenkt: Frauen und Männer sind die Adressaten seines Wortes, beiden gilt der Zu- und Anspruch Gottes. Ist die Antwort von Jesus zu hart? Wirkt sie nicht eher wie eine schroffe Abfuhr? Wie eine Bevorzugung der stillen Maria? Schätzt Jesus denn den Tischdienst der Marta überhaupt nicht?

Noch einmal: Es geht nicht um den einen oder anderen Typ von Frau. Es geht nicht darum, ob die eine Frau aktiver als die andere ist, sondern vielmehr um die Frage: Wer oder was nimmt unser Leben in Beschlag? Wo halten uns viele Termine, unser diakonisches Engagement, unsere Aktionen und vielen Aktivitäten ab von dem Einen – vom Hören auf Gottes Wort?

MARIA, EINE FRAU,
DIE PRIORITÄTEN GESETZT HAT
UND DARIN BESTÄTIGT WIRD

◆ Maria hat offensichtlich begriffen, dass mit dem Eintritt von Jesus in ihr Haus nichts anderes Vorrang haben kann, als diesen Jesus zu Wort kommen zu lassen, sich ihm auszuliefern, still zu werden, aus dem täglichen Trubel auszusteigen und seine Worte aufzunehmen. Maria hat dem Wort von Jesus Priorität gegeben. Sie hat verstanden: Wenn Jesus bei mir einkehrt, dann will er zuallererst mit seinem Wort und seiner Lehre dienen, er will sich selbst zuallererst den Menschen nahe bringen und gehört werden. Das ist das Grundlegende, das Eine, das Notwendige.

Jesus bestätigt Marias Bewertung der Situation, ihre dem Zuhören gegebene Priorität. Nach Jesus hat sie das »gute Teil« erwählt, sie hat sich für das entschieden, was Gott gefällt: die Gemeinschaft mit Jesus und das Hören auf seine Worte. Das »gute Teil« weist aber auch in eine andere Richtung. Im Griechischen klingen dabei Worte wie »Erbteil, Erbe, Lohn« an und lenken die Gedanken auf das, was am Ende der Zeiten vor Gott Bestand hat.

Maria hat also die Situation als eine solche bewertet, in der sich ihr Türen, Zugänge zum Reich Gottes zeigen (Lk 10,25) und es ihr ermöglichen, in eine Beziehung zu Gott zu treten und schließlich auch in ihr zu leben. Jesu Wort, Jesus selbst als der Schlüssel zum ewigen Leben in der Gnade Gottes!

Maria hat es in jenem Augenblick tatsächlich geschafft, Wichtiges, Lebensnotwendiges von Zweitrangigem zu unterscheiden und sich dieser Entscheidung gemäß auch zu verhalten.

Die Herausforderung an uns bleibt,

• in unserem Alltag die Prioritäten recht zu setzen und aus dem Hören zu leben;
• uns nicht durch Betriebsamkeit um die Chance zu bringen, am Reichtum der Gemeinschaft Gottes teilzuhaben und ermutigt zu werden;
• unser sozialdiakonisches Engagement nicht zum Selbstläufer werden zu lassen.
• im Hören auf Gottes Wort, aus dem Dienst von Jesus an uns, Kraft für unseren Einsatz schöpfen;
• wahrzunehmen, dass Jesus *zuerst* zu uns gekommen ist und kommt, um *uns* zu dienen, zu helfen und Liebe und Vergebung zu schenken, damit wir dann, so gestärkt, fröhlich unseren Diensten nachgehen können.

Jesus macht mit seinem Verhalten im Haus Marias und Martas deutlich, dass Männer und Frauen als Jünger und Jüngerinnen in gleicher Weise gefragt und von ihm wert geachtet werden, das Evangelium zu hören und zu tun – für uns Korrektur und Heraus-forderung zugleich, die Begegnung mit ihm als oberste Priorität unseres Lebens zu setzen.

DIE HEILUNG DER SCHWIEGERMUTTER DES PETRUS (MK 1,30-31)

◆ Nur zwei Verse im ersten Kapitel des Markusevangeliums berichten von der zweiten Heilung durch Jesus: Markus 1,30-31. Jesus kommt zusammen mit Jakobus und Johannes in das Haus des Simon Petrus und des Andreas in Kapernaum. Dort liegt die Schwiegermutter des Petrus im Bett. Sie hat Fieber. Jesus geht zu ihr, fasst sie bei der Hand, richtet sie auf. Dann berichtet Markus: *»Und das Fieber verließ sie, und sie diente ihnen«* (Mk 1,31).

Nur zwei Verse. Die meisten Auslegungen verstehen diese Heilung als eher beiläufig erzählt, eben eine kleine Episode, kein spektakuläres Wunder, kein Drama, nicht einmal eine theologische Erklärung durch Jesus wie bei anderen Heilungen (z. B. »dein Glaube hat dir geholfen«). Immerhin erfahren wir, dass der Fischer Simon, der später von Jesus »Petrus« genannt wird, verheiratet war.
Doch warum erzählt Markus dieses Ereignis überhaupt, das zunächst ganz unscheinbar aussieht? Wir nähern uns dem Geheimnis, wenn wir uns ansehen:

- in welchem Zusammenhang die Erzählung steht,
- welche Zeitangaben die einzelnen Abschnitte enthalten,
- was in den Gottesdiensten geschieht und
- welche Bedeutung dabei die Heilung der Schwiegermutter des Petrus hat.

Wir überblicken Markus 1,21-35:

- Vers 21-28: Jesus heilt einen dämonisch Besessenen in der Synagoge
- Vers 29-31: Jesus heilt die Schwiegermutter des Petrus
- Vers 32-34: Jesus heilt viele Kranke
- Vers 35: Jesus betet in der Stille

DIE ZEITANGABEN

Die *erste Zeitangabe* dieser Abschnitte finden wir in Vers 21: »Am Sabbat« ging Jesus in die Synagoge. Der Sabbat beginnt an unserem Freitagabend, wenn die Sonne untergegangen ist und drei Sterne am Himmel zu erkennen sind. Er dauert bis zum darauf folgenden Abend, endet also an unserem Samstagabend mit Sonnenuntergang.

Die *zweite Zeitangabe* steht in Vers 29: »alsbald« oder »sogleich« oder »gleich danach«, ein von Markus häufig gebrauchtes Wort; wir finden es auch in Vers 30: Gleich nach dem Gottesdienst in der Synagoge gehen Jesus und die Jünger in das Haus des Petrus; gleich danach erzählen sie Jesus von der kranken Frau und Jesus heilt sie. Die Zeitangabe macht deutlich, dass dies alles an diesem Sabbat geschah.

Die *dritte Zeitangabe* begegnet uns in Vers 32: »*Am Abend aber, als die Sonne untergegangen war, brachten sie zu ihm alle Kranken...*« Der deutliche Hinweis »nach Sonnenuntergang« meint:

»nach Sabbatende« (also an unserem Samstagabend). Am Sabbat selbst wäre das Herbeitragen oder -schieben oder -ziehen von Kranken gar nicht erlaubt gewesen.

Die *vierte Zeitangabe* finden wir in Vers 35: »*Und am Morgen, noch vor Tage, stand er auf und ging hinaus.*« Also an unserem Sonntagmorgen!

Alle vier Abschnitte berichten zusammenhängend vom ersten Tag von Jesus in Kapernaum. Vorher hatte Jesus in Nazareth gelebt. Jetzt – nach seiner Taufe – beginnt er, öffentlich zu wirken, zu predigen und zu heilen – und Kapernaum wird dabei sein häufigster Aufenthaltsort. Vers 21 schildert den Beginn: »*Und sie gingen hinein nach Kapernaum.*« Die Abschnitte bis Vers 38 erzählen die Ereignisse vom Freitagabend bis Sonntagmorgen.

Diese Art, in einem Zug fortlaufend über einen oder mehrere Tage zu erzählen, finden wir übrigens erst wieder am Ende des Evangeliums: in der Passionsgeschichte.

Auf die Passions- und Auferstehungsgeschichte weist eine weitere kleine Beobachtung: In Vers 35 steht »*Und am Morgen, noch vor Tage, stand er auf.*« Im griechischen Urtext steht für »aufstehen« dasselbe Wort wie für »auferstehen«. Hier leuchtet schon die Osterbotschaft hindurch: »Früh am Morgen auferstand Jesus.« Interessant ist dabei wieder die Zeitangabe: Hier in Vers 35 erkennen wir den ersten Sonntag im Markusevangelium; am Sonntagmorgen auferstand Jesus von den Toten, und am Sonntagmorgen traf sich seitdem die christliche Gemeinde, um das zu tun, was Jesus nach Markus 1,35 auch tat: in die Stille gehen und beten.

Wir haben in den Abschnitten Markus 1,21-35 den ersten Tag von Jesus in Kapernaum vor uns, und zugleich leuchtet schon der Auferstehungstag von Jesus hindurch und der Sonntag der Christen.

GOTTESDIENST AM SABBAT

◆ Der erste Tag, den Jesus in Kapernaum erlebt, ist ein Sabbat, der wöchentliche Feiertag der Juden. Das Alte Testament betont an vielen Stellen, wie wichtig dieser Ruhetag ist. Die Juden kannten viele detaillierte Regeln, die besagten, was man an diesem Tag machen darf und was nicht.

Im Mittelpunkt des Sabbats stehen die Gottesdienste. Bis heute wird am Freitagabend im Gottesdienst der Sabbat begrüßt. Am Samstagvormittag feiert die Gemeinde dann einen längeren Gottesdienst mit Lesungen aus der Thora (= das »Gesetz« des Alten Testaments, v.a. die fünf Bücher Mose) und den anderen Teilen der Bibel, sowie Auslegungen und vielen Gesängen.

Wenn in Vers 21 steht: »am Sabbat ging er in die Synagoge«, dann erfahren wir nicht genau, welcher der Gottesdienste hier gemeint ist. Dies kann sowohl am Freitagabend als auch am Samstagmorgen gewesen sein.

Doch wichtig ist: Jesus beginnt sein Wirken in Kapernaum mit einem Gottesdienst. Es geht ihm dabei nicht um eine Veranstaltung, sondern um eine Lebenshaltung. Er will, dass Gott und Menschen wieder zusammenkommen, wieder Gemeinschaft haben. Er will, dass Gott geehrt wird – in der Synagoge genauso wie zu Hause. Darum »rettet« er den Gottesdienst.

JESUS »RETTET« DEN GOTTESDIENST

◆ Gleich im ersten Gottesdienst, den Jesus in der Synagoge in Kapernaum erlebt, darf er »lehren«, also in einigen Sätzen die Thoralesung auslegen.

Dies war jedem erwachsenen Mann gestattet und wurde auch Gästen angeboten.

Doch gerade dieser erste Gottesdienst wird gestört. Das Predigen von Jesus wird unterbrochen. Ein von einem unreinen Geist Besessener beginnt zu schreien.

Er hat erkannt, wer Jesus ist. »Der Heilige Gottes« meint: Gottes Sohn, der versprochene Retter (Messias). Der unreine Geist in diesem Menschen wehrt sich gegen Jesus. Er hat verstanden, dass alles Unreine weichen muss, wenn Jesus kommt. Darum fängt er an, zu schreien und zu zerren. Er stört die Predigt. Er stört das Auftreten von Jesus. Er stört den Gottesdienst.

Doch Jesus ist stärker. Er befiehlt dem unreinen Geist auszufahren. Er rettet so den Gottesdienst. Jesus will, dass Gott geehrt wird und dass Gott uns dienen kann.

Die Menschen in der Synagoge begreifen beides und staunen darüber: die Vollmacht, mit der Jesus predigt, und die Macht, mit der er Geister austreibt.

JESUS »RETTET« DIE SABBATFEIER ZU HAUSE

◆ Die Schwiegermutter des Petrus liegt krank zu Hause. Was hat das mit Gottesdienst und Sabbat zu tun? Zunächst anscheinend nichts. Doch wenn wir sehen, welche Bedeutung im Judentum die Frau für die Sabbatfeier hat, dann erkennen wir diese Heilung in einem anderen Licht.

Bei Juden hat bis heute die Frau in der Gestaltung der Sabbatfeier eine wichtige Funktion.

Nicht in der Synagoge – dort sind auch heute noch wie zur Zeit von Jesus im eigentlichen Gottesdienstraum nur Männer zugelassen;

die Frauen dürfen nur auf die Empore oder in einen abgeteilten Raum der Synagoge (wobei die Frauen im Gegensatz zu den Männern überhaupt nicht verpflichtet sind, am Sabbat die Synagoge zu besuchen).

Aber zu Hause kommt der Frau eine wichtige Rolle zu. In der heute unter Juden üblichen Sabbatfeier ist es die Frau, in der Regel die älteste Hausmutter, welche die Sabbatkerzen im Familienkreis entzündet und damit die häusliche Feier beginnt. Es ist die Frau, die am Beginn des Sabbat das Festessen aufträgt – also am Freitagabend. Und es ist die Frau, die im weiteren Verlauf des Sabbats – also an unserem Samstag – für das Essen und die häusliche Gestaltung der Feier zuständig ist. Der Sabbat war normalerweise kein Fastentag. Sondern ein Feiertag – und zur Feier gehört das festliche Essen.

Welche der bis heute im Judentum gewohnten Aufgaben der Frau am Sabbat schon zur Zeit von Jesus üblich waren, wissen wir nicht im Einzelnen. Doch sicherlich waren die Feier zu Hause und das festliche Essen ein wesentlicher Bestandteil der Sabbatgestaltung.

Wenn nun die Schwiegermutter krank zu Hause liegt, als Jesus und die Jünger vom Gottesdienst aus der Synagoge kommen, bedeutet das nicht einfach: da braucht ein kranker Mensch Pflege und Mitleid. Sondern es bedeutet: Die Sabbatfeier ist in Gefahr. Auch dieser »Gottesdienst« zu Hause wird »gestört«. Wie Jesus den unreinen Geist austrieb, so treibt er hier das »Feuer« des Fiebers aus (»Feuer« und »Fieber« haben im Griechischen dieselbe Sprachwurzel); Jesus »rettet« so die häusliche Sabbatfeier; das Markusevangelium drückt dies am Ende der Heilung so aus: »... und sie diente ihnen« (das griechische Wort ›DIAKONEIN‹ meint konkret: zu Tische dienen, anderen die Mahlzeit bringen, sie bedienen).

Jesus heilt damit also nicht einfach eine kranke Frau, sondern er bringt sie durch sein Heilen zurück in die Möglichkeit, den Sabbat zu feiern und die ihr angemessene Rolle dabei einzunehmen.

Dadurch erst können auch die Männer zu Hause richtig weiter-feiern.

So wird in diesen ersten Abschnitten im Markusevangelium ein Ziel der Sendung von Jesus deutlich: Er will, dass Menschen unge-stört Gottesdienst feiern können – Männer und Frauen, öffentlich und zu Hause. Wo das Feiern der Gegenwart Gottes, das Hören auf sein Wort und die Besinnung auf ihn gestört werden, da will Jesus heilen. Das wird an den beiden ersten Heilungen in Kaper-naum exemplarisch deutlich – an Mann und Frau.

AUS DER GEBUNDENHEIT
ZUR BEFREIUNG –
MARIA MAGDALENA

◆ Was auf den ersten Blick wie ein Doppelname aussieht, ist bei näherer Betrachtung ein einfacher Name mit Ortsangabe. Maria stammte aus Magdala (vgl. auch die nähere Bezeichnung »Jesus Nazarenus«, was so viel heißt wie »Jesus aus Nazareth«).

Magdala, griechisch Taricheai, lag 5 km nordwestlich von Tiberias am Ostufer des See Genezareths und hatte zur Zeit von Jesus ca. 40 000 Einwohner. Heute heißt der Ort El-Medschel. Dort wohnte und lebte Maria. Ihre Lebenssituation wird in den Berichten des Neuen Testamentes nirgends ausführlicher beschrieben. Wir erfahren nichts über ihre Familie oder ihren Familienstand.
Die erste und zugleich ihre bisherige Biographie bestimmende Information ist die, dass Jesus sie heilte und sieben Dämonen von ihr austrieb.

»Und es begab sich danach, dass er durch Städte und Dörfer zog und predigte und verkündigte das Evangelium vom Reich Gottes; und die Zwölf waren mit ihm, dazu einige Frauen, die er gesund

gemacht hatte von bösen Geistern und Krankheiten, nämlich Maria, genannt Magdalena, von der sieben böse Geister ausgefahren waren, und Johanna, die Frau des Chuzas, eines Verwalters des Herodes, und Susanna und viele andere, die ihnen dienten mit ihrer Habe« (Lk 8,1-3).

Vor ihrer Heilung durch Jesus erfahren wir von Maria Magdalena nur diese kurze Mitteilung, dass sie von sieben Dämonen besessen war. Allerdings hatte dieser Tatbestand weitreichende Folgen für ihr bisheriges Leben und stellte eine große Beeinträchtigung dar:

• Maria war kein freier Mensch. Sie war gebunden und konnte damit in keiner Weise über ihr Leben selbst bestimmen. Sie war die Sklavin der sie beherrschenden bösen Mächte.
• Sie hatte vermutlich auch körperliche Qualen zu erleiden, wie wir aus anderen Berichten der Evangelien wissen (vgl. Mk 5,1ff.).
• Ihre Gebundenheit war sicherlich auch verantwortlich für die soziale Isolation, in der Maria lebte. Vermutlich war sie ein sehr einsamer und von anderen gemiedener Mensch ohne soziale Kontakte und Beziehungen.
• Und letztendlich war sie als »kranker« Mensch nach damaliger jüdischer Ansicht (Jesus sieht das anders!) auch vom Anteil am ewigen Heil ausgeschlossen.

Als gebundene, leidende, einsame und friedlose Frau begegnete sie Jesus. Wir erfahren nichts darüber, wo Maria Magdalena Jesus traf, ob sie sich Hilfe suchend wie so viele andere an ihn wandte und von ihm Hilfe erwartete oder ob Jesus sich ihr von selbst helfend zuwandte. Wir wissen auch nichts von einem Gespräch, das zwischen ihr und Jesus stattgefunden hätte. Wir erfahren lediglich, dass ihr Leben durch die Begegnung mit Jesus eine grundlegende Veränderung erfuhr. Die Schranken, die Marias Leben einengten, waren für ihn in keiner Weise zwingend. Erstmals wurde sie wieder als Mensch betrachtet, der es wert war, dass ein anderer sich ihm zuwandte. Durch ihn erfuhr sie Heilung: die sie beherrschenden Dämonen waren »ausgefahren«.

Jesus erwies sich als Herr über diese widergöttlichen Mächte, wie wir es auch aus anderen Berichten des Neuen Testaments wissen (vgl. Mk 3,22ff., 5,1ff.; 1. Joh 3,8b).

Allerdings warnte Jesus an anderer Stelle davor, dass die ausgetriebenen Dämonen nichts unversucht lassen würden, um erneut Besitz von diesem Menschen zu ergreifen (vgl Lk 11,24ff.). Vielleicht war dies mit ein Grund dafür, warum Maria nach ihrer Heilung in der Nähe von Jesus blieb.

ALS BEFREITE IN DER NACHFOLGE VON JESUS

◆ Der Evangelist Lukas stellt fest, dass Maria als Geheilte mit Jesus von Ort zu Ort zog. Maria war also für Jesus nicht nur ein »Versorgungsstützpunkt« in Magdala wie es Marta und Maria in Betanien waren. Jesus wusste, dass er bei diesen Schwestern in Betanien jederzeit willkommen war und damit rechnen konnte, Verpflegung und Unterkunft für sich und seine Jünger zu erhalten.

Dagegen trat Maria Magdalena in die enge Gemeinschaft mit Jesus ein, in der Jesus keine äußeren Sicherheiten garantieren konnte, was die Verpflegung und das Nachtquartier betraf (vgl. Mt 8,20). Maria war als Frau unter den gleichen Bedingungen mit ihm unterwegs wie auch der Zwölferkreis und die anderen Jünger.
Während die Evangelisten Matthäus und Markus erst von der Passionsgeschichte rückblickend davon berichten, dass auch Frauen schon von Galiläa her Jesus nachfolgten, stellt der Evangelist Lukas schon zu Beginn des Wirkens von Jesus fest, dass auch Frauen mit Jesus von Ort zu Ort zogen.

Nach Lukas 8,2f. war es eine ganze Gruppe von Frauen aus den verschiedensten Bevölkerungsschichten und in verschiedensten

Lebenssituationen, die Jesus nachfolgten. Das von Lukas verwendete griechische Wort für Frauen (›GYNAIKES‹) kann sowohl für die verheiratete als auch für die unverheiratete Frau stehen.

Gegenüber den jüdischen Rabbinen war es freilich eine unvorstellbare Tatsache, dass auch Frauen in den Jüngerkreis aufgenommen wurden.

Für Jesus dagegen war es selbstverständlich, ja sogar geboten, dass auch Frauen, wie es für Schüler eines Rabbis üblich war, ihm zu Füßen saßen und seiner Rede zuhörten (vgl. Lk 10,39f.). Seine Botschaft gilt allen in gleicher Weise, egal welchen Geschlechts sie sind.

Freilich wird in Lukas 8,3 von den Frauen, die Jesus begleiteten, noch weiter ausgesagt: »... die ihnen dienten mit ihrer Habe.« Für dienen steht das griechische Wort ›DIAKONEIN‹, das auch unserem deutschen Wort »Diakonie« zugrunde liegt. Ursprünglich bedeutete ›DIAKONEIN‹ bei Tische aufwarten (Lk 17,8) oder für die Mahlzeiten sorgen (Apg 6,2). Aber schon Jesus beschrieb in Matthäus 25,42-44 mit diesem Begriff die ganze Bandbreite christlicher Liebestätigkeit gegenüber dem Nächsten. Für Lukas 8,3 heißt das, dass die Jesus begleitenden Frauen ihn aus dem ihnen zur Verfügung stehenden Vermögen unterstützten und ihm sicherlich auch durch praktische Hilfeleistungen zur Seite standen. Insofern hatte Maria Magdalena schon zu Lebzeiten bruchstückhaft verwirklicht, was Jesus als Grundhaltung eines Jüngers beschreibt (Mt 25, 42-44).

ALS JÜNGERIN UNTER DEM KREUZ

◆ Maria Magdalena gehörte auch zu jenen Frauen, die Jesus aus Galiläa folgten, d.h. sie hatte den »ganzen Weg« von Jesus von seiner Frühzeit in Galiläa bis zu seinem Leiden und Sterben in Jerusalem miterlebt. Sie war Augen- und Ohrenzeugin von Jesus über große Abschnitte seines Wirkens. Deshalb konnte sie auch die letzte Lebenswoche von Jesus mit ihren Höhen (z. B. Einzug in Jerusalem;

Mt 21,1-11) und Tiefen (Verhaftung/Verurteilung/Tod) aus nächster Nähe mitverfolgen.

Auch unter dem Kreuz gehörte sie zu denen, die ausharrten (Mk 15,40f.; Mt 27,55f.; Lk 23,49). Da Matthäus und Markus Maria Magdalena an erster Stelle nennen, ist es durchaus denkbar, dass ihr eine besondere, vielleicht sogar die führende Rolle in der Frauengruppe um Jesus zukam. Auch Johannes (Joh 19,25) nennt sie als Einzige namentlich, wenn man von Maria, der Mutter von Jesus und deren Schwester absieht.

Vom Zwölferkreis wird bei Johannes nur vom Lieblingsjünger ausdrücklich gesagt, dass er auch unter dem Kreuz bei Jesus aushielt. Wahrscheinlich war für die Jünger aus dem Zwölferkreis die Gefahr, auch verhaftet zu werden, größer als für Frauen, für die eine eigenständige Meinung in religiösen Fragen nicht üblich war.
Von einigen Frauen, allen voran Maria Magdalena, wird in allen Evangelien berichtet, dass sie unter dem Kreuz so lange aushielten, bis der Leichnam von Jesus vom Kreuz genommen und in das Grab des Josef von Arimathäa gelegt war (Lk 23,55f.; Mk 15,47; Mt 27,61).

Trotz der gewaltigen seelischen Erschütterung, die sie durch die Kreuzigung von Jesus erlebten, wollten sie ausharren und Jesus begleiten, um ihm dann nach dem Sabbat den letzten Dienst, die Einbalsamierung des Leichnams, zu erweisen (Lk 23,56).

AUS DER TIEFE DER VERZWEIFLUNG
ZUR ERSTEN ZEUGIN
DER AUFERSTEHUNG

◆ *»Am ersten Tag der Woche kommt Maria von Magdala früh, als es noch finster war, zum Grab und sieht, dass der Stein vom*

Grab weg war. Da läuft sie und kommt zu Simon Petrus und zu dem andern Jünger, den Jesus lieb hatte, und spricht zu ihnen: Sie haben den Herrn weggenommen aus dem Grab, und wir wissen nicht, wo sie ihn hingelegt haben« (Joh 20,1-2).

In den Versen 3-10 berichtet Johannes, wie die beiden Jünger daraufhin zum Grab liefen. Auch sie sahen das offene Grab, aber zugleich auch Indizien, die gegen einen Leichenraub sprachen, nämlich das sorgfältig zusammengewickelte Schweißtuch von Jesus. Mehr erfuhren die beiden nicht, wobei bei Johannes (»der Jünger, den Jesus lieb hatte«) schon etwas aufleuchtet wie Auferstehungshoffnung (V. 8). Daraufhin machten sich beide wieder auf den Heimweg.

Der Bericht des Johannes kehrt nun zu Maria Magdalena zurück und erwähnt nur noch sie, was nicht heißt, dass die anderen Frauen nicht auch noch in der Nähe waren.

»Maria aber stand draußen vor dem Grab und weinte. Als sie nun weinte, schaute sie in das Grab und sieht zwei Engel in weißen Gewändern sitzen, einen zu Häupten und den andern zu den Füßen, wo sie den Leichnam Jesu hingelegt hatten. Und die sprachen zu ihr: Frau, was weinst du? Sie spricht zu ihnen: Sie haben meinen Herrn weggenommen und ich weiß nicht, wo sie ihn hingelegt haben. Und als sie das sagte, wandte sie sich um und sieht Jesus stehen und weiß nicht, dass es Jesus ist. Spricht Jesus zu ihr: Frau, was weinst du? Wen suchst du? Sie meint, es sei der Gärtner, und spricht zu ihm: Herr, hast du ihn weggetragen, so sage mir, wo du ihn hingelegt hast; dann will ich ihn holen. Spricht Jesus zu ihr: Maria! Da wandte sie sich um und spricht zu ihm auf hebräisch: Rabbuni!, das heißt: Meister! Spricht Jesus zu ihr: Rühre mich nicht an! Denn ich bin noch nicht aufgefahren zum Vater. Geh aber hin zu meinen Brüdern und sage ihnen: Ich fahre auf zu meinem Vater und zu eurem Vater, zu meinem Gott und zu eurem Gott. Maria von Magdala geht und verkündigt den Jüngern: Ich habe den Herrn gesehen, und das hat er zu mir gesagt« (Joh 20,11-18).

Während die anderen Evangelisten davon berichten, dass sich am ersten Tag der Woche mehrere Frauen zum Grab aufmachten (Mt 28,1; Mk 16,2; Lk 24,1) greift Johannes nur Maria Magdalena heraus. Allerdings ergibt sich aus dem »wir« (in Joh 20,2) dass Maria nicht allein unterwegs war. Dass nur sie ausdrücklich erwähnt wird, ergibt sich aus dem, was sie an diesem Morgen vor Sonnenaufgang erlebte.

Zunächst war es freilich nur Schreckliches. Nicht, dass sie Jesus, »ihren Herrn«, nur getötet hatten, nun hatten sie auch noch seinen Leichnam geraubt, um sie und ihre Gefährtinnen daran zu hindern, Jesus den letzten Dienst erweisen zu können. Eine andere Erklärung als Leichenraub konnte das offene Grab für Maria Magdalena nicht geben. Von Panik erfasst, rannte sie in die Stadt zurück, um die Jünger zu benachrichtigen.

Während diese im Eiltempo zum Grab gelangten, folgte ihnen Maria langsamer. Maria war auf jeden Fall wieder am Grab, als die Jünger in die Stadt zurückgingen. Die anderen Frauen werden nun nicht mehr erwähnt. Ob sie noch da waren oder ob sie schon vorher, mit oder nach Maria in die Stadt zurück gegangen waren, wissen wir nicht.

Als Maria nun allein vor dem offenen Grab stand, brach die ganze Verzweiflung aus ihr heraus. Sie weinte fassungslos, war aber immer noch nicht bereit aufzugeben. Sie wollte nichts unversucht lassen, noch mehr zu erfahren von dem, was geschehen war. Deshalb wagte sie zunächst einen Blick in das Grab. Auch die nicht alltägliche Erscheinung der zwei Engel, die sie erblickte und von denen sie auch später noch genau wusste, wo sie saßen, legte ihr den Gedanken an eine Auferstehung noch nicht nahe.

Auch dem »Fremden«, den sie danach vor dem Grab sah, klagte sie ihre Not. Obwohl er sie ansprach, erkannte sie nicht, dass es Jesus war. Sie war in dieser Situation noch blind für das Neue, das angebrochen war. Erst als Jesus sie mit ihrem Namen ansprach, fiel es ihr wie Schuppen von den Augen.

Nun erkannte sie schlagartig, dass die ganze Situation sich wieder verändert hatte. Der Meister, den sie suchte, war nicht mehr tot. Er war auferstanden und lebte. Maria Magdalena war die erste Zeugin dieses ungeheuerlichen Geschehens. Ihr begegnete Jesus zuerst. Auch in den anderen Evangelien wird ihr Name immer an erster Stelle genannt (Mt 28,1; Mk 16,2; Lk 24,10).

Die Frage drängt sich geradezu auf, warum Jesus ausgerechnet ihr zuerst erschien. Wenige Augenblicke vorher waren zwei seiner Jünger an Ort und Stelle gewesen. Es waren sogar zwei der Jünger, die Jesus immer begleiten durften, auch in außergewöhnlichen Situationen (Lk 8,51; Mt 17,1). Sie wären die idealen Zeugen gewesen, die seine Auferstehung hätten glaubwürdig bezeugen können.
Aber Jesus ließ sie nach Hause zurückkehren, ohne dass sie ihn gesehen hatten. Dagegen gab er sich Maria Magdalena zu erkennen, obwohl sie nach jüdischem Zeugenrecht nur eingeschränkt als Zeuge infrage kam.

Deshalb fehlt ihr Name wohl auch in der Aufzählung all derer, denen Jesus nach seiner Auferstehung begegnet ist, die Paulus in 1. Korinther 15,5f. nennt.
Paulus wollte in jener Liste keine Zweifel aufkommen lassen und umgehen, dass »juristische Zweifel« an der Richtigkeit seiner Aussage aufkämen. Jesus nahm diese Zweifel in Kauf und setzte damit ein Zeichen. Maria war ihm als Zeugin so gewichtig wie Jünger aus dem Zwölferkreis. Eine ähnliche Beobachtung ist bei der Ankündigung der Geburt von Jesus zu machen. Dort waren es die Hirten, die nach jüdischem Recht ebenso eingeschränkt prozessfähig waren wie Frauen. Ihnen jedoch wurde die Geburt von Jesus zuerst verkündigt. Aus beiden Beobachtungen wird deutlich, dass diese Schranken hier keine Bedeutung mehr hatten. Jesus machte gerade Maria zur ersten Zeugin seiner Auferstehung.

Wie reagierte Maria Magdalena nun auf diese unerwartete Begegnung? Maria stürzte auf Jesus zu und rief aus: »Rabbuni«. Darin steckt eine ehrfurchtsvolle Steigerung des gewöhnlichen »Rabbi«, außerdem auch das deutsche »mein«. »Meister«, so wurde Jesus von seinen Jüngern genannt (vgl. Joh 11,28; Mt 23,8.10).

Das griechische ›STRAPHEIN‹ ist an dieser Stelle eher zu übersetzen mit ›auf jemanden zustürzen‹ oder wie in Matthäus 7,6 ›zupackend auf jemand zugehen‹ als mit dem weniger intensiven ›sich umdrehen‹.

Allerdings erlebte Maria nun einen kleinen Dämpfer. Voller Freude wollte sie anbetend seine Füße umklammern, aber Jesus verwehrte es ihr: *»Rühre mich nicht an!«* (Joh 20,17). Es wurde viel gerätselt, was Jesus gemeint hatte.

Wenige Tage später bat er Thomas eindringlich, seinen Leib zu berühren (Joh 20,27). Sein Leib war also nach der Auferstehung nicht unberührbar. Wenn Jesus die anbetende Berührung durch Maria Magdalena noch nicht zuließ, dann heißt das, dass er in diesem Moment die Anbetung noch nicht wollte. Diese Erklärung wird gestützt durch das, was Jesus weiter sagte: *»Denn ich bin nicht zum Vater aufgestiegen.«* Jesus wollte die Anbetung für sich also erst nach seiner Himmelfahrt annehmen. Erst mit der Himmelfahrt wurde er wieder in die Stellung gehoben, in der ihm Anbetung zukommen sollte.

Freilich kam Maria gar nicht dazu, enttäuscht zu sein, da Jesus gleichzeitig einen ungeheuerlichen Auftrag für sie hatte: *»Geh aber hin zu meinen Brüdern und sage ihnen ...«* (Joh 20,17) Maria sollte nun auch den anderen die Nachricht der Auferstehung überbringen. Ohne zu zögern kam Maria dieser Aufforderung nach *»geht und verkündigt den Jüngern ...«* (Joh 20,18). Für ›verkündigen‹ steht im griechischen Urtext das Wort ›ANGELLEIN‹, das im Neuen Testament sicher nur für unsere Stelle bezeugt ist. Vom Wortstamm her ist es derselbe wie bei ›EUANGELION‹, das wir als Evangelium, frohe Botschaft kennen. Maria verkündigte das, was sie gesehen und gehört hatte (vgl. 1. Joh 1,1.3). Da es eine Ostergeschichte ist, gehören Auferstehung und Botschaft fest zusammen, sodass der Evangeliumsgedanke wie in 1. Joh 1,5 mitschwingt. Maria hat Evangelium zu verkündigen. Photius, der

Patriarch von Konstantinopel (858-886 n. Chr.), nennt sie eine (*euangelistria täs anastaseos*), was zu übersetzen wäre mit »Verkündigerin der Auferstehung«.

Der erste Auferstehungsbericht schließt damit, dass Maria Magdalena der Aufforderung von Jesus nachkam und den Jüngern mit den schlichten Worten »Ich habe den Herrn gesehen« die Auferstehung bezeugt.

ZUSAMMENFASSUNG

- Maria wurde durch die Begegnung mit Jesus zum echten Menschsein befreit.
- Ihr Leben erfuhr dadurch ein völlige Neuordnung der Werte. Sie stellte ihr Leben in die Nachfolge von Jesus, was für Frauen in der damaligen Zeit eher selten war, aber von Jesus auf keine Art und Weise unterbunden wurde.
- Sie durchlebte mit Jesus die ganzen Höhen und Tiefen seines Lebensweges.
- Nach seiner Auferstehung war sie es, der Jesus als Erste begegnete und mit der Verkündigung seiner Auferstehung beauftragte.

III.
FRAUEN IN DER
URGEMEINDE

ZUR STELLUNG DER FRAU IN DER GRIECHISCH- RÖMISCHEN WELT

◆ Es ist nicht leicht, ein zutreffendes Bild über die Stellung der Frau in der griechisch-römischen Welt der Antike zu gewinnen. Es gab hinsichtlich der Stellung der Frau erhebliche Unterschiede – zum einen in geografischer Hinsicht. Während etwa die Frauen in Sparta schon im 4./5. Jahrhundert v. Chr. den Männern relativ gleichberechtigt gegenüberstanden[1], spielte die Frau in Athen eine deutlich untergeordnete Rolle. Sparta war der südliche Teil Griechenlands, die Halbinsel Peloponnes, zu der auch Korinth gehört. Der Philosoph Aristoteles urteilte: *»Vieles wurde zur Zeit der Vorherrschaft Spartas von den Frauen verwaltet ... Indessen, was macht das für einen Unterschied, ob Frauen herrschen oder die Herrscher von den Frauen beherrscht werden? Es kommt auf dasselbe hinaus.«*[2] So wurde in Sparta die Frau als Herrin (*despoina*) angeredet[3].

Für die neutestamentliche Zeit galt: *»Die volle Wahrnehmung des Bürgerrechts durch die F.[rau] findet man am ausgeprägtesten im Kleinasien der Kaiserzeit.«*[4] Aber auch in Griechenland war die Gleichberechtigung der Frau in Gesellschaft und Politik relativ weit fortgeschritten, während in Rom Gleichberechtigungsbestrebungen erst seit der Kaiserzeit, also seit dem 1. Jahrhundert v. Chr., stärker Fuß fassten.

Neben diesen geographischen Unterschieden spielte es für die Stellung der Frau in der Gesellschaft auch eine Rolle, ob es um die Stadt- oder Landbevölkerung ging. Große Unterschiede bestanden zwischen Frauen der relativ kleinen Oberschicht und der breiten Mehrheit der Frauen in der Bevölkerung. Philosophen, Historiker und Schriftsteller der Antike sprachen meistens von der Oberschicht, sodass das, was sie darüber sagten, nicht unbedingt auch für die breite Bevölkerung galt.

Eine wesentliche Rolle spielte noch, dass die Mädchen damals meistens im Alter von etwa 13 bis 14 Jahren verheiratet wurden. So kann man sagen, dass Frauen, die so früh heirateten, ihre Bildung ihrem Ehemann verdankten[5]. Dieser war in Griechenland aus eigenem Interesse bestrebt, seiner Ehefrau die nötigen Kenntnisse für die Verwaltung von Haus und Gütern zu vermitteln.

Im Folgenden möchte ich einige Linien nachzeichnen, wie die Stellung der Frau im griechisch-römischen Raum zur Zeit des Neuen Testaments aussah.

ZUR GESELLSCHAFTLICHEN GLEICHBERECHTIGUNG DER FRAU

◆ Je mehr in Griechenland Politik Kommunalpolitik wurde, übernahmen Frauen politische Ämter. Wir finden Frauen auch in politischen Gesandtschaften. In der Kaiserzeit nahm in Rom die politische Tätigkeit von Frauen aus vornehmen Geschlechtern stark zu, obwohl Gerichte dies zu verhindern suchten und obwohl es eine deutliche Abneigung römischer Senatoren gegen den politischen Einfluss von Frauen gab[6].

In rechtlicher Hinsicht war die Frau in Griechenland im Erb- und Vermögensrecht dem Mann gleich gestellt. Sie konnte eigenes Vermögen verwalten sowie Produktions- und Handelsbetriebe selbstständig führen. Es gibt vielfältige Nachrichten von anerkannter Tätigkeit von Frauen in Produktion und Handel. Kleinasien war für seine Ärztinnen bekannt. Die Verwaltung von Landgütern lag ebenfalls in der Hand von Frauen. In Rom finden wir Frauen als Eigentümerinnen von Schiffswerften und Ziegeleien. Es gab eine ansehnliche Anzahl von Berufen, in denen die Frau »*es dem Manne gleichtat oder auch spezielle weibliche Berufsbilder entwickelte.*«[7] In der Kaiserzeit gab es so eine gewisse Angleichung der Stellung der Frau im Westen an die früheren Entwicklungen in Griechenland und Kleinasien.

Auf der anderen Seite gab es immer wieder Forderungen, dass die Frau sich dem Mann unterordnen sollte. Man lobte vor allem ihre Hausarbeit. Wenn eine Frau dem Haus vorstand, bedeutete dies in der Regel, dass sie für die Hauswirtschaft verantwortlich war, während die Männer sich eher um die Außenbeziehungen kümmerten, aber trotzdem die eigentlichen Herren des Hauses waren. Verbreitet waren – gerade in Rom – trotz mancher Entwicklungen zur Gleichberechtigung eher autoritäre Leitbilder, die die Überlegenheit des Mannes betonten und die Emanzipation als Zügellosigkeit verwarfen[8]. Es war also eine gewisse Gleichberechtigung erreicht, doch betraf dies vor allem Frauen der höheren sozialen Schicht, keinesfalls die große Mehrheit der Bevölkerung.

Im Blick auf die Bildung von Frauen ist bekannt, dass schon die Epikureer Frauen als Schüler und sogar als Lehrer bevorzugten. Entsprechend ihrem Gleichheitsgrundsatz rechnete die Stoa, die in neutestamentlicher Zeit verbreitetste philosophische Richtung, mit weiblicher Anhängerschaft[9]. Das betraf freilich nur eine kleine Minderheit, während die Bildung der Frauen insgesamt spärlich blieb, obwohl schon Plato diese als das Glück des Staates bezeichnete[10]. Soweit ersichtlich, stand das Ausmaß an weiblicher Bildung im 1. Jahrhundert v. Chr. noch in einem krassen Missverhältnis zur wirtschaftlichen Rolle der Frauen. In der Kaiserzeit finden wir dann Frauen stärker als Künstlerinnen, Schriftstellerinnen usw. vertreten; gebildete Frauen wurden abschätzig als Blaustrümpfe verspottet[11].

Die Bestrebungen nach Gleichstellung der Frau führten dazu, dass man stärker über das Seelenleben der Frau nachdachte. Man sah die Verschiedenheit von Mann und Frau und achtete auf die den Frauen eigenen Wesenszüge. Es wurde Wert auf frauliches Verhalten in der Ehe gelegt, und die allgemeine Sitte wurde betont. Es entwickelten sich Tugendkataloge für bestimmte Berufs- und Menschengruppen, so auch für Frauen.

Der Hellenismus entdeckte, dass sich Wert und Eigenart der Frau in der Ehe erfüllen, was die Monogamie voraussetzt[12]. Sie wurde deshalb von der stoischen Philosophie gefordert. Trotz aller geistigen Partnerschaft blieb aber der Mann der führende Teil in der Ehe, und der Platz der Frau war vor allem im Haushalt und in der Familie. Seit Kaiser Tiberius konnte eine Frau nicht mehr gegen ihren Willen verheiratet werden; sie war insofern beim Eheschluss und bei der Ehescheidung faktisch relativ selbstständig[13], obwohl bei jungen Mädchen die Eltern sicher maßgeblich an der Auswahl des Schwiegersohns beteiligt waren.

Vergleicht man die Stellung der Frau im Judentum mit der in der griechisch-römischen Welt, fällt sofort ins Auge, dass die Frau im griechisch-römischen Bereich in fast jeder Hinsicht bei weitem freier und selbstständiger war als zur gleichen Zeit die jüdische Frau, besonders in Palästina. Dies gilt, obwohl man hinzufügen muss, dass »*die großen Freiheiten in Politik, Recht und Lebensführung nur einer vermögenden oberen Minderheit vergönnt waren, während die F.[rauen] in Unter- und Mittelschichten schon aus wirtschaftlichen Gründen stärker an Haus und konventionelle Moral*« gebunden blieben[14]. In der Kaiserzeit gab es allerdings auch für sie Veränderungen zu mehr Freiheit und Selbstständigkeit.

EIN NEGATIVES FRAUENBILD

◆ Wie im Judentum finden sich auch in der griechisch-römischen Welt deutlich abwertende Äußerungen über die Frau. Verbreitet waren die Forderungen, die Frau solle den Mund halten, im Hause bleiben usw[15]. Die herrschsüchtige Frau wurde als abschreckendes Beispiel hingestellt. Daneben gab es die Erkenntnis, »*erst der Mann sei Anlass für die Schlechtigkeit*« der Frau[16].

Der stoische Philosoph Seneca (4 v. Chr–65 n. Chr.) zeigt, dass insgesamt an der Unterlegenheit der Frau festgehalten wurde. Immer wieder zitierte er volkstümliche Schelte über die Frauen. Wenn er sich unmittelbar an Frauen wandte, redete er allerdings sehr viel achtungsvoller von ihnen[17].

Im 1. und 2. Jahrhundert n. Chr. setzten sich modische Erscheinungen stärker durch; die Schönheitsmittelindustrie blühte. Es entwickelte sich ein Kleiderluxus. Die Damen begannen, Strümpfe zu tragen. Es gab hochhackige Schuhe und Schnürstiefel. Von sittlich strengen Leuten wurde diese Entwicklung kritisch gesehen. »*Gegen die als Entartungserscheinung empfundene Hochkonjunktur von Kosmetik, extravaganter Frisur, Schmuck und Kleidermode setzt man polemisch das Ideal der schlichten, tugendhaften, in der Stille von Haus und Familie wirkenden Frau, die solchen Aufwandes nicht bedarf, weil ihre inneren Werte sie schmücken.*«[18] Daraus resultierten im griechisch-römischen Bereich manche negativen Äußerungen über die modischen Frauen bis dahin, dass diese mit Hetären, also gebildeten Prostituierten, auf eine Stufe gestellt wurden[19].

ZUR RELIGIÖSEN STELLUNG DER FRAU

◆ Es gab bestimmte religiöse Kulte und Gemeinschaften, zu denen Frauen keinen Zutritt hatten. An anderen konnten sie teilnehmen, ohne dass sie dort eine besondere Rolle spielten. Daneben gab es Kulte, in denen Frauen eine besondere Stellung einnahmen, etwa als Priesterinnen. Bekannt sind zum Beispiel die Vestalinnen im römischen Staatskult. In der Regel wurden männlichen Gottheiten Priester und weiblichen Göttinnen Priesterinnen zugeordnet. Da es in der griechisch-römischen Welt zahlreiche Göttinnen gab, finden wir entsprechend häufig Priesterinnen. Dabei ist zu berücksichtigen, dass die griechischen Priester auf der Stufe staatlicher Kultbeamter standen, die gegenüber den eigentlichen Repräsentanten der Gemeinde vor der Gottheit[20] eine lediglich dienende Exekutivaufgabe besaßen[21]. Den Priesterinnen kamen also keine leitenden oder lehrenden Aufgaben zu. Ansehen im Volk genossen sie unter anderem wegen ihrer Jungfräulichkeit, wie sich solches Ansehen später auch in der Alten Kirche fand, ohne ein Zeichen von Gleichberechtigung zu sein.

Es gab Kultgemeinschaften, die nur den Frauen vorbehalten waren und zu denen Männer keinen Zutritt hatten. Das galt besonders für die Mysterienkulte, also Religionen, in denen die Geheimnisse der Religion nur Eingeweihten mitgeteilt wurden, und diese durften davon nichts in die Öffentlichkeit bringen.

Angesichts der Vielfalt von Religionen und Kulten in der griechisch-römischen Welt lässt sich hier kein einheitliches Bild zeichnen. Es würde auf der anderen Seite zu weit führen, auf die einzelnen religiösen Gemeinschaften näher einzugehen. Deutlich ist, dass Religionsgemeinschaften ein Weg sein konnten, auf dem Frauen sich unabhängig von ihren Männern versammelten und eine eigene Organisation bildeten und so in religiöser Hinsicht eine gewisse Unabhängigkeit von den Männern gewannen.

1   Vgl. dazu Johannes Leipoldt, Die Frau in der antiken Welt und im Urchristentum, Leipzig 1955², S. 25–30

2   Zitiert nach Leipoldt, Die Frau in der antiken Welt, S. 25

3   Ebd., S. 29. Nachdem es in spätgriechischer Zeit Brauch, wurde, sich mit »Herr« anzureden, verbreitete sich die Sitte, Frauen mit »Herrin« (*kyria*) anzureden (ebd., S. 68). Nach Epiktet (50–138 n. Chr.) wurden Frauen, wenn sie vierzehn Jahre alt waren, von den Männern Herrinnen (kyriai) genannt (ebd.).

4   K. Thraede, Art. Frau, in: Reallexikon für Antike und Christentum (RAC) 8, Sp. 197–269, Sp. 198

5   Ebd., Sp. 222, unter Hinweis auf Plinius

6   Ebd., Sp. 213f.

7   Ebd., Sp. 223

8   Ebd., Sp. 212

9   Ebd., Sp. 203

10 Ebd.; vgl. auch die Ausführungen von Musonius (1. Jahrhundert n. Chr.), der zwar den Unterschied von Mann und Frau betont, dennoch sollen nach seiner Auffassung auch Frauen philosophieren und die Töchter wie die Söhne erzogen werden. Beide haben dieselben geistigen Fähigkeiten empfangen und haben zur Tugend das gleiche Verhältnis und sollen deshalb entsprechend erzogen werden (Leipoldt, Die Frau in der antiken Welt, S. 60f.).

11 Thraede, RAC 8, Sp. 222

12 Ebd., Sp. 206

13 Ebd., Sp. 199

14 Ebd., Sp. 218

15 Ebd., Sp. 201

16 Ebd., Sp. 205. – Zwiespältig ist das Bild besonders auch im Neuplatonismus. Man schätzte Frauen als Schüler und sprach von der Gleichberechtigung im Blick auf die Lehre bzw. Philosophie; dabei spielte das Geschlecht und die Geschlechtlichkeit eine untergeordnete Rolle. Diese Betonung der geistigen Seite des Menschen ging einher mit einer Abneigung und Abwertung alles Körperlichen, sodass man nach Geschlechtslosigkeit strebte. Empfohlen wurde dem Philosophen deshalb Gleichgültigkeit oder gar Abscheu gegenüber allem Weiblichen (ebd., Sp. 210).

17 Ebd., Sp. 217f.

18 Jürgen Roloff, Der erste Brief an Timotheus, EKK 15, Neukirchen-Vluyn 1988, S. 127. – Kritische Bemerkungen zur Mode finden wir auch im Neuen Testament (1. Tim 2,9f.; 1. Petr 3,31f.).

19 Thraede, RAC 8, Sp 223f.

20 Der eigentliche Repräsentant ist das Familienoberhaupt für die Familie, der Fürst oder Magistrat für den Staat und der Feldherr für das Heer.

21 O. Gigon, Art. Priester A. Griechenland, in: Lexikon der Alten Welt Band 2, Sp. 2431f.

EIN DOPPELBOGEN ZUR HEILSGESCHICHTLICHEN GRUNDLAGE DES DIENSTES VON MÄNNERN UND FRAUEN IN DER GEMEINDE

◆ *»Und nach diesem will ich meinen Geist ausgießen über alles Fleisch, und eure Söhne und Töchter sollen weissagen, eure Alten sollen Träume haben, und eure Jünglinge sollen Gesichte sehen. Auch will ich zur selben Zeit über Knechte und Mägde meinen Geist ausgießen« (Joel 3,1-2).*

Spannend! Wir wollen einer alttestamentlichen Prophetie auf die Spur kommen. Es scheint, als ob der Prophet Joel durch Gottes Fernrohr blickt. Er sieht durch dieses Fernrohr nicht nur Verderben und Gericht über sein Volk hereinbrechen, sondern auch Gottes Wiedergutmachung (Joel 2,18-27). Er sieht eine heilvolle Zukunft für sein Volk. Gott will natürlichen und geistlichen Segen über sein Volk in Fülle ausschütten (Joel 3,1–5; 4,1.16.18.20). Gott verspricht, seinen Geist über seinem Volk auszugießen. Nehmen wir dieses Versprechen noch etwas genauer ins Visier![1]

WAS VERHEISST GOTT HIER KONKRET?

1. Gott will seinen Geist allen Menschen geben, denn mit dem Begriff »alles Fleisch«, sind alle Menschen bzw. alle Nationen gemeint. Ein zentraler Gedanke, der sich durch die ganze Bibel zieht, wird hier ganz deutlich; nämlich: Gottes Heil und Gottes neues Reich gilt allen Menschen (1. Mose 12,1-3; Mk 16,15). Die Zeit wird dann vorbei sein, dass Gott nur bestimmte Leute für bestimmte Aufgaben mit seinem Geist begabt (2. Mose 31,3-5; Ri 3,15). Es wird eine Zeit kommen, in der die Gabe des Heiligen Geistes für alle Menschen gegeben wird.

2. Gott wird seinen Geist unabhängig vom Geschlecht des Empfängers ausgießen *(»... Söhne und Töchter«)*. Männer und Frauen empfangen in gleicher Weise Gottes Geist und verkünden zusammen – sozusagen im Team – die großen Taten Gottes. Wo Gottes Geist herrscht, ist nicht mehr die Rede vom Machtkampf der Geschlechter oder von der Zweitrangigkeit eines Geschlechts.

3. Gottes Geist wird unabhängig vom Alter geschenkt. Sowohl Greise als auch junge, kraftstrotzende Männer werden von Gottes Geist begabt werden und Träume und Visionen haben.

4. Gottes Geist macht keinen Halt vor einem niedrigeren gesellschaftlichen Status. Der Prophet Joel wirkte um 600 v. Chr.[2] Zu dieser Zeit war es üblich, dass Frauen zum Besitz gehörten, wie das Vieh und Sklaven wie Lasttiere benutzt wurden.[3] In diese Situation hinein verheißt Joel, dass Gottes Geist auch auf Sklavinnen und Sklaven ausgegossen wird.

5. Man wird eine neue Befähigung zur Wahrnehmung Gottes haben, denn Gottes Geist wird Menschen die Gabe geben, prophetisch zu reden und Träume und Visionen zu haben.

6. Gott verheißt, seinen Geist nicht tröpfchenweise zu geben, sondern das zweimal im Text gebrauchte Verb ›ausgießen‹ zeigt, dass Gott seinen Geist in aller Großzügigkeit geben will. Eben genau so, wie man große Mengen Wasser auf vertrocknetes Land ausgießt, damit etwas Neues wachsen und gedeihen kann.

Grundsätzlich ist festzuhalten, dass Gott der Initiator ist *(»... will ich ... ausgießen ...«)* und auch der Handelnde ist. Er gießt seinen Geist aus und die Menschen sind nach dem Empfang des Leben schaffenden Geistes begabt, nun in ganz neuer Weise von Gott und seinen Taten zu reden. Gott handelt und der Mensch wird beschenkt.

WIE ABER STEHT ES UM DIE ERFÜLLUNG DIESER VERHEISSUNG FAST 700 JAHRE SPÄTER?

◆ Lukas, der Autor der Apostelgeschichte, gibt im 2. Kapitel einen detaillierten Bericht über das Eintreten der Ereignisse, die Joel Jahrhunderte vorher angekündigt hatte (Apg 2,1-13).

Was geschah damals in Jerusalem?

Nach der Himmelfahrt von Jesus – direkt vorher kündigte Jesus Christus seinen Jüngern das Kommen des Heiligen Geistes an (Apg 1,8) – waren die Nachfolger von Jesus in Jerusalem zum Wochenfest (3. Mose 23,15-21) versammelt. Für sie völlig unerwartet, wurde das ganze Haus, in dem sie sich als Jünger und Jüngerinnen versammelt hatten, von einem mächtigen Rauschen – wie von einem Sturm vom Himmel – erfüllt. Dann sahen sie etwas wie Zungen, die durch Feuer zerteilt waren. Diese ließen sich auf ihnen nieder. Alle wurden vom Geist Gottes erfüllt und begannen sofort in verschiedenen Sprachen zu predigen. Jeder, wie es ihm der Geist Gottes eingab (Apg 2,2-4; vgl. 1. Mose 11,1-9). Die Menschenmenge war grenzenlos verwundert – die Sprachbarrieren hatten sich in Nichts aufgelöst.

Diese Ereignisse bedurften offensichtlich einer Stellungnahme. So stand Petrus auf und erklärte, was sich ereignet hatte. Geleitet durch den Heiligen Geist bezog er die jüngsten Ereignisse auf die prophetischen Ankündigungen Joels. Dann fährt er fort, um Tausenden von Menschen Jesus Christus als den für sie gekommenen, gekreuzigten und auferstanden Herrn zu verkündigen, der jetzt den vom Vater empfangenen Heiligen Geist auf seine Nachfolger ausgegossen hat (Apg 2,33). Eine Predigt, die ohne das vorausgehende Wunder der Sprachenrede gar nicht möglich gewesen wäre!

WAS IST HIER IN ERFÜLLUNG GEGANGEN?

1. Gott gießt seinen Geist auf alle Menschen aus. Wenn wir zum Pfingstereignis in Jerusalem das »zweite Pfingsten« in Cäsarea (Apg 10,44-48) dazunehmen, hat sich die Vorhersage Joels in verschiedenen Etappen erfüllt. Beim Pfingstereignis in Jerusalem waren nur Juden mit dem Heiligen Geist erfüllt worden (einschließlich der jüdischen Festbesucher aus der Diaspora).

2. Nachdem Petrus dem gottesfürchtigen Kornelius und seiner Familie in Cäsarea Jesus Christus verkündet hat, fällt der Heilige

Geist auf alle, die der Predigt des Petrus zugehört haben (Apg 10,44). Und zum großen Erstaunen des Juden Petrus werden auch Heiden mit dem Heiligen Geist erfüllt, reden in Sprachen und brechen in spontanen Lobpreis aus.

3. Sowohl beim Pfingstereignis in Jerusalem (Apg 2,1-4) als auch beim »zweiten Pfingstereignis« in Cäsarea (Apg 10,44-48) kam der Heilige Geist in gleicher Weise auf Männer und Frauen. Er wird unabhängig vom Geschlecht des Empfängers ausgeteilt. Ebenso wie der Text in Joel unterscheidet Petrus in seiner Predigt nicht zwischen unterschiedlichen Wirkungen des Geistes auf Männer und Frauen. Beide werden vom Wirken des Heiligen Geistes erfasst. Und weil der Leben schaffende Geist auf Männer und Frauen kommt, ist klar, dass Männer und Frauen die Gaben des Heiligen Geistes erhalten.

Wir sehen diese Linie im Neuen Testament fortgeführt. An den Stellen, an denen die Gaben des Heiligen Geistes aufgezählt oder erklärt werden, wird nie eine Zuordnung von bestimmten Gaben zu den Geschlechtern vorgenommen, z. B. die Dienstgabe für Frauen und die Predigtgabe für Männer. Der Geist teilt aus, wie er will (1. Kor 12,11). Und dabei erhalten Männer und Frauen die gleichen Gaben.[4]

4. Im Pfingstereignis erfüllt sich ebenfalls, dass Gottes Geist unabhängig von Alter, Gesellschaft, Status und in aller Großzügigkeit ausgegossen wird.

Unter den Nachfolgern von Jesus waren verschiedene Altersstufen vertreten und auch Menschen mit unterschiedlichem sozialen Status (Lk 8,3; Gal 3,25-28; Apg 8,27; Apg 10,2; Apg 17,34). Die Berichte in der Apostelgeschichte machen deutlich, mit welcher Macht, Intensität und Reichtum der Geist Gottes Menschen erfüllt und begabt.

DER HEILIGE GEIST MACHT UNS ZU NEUEN MÄNNERN UND FRAUEN IN CHRISTUS

Wenn man die Verheißungen des Textes in Joel 3,1-2 zusammen mit einer anderen alttestamentlichen Verheißung sieht, wird noch eine weitere grundlegende Wirkung des Geistes Gottes deutlich. Der Prophet Hesekiel spricht davon, dass Gott durch seinen Geist im Herzen der Menschen eine Erneuerung bewirkt: In Hesekiel 36,26+27 heißt es:

»Und ich will euch ein neues Herz und einen neuen Geist in euch geben und will das steinerne Herz aus eurem Fleisch wegnehmen und euch ein fleischernes Herz geben. Ich will meinen Geist in euch geben und will solche Leute aus euch machen, die in meinen Geboten wandeln und meine Rechte halten und danach tun.«

Gott sagt hier zu, dass er durch die Gabe seines Geistes, der im Inneren des Menschen wohnen wird, das Innere des Menschen, sein Herz, erneuern wird. Aus einem versteinerten Herzen macht der Geist Gottes ein Herz, das fühlt und nach Gottes Willen leben will. Was der Prophet Hesekiel hier beschreibt, ereignet sich seit dem Kommen von Jesus dann, wenn Menschen an Jesus Christus glauben und mit dem Heiligen Geist erfüllt werden (Joh 3,3-6.16). Gott legt durch seinen Geist eine neue Schöpfung in einen Menschen. (2. Kor 5,16-17). Wo Menschen durch Umkehr und Vergebung das neue Leben in Christus beginnen, sind sie eine neue Kreatur.

Diese neue Schöpfung bezieht sich auch auf das Mann- und Frausein (Gal 3,25-28). Jeder Mann und jede Frau, ist durch die Wiedergeburt zu einer neuen Person geworden, zu dem geretteten und wiederhergestellten Ebenbild Gottes.[5]

WAS HEISST DAS FÜR MÄNNER UND FRAUEN?

◆ Männern und Frauen ist ein neues Leben, ein neues Sein, eine neue Identität in Christus geschenkt worden. Jesus Christus ist nicht gekommen und hat neue Regeln, Gesetze und Ordnungen für die Geschlechter eingeführt oder die alten bestätigt, sondern er hat eine neue Grundlage geschaffen, die nun Männer und Frauen in ihrem Mann- und Frausein erneuert.

Durch das neue Leben in Christus brauchen Männer und Frauen ihre frauliche und männliche Identität nicht mehr an geschlechtsspezifischen Rollen, ihrem Familienstand, ihrer beruflichen Karriere, dem Status oder ihrer Aufgabe in der Gemeinde festzumachen. Das Mann- bzw. Frausein ist ihnen völlig neu in Christus geschenkt und wurzelt in der bedingungslosen Liebe von Jesus zu ihnen. Männer sind als Männer von Jesus bedingungslos geliebt. Frauen sind als Frauen von Jesus bedingungslos geliebt! Männliche und frauliche Wertigkeit macht sich allein an dieser bedingungslosen Liebe von Jesus fest.

Kari Torjesen Malcolm schreibt: *»Frauen (und genauso Männer) sind verloren, wenn sie zulassen, dass ihre Rolle ihre Identität bestimmt ... Wenn wir also der Welt gestatten, unsere Identität zu bestimmen, dann verlieren wir uns an die Welt und nicht an Jesus Christus.«*[6]

Christus ist gekommen, um neues Leben zu bringen. Durch die Kraft der Auferstehung – nämlich wiederum durch den Heiligen Geist – ist wiederhergestellt, was Gott geschaffen hatte, die gemeinsame Ebenbildlichkeit des Menschen als Mann und Frau ohne wertende Unterscheidung. Und verwurzelt in Christus, mit der Kraft des Heiligen Geistes, wird es Männern und Frauen möglich, einander in der Liebe Christi zu begegnen.
An die Stelle des Herrschens übereinander tritt das gegenseitige

Dienen (Joh 13). An die Stelle des Konkurrierens tritt die gegenseitige Ergänzung (1. Kor 12,4-11; Röm 12,4-8). An die Stelle des Gegeneinanders tritt die Teamarbeit (Phil 4,3f.; Apg 18,2). Die Vision Joels ist erfüllt und ist im Begriff, sich immer wieder zu erfüllen:

Männer und Frauen, Alte und Junge aus allen Nationen, unabhängig von Herkunft, Rasse und Status, erfüllt und begabt durch Gottes Geist, verkündigen gemeinsam das Evangelium von Jesus Christus allen Menschen.

[1] LaSor, W. S./Hubbard, D. A./Bush, F. W., Das Alte Testament, Gießen 1992, S. 513–521
[2] A. a. O.
[3] Torjesen Malcolm, Kari, Christinnen jenseits von Feminismus und Traditionalismus, Neukirchen-Vluyn 1987, S. 40
[4] Werner, Elke: Frauen verändern ihre Welt, Hänssler, Holzgerlingen 1999, S. 234
[5] A. a. O., S. 235
[6] Torjesen Malcolm, K., Christinnen jenseits von Traditionalismus und Feminismus, Neukirchen-Vluyn 1987, S. 26

LYDIA – DIE FRAU MIT EINEM OFFENEN HERZEN UND EINEM OFFENEN HAUS (APG 16,11-15)

◆ Es gibt Personen der Bibel, die mich faszinieren, weil sie interessant, mutig, originell und ungewöhnlich sind. Eine Person ist Lydia, die erste Christin in Europa, jene Frau, in deren Haus sich die erste christliche Gemeinde in Europa traf.

HINTERGRÜNDE

◆ Zu Beginn der 2. Missionsreise geraten Paulus und sein Mitarbeiter Barnabas scharf aneinander. Barnabas möchte Johannes Markus mit auf die Missionsreisen nehmen, Paulus ist strikt dagegen, weil Johannes Markus sie in Pamphylien verlassen hatte (vgl. Apg 15,36-41). Ergebnis des Konfliktes: Paulus und Barnabas trennen sich und gehen unterschiedliche Wege. Paulus wird künftig von Silas begleitet.

Konflikte und Meinungsverschiedenheiten unter Christen gehören leider seit Beginn der christlichen Kirche dazu. Paulus und Barnabas trennten sich und gingen unterschiedliche Wege. Ob wir uns bei Schwierigkeiten unter Mitarbeiterinnen und Mitarbeitern wenigstens gegenseitig gelten lassen und die andern nicht schlecht machen? Damit wäre schon viel gewonnen! Mit der 2. Missionsreise beginnt für Paulus ein neuer Abschnitt seines Dienstes: die Ausbreitung des Evangeliums in Europa. Erste Station ist Philippi in Griechenland. Philippi ist eine besondere Stadt. Benannt ist sie nach dem Vater Alexanders des Großen. Oktavian, der spätere Augustus, erhob die Stadt zur römischen Kolonie. Philippi war eine der führenden Städte innerhalb einer der vier römischen Verwaltungsbezirke, in die die Römer Mazedonien eingeteilt hatten. Die Einwohner der Stadt genossen römische Privilegien, also römische Staatsbürgerschaft, eine autonome Verwaltung und Steuerfreiheit.

Durch Philippi führte eine der bedeutenden Handelsstraßen, die »Via Egnatia«, die quer durch Griechenland bis zur Adria führte. Verständlich, dass es in der Stadt bedeutende Handelsniederlassungen gab, darunter auch das Geschäft jener Lydia, von der Apostelgeschichte 16,11-15 berichtet. Paulus ändert in Europa seine bisherige Missionsstrategie nicht. Und das heißt: Beginn in der jüdischen Synagoge. Allerdings finden Paulus und Silas in Philippi keine Synagoge. Zehn jüdische Männer sind nötig, damit ein Synagogengottesdienst stattfinden kann. Offenbar gab es diese zehn Männer in Philippi nicht. Doch versammeln sich einige Frauen etwa zwei Kilometer außerhalb des Stadtkerns am Fluss. Dort war – wegen des zu den rituellen Waschungen benötigten Wassers – eine Gebetsstätte zu finden. Ob es sich dabei um eine flache Flussstelle oder um ein Haus handelte, ist nicht klar.

EINE SPANNENDE BEGEGNUNG

◆ Paulus und Silas treffen also auf eine Frauengruppe. Engagierte, emanzipierte Frauen – wahrscheinlich Geschäftsfrauen –, die untereinander Kontakt hatten, trafen sich zum Gebet, zu einer Art »Frauengebetsfrühstück«. Was die Männer dazu sagten, wird nicht berichtet. Was wohl die Frauen dort zusammenbrachte? Geschäftliche Schwierigkeiten hatten sie keine. Über Geld redeten sie nicht – sie hatten es. Männer waren auch kein bevorzugtes Thema. Und über Emanzipation reden die Emanzipierten nicht. Die Frauen trafen sich am Fluss, um zu beten.

Eine Frau in dieser Gruppe fällt sofort auf: Lydia. Sie wird als gottesfürchtig bezeichnet. So nannte man diejenigen unter den Griechen, die innerlich dem Judentum nahe standen und die Gebote hielten. Lydia stammte aus Thyatira in Lydien. Daher wohl auch ihr Name Lydia. Lydien war ein kleines altes Königreich. In Thyatira gab es eine florierende Purpurindustrie, die den Körpersaft einer bestimmten Schneckenart zu dem bekannten Farbstoff verarbeitete. Von Philippi aus war der Handel mit Italien und Griechenland besser zu organisieren als von Thyatira aus.

Man kann annehmen, dass dies der Grund für den Ortswechsel Lydias war. Wertvolles Purpur wurde nur von wohlhabenden Leuten gekauft. Purpur war der Stoff, mit dem Modeträume Wirklichkeit wurden. Als Geschäftsfrau steht Lydia ihre Frau. Sie kam mit unterschiedlichen Menschen in Kontakt, mit Händlern, mit vornehmen Frauen und mit reichen Männern, die ihren Frauen ein kostbares Geschenk machen wollten. Mit der Zeit hatte Lydia sich eine gute Menschenkenntnis und ein sicheres Urteil angeeignet. Sie ist eine moderne Frau, die es in ihrem Leben weit gebracht hat. Von einem Ehemann wird nichts erwähnt. Man kann annehmen, dass sie als Single lebte; vor 2000 Jahren war das in einer patriarchalischen Gesellschaft nicht die Regel. Lydia wusste aber auch: Erfolg allein macht einen Menschen nicht zufrieden. Reichtum und Luxus sind keine Garantie für das Lebensglück. Einmal in der Woche schließt sie ihr Geschäft und trifft sich mit den andern Frauen am Fluss zum Gebet. Dort kommt es zur Begegnung mit Paulus und Silas.

EINE BOTSCHAFT,
DIE HERAUSFORDERT

◆ Die Apostelgeschichte berichtet von der Bekehrung Lydias. Sie vollzieht sich in mehreren Schritten:
Zum einen: Lydia hört zu. Hören ist im ausgehenden 2. Jahrtausend nach Christus eine große Kunst. Wir sind gewohnt, vor allem über die Augen aufzunehmen. Wer hört, erwartet noch etwas. Hören ist nicht nur ein akustischer Vorgang. Hören ist ein Vorgang der Sehnsucht.

Dann: Gott schließt Lydias Herz auf. Alle menschliche Machbarkeit ist hier am Ende. Kein eigenes Engagement, keine Leistung zählt mehr. Gott allein handelt. Er wirkt in freier Souveränität. Er öffnet das Herz.

Schließlich: Lydia hört auf Paulus.
Menschliche Kommunikation gehört zum Vorgang der Bekehrung. Die Brücke ist das Wort eines beauftragten Mitarbeiters. Grundbedingungen, die bis heute Gültigkeit haben. Paulus verkündigt den Frauen das Evangelium von Jesus Christus, von Gottes geöffnetem Himmel. Davon, dass Gott seinen Sohn auf diese Erde geschickt hat. Wie der Sohn Gottes ein offenes Herz für Menschen hat, vor allen Dingen für die, die vor verschlossenen Türen stehen. Sie leben ohne Liebe, die notwendige Anerkennung bleibt ihnen versagt, und die Gemeinschaft hat sich von ihnen zurückgezogen. Diesen Menschen schenkt Jesus seine ganze Liebe und Aufmerksamkeit. Er begegnet ihnen offen und wendet sich ihnen zu. Keinen einzigen lässt er links liegen.

Bestimmten einflussreichen Gruppen missfiel das Reden und Handeln von Jesus schon vor zweitausend Jahren. Sie wollten ihn ins offene Messer laufen lassen. So nahmen sie ihn gefangen, folterten ihn, verlachten und verspotteten ihn und bekleideten ihn mit einem Königsmantel aus reinem Purpur und mit einer Dornenkrone. Ein Sterbender mit Dornenkrone im Purpurmantel – wie muss das für Lydia geklungen haben? Dann kreuzigten sie Jesus. Mit offenen Armen hing der Sohn Gottes zwischen Himmel und Erde – nicht mit verschlossenen Fäusten.

»Vater, vergib ihnen!«, betete er. Vater, lass die Tür offen zu dir! Lass die Menschen zurückkehren in die Gemeinschaft mit dir! Sieh nicht ihre Verschlossenheit an, sieh meine offenen Arme! Als Jesus am Kreuz hing, wurde es in der Welt stockdunkel. Die Sonne verlor ihren Glanz und die Erde bebte. Es war die größte Erschütterung des Kosmos seit seinem Anfang. Fest verschlossene Türen sprangen auf. Der wertvolle Purpurvorhang im Tempel zerriss, der die Wohnung Gottes im Tempel für Menschen verschlossen sein ließ. Am Karfreitag hat Gott die Tür zu sich endgültig geöffnet. Keiner muss sich den offenen Himmel mehr verdienen, seit Jesus ihn geöffnet hat. Gottes Wohnung steht offen.

Nach drei Tagen hat Gott seinen Sohn auferweckt. Die Auferstehung von Jesus ist so etwas wie Gottes eigenhändige Unterschrift unter dem Leben von Jesus. Selbst der Tod ist überwunden und hat keine Macht mehr. Gott ist stärker. In seinem Paulus-Oratorium lässt der Komponist, Johannes Jourdan, Lydia singen:

»Ich habe gesucht, du hast mich gefunden und hast mir mein Herz aufgetan. Ich habe erkannt, dass mein Leben ein Trug war, ein leerer flüchtiger Wahn. Ja, ich danke dir, Jesus, durch deine Liebe fing mein Leben erst wirklich an.«

Gott hat im Leben Lydias gehandelt. Sie hat mit ihrem Ja zum Glauben an Jesus Christus auf das Ja Gottes geantwortet. Das Neue Testament verrät leider nicht, mit welchen Worten Paulus den

Frauen das Evangelium sagte. Aber so ähnlich könnte es gewesen sein, zumal Paulus vielleicht sein eigenes Motto vor Augen hatte: »Den Juden ein Jude, den Griechen ein Grieche, der Purpurhändlerin ein ...«

KONSEQUENZEN, DIE ES IN SICH HABEN

◆ Lydia hat verstanden, dass der Glaube an Jesus mit einer Lebensübergabe zu tun hat. Die Taufe mit Wasser ist der vollzogene Existenzbruch: Früher gehörte ich mir – jetzt gehöre ich zu Christus. Auch die Mitglieder ihres Hauses werden getauft. Zum einen bedeutet das: Lydia war Hausvorstand. Sicher gehörten auch Kinder zu ihrem »Haus«, daneben aber auch Bedienstete, also erwachsene Menschen. Das Neue Testament sagt nichts darüber, dass diese die Predigt des Paulus ebenfalls gehört hatten. Aber es ist anzunehmen, dass Lydia ihren Mitarbeitern in irgendeiner Weise das Evangelium erklärt hat, das sie selbst angenommen hatte.

Lydia sucht Stärkung und Bestätigung durch die, die ihr Jesus Christus lieb gemacht haben. Darum sagt sie: »*Wenn ihr anerkennt, dass ich an den Herrn glaube, so kommt in mein Haus und bleibt da*« (Apg 16,15). Sie bittet die Apostel um ein Vertrauenszeichen. Zum Zeichen, dass sie an Jesus Christus glaubt, sollen die beiden in ihrem Haus einziehen und ihre Gäste sein. Sie sollen die Ernsthaftigkeit ihrer Entscheidung bestätigen. Das Urteil der Apostel ist Lydia wichtig. Übrigens sind Stärkung, Bestätigung und Ermutigung durch andere Christen auch heute für das eigene Christsein lebenswichtig. Christen dagegen, die andere ständig nur kritisieren und alles immer besser wissen, sind eine Last.

Lydia musste die Apostel nötigen, ihre Gastfreundschaft anzunehmen. Bisher hatten sie peinlichst genau darauf geachtet, dass sie ihren Lebensunterhalt selbst verdienten und von keinem versorgt werden mussten. Die Unabhängigkeit von Menschen war ihnen wichtig. Jetzt handeln sie ihren eigenen Lebensregeln zuwider. Manchmal muss man um der Menschen willen bewährte Lebensprinzipien aufgeben, ohne darum unglaubwürdig zu werden.

Paulus und seine Mitarbeiter würdigen mit ihrem Aufenthalt in Lydias Haus ihre Gastgeberin, die nun Christin ist und geistliche Verantwortung für ihr Haus übernommen hat.

Lydia hat erkannt, dass Glaube nie für sich allein bleiben kann. Glaube und Gemeinschaft mit andern Glaubenden gehören zusammen wie zwei Seiten einer Medaille. *Ein* Christ ist kein Christ – und: Allein geht man ein. Wer wüsste das nicht? Darum öffnet Lydia ihr Haus. In ihrem Haus trifft sich die erste christliche Gemeinde Europas.

Wie viele Nöte mag sich Lydia wohl in den Umkleidekabinen ihres Geschäftes angehört haben! Wie oft mögen Kundinnen ausgepackt haben: Familienintrigen, Ehekrisen, Beziehungsprobleme, Nachbarschaftstratsch. Es ist wie heute. In Boutiquen, beim Friseur oder in der Kneipe packen Menschen aus. Wie gut, wenn sie dann Christen als Gesprächspartner haben, die zuhören und zur richtigen Zeit das richtige Wort sagen.

Im Alltag kann das befreiende Evangelium von Jesus Christus weitergesagt werden.

Hier können Seelsorge und Lebenshilfe geschehen. Die Hinwendung zu Christus ließ Lydia nicht aus ihrem Beruf oder ihrem familiären Umfeld aussteigen. Sie trat keine Weltflucht an. Ihr Denken wurde nicht kleinkariert und ihr Handeln nicht unentschlossen. Christsein war für sie eine ganz praktische Sache. In ihren alten Bezügen, in ihrem Berufsalltag, verkündigte sie die gute Nachricht von Jesus Christus.

Für Christen gehören Reden und Handeln zusammen. Empfangenes muss weitergegeben werden. Der Bekehrung folgt immer die Bewährung. In Lydias Haus erfahren Menschen offene Türen und eine herzliche Gastfreundschaft.

Ob wir hier von Lydia lernen? Wir leben in einer Gesellschaft der verschlossenen Türen. »My home is my castle« ist das Motto zahlreicher Menschen. Ob wir als Christen unsere Türen öffnen, z. B. für Menschen, die aus anderen Ländern nach Deutschland kommen und Hilfe brauchen? Z. B. für Jugendliche oder alte Menschen, die glaubwürdige Gesprächspartner brauchen, die ihnen zuhören, sie lieb haben und ihnen das Evangelium so bezeugen, dass sie es verstehen?
Z. B. für Menschen, die durch bestimmte Lebensumstände aus der gewohnten Bahn geworfen sind und dringend festen Grund unter den Füßen brauchen?

In Lydias Haus war die Geburtsstunde der Kirche Europas. Ein Theologe unserer Tage, Klaus Berger, hat einmal gesagt, dass jeder Altar in unseren Kirchen eine leise Erinnerung daran ist, wie die Kirche in Europa einmal begonnen hat: nicht in Domen oder Kirchen, sondern am Küchentisch der Lydia, bei jener Frau mit dem offenen Herzen und dem offenen Haus.

Claudia Hermann

TABITA – EINE FRAU MIT HOFFNUNG, HERZ UND GUTEN HÄNDEN

ÜBERSETZUNG: APOSTELGESCHICHTE 9,36-43

V. 36: In Joppe aber war eine Jüngerin mit Namen Tabita, was übersetzt heißt: Reh. Diese war reich an guten Werken und an Werken der Barmherzigkeit, die sie tat.
V. 37: Es geschah aber in jenen Tagen, dass sie krank wurde und starb. Sie wuschen sie aber und legten sie ins Obergemach.
V. 38: Weil aber Lydda nahe bei Joppe ist, sandten die Jünger, als die hörten, dass Petrus dort war, zwei Männer zu ihm und baten ihn: Zaudere nicht zu uns zu kommen!
V. 39: Petrus aber stand auf und ging mit ihnen. Und als er hingekommen war, führten sie ihn hinauf ins Obergemach und alle Witwen traten zu ihm, weinten und zeigten ihm die Kleider und Mäntel, die Tabita gemacht hatte, als sie noch bei ihnen war.

V. 40: Petrus aber trieb sie alle hinaus, fiel auf die Knie, betete, wandte sich dem Körper zu und sagte: Tabita, steh auf. Diese aber öffnete ihre Augen und als sie Petrus sah, stand sie auf.
V. 41: Er gab ihr die Hand und ließ sie aufstehen. Dann rief er die Heiligen und die Witwen und stellte sie lebendig vor sie.
V. 42: Es wurde aber in ganz Joppe bekannt und viele glaubten an den Herrn.
V. 43: Und es geschah, dass er viele Tage in Joppe blieb bei einem Simon, der ein Gerber war.

TABITA – EINE FRAU,
DIE ZEICHEN SETZT

◆ Tabita ist eine weithin unbekannte biblische Frauengestalt. In Apostelgeschichte 9,36-43 entsteht skizzenhaft ein Bild dieser Frau. Sie lebte in Joppe, dem heutigen Jaffa, und gehörte dort zur christlichen Gemeinde. Ihr Name Tabita oder Tabea bedeutet im Deutschen: ›Reh, Gazelle‹. Nicht immer nennt die Bibel die Namen der Personen, an denen sich ein Wunder vollzieht. Doch Tabita wird namentlich genannt und somit auch herausgehoben.

Über ihre Lebensumstände im Einzelnen erfahren wir wenig. Ob sie verheiratet war und Kinder hatte oder nicht, wird nicht erwähnt. Etwas ganz anderes tritt in den Vordergrund: Tabita war eine Jüngerin und tat sehr viel für andere. Ihr Leben war durchdrungen von ihrem Glauben. Nach einer Krankheit starb sie. Viele waren darüber sehr traurig. Der Apostel Petrus wurde herbeigerufen und erweckte Tabita wieder zum Leben. Dieses Wunder ließ einige in Joppe zum Glauben an Jesus Christus finden. Der Glaube zieht Kreise.

ZEICHEN DER NEUEN ZEIT –
EIN KLEINER FUNKE WIRD ZUM FEUER

◆ Die Zusage von Jesus aus Apostelgeschichte 1,8:

»Ihr werdet die Kraft des Heiligen Geistes empfangen, der auf euch kommen wird, und werdet meine Zeugen sein in Jerusalem und in ganz Judäa und Samarien und bis an das Ende der Erde«,

wird in der Apostelgeschichte entfaltet: die Verbreitung des Evangeliums von Jerusalem bis Rom.

Eine starke Veränderung für die christliche Gemeinde in Jerusalem brachte die Steinigung des Diakons Stephanus mit sich. Nach dessen Tod setzte eine Verfolgung der christlichen Gemeinde ein (Apg 8). Die Apostel blieben in Jerusalem, während sich viele aus der christlichen Gemeinde in Judäa und Samarien niederließen.

Die Zerstreuten ließen sich nicht einschüchtern, sondern bezeugten überall ihren Glauben an Jesus Christus. Menschen kamen zum christlichen Glauben und gründeten christliche Gemeinden. Apostelgeschichte 9,32 berichtet, dass Petrus die christlichen Gemeinden aufsuchte und dabei nach Lydda kam, einem Nachbarort von Joppe. In Lydda heilte er einen Gelähmten, woraufhin viele Menschen sich zum Herrn bekehrten (Apg 9,35). Von dort wurde er nach Joppe zu der toten Tabita gerufen.

Nur einmal hat Petrus einen Menschen von den Toten auferweckt, nämlich Tabita. Eine ungeheure Würdigung für diese Frau. In Joppe ist dies nicht der einzige Lernprozess für Petrus. Der Glaube an Jesus Christus befreit von alten, traditionellen Denkmustern, was zum einen die Rollenverteilung von Mann und Frau anbetrifft und zum andern das Zusammenleben von Juden und Nichtjuden in der christlichen Gemeinde. In Joppe wird Petrus auch auf seine

305

Begegnung mit Kornelius vorbereitet. Er lernt hier durch die Vision mit den unreinen Tieren (Apg 10,9ff.) den grenzüberschreitenden Anspruch des Evangeliums auf dem Weg zur Heidenmission unmissverständlich kennen.

Nach der Auferweckung bleibt er noch einige Zeit in Joppe bei Simon dem Gerber. Der Gerberberuf zwingt jenen, etwas außerhalb am Meer zu wohnen, dort kann Petrus dann von den Boten des Kornelius leicht gefunden werden. Gott ist am Werk, die Missionsgeschichte geht weiter. Joppe erscheint daher wie eine Scharnierstelle in der Erkenntnis: Gott führt neue Wege in die Freiheit.

ZEICHEN DER FREIHEIT – NICHT NUR IN DEN GEDANKEN FREI

◆ Vom Glauben an Jesus Christus waren Frauen und Männer ergriffen. So auch Tabita. Ihr Leben war von ihrem Glauben durchzogen und geprägt. In Vers 36 heißt es

»In Joppe war eine Jüngerin mit Namen Tabita …«

Im ganzen Neuen Testament gibt es das Wort »Jüngerin« nur einmal. Nur Tabita wird so genannt.

»Sie war nicht die Frau eines Jüngers, nicht das Kind eines Jüngers, nicht die Mutter, die vielleicht mitgegangen waren, sondern sie hatte als eine selbstständige Persönlichkeit ›gehört wie ein Jünger‹.[1]«

Alle Attribute, die auf die Jünger zutreffen, gelten auch für sie. Ein »Jünger« ist ein Lernender, ein Schüler, ein Anhänger. In neutestamentlicher Zeit war es üblich, dass Schriftgelehrte von Jüngern umgeben waren, die von ihnen z. B. die Schriftauslegung lernten. Auch

Jesus als Rabbi hatte Jünger. Die Evangelien heben hervor, dass die Jünger ihre bisherige Art zu leben aufgaben, einige stiegen z. B. aus dem Beruf aus, um Jesus nachzufolgen. Die radikale Selbstverleugnung geht bis zur Schicksalsgemeinschaft mit Jesus im Leiden. Die Jünger binden sich an ihren Lehrer, um sich seine Kenntnisse und Erkenntnisse zu erwerben. Nach Ostern gibt Jesus ihnen den Auftrag, alle Menschen zu Jüngern zu machen, ihnen die Umkehr zur Vergebung der Sünden zu predigen und zu taufen. Sie sind die Repräsentanten ihres Herrn. Ein Jünger steht in einer engen Beziehung zu seinem Herrn, geht keine eigenen Wege, sondern folgt seinem Herrn nach.

In der Apostelgeschichte werden alle, die zur Gemeinde zählen, als Jünger, später als Christen, bezeichnet. Tabita ist eine Jüngerin, ein vollwertiges Mitglied ihrer Gemeinde.

Im Judentum waren Frauen von der aktiven Beteiligung am Gottesdienst ausgeschlossen.[2] Davon unterschied sich das Urchristentum. Der persönliche Glaube jeder einzelnen Person, egal ob Frau oder Mann, ist gefragt, um ein Kind Gottes zu sein (Gal 3,26). Die Rettung durch Jesus gilt allen Menschen, sie ist nicht an ein Geschlecht gebunden (Gal 3,28).

In den ersten christlichen Gemeinden wirkt der Umgang von Jesus mit den Frauen weiter. Im Umgang von Jesus mit den Frauen fällt eine Veränderung im Rollenverständnis der Frau auf. Die Frauen erhalten eine starke Aufwertung, die wir an folgenden Begebenheiten erkennen:

Neben den zwölf Jüngern begleiten Frauen Jesus und unterstützen die Gruppe finanziell (Lk 8,1-3). Jesus befürwortet das aktive religiöse Interesse der Frauen. Maria sitzt Jesus zu Füßen (Lk 10,38ff.). Das ist ein Fachbegriff für eine Lehrer-Schüler-Unterweisung wie sie Paulus in Apostelgeschichte 22,3 nennt. So saß ein Schüler vor seinem Rabbi, im Judentum nur den Männern vorbehalten, bei Jesus für Frauen möglich.

Durch diese Freiheit erleben Frauen eine Ausweitung ihrer Möglichkeiten und eine Aufwertung. Hier können sie erfahren, was es heißt, dass in Jesus das Reich Gottes nahe herbeigekommen ist. Jesus führt uns Gottes Schöpferwillen vor Augen, nämlich das gleichwertige, nicht das gleichartige Miteinander von Mann und Frau. Verschieden begabt, doch eins in Christus und gemeinsam am Wirken im Reich Gottes.

Die Frau ist nicht ein Mensch zweiter Klasse, sondern ein Gegenüber, das dem Mann entspricht (hebr.: ›EZÄR KENÄGEDDO‹; 1. Mose 2,18).
Die volle Anerkennung der Frau gerade auch im religiösen Bereich ist bei Jesus zu sehen. Persönlicher Glaube und Religionsausübung ist nicht an das Geschlecht gebunden.

Diese Freiheit wird in der Gemeinde praktiziert. In diese Bewegung sind wir hineingenommen.

Tabita ist eine Jüngerin, ein vollwertiges Mitglied der Gemeinde von Joppe. Wir erfahren nichts Näheres über den Beginn ihrer Jüngerschaft, sondern mehr über die Auswirkung und Gestaltung.
Die Menschen in Joppe erfahren spürbar ihre Liebe und Fürsorge. Als Jüngerin war sie bekannt und vielleicht auch zum Vorbild geworden. Sie zog sich in keine erbauliche Beschaulichkeit zurück, sondern packte die ihr gestellten Herausforderungen mit Tatkraft an.

ZEICHEN DER LIEBE – STARKE HÄNDE FÜR DIE SCHWACHEN

◆ Tabitas gute Werke und Taten werden in der Erzählung hervorgehoben. Ihre Begabungen und was sie hatte, wurden für sie zur Aufgabe an anderen. Für die schutzbedürftigen und oft mittellosen

Witwen sorgte sie, indem sie Kleidung (Ober- und Unterkleider) für sie anfertigte (vgl. Mt 25,36).[3]

Das griechische Wort für Witwe ›CHÄRA‹ meint vom ursprünglichen Sinn her die ›herrenlos Gelassene‹.[4] Das kann zunächst im Allgemeinen die ›ohne Mann Lebende‹ bezeichnen, spezifischer dann die Witwe. In einer patriarchalisch bestimmten Gesellschaft gehörten Witwen wie auch Waisen zu den Benachteiligten, wenn nicht sogar zu den Bedrückten. Wer des Ernährers und Beschützers beraubt ist, hat im sozialen und wirtschaftlichen, im rechtlichen und religiösen Bereich das Nachsehen. Witwe zu werden war das am meisten gefürchtete Schicksal der Frau. Wenn die Mitgift an die Herkunftsfamilie der Frau zurückbezahlt wurde, konnte sie dahin zurückkehren, ansonsten musste sie in der Familie des Mannes bleiben und dort oft eine demütigende Stellung einnehmen.

Dieser Not steht schon im alten Orient der Appell zur Witwenfürsorge an die Herrschenden gegenüber. Das Alte Testament stellt die Witwen und Waisen unter den besonderen Schutz Gottes (Ps 146,9) und mahnt alle Frommen zur liebevollen Rücksicht gegenüber den Witwen. Denn ihnen wurde oft ihr Recht verwehrt und ihr Ansehen geschmälert. Das alttestamentliche Gesetz enthält zahlreiche Einzelbestimmungen zum Schutz der Witwe.[5] Eine Würdigung für diese Frauen, die einen schweren gesellschaftlichen Stand haben.

Diese Linie zieht sich hinein ins Neue Testament. Die christliche Gemeinde nahm die Aufforderung Gottes, für die Witwen zu sorgen, ernst und konkretisierte sie. So hatte die Jerusalemer Urgemeinde eine eigens eingerichtete Witwenfürsorge (Apg 6,1). Eine tägliche Speisung sicherte den oft mittellosen Witwen das Überleben. Die Fürsorge für die Witwen spielte in den christlichen Gemeinden eine wichtige Rolle. Jakobus 1,27 nennt die Sorge für die Witwen und Waisen einen »reinen und unbefleckten Gottesdienst vor Gott«. Ein Beispiel der Fürsorge Einzelner für die Witwen ist Tabita.

Manche Ausleger[6] vermuten, dass Tabita die Fürsorge für die Witwen im Auftrag der Gemeinde wahrnahm. Sie wäre dann gegebenenfalls selbst eine Witwe gewesen, die das »Witwen-Amt« innegehabt hätte. Für diese oft bedrängten Witwen fertigte sie dann Bekleidung an. Weitere Aufgaben des Witwenamtes sind Hausbesuche und Gebet.[7] Ob sie den Witwen aus eigenem Antrieb oder im Auftrag der Gemeinde half, ist nicht eindeutig zu erheben. Deutlich ist jedoch, dass in dieser christlichen Gemeinde in Joppe eine Frau wichtige Hilfsmaßnahmen für andere Frauen unternahm. Die Fürsorge für die Witwen wurde als Auftrag Gottes ernst genommen.

Tabitas wohltätiges Handeln gründete nicht im Mitleid. Almosen geben und Gutes tun war für sie eine Ausdrucksform ihres Glaubens. Ihr Glaube blieb nicht bei sich selbst, sondern suchte und sah den anderen. Ihre Hilfe und Fürsorge galt der ganzen Gemeinde. Geben und Nehmen treten dabei in Wechselwirkung zueinander. Weitergegebene Liebe wird wieder selbst erfahren.

Die christliche Gemeinde ist ein Ort, an dem die Wertschätzung, die Gott jedem einzelnen Menschen gibt, gelebt und erfahren werden kann. Hier ist ein Ort, wo man das finden kann, was die sieben leiblichen und die sieben geistlichen Werke der Barmherzigkeit benennen:

Hungernde speisen, Dürstende tränken, Gäste beherbergen, Nackte bekleiden, Kranke besuchen, Gefangene loskaufen, Tote begraben, Unwissende lehren, Zweifelnden raten, Traurige trösten, Fehlende zurechtbringen, Beleidigern vergeben, Lästige tragen und für alle beten.

ZEICHEN DER HOFFNUNG –
ES GIBT MEHR, ALS MAN SIEHT

◆ Als Tabita starb, verlor die Gemeinde in Joppe ein geliebtes und geschätztes Gemeindeglied. Der Glaube an Jesus Christus verbindet die Menschen innerhalb einer Gemeinde und die Gemeinden untereinander. Die Gemeinde reagierte. Die Jünger schickten zu

Petrus, sie wussten von der Gemeinde in Lydda und dass sich Petrus dort aufhielt. Und die Witwen weinten und erwiesen ihr in Liebe und Dankbarkeit den letzten Liebesdienst. Was sich die Gemeinde von Petrus erhoffte, wird nicht ausgesagt. Vielleicht wollten sie eine Verstehenshilfe, wie der Tod der Jüngerin und die bald erwartete Wiederkunft von Christus zu denken seien. Was ist nun mit der Verstorbenen?

Oder sie hofften auf ein Wunder, das Petrus in der Nachfolge von Jesus so wie sein Herr vollbringen würde. Wir erfahren es nicht, aber eines ist ganz deutlich: die Christen stehen zu ihrem Herrn und zueinander. In der christlichen Gemeinde wird für die Witwen gesorgt und den Toten die Ehre erwiesen. Dabei erhält eine Frau nicht weniger Zuwendung als ein Mann.

Die Gemeinde erlebt nun zwei Wunder: zum einen die Auferweckung Tabitas und zum andern die Auferweckung des Glaubens von vielen. Ob sich die Jünger aus Joppe eine Totenauferweckung erhofft hatten, als sie eilig Petrus herbeiriefen, wissen wir nicht, sie erlebten sie jedoch.

Ganz nach dem Vorbild von Jesus (Auferweckung der Tochter des Jairus; vgl. Mk 5,21-43; Mt 9,18-26; Lk 8,40-56) handelte Petrus. Er war damals mit Jakobus und Johannes dabei gewesen. Das Gebet des Petrus macht deutlich, dass Christus selbst die Tote auferweckt. In der Kraft des auferstandenen Herrn rief Petrus durch sein Gebet die Tote ins Leben zurück und gab sie der Gemeinde wieder. Die Taten von Jesus werden durch die Apostel fortgesetzt, die in der Vollmacht ihres Herrn handeln.

Die Erweckung der Tabita geschah wie die Totenauferweckungen in Zarpath (1. Kön 17,1-24 durch Elia) und Nain (Lk 7,11-17) zugunsten von Witwen. Gott selbst greift ein und kümmert sich um diese Frauen.
Die Auferweckungsgeschichten zeigen, wie Leid sich in Freude verkehrt, und sie sind Hoffnungsgeschichten – Fenster zu Gottes

neuer Welt, wo kein Tod mehr sein wird. Sie weisen über das Sichtbare hinaus, genauso wie das zweite Wunder.

Dieses zweite Wunder, dass Menschen ihr Leben Jesus anvertrauen, ist nicht geringer als das erste. Gott kann körperlich Totes und geistlich Totes zum Leben erwecken. Der Glaube sieht das Wunder und den dahinter stehenden Geber. Die geistliche Erweckung in Joppe ist ein wichtiges Ereignis. Viele wurden gläubig an den Herrn.
Das Wunder an Tabita ist eingebunden in die Ausbreitung des Reiches Gottes.

ZUSAMMENFASSUNG

◆ Der Abschnitt Apostelgeschichte 9,36-43 ist inhaltlich vom Thema ›Glaube‹ umrahmt. Zu Beginn wird die Jüngerin von Jesus erwähnt und am Ende der Erzählung, dass viele zum Glauben an Jesus kamen. In diesem Rahmen entfaltet sich ein Bild einer urchristlichen Gemeinde, in der die verschiedenen Gaben und Aufgaben gelebt werden. Jede Person: Tabita, Petrus, die Witwen, die Jünger aus Joppe und Simon der Gerber bringen ihre Gaben ein. Und das Zusammenwirken führt zum Erleben des Wirkens Gottes.

Gott baut sein Reich mit uns. Viele sind erforderlich, Frauen und Männer.
Die Geschichte von Tabita macht Mut, unseren Glauben zu leben und unsere Gaben einzusetzen als Frauen und Männer:

• im Zeichen der Freiheit, wo kein Geschlechterkampf herrscht, sondern Gleichwertigkeit von Frauen und Männern in ihrer Unterschiedlichkeit und als Ergänzung.
• im Zeichen der Liebe, die eine Akzeptanz und Wertschätzung der unterschiedlichen Gaben ermöglicht.
• und im Zeichen der Hoffnung, die auf die Verbundenheit in dem einen Herrn sieht, bei der weder Geschlecht noch Herkunft, noch Begabung eine Rolle spielen.

[1] Vgl. Emmi Busch, Frauen wie wir, Gladbeck 1980, 2. Auflage

[2] Vgl. Rainer Riesner, Apostolischer Gemeindebau, Gießen 1978, S. 49

[3] In neutestamentlicher Zeit trugen sowohl Männer als auch Frauen ein aus zwei Stoffbahnen zusammengenähtes, knöchellanges Hemdkleid mit rundem Halsausschnitt und kurzen Ärmeln. Mit einem Gürtel konnte das Kleidungsstück zusammengerafft werden. Über dem Gewand trugen Frauen bei entsprechender Witterung ein Obergewand mit Kapuze, Männer dagegen einen ärmellosen Mantel. Die meisten Menschen besaßen nur die auf dem Körper getragene Kleidung; vgl. Wolfgang Zwickel, Die Welt des Alten und Neuen Testaments, Stuttgart, 1997

[4] Vgl. Stählin, Art. chära in ThWNT, IX, S. 428ff.

[5] 4. Mose 30,10: Das Gelübde einer Witwe zählt ohne Einschränkung. 5. Mose 14,29; 26,12f.; Die Witwe erhält Anteil am Zehnten. 5. Mose 24,19-21: Sie hat das Recht zur Nachlese. 5. Mose 24,17: Das Witwenkleid ist unpfändbar.

[6] H. Kraft, Art. chära in Exeget. Wörterbuch zum NT III, Sp. 1117f.

[7] In 1.Tim 5,3-16 kann man eine Witwenordnung sehen, die die Einrichtung von Gemeindewitwen zum Ziel hat.

Irene Hahn

PRISKA UND AQUILA –
EIN HERAUSRAGENDES
MITARBEITEREHEPAAR

◆ Von Aquila und Priska erfahren wir sowohl aus der Apostelgeschichte als auch aus einigen Briefen des Apostels Paulus. Im Bericht des Lukas wird die Frau des Aquila mit Priszilla benannt, während Paulus immer den Namen Priska verwendet, eine Kurzform von Priszilla.

Lukas erwähnt Aquila und Priszilla in Apostelgeschichte 18 an drei Stellen: Kapitel 18,2.18f.26. Paulus lenkt unsere Aufmerksamkeit in Römer 16,3-5, in 1. Korinther 16,19 und in 2. Timotheus 4,19 auf ihre Namen, jeweils in den Schlussversen bzw. Grußlisten seiner Briefe.

Die beiden werden immer gemeinsam genannt. An vier dieser sechs Stellen steht der Name der Priska an erster Stelle.

PRISKA UND AQUILA
IN DER APOSTELGESCHICHTE

Die Zeit in Korinth

In Apostelgeschichte 18,2-3 berichtet Lukas, dass Paulus während seiner zweiten Missionsreise, die ihn von Antiochia nach Griechenland führte, von Athen nach Korinth kam und dort bei einem Ehepaar namens *Aquila/Akylas* und *Priszilla* Station machte. Er wohnte bei ihnen und konnte sogar bei ihnen in der Werkstatt mitarbeiten, denn sie übten dasselbe Handwerk, das eines Zeltmachers, aus.

»Und fand einen Juden mit Namen Aquila, aus Pontus gebürtig; der war mit seiner Frau Priszilla kürzlich aus Italien gekommen, weil Kaiser Klaudius allen Juden geboten hatte, Rom zu verlassen. Zu denen ging Paulus. Und weil er das gleiche Handwerk hatte, blieb er bei ihnen und arbeitete mit ihnen; sie waren nämlich von Beruf Zeltmacher.« (Apg. 18,2+3)

Paulus »findet« einen Juden in Korinth. Wie überall auf seiner Missionsreise nahm er als Erstes Kontakt zu seinen jüdischen Volksgenossen in der Synagoge auf. Dort lernte er bald Akylas zusammen mit seiner Frau Priszilla näher kennen. Akylas (griechische Form für das lateinische aquila = Adler) und wohl auch seine Frau Priszilla (im Folgenden wird immer der Name Priska verwendet) stammten eigentlich aus dem Pontikum, der Region Pontus, einem Küstenstreifen am Schwarzen Meer in der heutigen Türkei, früher eine griechische Kolonie. Da diese Region unter römischem Einfluss stand, sind Aquila und Priska irgendwann einmal nach Rom gezogen und wohl dort auch zum Glauben an Christus gekommen. Kaiser Claudius ließ ca. 49 n.Chr. die Juden aus Rom vertreiben, vor allem, *»weil sie, von Chrestus (= Christus?) angestachelt, immer wieder Unruhen anstifteten«* (so eine Notiz des Geschichtsschreibers

Sueton[1]). Dabei wurde offenbar nicht zwischen Juden und Juden-Christen unterschieden. Daher war das judenchristliche Ehepaar gezwungen, sich eine neue Bleibe zu suchen. Sie fanden sie in Korinth, der geschäftigen Hafenstadt im Norden der peloponnesischen Halbinsel. Tüchtige Handwerker, die dazu noch griechisch sprachen, waren überall gefragt.

Wie alle Schüler eines Rabbi, so hatte auch Paulus einen handwerklichen Beruf erlernen müssen, um neben der Tätigkeit als Gesetzeslehrer ein finanzielles Auskommen zu haben. Dass er nun ausgerechnet dasselbe Handwerk erlernt hatte wie sein Judengenosse Aquila, nämlich den Leder bearbeitenden Beruf des Zeltmachers, erwies sich als äußerst glücklicher Umstand. Aquila hatte sich unter der tatkräftigen Mithilfe seiner Frau in wenigen Monaten eine neue Existenz aufgebaut. So kann Lukas formulieren *»sie waren nämlich von Beruf Zeltmacher«*, obwohl Priska bestimmt keine »Ausbildung« genossen hat. Paulus konnte bei ihnen »anheuern«. Er hat Aquila und Priska also von der ersten Stunde an in ihrer Gemeinsamkeit sowohl als Ehepaar als auch als Arbeitsteam erlebt, sie waren eine untrennbare Einheit, die Tisch und Bett, Haus und Werkstatt teilte. Daher erwähnt er sie auch immer zusammen, in Römer 16,3 und 2. Timotheus 4,19 Priska namentlich vor Aquila.

In Apostelgeschichte 18,11 erfahren wir, dass Paulus ein Jahr und sechs Monate in Korinth wohnte und arbeitete und in der Synagoge lehrte:

»Er blieb aber dort ein Jahr und sechs Monate und lehrte unter ihnen das Wort Gottes.«

Wir können uns vorstellen, dass der Apostel und das Ehepaar sich in dieser intensiven Arbeits- und christlichen Lebensgemeinschaft sehr gründlich kennen lernten. Der gemeinsame Glaube an Christus, miteinander erlebte Anfeindungen (vgl. Apg 18,12ff.), der sie drängende Wunsch nach der Verkündigung und weiteren Ausbreitung des Evangeliums verband sie schließlich so nachhaltig, dass sie beschlossen, beieinander zu bleiben und diesen Dienst gemeinsam zu tun:

»Paulus aber blieb noch eine Zeit lang dort. Danach nahm er Abschied von den Brüdern und wollte nach Syrien fahren und mit ihm Priszilla und Aquila« (Apg 18,18).

Priska und Aquila in Ephesus (Apg 18,19.26)

Nun fuhren sie also miteinander per Schiff nach Ephesus. Dort scheint Paulus Aquila und Priska zurückgelassen zu haben und allein über Cäsarea nach Antiochia zurückgekehrt zu sein:

»Und sie kamen nach Ephesus, und er ließ die beiden dort zurück« (Apg 18,19).

Vielleicht war es Paulus wichtig, in Kleinasien einen zuverlässigen Gemeindeposten mit Mitarbeitern seines Vertrauens zu unterhalten, ein strategisch günstiges »Basislager«, das auch für die Zukunft jederzeit angesteuert werden konnte. Paulus

»… sah nach Ephesus hinüber als einer Stätte fruchtbarer Arbeit. … Erst wenn auch hier [in der Provinz Asia] die Gemeinden entstanden, schlossen sich die Gemeinden des Paulus zu einer Kette zusammen, in der kirchliche Gemeinschaft durch den ganzen weit verzweigten Bereich leicht durchführbar war.« [2]

Dieser Vorposten sollte sich aber auch als »Schulungszentrum« für Neubekehrte und Lehrbedürftige, als »Seelsorgezentrum« für Verunsicherte eignen und bewähren. Jedenfalls erfahren wir in Apostelgeschichte 18, dass der gottgläubige Jude Apollos aus Alexandria in der Synagoge von Ephesus predigend auftrat und die Taufe des Johannes vertrat. Priska und Aquila hörten ihm zu, erkannten, dass er überzeugend sprach und auch wahr im Sinne des Täufers, der den Weg von Jesus vorankündigte und vorbereitete. Allerdings schien ihm die bereits geschehene messianische Erfüllung in Kreuz und Auferstehung von Jesus nicht bekannt gewesen zu sein. Daher ergriffen Aquila und Priska die Initiative und luden diesen Apollos in ihr neu bezogenes Haus in Ephesus ein und erläuterten ihm das vollständige Evangelium (Apg 18,26):

Vers 26: Als der anfing, frei in der Synagoge zu reden, hörten ihn Priskilla und Akylas, nahmen ihn zu sich und setzten ihm noch genauer den Weg Gottes auseinander.

Wie soll man sich dieses ›Auseinandersetzen des Weges Gottes‹ vorstellen?

Priska und Aquila waren offensichtlich regelmäßige und aufmerksame Teilnehmer am Synagogengottesdienst. Sie hörten jedem Redner gut zu und haben wohl hinterher über dessen Lehre miteinander gesprochen. Jedenfalls sind sie sich bei Apollos einig, dass sie in ein weiteres Gespräch mit ihm eintreten wollten. »Zu sich nehmen« (griech. ›PROSLAMBANEIN‹) heißt sowohl »jemanden beiseite nehmen«, als auch »jemanden in seine Gemeinschaft, z. B. Häuslichkeit, aufnehmen«.[3] Sie werden ihn also nach dem Gottesdienst eingeladen und ihm Gastfreundschaft gewährt haben, um dann über das Gehörte zu sprechen. Dieses »Gespräch« war ein gründlicheres Eingehen auf den Inhalt von Apollos' Synagogenrede. Im griechischen ›AKRIBESTERON EXEDENTE‹ erkennen wir das Wort ›akribisch‹ wieder, dazu noch im Komparativ, also: ›sorgfältiger, noch genauer, ganz genau‹. Uns mag also ein persönliches Bibelstudium unter »Fachleuten des Gotteswortes« vor Augen stehen.

Ob dies vornehmlich Aquilas Part gewesen ist oder ob sich Priska ebenso am Gespräch beteiligt hat, wird nicht weiter ausgeführt. Vielmehr wird dieser Vorgang des Hörens, Verstehens, der Einladung und der ausführlichen Besprechung und Erläuterung als ein untrennbar gemeinsamer wiedergegeben. Es handelt sich somit um die Gabe, als Ehepaar einen umfassenden, ganzheitlichen, gemeinsamen Dienst im »Werk des Herrn« auf der persönlichen und seelsorgerlichen Ebene zu tun. So sammelt sich nach und nach eine »Gemeinde in ihrem Haus«, also nicht in der Synagoge.

Priska und Aquila in den Paulusbriefen

In drei seiner Briefe erwähnt Paulus Priska und Aquila, jeweils am Schluss in seinen Grüßen: Römer 16,3-5, 1. Korinther 16,19 und 2. Timotheus 4,19. Die ausführlichste dieser Erwähnungen finden wir im letzten Kapitel des Römerbriefes.

Die Grußliste in Römer 16,3-5

Nachdem Paulus die einsatzfreudige Glaubensschwester Phöbe der Gemeinde ans Herz gelegt hat, beginnt er eine lange Grußliste, die Priska und Aquila anführen:

»Grüßt die Priska und den Aquila, meine Mitarbeiter in Christus Jesus, die für mein Leben ihren Hals hingehalten haben, denen nicht allein ich danke, sondern alle Gemeinden unter den Heiden. Grüßt auch die Gemeinde in ihrem Hause.«

Die Grußliste des Paulus im Römerbrief (16,1-16) ist ungewöhnlich ausführlich, wie in keinem anderen seiner Briefe. Mit diesen Grüßen will der Apostel bewusst die Geschwisterschaft unter den Gemeinden betonen und seine sehr persönliche Verbundenheit mit den erwähnten Personen zum Ausdruck bringen. Dass die Zahl der im Römerbrief erwähnten so groß ist, hängt damit zusammen, dass er um die Gemeinschaft und um die Unterstützung dieser wichtigsten westlichen Gemeinde Europas in der Weltstadt Rom wirbt. Daran liegt ihm viel, soll doch die Missionsarbeit in Richtung Westen vorankommen, und dazu braucht es fest gegründete und zugerüstete Gemeinden. Der Römerbrief selbst stellt eine kompakte und umfassende Zusammenfassung des christlichen Glaubens für denkgeschulte Leute dar. Für sie ruft sich Paulus alle Glieder der Gemeinde, die er in Rom kennt, ganz bewusst ins Gedächtnis. Er würdigt jeden Einzelnen in seiner speziellen Beziehung zu ihm, indem er ihre besonderen Kennzeichen hervorhebt, sei es als seine jüdischen Volksgenossen (V. 7.11), als Mitarbeiter (V. 3.7), als Mitgefangene (V. 7) oder als solche, die sich im selben Auftrag bewährt haben (V. 5.7)[4].

Die Namen, die er nun unter den Gemeindegliedern nicht ohne Grund an erster Stelle erwähnt, sind die des Ehepaares Priska und Aquila.

WAS ZEICHNET PRISKA UND AQUILA AUS?

◆ Sie werden Mitarbeiter (griech. ›SYNERGOUS‹) genannt, wörtlich Mitwirkende. Elfmal verwendet Paulus diesen Ausdruck in seinen Briefen. Paulus versteht sein ganzes missionarisches Werk als ein Werk des Herrn, das nur durch dessen Wirken geschehen kann. Wer also ein Mitwirkender des Paulus ist, der ist hineingenommen in dieses große rettende Wirken Gottes an den Menschen. Priska und Aquila sind insofern wichtige Stützen, tragende Pfeiler der Gemeinde- und Missionsarbeit. Sie haben von Anfang an eng mit Paulus zusammengearbeitet, ihre jeweilige Wohnstätte (inklusive Zeltmacherwerkstatt) für Zusammenkünfte, also für eine Hausgemeinde, zur Verfügung gestellt (s.o.). Dies war sowohl in Korinth als auch möglicherweise in Ephesus wie auch nach ihrer Rückkehr nach Rom (offenbar nach dem Tod des Kaisers Claudius im Oktober 54) der Fall gewesen.

• Besonders eng ist Paulus mit ihnen verbunden durch die Erfahrung, dass sie für sein Leben »ihren Hals hingehalten haben«. Sie haben ihm in Todesgefahr das Leben gerettet. Zwar erfahren wir nichts über die näheren Umstände, doch lassen die Ereignisse in Apostelgeschichte 19,23ff., als es zum Aufruhr des Demetrius kommt, vermuten, dass dies in Ephesus gewesen sein könnte. Dort hatte Paulus durch seine Verkündigung, in welcher er u.a. vertrat »was mit Händen gemacht ist, das sind keine Götter«

(Apg 19,26), den Volkszorn heraufbeschworen, denn viele lebten von den Einnahmen durch die goldenen Statuen der Göttin Diana. Einige Aufrührer hatten schon zwei Gefährten des Paulus, Gajus und Aristarch, in ihre Gewalt gebracht, und auch er stand in derselben Gefahr. Möglicherweise gehörten Aquila und Priska zu denen, die Paulus aus dem Getümmel zurückhielten und entfernten (Apg 19,30).

• Nicht nur Paulus als ihr Bruder und Freund, sondern *»alle Gemeinden unter den Heiden«* (Röm16,4) schulden ihnen Dank. Offenbar nehmen sie eine herausragende Stellung unter der gesamten damaligen frühen Christenheit ein. Sie scheinen durch den Einsatz ihres ganzen Lebens für das Evangelium als leuchtende Vorbilder zu gelten.

Die Gemeinde in ihrem Haus wird gesondert gegrüßt. Die ausdrückliche Erwähnung einer Hausgemeinde findet sich nur im Römerbrief sowie in 1. Korinther 16,19 *(»Es grüßen euch vielmals in dem Herrn Aquila und Priska samt der Gemeinde in ihrem Hause.«)*, und dann noch ein einziges Mal in Kolosser 4,15 *(»Grüßt die Brüder in Laodizea und die Nympha und die Gemeinde in ihrem Hause.«)*.
Dass diese Hausgemeinden explizit genannt werden, unterstreicht deren Gewicht und Größe. Man kann sich unter solch einer »Hausgemeinde« wohl eine besondere Art von verbindlichem Hauskreis oder einen Mitarbeiterkreis von besonders engagierten Gemeindegliedern vorstellen. *»Prisca und Aquila sind hochverdient um die Gemeinden ..., durch die Öffnung ihres Hauses für die Zusammenkünfte eines engeren Kreises der Gemeinde.[5]«* Wie das konkret aussehen kann, war in Apostelgeschichte 18,26 deutlich geworden, wo Priska und Aquila dem Juden Apollos in ihrem Haus eine besondere »Jüngerschaftsschulung« angedeihen ließen.

Die bleibende Verbindung des Ehepaars mit Korinth
(1.Kor 16,19)

Ein besonders herzlicher Gruß erreicht die Gemeinde in Korinth über ihren Apostel Paulus von Aquila und Priska:
»Es grüßen euch vielmals in dem Herrn Aquila und Priska samt der Gemeinde in ihrem Hause.«
Ihrem früheren Wohnort und vor allem ihrer »alten« Gemeinde in Korinth sind Priska und Aquila noch innig verbunden. Sie grüßen sie »polla«, d.h. sehr, dringend, herzlich, vielfältig.[6] Wir können uns vorstellen, dass ihnen »warm ums Herz« wird, wenn sie an die Anfänge dort zurückdenken. Korinth war schließlich die Stadt, in der alles begann, die Arbeits- und Lebensgemeinschaft mit Paulus, ihre erste Hausgemeinde.

Priska und Aquila im Team mit Timotheus
(2. Tim 4,19)

In seinem allerletzten erhaltenen Brief (2. Tim 4,6), dem an seinen »lieben Sohn Timotheus« (Vers 2a) lässt Paulus auch Grüße an Priska und Aquila ausrichten:
»Grüße Priska und Aquila und das Haus des Onesiphorus« *(2. Tim 4,19)*
Priska und Aquila befinden sich wie Timotheus in Ephesus (1. Tim 1,3). Nach dem oben Bekannten bedeutet das, dass sie ihr bewegtes Leben fortgesetzt haben und von Rom ein zweites Mal nach Ephesus zurückgekehrt sind. Möglicherweise hat Paulus sie erneut gebeten, die strategisch wichtige Gemeinde in Ephesus zu stabilisieren. Das Ehepaar hat sich in das Missions- und Gemeindebaukonzept des Heidenapostels eingefügt, sich als Mitarbeiter(ehe)paar dafür eingesetzt und darin ein erstaunliches Maß an Opferbereitschaft und Flexibilität an den Tag gelegt.

ZUSAMMENFASSUNG

◆ Aquila und Priska sind uns nach der eingehenden Betrachtung der Verse, in denen sie sowohl bei Lukas als auch bei Paulus erwähnt werden, außerordentlich plastisch geworden. Wir erfahren von einem Ehepaar, das ausschließlich als Paar, als »Zweierschaft«, einer nicht ohne den anderen, Erwähnung findet. Das unterstreicht die wichtige Bedeutung der ehelich-familiären, christlichen Gemeinschaft für die frühe Christenheit.

Im Bericht der Apostelgeschichte des Lukas beeindrucken das wechselvolle, äußere, von stets neuem Aufbruch und Wohnhaftwerden geprägte Leben der beiden, die selbstverständliche Gemeinschaft mit ihrem Zeltmacher- und Judengenossen Paulus, die weite Öffnung ihres Hauses für Menschen, die Orientierung benötigten. Hervorzuheben ist auch die Geduld und Sorgfalt, mit welcher sie sich der biblischen Schulung dieser Mitchristen widmeten.

Bei Paulus nun werden diese Fakten durch sehr persönlich geprägte Charakterisierungen ergänzt. Für ihn sind Priska und Aquila ganz wichtige Pfeiler in seiner groß angelegten Missions- und Gemeindearbeit. Sie tragen seine Konzeption mit großer Opferbereitschaft und Loyalität mit. Sie lassen sich in das »Werk des Herrn« einbinden und sind für ihn ein kontinuierlicher »Aktivposten« in seinem an Anfechtungen und Auseinandersetzungen reichen Leben. Selbst große Gefahren nehmen sie um seinetwillen in Kauf.

Doch es geht nicht nur um ihn, Paulus, ihren Freund und Mitbruder. Aquila und Priska haben auch herausragende Bedeutung für die gesamte damalige christliche Welt: als Vorbilder für ein vom missionarischen und seelsorgerlichen Auftrag her bestimmtes Leben, als solche, die der Gemeinde den ersten Platz in ihrem Leben einräumen und dabei nie den Gesamtzusammenhang aus dem Auge verlieren. Beide, Mann und Frau sind von dem Auftrag von Christus an seine Jünger her bestimmte Leute. Für ihn wollen sie wirken, ihn haben sie gemeinsam im Blick.

[1] *Claudius* 25,4. Vgl. H. W. Neudorfer, Apostelgeschichte II, Edition C, Neuhausen-Stuttgart 1986/1996, S. 171

[2] A. Schlatter, Erläuterungen zum Neuen Testament, Die Apostelgeschichte, Stuttgart 1962/1984, S. 223

[3] W. Bauer, Griechisch-deutsches Wörterbuch, Berlin ⁵1971, 1422.

[4] Vgl. P. Althaus, Das Neue Testament Deutsch, Der Brief an die Römer, Göttingen ¹¹1970, S. 150

[5] Althaus, a. a. O., S. 150

[6] J.A. Bengel, Gnomon, Berlin ⁶1952, Bd II/1, 234

IV.

DIE APOSTEL

UND DIE FRAUEN

WAR PAULUS EIN
FRAUENFEIND?

◆ Der Apostel Paulus gilt heute bei vielen Menschen als ein Frauenfeind – zu Unrecht, wenn man die biblischen Texte genau liest. Und noch mehr zu Unrecht, wenn man die Aussagen des Paulus mit Texten vergleicht aus der damaligen Zeit, der jüdischen oder auch griechisch-römischen heidnischen Umwelt.

Die Frau stand zur Zeit des Paulus gesellschaftlich und religiös weit unter dem Mann. So werden Frauen z. B. bei dem für den Synagogengottesdienst erforderlichen mindestens zehn Personen nicht mitgezählt. Sie durften auch nicht – anders als der mündige Mann – in der Synagoge aus der Thora vorlesen. Ja, die Frau war sogar von der Pflicht, täglich das »Höre, Israel« (5. Mose 6,4) zu rezitieren, ausgenommen.

Auch vom hellenistischen Mann heißt es, dass er drei Gründe zum Danken hatte: 1. dass er als Mensch und nicht als Tier, 2. dass er als Mann und nicht als Frau, 3. dass er als Grieche und nicht als Barbar geboren sei.
Zwar scheint es in der heidnischen Umwelt damals eine gewisse Emanzipation der Frau gegeben zu haben. Doch nirgends kann von

einer Gleichstellung von Mann und Frau gesprochen werden. Selbst der große Philosoph der Stoa, Seneca (4 v. Chr. bis 65 n. Chr.), ein sehr »fortschrittlicher« Zeitgenosse des Paulus sagte, dass der Mann zum Herrschen, die Frau aber zum Gehorchen geboren sei.

Gewiss kann es auch in Epheser 5,22 heißen, dass sich die Frauen ihren Männern unterordnen sollen. Doch diese »Haustafel« wird eingeleitet durch Epheser 5,21, wo der Satz steht, der für ein christliches Miteinander entscheidend ist, dass sich nämlich einer dem anderen (freiwillig) unterordnen soll (vgl. Phil 2,3; siehe auch Artikel von U. Mack zu Eph 5).

Selbst in 1. Korinther 7, dem Kapitel, das bis heute immer dann zitiert wird, wenn man der christlichen Kirche bzw. doch wenigstens Paulus leibfeindliche und asketische Gedanken anlasten will (siehe Artikel von L. Mattern zu 1. Kor 7), spricht Paulus immer in gleicher Weise Männer und Frauen an, setzt er ein partnerschaftliches Verhältnis von Mann und Frau voraus. Dass Paulus neben den Satz *»Die Frau verfügt nicht über ihren Leib, sondern der Mann«* gleich den umgekehrten Satz *»Ebenso verfügt der Mann nicht über seinen Leib, sondern die Frau«* stellt, ist für damalige Ohren unerhört.

Für Paulus ist es selbstverständlich, dass eine Frau betet und prophetisch redet – und dies offenbar öffentlich im Gottesdienst – nur sollte sie dabei das Haupt bedeckt halten (siehe Artikel von H. W. Neudorfer zu 1. Kor 11).
Mag es auch im bürgerlichen Leben Unterschiede zwischen Männern und Frauen geben, und hat Paulus die damals bestehenden Ordnungen nicht umgestoßen; in der Gemeinde sind beide gleichwertig, vor Gott und Christus sind beide auf gleicher Ebene (siehe Artikel von C. Filker zu Gal 3,28).

Aus den Briefen des Paulus kennen wir eine ganze Reihe von Frauennamen:

- Von den Leuten der Chloe hat er erfahren, dass in der Gemeinde in Korinth Streit ist, dass Spaltungen sichtbar geworden sind (1. Kor 1,11).
- In Philippi ist die Purpurkrämerin Lydia (siehe Artikel »Lydia« von Birgit Winterhoff) die Erste, die aufgrund der Paulinischen Mission zum Glauben kommt und nach Apostelgeschichte 16,15 zusammen mit ihrem (!) Haus getauft wird.
- In Philipper 4,2 erfahren wir von zwei Frauen, der Evodia und der Syntyche, dass sie uneins waren, denn sie sollen ermahnt werden, dass sie eines Sinnes seien. Worüber sie gestritten haben, erfahren wir leider nicht.

Nachträglich können wir heute sagen: Wie gut, dass es zwischen ihnen Spannungen gab, sonst hätten wir nichts von diesen beiden Frauen gewusst, von denen wir Paulus doch immerhin sagt, dass sie zusammen mit ihm »... für das Evangelium gekämpft haben«. Sie werden also nicht nur wie Clemens und andere als »Mitarbeiter«, sondern direkt als Mitstreiterinnen in der Verkündigung des Evangeliums bezeichnet. Sie werden bei der Gründung der Gemeinde mitgewirkt haben. Ob sie auch so etwas wie ein Verkündigungsamt innehatten? So viel ist auf alle Fälle sicher: Sie waren ungleich stärker in der Verkündigung engagiert als andere Christen, die ja allesamt durch Wort und Tat Missionare waren. Von ihnen sagt auch Paulus, dass sie im Buch des Lebens stehen (vgl. Offb 3,5; 21,27).

Interessant ist in diesem Zusammenhang auch das 16. Kapitel des Römerbriefs, ein Grußkapitel mit vielen Namen, darunter auch einigen Frauennamen. Da werden Priska (Priszilla ist die Verkleinerungsform) und Aquila genannt (siehe Artikel von Irene Hahn: Priska und Aquila) – als Mitarbeiter des Paulus. Von ihnen heißt es, dass sie »ihren Hals hingehalten haben für das Leben des Paulus«. Haben sie in Ephesus (vgl. Apg 19,23-20,1) unter Einsatz ihres Lebens Paulus geholfen (vgl. 2. Kor 1,8)? Völlig entgegen der Sitte der damaligen Zeit nennt Paulus zuerst die Frau – offenbar war sie die Aktivere von beiden.

Dann wird eine Maria genannt, die »viel Mühe und Arbeit um die Gemeinde« gehabt hat. Welche Maria hier gemeint ist, wissen wir nicht. Maria war ein häufiger Name. Ihre Rolle jedenfalls war sicher nicht nur die einer sorgenden Hausfrau, sondern die einer Frau, die sich offenkundig missionarisch um die Gemeinde bemüht hat, denn das griechische Wort im Urtext, das mit »viel Mühe und Arbeit« übersetzt ist, wird von Paulus sonst für die apostolische« Tätigkeit verwendet (vgl. z. B. 1. Kor 4,12).

In Römer 16,12 werden dann schließlich noch drei Frauen namentlich erwähnt, nämlich Tryphäna, Tryphosa und Persis, die uns im Neuen Testament nur hier begegnen. Von Tryphäna und Tryphosa schreibt Paulus, dass sie »in dem Herrn arbeiten.« Schade, dass wir nichts Näheres erfahren, wie diese Arbeit konkret ausgesehen hat. Auch wenn es von Persis heißt, dass sie – wie Maria – sich »viel gemüht im Dienst des Herrn«, so erfahren wir leider nicht, was sie speziell getan hat, worin ihr »Dienst des Herrn« konkret bestand. Doch immerhin wird er von Paulus besonders hervorgehoben, er geht also über das »Normalmaß« anderer Christen hinaus.

Außer Julia (Röm 16,15) wird dann noch die Schwester des Nereus genannt – allerdings ohne Namen ...

Von zwei Frauen erfahren wir jedoch Näheres:
• Von Phöbe erfahren wir, dass sie den (männlichen!) Titel »DIA-KONOS« hat, also eine Diakonin der Gemeinde Kenchreae, dem Osthafen von Korinth. Leider können wir trotz dieses offiziellen Amtes nicht genau sagen, welches nun ihr »Dienstauftrag« war. Doch so viel geht aus dem Text mit Sicherheit hervor, dass sie – als Frau! – im Dienst der Gemeinde unterwegs auf Reisen war, und darum die Gemeinde gebeten wird, sie aufzunehmen, ihr also Unterkunft zu gewähren, dass sie ihr beistehen sollen – und dass sie auch umgekehrt vielen beigestanden hat. Ja, mehr noch: Das griechische Wort, das Luther mit »beistehen« übersetzt hat, kann auch so übersetzt werden, dass sie »Beschützerin« des Paulus war. Also: Nicht nur die Frau ist die Hilfsbedürftige, auch sie hat

geholfen, hat beschützt ... Ob Phöbe in sozialem, diakonischem – oder missionarischem Dienst unterwegs war? Ihre Reisetätigkeit weist eher auf einen missionarischen Dienst hin. Doch ob man überhaupt zwischen sozialem, diakonischem und missionarischem Dienst unterscheiden oder sogar trennen darf?

• Doch nicht nur weibliche Mitarbeiter und Diakone grüßt Paulus. Er nennt auch einen weiblichen Apostel: Junia. Ein weiblicher Apostel? Eine Apostolin? Eine solche Aussage wird zunächst viele Bibelleser ungläubig den Kopf schütteln lassen, weil es ja in Römer 16,7 im Luthertext heißt: »*Grüßt Andronikus und Junias, meine Stammverwandten und Mitgefangenen, die berühmt sind unter den Aposteln.*« Junias wird hier genannt – und Junias ist ein Männername. Doch im griechischen Urtext steht der Akkusativ ›Junian‹ – und der konnte sowohl vom männlichen Namen Junias wie vom weiblichen Namen Junia kommen. Nun findet sich aber in der gesamten antiken Literatur der Name Junias nicht (auch nicht in der Kurzform des Namens Junianus). Junia dagegen war ein geläufiger Frauenname. Darum mehren sich heute die Stimmen solcher Bibelausleger, die meinen, ohne Vorurteile könne man in der Tat in Römer 16,7 nur »Junia« lesen. Auch die Alte Kirche sah Junia und Andronikus als Ehepaar an. Also hätten wir eine weibliche Apostolin!

Dieser Gedanke macht nur dann Schwierigkeiten, wenn man, wie oft vorausgesetzt, davon ausgeht, Apostel seien nur die zwölf Jünger, die der irdische Jesus berufen hat. Und bei diesen Zwölfen war in der Tat keine Frau. Doch Paulus unterscheidet den Zwölferkreis (1. Kor 15,5) deutlich von »allen Aposteln« (1. Kor 15,7). »*Danach ist er gesehen worden von Jakobus, danach von allen Aposteln.*« Junia wird zu diesen »allen Aposteln« gehört haben (vgl. auch Gal 1,17). Für Paulus sind nicht nur die zwölf Jünger Apostel, sondern alle, die eine Erscheinung des Auferstandenen hatten und dabei zum Apostel, auf Deutsch: »zum Abgesandten« berufen wurden.

Provozierend fragt er, der ja auch nicht zu den Zwölfen gehörte, die Korinther: »*Bin ich nicht ein Apostel? Habe ich nicht unsern Herrn*

gesehen?« (1. Kor 9,1) Er freilich ist der allerletzte Apostel, die »Nachgeburt«, der etwa drei Jahre nach der Himmelfahrt vom Auferstandenen zum Apostel der Heiden berufen wurde (1. Kor 15,8).

PAULUS, EIN FRAUENFEIND?

Ja, er war nicht verheiratet (siehe Artikel von L. Mattern zu 1. Kor 7). Doch das hat andere Gründe als Frauenfeindschaft! Er nennt zahlreiche Frauen mit Namen, nennt sie seine Mitarbeiterinnen und schätzt sie als solche. Und völlig entgegen der damaligen weltweiten Auffassung sieht er die Frau nicht als minderwertig, sondern als gleichwertig an. »In Christus« – in der Gemeinde, im Leib Christi, vor Gott, gibt es keine Rangunterschiede zwischen Mann und Frau. Und das ist bei Paulus nicht nur »Sonntagsrede«. Seine Briefe belegen, dass diese Einschätzung seinem konkreten Verhalten entsprach.

DIE UNVERHEIRATETE FRAU

(1. KOR 7)

ZUR SITUATION

◆ Wenn man die Aussagen des Apostels Paulus im 7. Kapitel des 1. Korintherbriefs über die unverheiratete Frau verstehen will, muss man die Situation der Gemeinde in Korinth kennen, da Paulus ab Kapitel 7 direkt auf Fragen eingeht, die ihm die Gemeinde vermutlich schriftlich gestellt hat.

Die Lage der Christen ist dadurch gekennzeichnet, dass sie zwar reich an Gaben des Heiligen Geistes sind, aber in der Gemeinde Enthusiasmus, »Begeisterung« ausgebrochen ist. Viele sind stolz auf ihren Besitz des Heiligen Geistes. Durch die Sakramente Taufe (1. Kor 10,1-13) und Abendmahl (1. Kor 11,17-34) fühlen sich einige bereits über diese Welt enthoben. Sie meinen, sie gehörten schon jetzt zur überirdischen Welt, alles Irdische sei für sie darum belanglos, es ginge sie nichts mehr an, es berühre ihr eigentliches Ich nicht mehr.

Eine solche Überzeugung konnte zu völlig gegensätzlichen Lebenshaltungen führen: entweder zu einem absoluten Libertinismus mit der Parole »alles ist erlaubt« (1. Kor 10,23) und zur totalen sexuellen Freiheit (vgl. 1. Kor 6,12ff.), oder aber zu völliger Askese (1. Kor 7,1). Beides findet sich bereits in Korinth. Beide Haltungen waren dann auch in der für die christliche Kirche gefährlichen Irrlehre der Gnosis verbreitet.

ÜBERBLICK ÜBER KAPITEL 7

Im Kapitel 7 antwortet Paulus auf konkrete Fragen der Korinther über den Komplex von Ehe und Ehelosigkeit. Diese Fragen gilt es herauszuhören, um die jeweilige Antwort des Apostels verstehen zu können. Da Aussagen des Apostels speziell zu den unverheirateten Frauen in 1. Korinther 7 immer wieder auftauchen, ist es nötig, sich einen Überblick über das ganze Kapitel zu verschaffen.

Gliederung des Textes:

- 7, 1–7: Grundsätzliche Aussagen über Ehe und Ehelosigkeit
- 7, 8-16: Mahnungen an verschiedene »Stände«:
- Vers 8-9: an Unverheiratete und Witwen
- Vers 10-11: an Verheiratete
- Vers 12-15: an in Mischehen Lebende
- 7, 17-24: Grundsätzliche Aussage des Paulus zur Bewahrung der Christen in je ihrem Stand
- 7, 25-28: Konsequenzen daraus für Unverheiratete
- 7, 29-31: Grundsätzliche Aussagen zur christlichen Haltung in einer vergehenden Welt
- 7, 32-35: Besondere Chancen von Unverheirateten
- 7, 36-40: Konkrete Ratschläge für Unverheiratete

AUSLEGUNG

Grundsätzliche Aussagen über Ehe und Ehelosigkeit (1. Kor 7,1-7)

Wie Paulus selbst sagt, geht er auf eine direkte Anfrage der Korinther ein. Die Ausleger sind sich heute weithin darin einig, dass der asketische Satz, der Paulus gerade heute immer wieder negativ angekreidet wird, das Ideal von einigen Korinthern war; »es ist gut (griechisch: ›KALON‹ = gut, wünschenswert) für einen Menschen, keine Frau zu berühren«. Es gab demnach also in Korinth Christen, die Geschlechtsverkehr grundsätzlich verwarfen, ihn für unvereinbar hielten mit ihrem Glauben an Christus.

Aus dieser Grundhaltung heraus sind die in diesem Kapitel auftauchenden konkreten Fragen zu verstehen. Deren grundsätzliche Frage wird etwa gelautet haben: »Ist Geschlechtsverkehr überhaupt erlaubt?« Obwohl Paulus selbst ehelos lebt und den korinthischen Asketen nahe zu stehen scheint, lehnt er geschlechtliche Askese als solche ab. Während für die Korinther offensichtlich auch in bestehenden Ehen Geschlechtsverkehr infrage gestellt wurde, zeigen die Verse 2-6, dass er für Paulus selbstverständlich zur Ehe gehört. Interessant ist dabei, dass Paulus – völlig entgegen damaliger Einstellung – Mann und Frau gleichermaßen als verantwortliche Partner anspricht.

Trotz dieser positiven Aussage zur Ehe- und Geschlechtsgemeinschaft sagt Paulus, dass er wünschte, dass alle Menschen so wären wie er – nämlich ehelos, unverheiratet. Obwohl im Judentum die Ehe für den Mann als Pflicht angesehen wurde und die Ehe auch nach Paulus dem Schöpferwillen entspricht, gibt er für sich persönlich – und auch für andere – der Ehelosigkeit den Vorzug. Aber Ehelosigkeit kann nicht befohlen werden, sie ist auch kein Gesetz, das für alle gültig sein kann, und sie ist kein Verdienst der Betreffenden.

Jeder hat seine eigene Gabe und soll dieser Gabe entsprechend leben. Paulus versteht Ehelosigkeit als Charisma, als freie Gnadegabe Gottes, die als solche zum Dienst für die Gemeinde freistellt.

Mahnungen an verschiedene Stände (1. Kor 7,8-16)

Von diesem Abschnitt ist für unsere Frage nur Vers 8-9 wichtig. Wie in Vers 7 zeigt Paulus auch in Vers 8, dass er dem Unverheiratetsein den Vorzug gibt. Dabei werden hier von Paulus zwei Personengruppen angesprochen:
Die Unverheirateten und die Witwen. Wer ist mit den »Unverheirateten« gemeint? Der griechische Begriff ist männlich. Dann wäre es auf den ersten Blick hin naheliegend, in den »Unverheirateten« Männer (Witwer?) zu sehen, neben denen dann die Witwen genannt werden. Da aber den »Unverheirateten« von Vers 8 in Vers 10 die »Verheirateten« gegenübergestellt sind, ist es wahrscheinlicher und auch sprachlich durchaus möglich, in den »Unverheirateten« sowohl Männer als auch Frauen zu sehen, wobei mit »Unverheirateten« sowohl solche gemeint sein können, die noch nicht verheiratet sind, wie auch solche, die nicht mehr verheiratet sind (vgl. auch V. 11!).

Freilich: Warum werden neben den Unverheirateten dann noch ausdrücklich die Witwen erwähnt? Das kann damit zusammenhängen, dass in Korinth eben Witwen von dieser Frage speziell betroffen waren, von denen es ohnehin wesentlich mehr gab als Witwer. Vermutlich antwortet also hier Paulus auf die Frage von Nochnicht-Verheirateten und Witwen, ob sie die Ehe eingehen dürfen. Paulus gibt auch hier dem Unverheiratetsein eindeutig den Vorzug: Es ist gut (griechisch: ›KALON‹) für sie, wenn sie bleiben wie er, Paulus.

War Paulus zeitlebens unverheiratet oder war er Witwer? Angesichts der jüdischen Hochschätzung der Ehe wurde schon vermutet, Paulus sei Witwer gewesen. Doch wenn man die Texte genau liest, wird man mit großer Wahrscheinlichkeit sagen müssen, dass Paulus auch bereits als Pharisäer einst in der Schule des Gamaliel nicht verheiratet und darum auch kein Witwer war. Es gab auch z. B. bei den Essenern Ehelosigkeit, Johannes der Täufer war ehelos – und last but not least, auch Jesus war ehelos (vgl. auch Mt 19,12)!

Doch Paulus macht klar, dass dieser Rat zur Ehelosigkeit nur dann richtig ist, wenn die Betreffenden die Gabe, das Charisma, der Enthaltsamkeit haben. Wenn nicht, dann sollen sie heiraten, dann ist es besser (griechisch: ›KREITTON‹), zu heiraten, als sich in Begierde zu verzehren. Paulus kennt die Macht des Geschlechtstriebes und wertet ihn auch keineswegs ab wie die Asketen in Korinth, sondern gibt schlicht den Rat, diesen in geordnete Bahnen zu lenken. Dass es eventuell schwierig sein könnte, den entsprechenden Partner zu finden, kommt Paulus nicht in den Sinn.
Wahrscheinlich hat er ganz konkrete Unverheiratete vor Augen, für die das kein Problem war (ihre Frage war ja, ob sie heiraten dürfen!).

Grundsätzliche Aussagen zur Bewahrung der Christen in je ihrem Stand (1. Kor 7,17-24)

Von diesen grundsätzlichen Überlegungen des Paulus ist für unsere Frage nach der unverheirateten Frau vor allem der zentrale Gedanke wichtig, der in Vers 20 zum Ausdruck kommt, dass nämlich jeder in dem Stand bleiben soll, in dem er berufen wurde, also in dem er Christ wurde. »Ja keine Veränderung!«?
Der Christ, der zu einer »neuen Kreatur« (2. Kor 5,17) wurde, soll nun ausgerechnet in seinem bürgerlichen Stand bleiben, wie er ist, und nichts daran verändern? Wieso?

Vermutlich richtet sich Paulus hier gegen die Forderung von Schwärmern in Korinth, die meinten, alle weltlichen Ordnungen über den Haufen werfen zu können und zu sollen. Ihnen hält Paulus entgegen, jetzt in ihrem Stand zu bleiben. Für die Fragen nach dem ewigen Heil ist der zeitlich-weltliche Stand ohnehin unbedeutend (vgl. auch Gal 3,28: »in Christus« ist bereits jeder Stand aufgehoben).

Konsequenzen daraus für Unverheiratete (1. Kor 7,25-28)

In Vers 25 sind Jungfrauen angesprochen. Auch hier liegt offenbar eine direkte Anfrage der Korinther vor, denn Paulus leitet seine Antwort ein mit »was betrifft« – so wörtlich übersetzt. Wer ist mit diesen »Jungfrauen« gemeint? Bereits in Vers 7 und 8 waren die Unverheirateten angesprochen. Warum hier nochmals besonders die Jungfrauen? Es wurde schon von Auslegern vermutet, dass hier solche gemeint seien, die ein diesbezügliches Gelübde abgelegt hätten. Doch dann hätte Paulus anders argumentieren müssen. Manche Ausleger dachten auch, hier seien mit »Jungfrauen« Verlobte gemeint, doch das scheint mir auch unwahrscheinlich, da in Vers 36-38 deutlich dieser Kreis angesprochen wird, wo es ausdrücklich »seine Jungfrau« heißt. Die einfachste Lösung wird die nächstliegende sein: die Korinther fragten direkt nach »Jungfrauen«, also jungen Mädchen, die noch keine Ehe eingegangen sind.

Paulus bedauert, dass er sich hier auf kein Gebot des Herrn berufen kann. Doch er betont, dass das, was er sagt, nicht einfach seine unverbindliche Meinung ist. Er hat Autorität von Gott her. Wie in Vers 1 und Vers 8 sagt er auch hier in Vers 26, dass es »gut« (griechisch: ›KALON‹) ist, ledig zu bleiben. Hatte Paulus in den Versen 17-24 den Rat gegeben, dass jeder in dem Stand bleiben soll, in dem er Christ wurde, da dieser Stand ohnehin letztlich nicht mehr wichtig ist, so zeigt er nun den Horizont auf, in dem er diesen Rat zur Ehelosigkeit gibt: Diese Welt geht ihrem Ende entgegen. Paulus rechnet mit der baldigen Wiederkunft von Jesus (vgl. Röm 13,11-12). Not steht bevor – Paulus hat die Wehen der Endzeit vor Augen, die für Schwangere und Stillende besonders schwer sind (vgl. Mt 24,19).

Vers 27 richtet sich an den Mann (vgl. auch V. 10f.): Auch er soll, wie es in Vers 17-24 ausgeführt wurde, in dem Ehestand oder Ledigenstand bleiben, in dem er ist.

Entscheidend für unsere Frage ist Vers 28, der sich wieder in gleicher Weise an den unverheirateten Mann wie die unverheiratete Frau richtete und entgegen asketischen Tendenzen in Korinth eindeutig sagt, dass der, der heiratet, nicht sündigt. Freilich, Vers 28b lässt dann wieder die paulinische Bevorzugung der Ehelosigkeit erkennen. Und der Grund dafür? Wie in Vers 26 sieht Paulus auf das bevorstehende Ende der Zeit mit all ihren Bedrängnissen, ihren Wehen.

Angesichts dessen möchte er die Menschen »schonen«. Sein Rat zur Ehelosigkeit hat also einen klar seelsorgerlichen Aspekt.

Grundsätzliche Aussagen zur christlichen Haltung in einer vergehenden Welt (1. Kor 7,29-31)

Wurde bereits mehrfach deutlich, dass Paulus damit rechnet, dass die Wiederkunft von Jesus bald bevorsteht, so führt er in diesen Versen aus, wie sehr dieses Wissen sich auf die christliche Haltung auswirkt. Was Paulus hier sagt, gilt freilich unabhängig vom Zeitpunkt der Wiederkunft, denn in dieser Hoffnung kommt ja grundsätzlich zum Ausdruck, dass unsere Welt nicht das Letzte ist. Der Apostel predigt hier keine Unerschütterlichkeit oder Gleichgültigkeit oder innere Distanziertheit gegenüber allen irdischen Gegebenheiten wie etwa die damalige stoische Philosophie. Ihm geht es in diesen bis heute viel zitierten Worten vielmehr darum zu zeigen, was das Wichtigste, was das Letzte ist, gegenüber dem alles andere zum Vorletzten wird. Diese Welt mit all ihren Bindungen darf uns nicht gefangen nehmen, nicht beherrschen.

Besondere Chancen von Unverheirateten (1. Kor 7,32-35)

Hatte Paulus in Vers 28 seinen Rat, ehelos zu bleiben damit begründet, dass er die Menschen »schonen« möchte, so führt er nun diesen seelsorgerlichen Aspekt in Vers 32 fort, indem er sagt, dass er will, dass die Christen »ohne Sorge« sind, damit sie frei sind für die Sorge um die Sache des Herrn (vgl. Mt 6,25-34). Diesen seelsorgerlichen Aspekt unterstreicht Paulus in Vers 35 nochmals ausdrücklich. In Vers 32a bis 34a richtet er sich an den unverheirateten und dann an den verheirateten Mann und stellt sie einander fast schroff gegenüber:
Der Unverheiratete sorgt sich um die Sache des Herrn, wie er dem Herrn gefalle. – Der Verheiratete aber sorgt sich um die Dinge der Welt, wie er der Frau gefalle. Er ist »geteilten« Herzens.
Gibt es hier ein so krasses Entweder-Oder? Vers 34b richtet sich in gleicher Weise an die unverheiratete Frau und Jungfrau und stellt ihr die Verheiratete gegenüber. Auch hier wird die Sorge um die Sache des Herrn der Sorge um die Dinge der Welt, wie sie dem Mann gefalle, gegenübergestellt.

Wer ist hier mit den »Jungfrauen« gemeint? Auch hier scheint mir das Nächstliegende das Plausibelste (vgl. dazu Vers 25): Jungfrau meint das junge Mädchen. Mit »unverheirateter Frau« dagegen sind ältere Frauen gemeint, die auch verwitwet oder geschieden sein können. Bei den Jungfrauen und unverheirateten Frauen heißt es darüber hinaus noch, »dass sie heilig seien am Leib und auch am Geist«. »Heilig« kann in diesem Zusammenhang nur heißen, dass sie ganz und ungeteilt dem Herrn gehören, sich ihm zur Verfügung stellen.

Hier, in diesem Abschnitt kommt nun der tiefste Grund für die Bevorzugung der Ehelosigkeit durch Paulus zum Ausdruck, eine Aussage, die den Gedanken weiterführt, dass Ehelosigkeit ein Charisma ist, eine Gnadengabe Gottes, die als solche zum Dienst befähigt. Entweder dem Ehepartner gefallen – oder dem Herrn; entweder geteilten Herzens oder ungeteilt. Wie ist das zu verstehen und – stimmt das denn so generell?

Gewiss: Verheiratete müssen für den Ehepartner da sein – Kinder werden hier gar nicht erwähnt von Paulus! –, sie müssen sich um Nahrung, Kleidung und Wohnung kümmern. – Nur: Haben Unverheiratete nicht auch solche Sorgen, wenn auch in geringerem Maße? Und: Können nicht auch Verheiratete ganz im Dienst des Herrn stehen – zusammen mit ihrem Ehepartner? Selbst der Apostel Petrus war verheiratet und nahm seine Frau mit auf seinen Reisen (1. Kor 9,5). In 1. Korinther 7,2ff. sagte ja auch Paulus ein klares Ja zur Ehe. Er sieht die Ehe auch sehr realistisch. Wenn Paulus dennoch der Ehelosigkeit – bei entsprechendem Charisma – den Vorzug gibt, dann geht es ihm um die spezielle Chance, die in der Ehelosigkeit liegt.

Ganz und ungeteilt dem Herrn dienen, das kann auch – zumal einer unverheirateten Frau heute – schwer fallen. Auch sie muss sich um die »Dinge der Welt« kümmern, ihren Lebensunterhalt, ihre Existenz. Und oft fällt ihr heute auch die Sorge um die elterliche Familie anheim. Dennoch liegt im Unverheiratetsein die große Chance, sich ungleich stärker für den Herrn einsetzen zu können als im Verheiratetsein, wo die ganze Familie mitbedacht werden muss.

Man darf auch nicht vergessen, dass sich in den Worten des Paulus seine eigene Erfahrung widerspiegelt. Wenn man auf sein Leben blickt, sein nahezu ständiges Unterwegssein im Dienst seines Herrn und seinen Leidenskatalog liest (2. Kor 11,16-33), dann wird deutlich, was er meint, »ungeteilten Herzens« für den Herrn da zu sein. Für eine Ehefrau oder gar Kinder hätte es da keinen Platz gegeben.

Konkrete Ratschläge für Unverheiratete (1. Kor 7,36-40)

In Vers 36-38 wendet sich Paulus nicht an die Jungfrauen selbst, sondern er spricht Männer an, wie sie sich »ihrer« Jungfrau gegenüber verhalten sollen.

Vermutlich liegt auch hier eine direkte Anfrage von Betroffenen vor.

Wer mit diesen Männern gemeint ist, ist seit der alten Kirche umstritten. Man hat schon gemeint, dass hier von Ehemännern die Rede ist, die auf Geschlechtsverkehr meinen verzichten zu müssen, also meinen, eine »geistliche« Ehe führen zu müssen. Doch vom Geschlechtsverkehr innerhalb der Ehe hat Paulus bereits in Kapitel 7,2ff. gesprochen. Die traditionelle Auslegung – auch die von Luther – ging davon aus, dass Vers 38 zu übersetzen sei: »wer seine Jungfrau verheiratet«, und dachte dann an den Vater des jungen Mädchens. Doch wenn man, was sprachlich ebenso möglich ist (so auch die neu revidierte Lutherbibel!) übersetzt »wer seine Jungfrau heiratet«, dann ist es nahe liegend, an einen Verlobten zu denken, der Paulus fragt, wie er es mit seiner Jungfrau, d. h. seiner Verlobten nun halten soll, ob er sie heiraten oder es lieber lassen soll (vgl. 1. Kor 7,24ff.!). Auch hier beurteilt Paulus den Geschlechtstrieb äußerst nüchtern: Wer die Gabe der Enthaltsamkeit nicht hat, soll heiraten; wer sie hat, soll nicht heiraten. Beides ist möglich. Doch wiederum gibt Paulus dem Nichtheiraten den Vorzug. Wer heiratet, handelt gut (griechisch: ›KALON‹), wer nicht heiratet, handelt (›KREITTON‹) besser.

Auch der Rat an die Witwen entspricht der bisherigen Linie: Witwen haben die Freiheit zu heiraten, aber »seliger« sind sie, wenn sie nicht heiraten.
»Seliger«, d. h. nicht, dass sie vor Gott eine höhere Stufe erklommen haben, einen höheren Grad im zukünftigen Heil, »seliger« kann auch mit »glücklicher« übersetzt werden, es entspricht dem »Geschontwerden«, dem »ohne Sorge sein« der Verse 26, 28 und 32. Dieser Rat freilich ist kein Gebot, es ist die Meinung des Paulus, doch wiederum betont Paulus, dass er Autorität hat vom Geist Gottes.

ZUSAMMENFASSUNG

◆ Die Aussagen des Paulus in 1. Korinther 7 sind Antworten auf konkret gestellte Fragen und Probleme. Während im Judentum damals die Ehe für den Mann immer mehr zum Pflichtgebot wurde und uns ein Wort von R. Eleasar (um 270 n. Chr.) überliefert ist, das besagt: *»Jeder Mensch, der keine Frau hat, ist kein Mensch«*, gab es in Korinth die Tendenz zur totalen Askese, die Forderung nach grundsätzlicher geschlechtlicher Enthaltsamkeit. Paulus selbst lebte ehelos, und es ist durch alle Aussagen hindurch deutlich, dass er das Ledigsein bevorzugt, für wünschenswert hält, aber er gibt weder der Ehe noch der Ehelosigkeit eine Heilsbedeutung. Paulus hat eine unverkrampfte Haltung zur Sexualität: Er vergöttlicht sie nicht und verteufelt sie nicht.

Paulus stellt in 1. Korinther 7 keine Gebote auf, sondern gibt Ratschläge – freilich keine unverbindlichen. Doch jeder ist frei zu heiraten oder nicht zu heiraten – so wie es ihm gegeben ist. Wer das Charisma der Enthaltsamkeit nicht hat, soll heiraten.

Dass Paulus dem Ledigsein den Vorzug gibt, hat mehrere Gründe:

1. Paulus nimmt an, dass das Ende der Welt nahe bevorsteht. Angesichts dieser Situation ist es für die Betroffenen besser, nicht zu heiraten. Sie haben es leichter.
2. Ledige haben weniger weltliche Sorgen, sie sind »ungebundener«, »frei und ledig«, wie es auch unser deutsches Wort »ledig« sagt.
3. Ledige können sich (leichter!) ganz und ungeteilt für die Sache des Herrn einsetzen, ohne Rücksicht auf Familie.

Dass Paulus trotz seiner jüdischen Verwurzelung dem ehelosen Stand den Vorzug gibt, hat sicher mit seiner Naherwartung zu tun, doch hat es auch über seine Situation hinaus grundsätzliche Bedeutung, die wir heute ohne Voreingenommenheit zur Kenntnis nehmen sollten. Ganz gewiss kann man die Aussagen des Paulus nicht in der Weise pressen, dass man daraus ein Zölibat ableitet oder gar ein Pflichtzölibat. Das Charisma der Enthaltsamkeit kann nicht erarbeitet noch erzwungen werden. Es ist freie Gabe Gottes. Für Paulus ist Ehelosigkeit auch nicht heiliger als die Ehe.

Aber während – auch heute noch! – die Unverheirateten bis in Gemeindekreise hinein oft belächelt oder einfach schlicht nicht ernst genommen werden (auch z. B. oft nicht eingeladen werden!) oder leichthin und pauschal als »egoistische Singles« diffamiert werden, halte ich es für wichtig, es ernst zu nehmen, dass Paulus die unverheiratete Frau aufwertet und ihr damit Freiheit und Würde gibt. Völlig entgegen der damaligen Umwelt, in der die unverheiratete Frau nichts galt, hat Paulus sie nicht als »halbe Portion« oder zweitrangigen Menschen behandelt, sondern betont, dass gerade sie die Chance hat, sich ganz und ungeteilt für den Dienst des Herrn einzusetzen.
Hat die Kirche nicht längst erfahren, welch großen Schatz sie gerade an diesen Frauen hat?

WIE SICH DIE FRAUEN IM GEMEINDEGOTTESDIENST VERHALTEN SOLLEN (1. KOR 11,2-16)

◆ »Freiheit, Gleichheit, Brüderlichkeit«: Die Forderung nach »Gleichheit« gehörte zu den drei Schlagworten, die die Französische Revolution auf ihre Fahne geschrieben hatte. Wir müssen uns in Erinnerung rufen, dass diese drei Bestimmungen, die inzwischen längst in alle demokratischen Verfassungen Eingang gefunden haben, damals alles andere als selbstverständlich waren. »Freiheit« gab es nur für die adelige Schicht und für das Bürgertum, an Gleichheit der Rechte war angesichts des damals herrschenden Sozialsystems überhaupt nicht zu denken und auch die Brüderlichkeit, d.h. die soziale Verantwortung der Bürger füreinander, lag damals noch in weiter Ferne. Inzwischen sind alle drei Forderungen jedenfalls dem geltenden Recht nach weitestgehend verwirklicht. Zug um Zug wurde ihre Verwirklichung erkämpft und abgetrotzt: zuerst die Freiheit von der Leibeigenschaft bis hin zum Ende der Sklaverei, dann das allgemeine Wahlrecht, schließlich die

»Emanzipation« verschiedener gesellschaftlicher Gruppen, etwa der Juden, dann auch der Frauen.

Seit einigen Jahrzehnten sind die Frauen innerhalb der politischen Parteien (und zwar aller Parteien!), der Gewerkschaften und der Kirchen dabei, auch die noch verbliebenen Benachteiligungen abzubauen. Das sollte von Christen durchaus dankbar aufgenommen und mitgetragen werden. Allerdings stoßen diese Bemühungen an eine letzte Grenze, nämlich die der tatsächlichen Unterschiedlichkeit von Mann und Frau. Am Handgreiflichsten wird diese Tatsache natürlich daran, dass die Funktion der Mutterschaft beim besten Willen nicht auf den Mann übertragen werden kann. Man(n) könnte vielmehr umgekehrt sagen: Hier ist eine Gleichberechtigung des Mannes nicht möglich.

Wenn es uns nun also um »Gleichberechtigung« geht, sollten wir klären, was wir damit meinen. Im gesellschaftlichen und politischen Bereich ist hier etwa an die Gleichheit vor dem Gesetz zu denken, an das Wahlrecht (in der Schweiz haben es die Frauen erst seit relativ kurzer Zeit!), an das Recht zur Ausübung aller Berufe usw.

Fragen wir nach der »Gleichberechtigung der Frau in der Gemeinde«, dann geht es um Fragen wie diese: Darf die Frau in gleicher Weise am Gottesdienst und Gemeindeleben teilnehmen wie der Mann? Darf sie auch Leitungsfunktionen ausüben? Oder gehört sie (wie im Judentum) in einen besonderen, abgegrenzten Bereich, der sich hauptsächlich auf das Zuhören beschränkt?

Diese und andere Fragen stellen sich umso drängender, als der Anteil der Frauen an der Zahl der aktiven Gemeindeglieder in den vergangenen Jahrzehnten gestiegen ist – nicht, weil heute etwa mehr Frauen zum Gottesdienst kämen als früher, sondern weil sich die Männer mehr und mehr von den »religiösen Pflichten« verabschiedet und sie ausschließlich den Frauen zugewiesen haben. Seit langem gibt es Kirchengemeinderätinnen, und nach der Kirchengemeindeordnung bedeutet dies die Ausübung eines Leitungsamts, denn »*Kirchengemeinderat und Pfarrer leiten gemeinsam die Kirchengemeinde*« (§16 KGO Württemberg).

Insgesamt können wir die Überzahl der Frauen auch in evangelikalen und pietistischen Gemeinschaften und Kreisen feststellen. Im Bereich der Äußeren Mission haben wir uns längst daran gewöhnt, dass auch Frauen eigenständige Arbeiten betreiben und eigenständig eine Gemeinde leiten können. Der Zeitfaktor spielt m. W. dabei keine Rolle.

Und die Kirche? Nach dem 2. Weltkrieg verstand man die Einsetzung von Frauen als Gemeindepfarrerinnen noch als eine Notlösung, die erforderlich wurde, weil der Krieg in den Kreis der männlichen Pfarramtsbewerber eine empfindliche Lücke gerissen hatte. Seither hat die Zahl der Pfarrerinnen stetig zugenommen, sind Frauen in vielen Landeskirchen bis in höchste Leitungsämter aufgestiegen.

Wenn Zeitgeist, Kirche und Theologie wie mit einer Stimme das Lied der »Gleichberechtigung der Frau in der Gemeinde« singen, können wir uns ihr noch verschließen? Oder umgekehrt: Wenn Zeitgeist, Kirche und Theologie sich einig sind, müssen wir dann nicht gerade dagegen sein? Lassen wir uns von dieser Front nicht dazu verleiten, das Thema »ideologisch« anzugehen, d.h. mit schon von vornherein feststehendem Ergebnis. Wir wollen auf die Texte hören und daraus unser Ergebnis ableiten.

KONTEXT

◆ Die christliche Gemeinde in Korinth war nicht nur soziologisch betrachtet eine sehr gemischte Gemeinde (vgl. Röm 16,23b; Apg 18,8.17; 1. Kor 1,1 einerseits mit 1. Kor 1,20.26 andererseits). Auch die Vergangenheit der Gemeindeglieder war sehr unterschiedlich (vgl. 1. Kor 6,9-11). Insgesamt spiegelte sich in der Gemeinde das Milieu der Hafenstadt Korinth, in der sich wie in einem Schmelztiegel die Kulturen aus Ost und West vermischten.

Dort gab es ebenso ausgedehnte religiös verbrämte Prostitution auf dem Akrokorinth wie eine nicht zu unterschätzende jüdische Gemeinde, in der auch die Anfänge der christlichen Gemeinde in dieser Stadt zu suchen sind. Heidnische und jüdische Einflüsse bestimmten das Verhalten der Menschen und es war für viele gar nicht leicht einzusehen, dass sie auch ihren Lebensstil, ihren Umgang miteinander und ihre Religiosität auf das neue Paradigma des Christentums einstellen sollten.

Die Macht des Gewohnten übte eine magnetische Wirkung aus. Warum sollten die weiblichen »Singles«, die es nur in der griechischen, nicht aber in der jüdischen Gesellschaft gab und die in den Chefetagen der großen Handelsfirmen wohl nicht selten dominierten, sich nun auf einmal entsprechend jüdischer Sitte völlig zurücknehmen und den Männern alle Außenkontakte überlassen? Warum sollte es in den Gottesdiensten zuchtvoll und geordnet zugehen, wo doch im Tempel nebenan die Stimmung überschäumte? Warum schließlich sollten die Frauen dabei das altmodische und verachtete Kopftuch tragen, das von vielen als äußeres Symbol ihrer Zugehörigkeit zu (und Abhängigkeit von) einem Ehemann verstanden wurde? Der Mix aus solchen Fragen und entsprechender menschlich-charakterlicher Unterschiedlichkeit verdichtete sich im Laufe der Zeit in der Gemeinde zu einem explosiven Gemisch, das – wie die Korintherbriefe zeigen – sich an verschiedenen Stellen entlud.

In diese Situation hinein schrieb Paulus seine Briefe, durch die er ordnend einzugreifen versuchte. Wir werden sehen, wie er die Gemeinde über Judentum und Heidentum hinausführte.

TEXT

◆ *Ich lobe euch aber, weil ihr all das Meine im Gedächtnis habt und die Überlieferungen lehrt, wie ich sie euch übergeben habe. Ich will euch aber wissen lassen, dass der Christus das Haupt jedes Mannes ist, das Haupt der Frau aber der Mann, das Haupt des Christus aber Gott. Jeder Mann, von dessen Haupt etwas herab- (hängt), wenn er betet oder weissagt, der schändet sein Haupt. Jede Frau aber, die mit unverhülltem Haupt betet oder weissagt, schändet ihr Haupt; es ist nämlich ein und dasselbe mit einer Geschorenen. Wenn eine Frau sich nämlich nicht verhüllt, soll sie sich auch scheren lassen. Wenn es aber für eine Frau schändlich ist, sich scheren oder (die Haare) abschneiden zu lassen, soll sie sich verhüllen. Ein Mann braucht sich nämlich nicht zu verhüllen, weil sein Haupt Abbild und Abglanz Gottes ist; die Frau ist aber der Abglanz des Mannes. Denn der Mann stammt nicht von der Frau, sondern die Frau vom Mann. Der Mann wurde nämlich nicht vermittels der Frau geschaffen, sondern die Frau vermittels des Mannes. Deshalb ist die Frau wegen der Engel verpflichtet, ein (Zeichen der) Ermächtigung auf dem Kopf zu tragen. Allerdings: weder ist Frau (etwas) ohne Mann, noch ist Mann (etwas) ohne Frau in Gegenwart des Herrn. Denn wie die Frau vom Mann, so ist auch der Mann vermittels der Frau; alles aber von Gott her.*
Urteilt bei euch selbst: Entspricht es etwa der Sitte, wenn die Frau unverhüllt zu Gott betet? Und lehrt nicht die Natur selbst euch, dass es für den Mann Ehrlosigkeit bedeutet, wenn er langhaarig ist, dass es für die Frau aber eine Ehre ist, wenn sie langes Haar hat? Das lange Haar ist ihr nämlich anstelle einer Umhüllung gegeben worden. Wenn aber jemand streitsüchtig zu sein scheint: Wir haben solche Sitte nicht, auch nicht die Gemeinden Gottes.

ORT DES TEXTES

◆ Der 1. Korintherbrief ist ein Antwortschreiben, in dem Paulus auf Anfragen eingeht, die ihm von der Gemeinde in Korinth gestellt wurden. Es sind in diesem Brief sehr konkrete Probleme einer konkreten Gemeinde im Blick, was bedeutet, dass es nicht um Heil oder Unheil, Erlösung oder Verwerfung geht, vielmehr um Probleme eines reibungslosen Miteinanders unter Christen im Horizont des Gottesdienstes, d.h. der gelebten Gestaltung ihrer Beziehung zu Gott.

Diese Tatsache dürfen wir nicht aus dem Auge verlieren. Sie hilft uns, manche Fragen der Schriftauslegung besser und genauer zu beantworten. Dieser konkrete Charakter des 1. Korinther tritt sofort am Eingang unseres Textes zutage: »*Ich lobe euch, weil ihr in allen Stücken an mich denkt und an den Überlieferungen festhaltet, wie ich sie euch gegeben habe*« (1. Kor 11,2). Der Apostel reagiert hier auf den Bericht über die Zustände in der korinthischen Gemeinde. Er reagiert darauf auch an anderen Stellen, etwa in Kapitel 1, und er reagiert nicht nur positiv lobend, sondern auch negativ tadelnd und ermahnend.

Hier aber lobend, weil das, was er der Gemeinde »überliefert« hat, von ihr festgehalten und bewahrt wird. Im Griechischen heißt es wörtlich sogar: »... weil ihr an all das Meine denkt«. Das war in Korinth durchaus keine Selbstverständlichkeit! Es gab dort, wie aus Kapitel 1 hervorgeht, so etwas wie einen »Vorbilder-Dschungel«: Petrus, Apollos, Paulus – sie alle hatten ihre Anhänger dort. Und auch sonst gab es eine Menge Leute, die in Korinth mitreden wollten, wie die Korintherbriefe zeigen. Es war also durchaus ein Risiko, als Paulus dieser Gemeinde für mehrere Jahre den Rücken kehrte. Wem würden sie sich anvertrauen? Auf wen würden sie hören?

Der Apostel wendet den Blick aber sogleich in die Gegenwart und Zukunft: Es geht um das Problemfeld »Verhalten im Gottesdienst«. Hier lag in Korinth manches im Argen, wie die folgenden Kapitel zeigen: die Feier des Herrenmahls und ihr Verhältnis zu den so genannten »Liebesmahlen« der Gemeinde, die Ordnung des Gottesdienstes im Zusammenwirken der verschiedenen Begabungsträger und auch die Frage, welche Rolle Frauen im Gottesdienst spielen können.

Damit wir unseren Text richtig verstehen, müssen wir erkennen, worum es in ihm geht: Geht es um grundsätzliche Überlegungen zum Verhältnis von Mann und Frau oder geht es um konkrete Anweisungen für das gottesdienstliche Verhalten? Antwort: Es geht hauptsächlich um Letzteres und nur am Rande um Ersteres. Der »heilsgeschichtliche Ort« des Textes ist im Neuen Bund zu suchen: Thema ist das Verhalten von Erlösten, von Menschen, die Gott gerecht gesprochen hat, die zum Reich Gottes gehören.

WORT

◆ Unser Text kann entsprechend seiner argumentativen Gedankenführung so gegliedert werden:
• Vers 2: Lob der Gemeinde durch den Apostel
• Vers 3: Der Grundsatz
• Vers 3-6: »Typologisches« Argument
• Vers 7-10: Schöpfungstheologisches Argument
• Vers 11-12: Mann und Frau vor Gott
• Vers 13-16: Argumentation von der Sitte her

Einige Bemerkungen zu den einzelnen Versen:

Vers 2

Paulus geht nicht vom (negativen) Problemfall aus; vielmehr lobt er die Gemeinde in Korinth ganz grundsätzlich für die Treue, mit der sie an dem festhält, was der Apostel ihr als wichtig mitgeteilt hat. Ganz gewiss möchte er seine Zuhörerinnen und Zuhörer (denn der Brief wurde ja im Gottesdienst verlesen!) damit auch (im Sinn einer

›*captatio benevolentiae*‹ = Gewinnung der Zuhörer durch Lob) positiv stimmen und für seine Argumentation öffnen.

Vers 3

Das konkrete Problem stellt Paulus in einen weiteren Zusammenhang hinein und stellt dazu einen Grundsatz auf, indem er – von Christus als dem Lebenszentrum der Christinnen und Christen ausgehend – auf eine strukturelle Gemeinsamkeit hinweist, was einerseits die Beziehung zwischen Christus und dem Mann, andererseits die Beziehung von Mann und Frau und schließlich die Beziehung von Gott-Vater und Gott-Sohn (Christus) angeht. Von Christus her und zu Christus hin geht alles – das ist eine Grundstruktur im Denken des Apostels, und dem entspricht auch dieser gedankliche »Zirkelschluss«. Grafisch dargestellt ergibt sich daraus folgendes Schema:

Gott » Christus » Mann » Frau

Bewusst haben wir diese »Beziehungskiste« auf einer Ebene dargestellt, denn es spricht manches dafür, dass in dem griech. Wort für »Haupt« hier (mindestens nicht nur) der Gedanke einer Hierarchie steckt, sondern vielmehr der des »Herkommens von jemand«. Dafür spricht vor allem die Argumentation in 1. Korinther 11, 8f.12. Sie beinhaltet zwar eine Abhängigkeit, aber keine qualitative Unterscheidung. Das ist die eine Seite. Die andere besteht darin, dass bei dem von Paulus verwendeten Bild ein Denken in »oben« und »unten«, also eine Hierarchie, eben doch nicht ganz ausgeblendet werden kann.

Dabei gilt es freilich zu beachten, dass Hierarchien – anders als heute! – in der Antike nicht von vornherein mit negativen Assoziationen verbunden waren. Der Mensch der Antike lebte in ihnen und empfand sie als Ordnungen, die Geborgenheit und Sicherheit geben.

Das 3. und 4. Mosebuch mit ihren vielen Platzanweisungen für Einzelne und soziologische Gruppen spiegeln dieses »Sich-Einordnen« im Vergleich zum »Sich-Unterordnen« wider (s. auch Artikel von U. Mack zu Eph 5). Dass sich auch das Judentum von diesem ursprünglich gut gemeinten Gotteswillen entfernte, belegt der Satz des Josephus: *»Die Frau steht in jeder Beziehung unter dem Mann«* (c. Ap. 2,201).

Vers 4

Nun wird das korinthische Problem noch deutlicher konkretisiert: »Ein jeder Mann, der betet oder prophetisch redet und hat etwas auf dem Haupt, der schändet sein Haupt« (= Christus!). Im Judentum trägt heute auch der Mann das »Gebetstuch« über Kopf und Schultern. Früher war das anders. Im Talmud heißt es: *»Die Männer bedecken bald ihren Kopf, bald entblößen sie ihren Kopf. Aber die Frauen bedecken ihn immer, und die Knaben entblößen ihn immer«* (Ned 30b; Bill III,424). Paulus führt die christliche Gemeinde, zu der in Korinth auch Juden gehörten, in diesem Punkt über das im Judentum Gebräuchliche hinaus. Er erblickte andererseits im Verzicht der Frauen auf das Kopftuch einen demonstrativen Akt der Befreiung, einen Bruch der guten göttlichen Ordnungen. Entscheidend war für ihn: Nur wenn wir wissen, dass Gottes Ordnung für uns gut ist, können wir sie richtig halten! Und dass Gottes Ordnung für Frauen und Männer gut ist, versuchte er in unserem Abschnitt zu zeigen.

Vers 5-6

Es ging insofern um das »Haupt« (= den Kopf), als in Korinth Frauen in der Gemeinde beim Gebet und beim Weissagen ohne Kopftuch auftraten. Hierzu sind einige Hintergrundinformationen angebracht:

Schon im 3. Jahrtausend v. Chr. trugen die Frauen Trojas reichen goldenen Haarschmuck, in minoischer Zeit kannte »frau« auf

Kreta hochfrisiertes, mit Bändern durchwirktes, teilweise kompliziert frisiertes Haar. Auch in Griechenland selbst trugen Frauen des 1. Jahrtausends Gold und Silber in komplizierten, mit Locken und Strähnen versehenen Frisuren. Die Römerinnen, in späterer Zeit sonderlich die Damen des Kaiserhauses, nahmen diese Traditionen gerne auf und fügten neue Frisuren hinzu.

In neutestamentlicher Zeit trug die Frau in mehreren Reihen gedrehte Löckchen, teilweise mit hohen Haarteilen kombiniert, mit Nadeln aus Edelmetall oder Elfenbein hochgesteckt. Natürlich kannte man das gefärbte Haar und selbst die Perücke war bereits erfunden. Schon früh hatte das Haar auch religiöse (Haaropfer, Nasiräat) und symbolische Bedeutung, indem Länge und Frisur der Haare etwas über ihren Träger aussagten. In der Frühzeit war das ungekürzte Haar Erkennungszeichen der Freien. Spätestens seit dem 5. Jh. v. Chr. erkennt man die Sklaven durchweg am abgeschnittenen Kurzhaar, wobei dieses damals bei den freien Männern ebenfalls üblich war. Bei den Frauen aber blieb der Unterschied noch viel länger erhalten. In Palästina galt das Kopftuch nach A. Schlatter als Zeichen der keuschen (= treuen und gehorsamen) Ehefrau – eine »Sitte«, die sich in den (zunehmend heiden-)christlichen Gemeinden nicht lange gehalten hat: Laut 1. Timotheus 2,9 tragen Frauen auffallende Frisuren.

Einige Korintherinnen wollten es offenbar schon 10 Jahre früher ablegen, wie sie auch die Ehe ablegen wollten. Manche Frauen erhofften sich vom Christentum eine falsch verstandene Gleichberechtigung, wobei für sie das Kopftuch zum Symbol ihrer rechtlichen Benachteiligung wurde. Die Begründung dafür war vielleicht: »es ist kein Ansehen der Person vor Gott« (Röm 2,11) oder der andere paulinische Satz »hier ist nicht Mann noch Frau; denn ihr seid allesamt einer in Christus Jesus« (Gal 3,28). Bei genauerem Hinsehen entdecken sich beide Sätze von ihrem Kontext her allerdings eindeutig als in den Zusammenhang der Rechtfertigung gehörig – eine Beobachtung, die unbedingt beachtet sein will. Vor Gott (so will Paulus sagen) zählen weder Volks- oder Religionszugehörigkeit, gesellschaftlicher Stand oder auch das Geschlecht als die unveränderbarste dieser Kategorien. Galater 3,28 ist kein Beitrag zur Frage der Gleichberechtigung der Frau, sondern zu ihrer »Gleichwertigkeit« im Zusammenhang der Rechtfertigungslehre!

Wie begründet der Apostel, was er über den Verzicht auf das Kopftuch als Schande für die Frau sagt?
»... denn es ist gerade so, als wäre sie geschoren.« Haartracht war und ist oft Zeichen einer Gesinnung: Männer trugen kurze Haare zu Beginn des 20. Jahrhundertwende als Protest gegen die wallenden Haare und Bärte ihrer Väter und Großväter. Frauen trugen in den 20er-Jahren den kurzen »Bubikopf« in Verbindung mit männlicher Kleidung (so genannte »Garçonne«-Mode). In den 60er-Jahren wurden dann lange Haare bei Männern wieder modern, in den Achtzigern ließen sich die »Skinheads« die Haare ganz kurz scheren – in beiden Fällen Zeichen des Protests nicht nur gegen vorherrschende Mode.

In der Antike hatte die Haartracht ähnliche Bedeutung: Offen getragenes Haar der Frau konnte z. B. bei manchen Fruchtbarkeitsreligionen bedeuten, dass sie sich für die Zeit des Festes als nicht mehr an die Treuepflicht gegen ihren Mann gebunden ansah, dass sie also »zu haben« war. Umgekehrt war die »Geschorene« damals häufig die Prostituierte. Nun gab es nach einer – gewiss übertriebenen – Information damals auf Alt-Korinth angeblich rund 1000 Tempeldirnen. Da lag eine Verwechslung christlicher Frauen nahe. Paulus will sie ausschließen. Denn für ihn ist die Konsequenz: Wenn die Frau auf dem unbedeckten Kopf besteht, könnte man ihr gleich die Haare kurz schneiden oder ihr gar den Kopf kahl scheren, d.h. sie öffentlich wie eine Prostituierte darstellen. Das konnte natürlich nicht im Sinne der Christinnen sein.

Ganz nebenbei und ohne besondere Betonung sagt Paulus uns hier aber positiv, dass Frauen im Gottesdienst beteten und prophetisch redeten! Das ist bei der Auslegung von 1. Korinther 14,34 zu berücksichtigen! Das »Schweigen«, von dem dort die Rede ist, kann demnach nicht absolut verstanden werden als ein »Sich-nicht-äußern-Dürfen«.

Vers 7

In einem weiteren Argumentationsgang untermauert der Apostel seine Weisung schöpfungstheologisch.
»Der Mann aber soll das Haupt nicht bedecken, denn er ist Gottes Bild und Abglanz«, argumentiert er. *»Zum Bilde Gottes schuf er ihn, und er schuf sie als Mann und Weib«*, heißt es vom Menschen (1. Mose 1,27), und das verleiht ihm seine Würde, dass er im Gegenüber zu Gott ist, was er ist. Die zuvor schon (V. 2) erhobene »Haupt-Struktur« setzt sich fort: Wie der Mann Gottes ›DOXA‹ (= Ehre) ist, so entsprechend die Frau die des Mannes.

Vers 8-9

Der Mann (gemeint ist hier Adam, der erste Mensch) ist nicht vermittels der Frau geschaffen, sondern die Frau (Eva) vermittels des Mannes, konkret: aus einem Teil des Mannes (1. Mose 2,21). Ebenso ist der Mann (Adam) nicht um der Frau willen geschaffen, sondern umgekehrt (1. Mose 2,18). Paulus nimmt den Schöpfungsbericht sehr ernst, sehr wörtlich: Die Art und Weise der Erschaffung der Frau und der Platz, den sie in Gottes Weltordnung einnimmt, haben eine Bedeutung. Der schöpfungsmäßigen Abstammung der Frau vom Mann entspricht aber eine geburtsmäßige Abstammung des Mannes von der Frau, wobei Gott der beiden übergeordnete Schöpfer ist.

Vers 10

Vers 10 bringt einen völlig neuen Aspekt: *»Deshalb ist die Frau wegen der Engel verpflichtet, ein (Zeichen der) Ermächtigung auf dem Kopf*

zu tragen.« Riesner hat darauf hingewiesen, dass ›EXOUSIA‹ (= Macht) nie Bezeichnung der Macht ist, unter der jemand steht, sondern die jemand ausübt.[1] Das könnte bedeuten: Das Kopftuch (als äußeres Erkennungszeichen der verheirateten Frau) macht die Frau im Gottesdienst als eine von ihrem Mann zu Gebet und Prophezeihung, also zu öffentlicher Rede Ermächtigte erkennbar. Damit bleibt der von Gott gegebene Rahmen der Ehe erhalten.

Rätselhaft ist aber der Hinweis: »wegen der Engel«, und das umso mehr, als Vers 10 sprachlich deutlich folgernd an das Vorhergehende angeschlossen ist, wo dieser Aspekt überhaupt nicht angesprochen war.
Wirklich nicht? Immerhin ging es um Überlegungen im Umfeld der Schöpfungsgeschichte, und in diesen Kontext gehören auch die so genannten »Engelehen« (1. Mose 6,14), d.h. vermutlich Verbindungen zwischen Beteiligten aus der menschlichen und der göttlichen Welt. Einzelheiten werden nicht dargestellt. Da aber nach Ansicht des Judentums Engel im Gottesdienst gegenwärtig sind, ist zu überlegen, ob das Kopftuch der Frauen nicht einen Schutz darstellen könnte. Es muss aber betont werden, dass diese Überlegungen weitgehend spekulativ sind.

Vers 11-12

Mit Vers 11 geht Paulus insofern einen Schritt über Fragen der Schöpfungstheologie hinaus, als es jetzt um Mann und Frau vor Gott geht, d.h. zum einen hinsichtlich der Erlösung, zum anderen hinsichtlich der Gegenwart des Herrn im Gottesdienst. Lang sagt dazu: *»Damit wird die schöpfungsmäßige Eigenart von Mann und Frau nicht aufgehoben, es wird vielmehr ihr gegenseitiges Auf-einander-Angewiesensein und ihre Gleichberechtigung in den Fragen des Glaubens und des Heils hervorgehoben.«*[2] Diese Gemeinsamkeit »vor Gott« gibt auch der Ehegemeinschaft zwischen Frau und Mann eine große Würde und Verantwortung. Nicht umsonst ist schon im Schöpfungsbericht davon die Rede, dass Mann und Frau in der Ehe »ein

Fleisch« werden, dass – für Menschen unsichtbar, aber für Gott doch entscheidend hier »eine (neue Ehe-)Person« (so könnte man sinngemäß besser übersetzen), deren Existenz mit dem Tode nicht endet, sondern die bis in Himmel hineinreicht.

Vers 13-16

Im abschließenden Gedankengang fordert der Apostel seine Gemeinde zum vernünftigen Urteil auf: »Entspricht es etwa der Sitte, wenn die Frau unverhüllt zu Gott betet?« Er spricht nun ganz im horizontalen Bereich, also mit Bezug auf das, was zwischen Menschen üblich, sinnvoll, erprobt ist. Die Wortwahl zeigt das schon: »ziemt es sich«, »die Natur«, »eine Ehre«, »die Sitte«. Die von den Korinthern angesprochene Frage ist für Paulus letztlich kein Diskussionsgrund: Die damalige Sitte ist eindeutig (und sinnvoll), das logische Denken bestätigt sie und in den Gemeinden Gottes (gemeint sind wohl die judenchristlichen Gemeinden) ist es aufgrund der zuvor erläuterten Argumente so üblich.

ZIEL

Was bleibt unter dem Strich?

Es bleibt die Schöpfungsordnung Gottes: die »Haupt-Struktur«, die aber keinen »repressiven« oder demütigenden Charakter hat. An anderen Stellen scheut sich Paulus nicht, die Männer auf ihre aus ihrer Stellung begründete Verantwortung im Umgang mit ihren Frauen hinzuweisen.

Es bleiben die christologische Unterfangung des Verhältnisses von Mann und Frau vor Gott und ihre grundsätzliche Gleichwertigkeit, auch ihre Gleichheit im Blick auf die Erlösungsbedürftigkeit und Erlösungsfähigkeit.

Es bleibt die Notwendigkeit eines verantwortlichen Auftretens von Frauen und Männern im Gottesdienst, eines Auftretens, das Verwechslungen mit Strömungen der Zeit ausschließt, die mit dem Christentum nichts gemeinsam haben.

Aber die gesellschaftlichen »Spielregeln«, die Sitten, haben sich geändert – um die Gemeinden herum und auch in den Gemeinden! Gerade im Gottesdienst könnte deutlich werden, dass die Christen »in der Welt, aber nicht von der Welt« sind.

Konkret hat sich geändert

- Heute ist der Ehering einziges erkennbares Zeichen der Ehefrau, nicht mehr ihre Tracht.
- Kurzes und offen getragenes Haar ist nicht mehr Kennzeichen der Prostituierten.
- Der Individualismus ist weit fortgeschritten: Die Ehefrau ist für sich eine Person mit vollen Rechten.

Gewiss, die Erscheinungsformen haben sich gewandelt; das Problem der Loyalitätspflicht seitens der Frauen und der Männer gegenüber ihren Ehepartnern ist auch im Umfeld christlicher Gemeinden und ihrer Versammlungen geblieben. Beide sollten – vor allem im Gottesdienst – nicht ihre persönliche Profilierung suchen, sondern das, was den Herrn der Gemeinde profiliert und die Gemeinde eint und aufbaut.

---

[1] R. Riesner, Apostolischer Gemeindeaufbau. Die Herausforderung der paulinischen Gemeinden, Gießen – Basel 1978, S. 54, mit Hinweis auf M.D. Hooker, Authority on her Head: An Examination of I Cor XI.10, NTS 10, 1964, 410-416.

[2] F. Lang, Die Briefe an die Korinther, NTD 7, Göttingen – Zürich 1986, S. 142f.

DER APOSTEL UND DIE FRAUEN (1. KOR 14,33B-38)

EIN PERSÖNLICHES WORT ZUVOR

◆ Mir bleibt die Teilnahme an einem Gnadauer Kongress unvergesslich: In der Arbeitsgruppe zum Thema: »Männer und Frauen in unseren Gemeinschaften« wurden mindestens zwölf verschiedene Varianten aus dem Bereich des Gnadauer Verbandes aufgezählt, wie Gemeinden bzw. Gemeinschaften vor Ort mit den biblischen Aussagen zu besagtem Thema leben. Die Modelle umfassten eine ganze Bandbreite von Auslegungsmöglichkeiten, von der Aussage »Eine Frau darf in einer öffentlichen Versammlung nicht einmal laut beten« bis zu dem Statement: »Eine Frau darf alles«, also beten, predigen, lehren.

Ich möchte mit diesem Aufsatz keine weitere Variante hinzufügen, sondern – wie mir die Aufgabe gestellt wurde – im Rahmen einer

Betrachtung von 1. Korinther 14,33-38 aufzeigen, an welchen Stellen von Auslegern unterschiedliche exegetische Entscheidungen getroffen wurden. Die Darstellung und Analyse der Ergebnisse soll den Lesern dazu dienen, diese nachvollziehen zu können und zu einer eigenverantworteten Entscheidung zu kommen. Diese Entscheidung sollte jedoch nicht aufgrund von Sympathie oder Antipathie für die eine oder andere Meinung getroffen werden. Sicher, es ist wohl kaum möglich, ohne ein eigenes interessegeleitetes Vorurteil an diese schwierige Stelle heranzugehen; sich darüber zumindest Rechenschaft zu geben, ist jedoch erste Voraussetzung für eine offene Begegnung mit dem Wort. Ein fairer Umgang verlangt Bereitschaft und Offenheit, das Bibelwort zu hören, auch wenn es anderes zu sagen scheint, als wir zunächst denken.

KONTEXT: WORUM GEHT ES IN
1. KORINTHER 14?

◆ In Korinth stritten verschiedene Gruppen mit unterschiedlichen Gaben über die Bedeutung ihrer Gaben für die Gemeinde. Besonders die »Pneumatiker«, d.h. die mit der Zungenrede Begabten, stellten ihre Gabe in den Vordergrund. Dem tritt Paulus mit seinem Brief entgegen. Gegenüber der korinthischen Hochschätzung der Zungenrede rückt er die Prophetie in den Vordergrund. Dabei geht es Paulus um die Auferbauung der Gemeinde. Das Kapitel zielt auf Vers 40: »*Lasst aber alles ehrbar und ordentlich zugehen*« – ›KATA TAXIN.‹ Es gibt also eine Ordnung (›TAXIS‹), der sich Paulus verpflichtet weiß, weil Gott ein Gott des Friedens ist (V. 33) und nicht der Unordnung (›AKATASTASIA‹). Wie kann die Gemeinde erbaut werden, wenn alles »drunter und drüber geht«? Welchen Eindruck bekommen Ungläubige, wenn ungeordnete Glossolalie (Sprachenrede) den Gottesdienst bestimmt (V. 23) oder unangemessenes Verhalten die Gemeinde von vornherein suspekt macht?

Damit die Gemeindeversammlung in ihrer Ordnung dem Gott des Friedens entspricht, ordnet Paulus zunächst das Verhältnis von Zungenrede und Prophetie (V. 1-25). Im zweiten Teil des Kapitels geht es ihm schwerpunktmäßig um die geordnete Ausübung der Geistesgabe der Prophetie (V. 26-40), zu der auch deren Beurteilung durch andere (V. 29) zählt. Auch unser Abschnitt über das Verhalten der Frau gehört in den Kontext dieses Themas. Von Prophetie ist im unmittelbaren Zusammenhang sowohl kurz vorher (V. 29-32) als auch kurz danach (V. 37.39) die Rede. Es ist deshalb angemessen, die Aussagen über das »Schweigen« der Frau auf diesen Kontext zu beziehen.[1]

TEXT: ÜBERSETZUNG VON 1. KORINTHER 14,33B-38

33. b) Wie in allen Gemeinden der Heiligen,
34. a) sollen die Frauen in den Gemeinde(versammlungen) schweigen;
denn es ist ihnen nicht gestattet zu reden, sondern sie sollen sich unterordnen, wie auch das Gesetz sagt.
35. Wenn sie aber etwas lernen wollen, sollen sie zu Hause ihre eigenen Männer fragen; denn es ist für eine Frau schändlich, in der Gemeinde(versammlung) zu reden.
36. Oder ist das Wort Gottes von euch ausgegangen oder allein zu euch gekommen?
37. Wenn einer meint, er sei ein Prophet oder Pneumatiker, der erkenne, dass es des Herrn Gebot ist, was ich euch schreibe.
38. Wer aber das nicht anerkennt, der wird auch nicht anerkannt.

FRAGEN DER TEXTSICHERUNG: STAMMT DER TEXT WIRKLICH VON PAULUS?

◆ Von vielen Kommentatoren wird bezweifelt, dass Vers 34-35 (oder noch weitere Verse unseres Abschnitts) wirklich von Paulus stammen. Die Gründe dafür sind unterschiedlicher Art:

1. Die Anordnung in manchen griechischen Handschriften

In einigen Handschriften stehen die Verse 34-35 erst **nach** Vers 40.[2] Daraus wird weithin geschlossen, dass diese Verse ursprünglich gar nicht zu Kapitel 14 gehörten. Eine spätere, nicht von Paulus stammende Randbemerkung sei erst nachträglich in den Bibeltext eingefügt worden.[3] Der Zusatz stehe nun in vielen Handschriften nach Vers 33, in anderen nach Vers 40. Die speziell an die Frauen gerichtete Mahnung sei vonseiten eines konservativen Theologen nachgetragen worden.

Festzuhalten ist, dass es keine einzige Handschrift gibt, die die Verse 34-35 nicht enthält. Dies spricht sehr stark dafür, dass diese Verse zum ursprünglichen Bestand des Briefes gehörten.[4] Zudem zählen die Handschriften, die die fraglichen Verse erst **nach** V. 40 anführen, zu den weniger bedeutenden Varianten. Die besten Handschriften haben V. 34-35 unstrittig nach V. 33.[5] Wäre nicht der Inhalt so brisant, würde aus dem Handschriftenbefund wohl kaum eine so weit reichende Konsequenz gezogen.

Dass die sonst weniger anerkannten Handschriften gerade bei unserem Text eine entscheidende Rolle spielen sollen, liegt also offensichtlich nicht allein am Handschriftenbefund. Parallel dazu werden weitere Gründe angeführt:

2. Der Textzusammenhang

Es wird behauptet, die Verse 34-35 würden die Gedankenfolge stören und deshalb nicht in den Kontext passen. Vers 36 schließe sich nur schwer an Vers 35 an, passe jedoch vorzüglich zu Vers 33b.[6] Also stamme Vers 34f. nicht von Paulus, sondern von einem unbekannten Schreiber, der gedanklich in der Nähe der Pastoralbriefe stand.

Darüber, was im Kontext nun wirklich zusammenzupassen scheint, herrscht allerdings kein Konsens. Manche gehen von einem Zusatz aus, der über die Verse 34-35 hinausgeht: Er umfasse auch Vers 36 oder sogar noch die Verse 37 und 38; manche sehen den Beginn der Einfügung schon bei Vers 32. So bleibt zu fragen, ob die festgestellte Dissonanz in erster Linie auf die fehlende inhaltliche Übereinstimmung mit dem Kontext zurückgeht oder auf einer grundsätzlichen Abwehr des Inhalts beruht.

Die angesprochene Nähe dieser Verse zu dem Verfasser der Pastoralbriefe spielt auch eine Rolle beim nächsten Argument, das gegen eine paulinische Verfasserschaft vorgebracht wird.

3. Sprachstil und Wortgebrauch

Als unpaulinische Wendung wird in diesem Zusammenhang besonders die Formulierung »wie auch das Gesetz sagt« (V. 34) betrachtet. Wo sich Paulus sonst mit einer Zitateinführung auf das Gesetz berufe, folge auch tatsächlich ein Zitat aus dem Alten Testament. – Daneben seien es die bereits bekannten Stichworte »schweigen« bzw. »sich unterordnen«, die als unpaulinische Wendung zu betrachten seien. In den Versen 28.30.32 würden diese Begriffe nämlich anders verwendet als in Vers 34 und könnten somit nicht als Argument für eine paulinische Verfasserschaft dienen.[7] Dagegen sieht man Parallelen zu 1. Timotheus 2,11-12; dort stehen nämlich genau wie an unserer Stelle Schweigen (genauer:

nicht lehren, sondern still sein; lernen in der Stille) und Unterordnung nebeneinander. Daraus wird gefolgert, dass nicht Paulus, sondern jemand aus der Nähe des Verfassers der Pastoralbriefe für die Verse 34-35 verantwortlich sei.

Auf diesem Hintergrund die umstrittenen Verse aus 1. Korinther 14 Paulus abzusprechen, ist natürlich nur möglich, wenn auch die Voraussetzung der Argumentation geteilt wird, dass nämlich die Pastoralbriefe (= die beiden Briefe an Timotheus sowie der an Titus) nicht von Paulus stammen. Geht man – entsprechend der jeweiligen Briefanfänge – von einer paulinischen Verfasserschaft der Pastoralbriefe aus, bestärkt die Argumentation jedoch gerade die paulinische Herkunft der umstrittenen Stelle.

Vergleichbares gilt im Blick auf die Haustafeln (Eph 5,21ff. und Kol 3,18ff.), die in ähnlicher Weise wie 1. Korinther 14,34 von Unterordnung reden und die Paulus oft ebenfalls abgesprochen werden. Mit dem Urteil »unpaulinisch« bzw. »sekundär« wird häufig verknüpft, dass diese Stellen dann weniger oder überhaupt nicht verbindlich seien. Allerdings gibt es auch die andere Ansicht, dass trotz literarkritischer Operationen ein Bibelwort als heute noch gültig betrachtet wird, weil es eben zur Gesamtheit der biblischen Bücher gehört. Doch im Blick auf unsere Stelle geschieht ein literarkritisch bedingtes Ausscheiden der umstrittenen Verse meist mit dem Ziel, ihre Verbindlichkeit infrage zu stellen.

4. Paulus zitiert eine Position der Korinther

Es sind vor allem angelsächsische Ausleger, die davon ausgehen, dass Vers 34+35 nicht die Meinung von Paulus wiedergibt, sondern die Position sexistischer Männer in Korinth. Paulus selbst zitiere deren Meinung und weise sie in Vers 36 empört zurück. Damit wird unsere umstrittene Stelle zu einem Statement *für* die Beteiligung von Frauen am Gottesdienst. Begründet wird die Zitat-Theorie unter anderem mit dem Wörtchen »oder« zu Beginn von Vers 36, das im Griechischen einen starken Gegensatz einleite.[8] Wolfgang Schrage sucht in seinem Kommentar, die sprachlichen Argumente zu entkräften und stellt infrage, ob die angeblich zitierte Position wirklich zum »Freiheitspathos und Enthusiasmus« der Korinther passe. Außerdem finde sich im Brief sonst kein Zitat in dieser Länge.[9] Überhaupt bleibt schwierig, ohne konkrete Anhaltspunkte im Text ein Zitat zu behaupten. Hätte Paulus das nicht ausdrücklich gesagt, wenn er Sichtweisen anderer zitiert hätte, um sie zu widerlegen (so z. B. in 2. Kor 10,10)?[10]

5. Der Widerspruch zu 1. Korinther 11,5

Da Paulus in 1. Korinther 11,5 ganz selbstverständlich davon spricht, dass eine Frau betet oder prophetisch redet, wird das Schweigegebot drei Kapitel später als offensichtlicher Widerspruch empfunden. Deshalb zählt 1. Korinther 11,5 als entscheidendes Argument, wenn es darum geht, 1. Korinther 14,34-35 als sekundär zu behaupten. Eine ähnliche Spannung wird auch zu 1. Korinther 14,31 gesehen (»*Ihr könnt alle prophetisch reden, doch einer nach dem andern ...*«). Der spätere Einschub des Schweigegebots richte sich gegen Prophetinnen, die vor allem in gnostischen Kreisen tätig waren; so lautet einer der Erklärungsversuche.[11]

Wenn hier der Widerspruch zwischen Kapitel 11 und Kapitel 14 als Grund für die Ablehnung unserer Stelle genannt wird, müssen fairerweise auch die Auslegungsversuche betrachtet werden, die *keinen* Widerspruch zwischen den beiden Kapiteln sehen, sondern Lösungen finden, die sowohl das prophetische Reden der Frau festhalten als auch den Sinn des Schweigens berücksichtigen wollen.

Es sind in der Regel Ausleger, die die text- und literarkritischen Schlüsse nicht überzeugen und die davon ausgehen, dass die Verse wirklich von Paulus stammen. Einige der Lösungsversuche, Kapitel 11 und 14 in Übereinstimmung zu bringen, seien nachstehend vorgestellt.

LÖSUNGSVORSCHLÄGE FÜR DIE VEREINBARKEIT VON 1. KORINTHER 14,34F. MIT 1. KORINTHER 11,5

Hier Gemeindeversammlung, dort Hausandacht

Manche Ausleger weisen das in Kapitel 11,5 erwähnte Beten und Prophezeien der Frau nicht der Gemeindeversammlung (im Sinne von öffentlichem Gottesdienst), sondern der Hausandacht zu.[12] Nach Kapitel 14,3 redet jedoch, wer weissagt, den *Menschen* zur Erbauung, Ermahnung und Tröstung. Und gemäß Vers 4 geschieht prophetisches Reden zur Erbauung der *Gemeinde*. Deshalb kann davon ausgegangen werden, dass eine Prophetie auch im Gemeindegottesdienst vorgetragen wurde.

Eine weitere Variante lässt sich so beschreiben: hier Gemeindeversammlung – dort Gottesdienst. Da sich ›EKKLESIA‹ = Gemeinde/Gemeindeversammlung auf mehrfache Weise ereignen kann, ist jeweils zu entscheiden, wie der Begriff gebraucht wird. Man betrachtet die in Vers 34 erwähnten ›EKKLESIA‹ in diesem Fall als Gemeindeversammlungen, die als öffentliche Versammlungen Diskussions- und Entscheidungscharakter hatten. Bei den Griechen durften Frauen in entsprechenden ›Volksversammlungen‹ nicht einmal anwesend sein. Es sei ein Schritt nach vorn gewesen, dass die christliche Gemeindeversammlung Frauen zuließ; doch mitreden, um etwas zu erfahren (als »erste Stufe zum ›Mitreden‹ bei *Beratungen*«), sei »(immer noch) verpönt« gewesen. Anders sei es hingegen in der kultischen Versammlung, also im Gottesdienst gewesen, von dem 1. Korinther 11 spreche; dort sei eine Beteiligung von Frauen möglich gewesen.[13]

Wenn man den Kontext von Kapitel 14 mit den Abhandlungen über Zungenrede und Prophetie ernst nimmt, liegt allerdings nahe, dass es im ganzen Kapitel um den Gemeindegottesdienst geht (vgl.

V. 3-5.19.23ff.) und Vers 34 nicht plötzlich eine andere Situation anspricht, als die in den Versen zuvor erwähnte.

Was Paulus wirklich denkt, sagt er erst in Kapitel 14

Paulus hat nach dieser Sicht in Kapitel 11 nur widerwillig geduldet, dass Frauen prophezeien; in Kapitel 14 bringe er dann seine wahre Meinung zum Ausdruck: Die Frau soll überhaupt schweigen.[14]

Damit wird allerdings verkannt, dass Paulus in Kapitel 11 mit Autorität auftritt und von Überlieferungen redet, die er den Korinthern übergeben hat (vgl. V. 1). Deshalb ist dem Apostel eine solche Taktik, wie sie ihm nach oben genannter Sichtweise angelastet wird, sicher nicht zuzutrauen. Außerdem würde sich Paulus damit nicht nur gegen die alttestamentliche Tradition, die Prophetinnen kennt[15], richten, sondern auch gegen die Offenbarungserkenntnis von Pfingsten. Dass Männer *und* Frauen prophetisch reden, bedeutet nach Apostelgeschichte 2,16ff. die Erfüllung der Verheißung von Joel 3,1-2. Weil seit Pfingsten Männer und Frauen in gleicher Weise mit dem Heiligen Geist erfüllt sind, empfangen sowohl Männer als auch Frauen die Geistesgabe der prophetischen Rede (vgl. z. B. die vier Töchter des Philippus; Apg 21,8-9).

Nur Ehefrauen sollen schweigen

Da die Frauen zu Hause ihre Männer fragen sollen, gelte das Redeverbot, so wird argumentiert, nur für Ehefrauen, nicht aber für Jungfrauen, die im Anschluss an Kapitel 7,34 als besonders heilig galten. Es wird vermutet, dass Paulus »*die geisterfüllte Beteiligung solcher ›heiliger‹ Frauen*« im Gottesdienst akzeptiert hat.[16]

Dass im Verlauf der Kirchengeschichte asketisch lebende Frauen (und Männer) als besonders heilig galten, ist bekannt; dass aber Paulus auch diese Meinung vertritt, ist von 1. Korinther 7 her doch sehr infrage zu stellen.[17] Doch stellt sich natürlich die Frage zu Recht, ob Paulus mit seinem Schweigegebot nur verheiratete

Frauen ansprechen wollte, die auch zu Hause *ihre eigenen Männer* fragen können.

Nur störendes Dazwischenreden oder -fragen ist verboten

Nach diesem Ansatz ist nur ein ungeordnetes Dazwischenreden verboten, das die gottesdienstliche Ordnung stört. Wie es in den Versen 31-33 um störende Unordnung im Gottesdienst ging, die Paulus beseitigen wollte, so deute auch Vers 35 auf ein störendes Dazwischenfragen der Frauen. Damit sei offensichtlich (vgl. V. 36) Überheblichkeit und Missbrauch von Freiheit verbunden gewesen; vermutlich hätten die Frauen noch während des Gottesdienstes offene Fragen lautstark mit ihren Männern besprochen[18] oder sich in den Vordergrund gespielt und möglicherweise ihre Ehemänner bloßgestellt.[19]

Bei diesem Erklärungsversuch bleibt offen, ob Paulus das so gemeint hat, denn unter den Begründungen für sein Schweigegebot nennt er »störendes Dazwischenreden« nicht. Außerdem muss doch gefragt werden, ob Dazwischenreden und -fragen nur bei Frauen vorkam oder ein solches Verhalten nur dann als Störung der Gottesdienstordnung empfunden wurde, wenn es von weiblicher Seite ausging.

Reden ist erlaubt, so weit die Unterordnung nicht verletzt wird

Um welche spezielle Hinsicht es beim Schweigen geht, wird aus Vers 34b abgeleitet: Als Gegensatz zum verbotenen Reden steht hier nicht schweigen, sondern ›sich unterordnen‹. Es geht also um eine bestimmte Haltung. Verboten sei damit ein Reden, das die Unterordnung, die das genannte Gesetz fordert, unterläuft.[20] Daraus kann gefolgert werden, dass nicht jedes Reden ausgeschlossen ist; prophetisches Reden z. B. ist nach dem Kontext und nach 1. Korinther 11,5 selbstverständlich im Gottesdienst erlaubt. Ein nicht gestattetes Reden liege nur dort vor, wo dieses sich zur gebotenen Unterordnung in Widerspruch setzt.

Ein solches Verhalten – so die Folgerung bei etlichen Auslegern[21] – liege vor, wo eine Frau die im unmittelbaren Kontext thematisierte *Beurteilung* von prophetischer Rede (V. 29) vornimmt. Damit würde sie sich über den betreffenden Mann stellen und so der ›TAXIS‹ (Ordnung) Gottes widerstreiten, weil sie sich nicht unter-, sondern überordnet.[22]

Prophetisches Reden, das nach Kapitel 14,3f. zur Erbauung, Ermahnung und Tröstung geschieht, bedeute hingegen keine derartige Verletzung der Unterordnung. Daraus könne gefolgert werden, dass die gottesdienstliche Predigt, die ja ›zur Erbauung, Ermahnung und Tröstung‹ geschieht, auch heute selbstverständlich möglich sei.[23] Die Grenze liege dort, wo autoritative Lehre mit Herrschaft verbunden ist, was auch 1. Timotheus 2,12 entspricht.[24] Dies bedeutet dann, dass eine Frau in der Gemeinde nicht das Lehr- und Leitungsamt ausüben[25] oder – so eine abgemilderte mögliche Folgerung – zumindest nicht die Letztverantwortung in dieser Hinsicht haben sollte. Hält man am »prophetischen Reden« im Sinne der Predigt fest und setzt dort die Grenze, wo es um die *Beurteilung* prophetischer Rede geht, muss für die Praxis geprüft werden, wo solch eine Beurteilung heute stattfindet, die die Unterordnung verletzt.

Für eine Entscheidung bleibt festzuhalten, dass Paulus in 1. Korinther 11,5 ganz selbstverständlich vom Beten und Weissagen der Frauen spricht. Traut man dem Apostel zu, dass er sich nicht selbst widerspricht, kann das Schweigegebot in 1. Korinther 14,34 nicht generell zu verstehen sein. Legt man gemäß reformatorischem Grundsatz Schrift mit Schrift aus, ist nach einer Lösung für das umstrittene Schweigegebot zu suchen, die 1. Korinther 11,5 nicht tangiert; d.h., die das prophetische Reden (bzw. Weissagen) der Frau unangetastet stehen lässt. Das sollte für eine Auslegung berücksichtigt werden.

WAS IST MIT SCHWEIGEN GEMEINT?

◆ Das in Vers 34 gebrauchte Verb ist dasselbe wie in den Versen 28 und 30. Von manchen Auslegern wird betont, dass es sich um ein freiwilliges Schweigen handle, das dem andern um der Ordnung willen den Vorrang des Redens lasse. Festzuhalten ist jedoch, dass in allen drei Fällen ein Imperativ der 3. Person gebraucht wird, in Vers 34 heißt dies: sie sollen schweigen. Dies bedeutet nicht, dass ein generelles Schweigen gemeint ist, denn auch das Schweigen in Vers 28 und 30 kann bedingt verstanden werden: Der Zungenredner soll schweigen, *wenn* kein Ausleger da ist; der Prophet soll schweigen, *wenn* einem anderen eine Offenbarung zuteil wird. Vers 34 wird entsprechend von manchen Auslegern sinngemäß ergänzt: Die Frau soll schweigen und aufmerksam zuhören, *wenn* eine andere Person etwas zu sagen hat bzw. *damit* diese gehört wird. Mit diesem »funktionalen Schweigen« werde eine Stille angeordnet, die inmitten von Unordnung und Tumult nötig sei.[26]

Die weiteren von Exegeten dargelegten Begründungen für das angeordnete Schweigen reichen von der Störung des Gottesdienstes über die Rücksichtnahme auf judenchristliche Mitglieder[27] bis zur Berücksichtigung antiker Ordnungsvorstellungen, wo »Unterordnung«, »Schweigen« und »Haus« zusammengehörten.[28] Catherine Clark Kroeger hebt hervor, dass Frauen in heidnischen Kulten der griechischen Umwelt gewohnt waren, Lärm zu machen; vor diesem Hintergrund sei das Schweigegebot an die korinthischen Frauen, die zum Teil aus entsprechenden Kulten kamen, zu verstehen; sie sollen also nicht wie bisher ihre religiösen Gefühle lautstark ausdrücken.[29]

Für die Auslegung ist allerdings zu beachten, dass Vers 35 eher auf ein *Lernenwollen* der Frauen hinweist – möglicherweise als Teil eines Lehrgesprächs –, und in Vers 34 ein Reden angedeutet ist, das der *Unterordnung* widersprach.

Kontrovers diskutiert wird besonders das Verb ›LALEIN‹ = reden. Während die einen die Nebenbedeutung »Geräusch machen«, »gellend reden«, »schwatzen« oder Ähnliches hervorheben, betonen andere, dass ›LALEIN‹ im Neuen Testament niemals diese Bedeutung hat.[30] Zwar wurde ›LALEIN‹ »im klassischen Griechisch für Schwatzen gebraucht, aber nicht im 1. Jahrhundert, wo es ein Synonym für ›LEGO‹ war«[31], was eindeutig das klare, durchdachte Reden meint. Als Beleg für diese Bedeutung von ›LALEIN‹ kann Jeremia 1,6f. nach der griechischen Übersetzung des Alten Testaments, der Septuaginta, angeführt werden. Auch dort steht das Verb ›LALEIN‹, wo Jeremia auf seine Berufung antwortet: Ich verstehe nicht zu *reden*. Somit ist das Wort ›LALEIN‹ in 1. Korinther 14,34 nicht auf ›schwatzen‹ oder Ähnliches zu begrenzen. In Kapitel 14 verwendet Paulus häufig das Verb ›LALEIN‹ im Zusammenhang mit der Zungenrede; aber er gebraucht es auch für die in Vers 6b aufgezählten Äußerungen oder für prophetisches Reden. Besonders in Vers 3 wird deutlich, dass ›LALEIN‹ ein gefülltes Reden meint (vgl. auch V. 19.29).

Zum gebotenen Schweigen gehörte auch, keine Fragen zu stellen (V. 35). Das bedeutet doch wohl, dass sich die Frauen in Lehrgespräche nicht einmischen sollten, vielleicht, weil sie sonst ihren Mann (oder andere Männer) blamieren und damit die gebotene Unterordnung hätten verletzen können. Oder sie sollten deshalb zu Hause fragen, weil die Frauen sehr wenig Bildung besaßen und vieles nicht verstehen konnten; sie heirateten meistens im Alter zwischen zwölf und achtzehn Jahren; somit blieb keine Zeit für Bildung. Lernen geschah also nicht am Mann vorbei, sodass die Frau schließlich ihm etwa überlegen hätte werden können.

Was Paulus nicht thematisiert, ist das sich aus Vers 35 ergebende Problem für die Frauen ungläubiger Männer. Wen sollen sie fragen? Dieses Problem tritt hier gar nicht ins Blickfeld. Was ebenfalls nicht angesprochen wird, ist die Frage, wen *ledige* Frauen fragen sollen. Bei manchen Auslegern lautet die Antwort: den Vater, die Brüder usw. Doch wird in Vers 35 ausdrücklich von den *eigenen* Männern gesprochen. Die Stellung der unverheiratet bleibenden Frauen wird im Neuen Testament nur vereinzelt thematisiert (1. Kor 7; Apg 21,8f.; 1. Tim 5 zu den Witwen). Der Regelfall war zur Zeit des Neuen und erst recht des Alten Testaments, dass Frauen heirateten. Dies hinderte sie aber keinesfalls an der Ausübung von Prophetie; sowohl die Prophetin Debora (Ri 4,4) als auch Hulda (2. Kön 22,14) waren verheiratet.

Nach den verschiedenen Interpretationen des Schweigens liegt es nahe, die Begründungen des Apostels für sein Schweigegebot zu betrachten.

WIE BEGRÜNDET PAULUS DAS SCHWEIGEGEBOT?

Es sind vier Begründungen, die Paulus (bis V. 38) anführt:
1. der damalige Brauch bzw. die Ordnung in allen christlichen Gemeinden (V. 33b.36);
2. das Gesetz der Unterordnung (V. 34b);
3. die Ehre der Frau (V. 35);
4. ein Gebot des Herrn (V. 37).

Zu 1.: Der damalige Brauch

Wenn Vers 33b bereits zu unserem Abschnitt gehört, was ebenfalls diskutiert wird, würde dies die erste Begründung noch verstärken. Paulus gestattete den Gemeinden nicht, in Fragen der Gottesdienstordnung (wie auch im sittlichen Bereich) eigene Wege zu gehen.

Lehnte sich Paulus an die jüdische Synagoge an? Wie wir zumindest aus späterer Zeit wissen, war es üblich, dass dort nur Männer redeten[32]; damit sollte einer gottgewollten Zuordnung der Geschlechter Ausdruck verliehen werden.

Die Frage, die die erste Begründung stellt, lautet: Handelt es sich um eine bis heute verbindliche, zeitlose Gottesdienstordnung oder um damaliges, zeitbedingtes Brauchtum, auf das sich Paulus bezieht? Da Vers 34a (»wie in allen Gemeinden der Heiligen«), nicht weiter begründet wird, sehen manche Ausleger ein (nur) mit dem Brauch frühchristlicher Gemeinden begründetes Schweigegebot als zeitgebunden an. Damit ist für sie zwar der Wortlaut nicht mehr verbindlich; verbindlich bleibt für sie aber, was mit dem Gebot grundsätzlich angestrebt wird: die Aufrechterhaltung der schöpfungsgemäßen Zuordnung der Geschlechter. Darin sehen sie auch den Kern der Berufung des Apostels auf das Gesetz in Vers 34b.

Zu 2.: Die Berufung auf das Gesetz

Die kirchliche Tradition sah hinter dem »Gesetz« meistens 1. Mose 3,16, denn nach dem Sündenfall sagte Gott zu Eva: »*Dein Verlangen soll nach deinem Mann sein, aber er soll dein Herr sein.*« Auch die Rabbinen leiteten die Unterordnung der Frau in der Synagoge aus 1. Mose 3,16 ab; aus 5. Mose 22,16 schlossen sie, dass eine Frau nicht am Ort des Mannes reden dürfe.[33]

Heute wird von etlichen Auslegern mehr und mehr infrage gestellt, ob sich Paulus wirklich auf 1. Mose 3,16b bezieht. Man sieht in dieser Stelle eher ein Gerichtswort über den gefallenen Menschen bzw. eine Vorhersage der Folgen des Sündenfalls, und zwar parallel zur Mühsal bei Schwangerschaft und Geburt sowie beim Ackerbau des Mannes.[34] Durch das Neue, das in Jesus Christus angebrochen sei, hätten »*die alten, vom Sündenfall geprägten Unterordnungsstrukturen ihren entscheidenden Riss bekommen*«[35]. Wer sich hingegen weiterhin auf 1. Mose 3,16 bezieht, erkennt darin nicht nur ein Gerichtswort, sondern das Durchhalten der Schöpfungsordnung unter anderen Bedingungen.

Ein anderer Bezug, der erwogen wird, ist die Schöpfungsgeschichte in 1. Mose 2,18-23. Argumentiert wird folgendermaßen: Der zuerst Geschaffene hat – entsprechend einem nahezu universal verbreiteten Topos in semitischem und griechischem Denken – einen Vorrang (vgl. auch Paulus in 1. Tim 2,13); die Frau ist um des Mannes willen geschaffen (so Paulus in 1. Kor 11,9), als Hilfe für ihn (1. Mose 2,18). Zudem drücke die »Namensgebung« in Vers 23 die männliche Überlegenheit aus.

Die von anderer Seite vorgebrachten Gegenargumente lauten: Das zuerst Geschaffene hat nicht unbedingt einen Vorrang, denn auch die Tiere wurden zuerst geschaffen.[36] Dabei wird dann allerdings die Aussage in 1. Timotheus 2,13 nicht berücksichtigt, wo Paulus das Lernen der Frau in der Stille unter anderem mit dem Schöpfungsvorrang des Mannes begründet.

Ein weiteres Gegenargument ist der sonstige Gebrauch des Wortes ›Hilfe‹ (Luther übersetzte ›Gehilfin‹) im Alten Testament; nicht selten wird mit diesem hebräischen Wort ›EZÄR‹ nämlich auch Gott als Helfer des Menschen bezeichnet (vgl. 5. Mose 33,26.29; Ps 33,20 u.a.). – Ob man in 1. Mose 2,23 – entsprechend zur Benennung der Tiere in 1. Mose 2,19 – von einer ›Namensgebung‹ reden kann, ist umstritten. 1. Mose 2,23 enthält jedenfalls das Moment der Wiedererkennung eines gleichartigen Wesens und wird auch als ›Jubelruf‹ bezeichnet.

Wenn sich Paulus auf 1. Mose 2,18ff. beziehen sollte, liegt darin auf jeden Fall keine Abwertung der Frau. Was die Schöpfungsordnung bedeutet, muss im Zusammenhang mit dem Begriff »Unterordnung« nochmals zur Sprache kommen.

Weitere Vorschläge, was mit ›Gesetz‹ gemeint sein kann, seien hier noch angefügt:

- ein ungeschriebenes, aber allgemein praktiziertes Gesetz oder die jüdische Halacha[37];
- das im Pentateuch zwar nicht so formulierte, sich aber durchziehende »Prinzip« der Unterordnung;
- griechische oder römische Gesetze, die die Frauen vom Kult zurückgehalten haben, um Auswüchsen entgegenzutreten.[38]

Ob sich Paulus allerdings bruchlos an jüdische oder staatliche Gesetze anschließen muss, um Unterordnung einzufordern, muss doch sehr fraglich erscheinen, besonders angesichts der christologisch orientierten Haustafel in Epheser 5,21ff., die die Unterordnung der Frau von Christus her bestimmt.

Zu 3.: Die Ehre der Frau

Es ist für die Frau schändlich, schimpflich bzw. unanständig, wenn sie in der Gemeinde redet, lautet Paulus' dritte Begründung für das Schweigegebot. Es wird hier dasselbe Wort ›AISCHRON‹ gebraucht wie in 1. Korinther 11,6, wo gesagt wird, dass es für die Frau eine Schande ist, geschnittenes Haar zu haben. Wie es in damaliger Zeit (neben Sklavinnen) vor allem Prostituierte waren, die geschnittenes Haar hatten, so waren es nach C. Vilain vor allem Prostituierte oder heidnische Priesterinnen, die in der Öffentlichkeit redeten.[39]

Paulus hat hier das Schicklichkeitsempfinden der damaligen Gesellschaft vor Augen. Auch Plutarch, ein bekannter römischer Schriftsteller, begründet die Unterordnung der Frau in der damaligen Gesellschaft mit dem, was als anständig gilt, und empfiehlt ihr Schweigen aus Gründen der Schicklichkeit: Die kluge Frau soll wissen, dass »*nicht nur nicht der Unterarm, sondern auch nicht das Wort in die Öffentlichkeit gehört und dass man die Stimme wie eine Entblößung scheue und sie vor denen draußen hüte*«[40]. Zumindest diese dritte Begründung verlangt die Überlegung, was denn in unserer heutigen Gesellschaft im Blick auf das Verhalten der Frau im Gottesdienst als ›schicklich‹ oder ›schändlich‹ gilt.

Zu 4.: Das Gebot des Herrn

Verschiedentlich wird Vers 37f. direkt auf das Schweigegebot bezogen. Doch beginnt mit einem Neueinsatz in Vers 37 eine abschließende Zusammenfassung des ganzen Kapitels. Darin ist natürlich auch Vers 34f. eingeschlossen. Doch ist uns aus den Evangelien keine Weisung von Jesus bekannt, die Frauen zu schweigen gebietet.[41]

WAS IST MIT UNTERORDNUNG GEMEINT?

◆ Unterordnung wird entweder in Bezug auf die Gemeindeordnung verstanden (wie in V. 26-33) oder in Bezug auf den Mann. Gilt die erste Möglichkeit, geht es um ein ordentliches Verhalten der Frauen in der Gemeinde; Vertreter dieser Ansicht argumentieren mit dem Anliegen von Kapitel 14, einen geordneten Ablauf des Gottesdienstes sicherzustellen. Gilt die zweite Variante, ist das Verhältnis zwischen Männern und Frauen angesprochen. Da in Vers 35 von den *eigenen* Männern die Rede ist, die die Frauen fragen sollen, liegt es nahe, dass es um das Verhältnis der Ehepartner geht, für das auch eine ›TAXIS‹ gilt. Was Unterordnung für die Ehefrau bedeutet, ist im Zusammenhang mit den Haustafeln näher zu betrachten. Jedenfalls ist davon nicht abzuleiten, dass eine Frau sich *jedem* Mann unterzuordnen hat.

Für die Grundstruktur des Verhältnisses zwischen Männern und Frauen wird neben der Schöpfungsordnung (nach 1. Mose 2,18ff.) häufig auch 1. Korinther 11,3-12 herangezogen. Daraus wird eine grundsätzliche, über die Ehe hinausreichende Bedeutung des Verhältnisses der Geschlechter im Sinne einer »Kephale-Struktur« abgeleitet; das heißt, dass der Mann als Haupt (griechisch ›KEPHALE‹) die Haupt-Verantwortung und die Haupt-Fürsorge hat. Betont wird dabei, dass es nicht um einen qualitativen Vorrang des Mannes geht, sondern um ein Verhältnis von Gleichwertigem und Gleichrangigem, das allerdings nicht umkehrbar ist.[42]

Marilyn B. (Lynn) Smith, C. Clark Kroeger und andere Ausleger/innen betonen dagegen stark, dass aus dem Begriff ›Haupt‹ kein Vorrang abzuleiten sei, sondern dieser als Synonym für ›Quelle‹, also als Hinweis auf den Wurzelgrund bzw. die Herkunft, zu betrachten sei.[43] Das bedeute, dass es im Verhältnis zwischen Männern und Frauen keine Über- oder Unterordnung gebe, sondern dass es um eine Zugehörigkeit gehe.

Nach der Wortbedeutung von ›KEPHALE‹ kann aber sowohl im profanen als auch im biblischen Sprachgebrauch das Moment des Bestimmenden mit enthalten sein.[44]

Sich unterordnen (griechisch ›HYPOTASSESTHAI‹) bedeutet eigentlich ein Sich-hineinstellen in eine bestimmte Ordnung. Man ordnet sich ihr unter, indem man sie anerkennt und den Platz einnimmt, den die Ordnung vorsieht. A. Kuen ist der Ansicht, dass dies durchaus unter Gleichrangigen sein kann: Das Wort *»beschreibt eine bereitwillige Haltung der Zusammenarbeit von jemandem, der bereit ist, Verantwortung zu übernehmen und eine Last zu tragen, sich aus freien Stücken einem Gleichrangigen unterzuordnen«.*[45]

E. Kamlah sieht im Zusammenhang mit 1. Petrus 3,1 in dem Begriff ›sich unterordnen‹ die Verwirklichung der christlichen Demut. Dem entspreche der Auftrag an die Männer in 1. Petrus 3,7, ihre Frauen zu ehren. Der Ausdruck ›Ehre zuerkennen‹ könne in anderen Zusammenhängen auch anstelle von ›unterordnen‹ treten; so sei mit dem Auftrag an die Männer also ebenfalls die Verwirklichung christlicher Demut gefordert.[46]

Eine beidseitige Forderung findet sich auch in Epheser 5: Dem Sich-Unterordnen der Frau entspricht das Lieben des Mannes (V. 22 und V. 25). Für ein biblisches Verständnis von ›sich unterordnen‹ ist der in Epheser 5 hergestellte christologische Bezug entscheidend. In Christus und entsprechend seinem Vorbild geschieht lieben und sich unterordnen in wechselseitiger, unauflöslich zusammengehörender Beziehung.

Dieses Verständnis von Unterordnung sollte aus Epheser 5 zur Auslegung von 1. Korinther 14,34 herangezogen werden, wenn hier – was nahe liegt – die Unterordnung unter den Mann gemeint ist. Der Hinweis von A. Kuen ist aber ebenfalls wahrzunehmen, dass es sich nämlich bei der Unterordnung, auch wenn sie nach Epheser 5,21 wechselseitig ist, nicht um eine beliebig umkehrbare Reihenfolge handelt.[47] Für jedes soziale Leben sei eine geordnete Struktur nötig; doch sei es »abwegig« – Kuen zitiert hier P. Wells –, in der Reihenfolge Mann/Frau *»einen Ausdruck des heute abzulehnenden Patriarchats zu sehen«*.[48]

Da das Gebot der Unterordnung häufig von Männern eingefordert und auch missbraucht wurde, sprechen manche Ausleger/innen lieber von »Hinordnung« oder »Zuordnung«. Doch das biblische Wort »Unterordnung« ist keineswegs negativ oder abwertend qualifiziert; es bedeutet weder Willenlosigkeit noch Resignation oder gar Minderwertigkeit. Unterordnung ist ja auch der Ort Christi in der Vollendung (1. Kor 15,28) und in 1. Korinther 11,3 bezeichnet Paulus Gott als Haupt Christi.

Sieht man die gebotene Unterordnung als Verwirklichung einer biblischen Struktur, die an mehreren neutestamentlichen Stellen zum Ausdruck kommt (1. Kor 11,3-16; Eph 5,21-33; Kol 3,18f.; 1. Tim 2,11ff.), zeigt sich dahinter eine göttliche Ordnung (›TAXIS‹), die wohl kaum als kultureller, zeitbedingter und damit überholter Brauch betrachtet werden kann.

Andererseits geht es Paulus in unserem Text aber auch um die Frage des Anstandes, und es ist heute sicher neu zu überlegen, was sich für eine Frau in der Gemeinde gehört und was nicht.

»Die Betrachtung beider Kriterien – die Beziehungsstruktur zwischen Mann und Frau und der Bezug auf Anstand und Sitten – muss uns erlauben, ein ausgewogenes Verständnis der Texte über die Frau in der Gemeinde zu behalten. Wenn man einem dieser Kriterien eine größere Bedeutung beimisst als dem anderen, läuft man Gefahr, zu einer gezwungenen Deutung der Texte zu gelangen.«[49]

EIN PERSÖNLICHES WORT ZUM SCHLUSS

◆ Welche Position die Verfasserin hat, wird nicht verborgen geblieben sein, auch wenn ich mich um eine ausgewogene Darstellung bemüht habe. Es ist auch gar nicht anders möglich, als in dieser Frage Stellung zu beziehen. Dass uns das in Spannung geraten lassen kann zu Mitchristen, die eine andere Sicht der Dinge haben als wir selbst, wird sich kaum vermeiden lassen. Grundsätzlich sollte es uns ein Anliegen sein, offen zu bleiben für persönliche Korrektur von der Schrift her. Ich denke, wir würden Paulus einen schlechten Dienst erweisen, wenn wir den Schluss ziehen, er streiche mit einem Satz sowohl 1. Korinther 11,5 als auch den häufig in positiver Weise erwähnten Dienst seiner Mitarbeiterinnen durch (vgl. z. B. Phil 4,3f.). Die Position, die der Frau generelles Schweigen gebietet, kann meines Erachtens das Prädikat »biblisch« nicht für sich in Anspruch nehmen. Das sah schon Ernst Modersohn, einer der Väter des Pietismus, so:

»Heutzutage will man oft biblischer sein als die Bibel und den Frauen in religiösen Fragen den Mund verbieten. Das ist nicht nach der Schrift.«[50]

Ich wünsche uns Frauen Weisheit, einen Weg zu gehen, der sowohl die Achtung vor der Heiligen Schrift als auch ein ganzes Ja zur persönlichen Berufung ausdrückt.

---

[1] Heinzpeter Hempelmann: Gottes Ordnungen zum Leben. Die Stellung der Frau in der Gemeinde, Bad Liebenzell 1997. S. 40

[2] Es handelt sich vor allem um Handschriften des so genannten »Westlichen Textes« und einige lateinische Übersetzungen.

[3] Bis zu Anfang unseres Jahrhunderts waren Deutung und Authentizität der Verse »ganz unproblematisch«; der sich »seit Anfang des Jahrhunderts anbahnende Konsens über ihren sekundären Charakter ist nie Allgemeingut der Forschung geworden«, schreibt Wolfgang Schrage in seinem Kommentar zu 1. Kor 14 (Der erste Brief an die Korinther, 3. Teilbd., EKK, Zürich u. a. 1999, S. 481).

[4] F. Lang meint dazu: »Die Tatsache, dass der Text in keiner neutestamentlichen Handschrift fehlt, wiegt allerdings schwer ...« (Friedrich Lang, Die Briefe an die Korinther, NTD 7, Göttingen 1986, S. 200). – Trotzdem geht Lang von einem Einschub eines späteren Schreibers aus; die für ihn entscheidenden Gründe sind inhaltlicher Art (S. 200).

[5] Das sind vor allem die bekannten Codices Sinaiticus, Alexandrinus und Vaticanus.

[6] Schrage, S. 483

[7] Vgl. Schrage S. 483.484.486. – H. v. Campenhausen stellt jedoch fest, dass die Art, in der die Forderung des Schweigens begründet wird, durchaus paulinisch wirkt (Hans von Campenhausen, Die Begründung kirchlicher Entscheidungen beim Apostel Paulus. Zur Grundlegung des Kirchenrechts, SHAW.PH 1957, 2. Abhandlung, Heidelberg 1957, S. 24).

[8] Vgl. bei Thomas Schirrmacher, Paulus im Kampf gegen den Schleier. Eine alternative Auslegung von 1. Korinther 11,2–16, Biblia et Symbiotica 4, Bonn 1993, S. 141ff., bes. S. 147

[9] Schrage, S. 487, Fußnote 738

[10] Vgl. dazu die ausführliche Darstellung der Zitattheorie bei Alfred Kuen, Die Frau in der Gemeinde, Wuppertal 1998, S. 163–169. S. 169 führt er die Entgegnung von D. A. Carson an, der darauf hinweist, dass ein Zitat bei Paulus sonst leichter zu erkennen sei.

[11] W.-D. Marsch, Art. Frau, Abschn. III B, in: RGG³ Bd. II, 1071

[12] So Ph. Bachmann und in ähnlicher Weise A. Schlatter (vgl. Lang 200).

[13] Vgl. dazu Norbert Baumert, Frau und Mann bei Paulus. Überwindung eines Missverständnisses, Würzburg 1992, S. 178–179

[14] Hans Lietzmann, An die Korinther I.II, HNT 9, 5. erw. Aufl., Tübingen 1969, S. 75

[15] Vgl. z. B. Debora (Ri 4,4) und Hulda (2. Kön 22,14). In einer jüdischen Auslegung zu Ri 4,4 heißt es, dass auf jedem – ob Mann oder Frau – der Heilige Geist (= der Geist der Prophetie) ruht »nach Maßgabe der Werke, die er tut« (Seder ElijR 10 (48), nach Hermann Strack/Paul Billerbeck (Hg.), Kommentar zum Neuen Testament aus Talmud und Midrasch, Bd. III, München⁵ 1969, S. 563).

[16] Elisabeth Schüssler-Fiorenza, Die Frauen in den vorpaulinischen und paulinischen Gemeinden, in: Bernadette Brooten/Norbert Greinacher (Hg.), Frauen in der Männerkirche, GT.P 40, München/Mainz 1982, S. 112–140; 137

[17] Vgl. dazu den Aufsatz von Lieselotte Mattern in diesem Buch

[18] Vgl. Klyne R. Snodgrass, Paul and Women, The Covenant Quarterly 34, Nr. 4/1976, S. 3–19, 9f.

[19] Vgl. dazu Wilfried Haubeck, Zur Würde von Mann und Frau. Biblische Aspekte zum Rollenverständnis, Christsein Heute forum Nr. 64, Witten, S. 21

[20] Hempelmann, S. 45

[21] Vgl. J. Hurley; F. F. Bruce; D. A. Carson; M. Lüthi; Hp. Hempelmann u. A.

[22] Hempelmann, S. 46. – Vgl. auch die Darstellung bei Kuen 174: Die Verse 30–33a interpretieren die erste Hälfte von 1. Kor 14,29, V. 33b–35 die zweite Hälfte.

[23] Vgl. dazu die ausführliche Darstellung bei Hempelmann S. 72–74

[24] Hempelmann, S. 50–53

[25] Vgl. auch Helge Stadelmann, Die Frau als »Pastorin« – Ja oder nein? Was sagt das Neue Testament dazu? Bibel und Gemeinde 3/95, S. 29–39

[26] Ähnlich wie in Apg 12,17; 15,12f.

[27] Vgl. dazu auch 1. Kor 8,1ff.; 9,20

[28] Gerhard Dautzenberg, Zur Stellung der Frauen in den paulinischen Gemeinden, in: Ders. u. a., Die Frau im Urchristentum, QD 95, Freiburg u. a. 1983, S. 195

[29] So nach ihrem Vortrag bei einem Seminar des Zinzendorf-Instituts Marburg am 4. 10. 1997: Die Stellung der Frau in der Bibel neu beleuchtet.

[30] Vgl. Manfred Hauke, Die Problematik um das Frauenpriestertum vor dem Hintergrund der Schöpfungs- und Erlösungs-Ordnung, Paderborn, 3. über-

arb. Aufl. 1991 (Konfessionskundliche und kontroverstheologische Studien, Bd. 46), S. 374

[31] So. zitiert A. Kuen (171) H. W. House, The Speaking of Women and the Prohibition of the Law, in: BSa 7–9, 1988, S. 309

[32] Der Babylonische Talmud Megilla 23a Baraita sah vor: »Alle werden auf die Zahl der sieben Personen angerechnet, selbst ein Kind und selbst eine Frau. Aber die Gelehrten sagten: Eine Frau soll aus der Tora nicht vorlesen wegen der Ehre der Gemeinde« (Strack/Billerbeck III, S. 467).

[33] 5. Mose 22, 15f. spricht vom »Tor« als dem Gerichtsort; nur der Vater wird angewiesen, dort zu reden. Diese Anweisung wird dann später auf die Synagoge übertragen (vgl. Haubeck S. 21, Anm. 100; Lang S. 199)

[34] Vgl. C. Clark Kroeger, S. Kettling und andere Ausleger

[35] Christoph Morgner, »Stellung und Dienst der Frau in der Gemeinschaftsbewegung«. Ein Gesprächsbeitrag, Reich-Gottes-Arbeiter 90 (1995), S. 4–26; 15

[36] In 1. Mose 2,20 wird das Verhältnis zwischen Mensch und Tier durch die Namensgebung eindeutig geregelt.

[37] Vgl. Strack/Billerbeck III, S. 468

[38] So C. Clark Kroeger (s. Anm. 29)

[39] So bei Kuen, S. 178

[40] Plutarch, Praecepta coniugalia 31, zit. nach Dautzenberg, S. 198

[41] Vgl. dazu das Papier der Pilgermission St. Chrischona: Der Dienst der Frau in der Gemeinde. Fragen um die Stellung der Frau in den Chrischona-Gemeinden, 1993, S. 13f.

[42] Hempelmann, S. 79f. Nach seiner Sicht schließt Gleichrangigkeit die Unterordnung, auch die Anerkennung einer höheren Verantwortlichkeit, nicht aus. – Vgl. dazu auch Peter Brunner, Das Hirtenamt und die Frau, in: Ders., Pro Ecclesia. Gesammelte Aufsätze zur dogmatischen Theologie, Berlin/Hamburg 1962, S. 310–338

[43] Vgl. dazu auch Ruth A. Tucker/Walter Liefeld, Daughters of the Church. Women and Ministry from New Testament Times to the Present, Grand Rapids 1987, S. 454f.

[44] Heinrich Schlier, Art. KEFALÄ, Theologisches Wörterbuch zum Neuen Testament, hg. von Gerhard Kittel, Bd. III, Stuttgart 1938/1950, S. 673

[45] Kuen, S. 259

[46] Ehrhard Kamlah, HYPOTASSESTHAI in den neutestamentlichen »Haustafeln«, in: Verborum veritas. Festschrift für G. Stählin, 1970, S. 237–243; 242f.

[47] Kuen, S. 260

[48] Nach Kuen, S. 260

[49] C. Vilain, 1975, S. 111; zit. nach Kuen, S. 184

[50] Ernst Modersohn, Die Frauen des Alten Testaments, Hänssler Verlag, Holzgerlingen, S. 129

ORDNUNG NUR UM DER ›ORDNUNG‹ WILLEN? FRIEDE ZWISCHEN MÄNNERN UND FRAUEN IN DER GEMEINDE

TEXT: 1. KORINTHER 14,26-40

26. Was folgt nun daraus, liebe Brüder? Sooft ihr zusammen-
kommt, hat jeder einen Psalm oder eine Lehre, trägt jeder
eine Offenbarung, eine Zungenrede oder eine Auslegung bei;
all dies geschehe mit dem Ziel des Aufbaus (der Gemeinde).
27. Wenn aber jemand in Zungen spricht, dann sollen es zwei,
allerhöchstens drei (Gemeindeglieder) tun – einer nach dem
anderen – und einer bringe die Auslegung.
28. Falls aber kein Ausleger da sein sollte, möge er (der Zungen-
redner) in der Gemeindeversammlung schweigen. Er möge
dann für sich und vor Gott (in Zungen) reden.

29. Von den Propheten sollen zwei oder drei reden, die anderen (Propheten) mögen eine Beurteilung abgeben.
30. Falls aber einem, der noch sitzt, eine Offenbarung gegeben wird, so soll der erste schweigen.
31. Denn ihr könnt – einer nach dem anderen – alle prophetisch reden, damit alle etwas lernen und alle ermahnt werden.
32. Denn die Geister der Propheten sind den Propheten unterstellt (=»unter deren Kontrolle«),
33. denn nicht für Unordnung steht Gott, sondern er ist ein Gott des Friedens, wie dies für alle Gemeinden der Heiligen gilt.
34. Die Frauen sollen in den Gemeindeversammlungen schweigen, denn es ist ihnen nicht gestattet zu reden, sondern sie sollen sich unterstellen (unterordnen), wie es auch das Gesetz sagt.
35. Wenn sie aber ernsthaft lernen wollen, sollen sie zu Hause ihre eigenen Männer befragen. Es ist nämlich eine Schande für eine (Ehe-)Frau, in der Gemeinde zu reden.
36. Ist etwa von euch das Wort Gottes ausgegangen? Oder ist es ausschließlich zu euch gekommen?
37. Wenn aber jemand glaubt, ein Prophet oder mit dem Geist Gesalbter zu sein, möge er anerkennen, dass, was ich euch schreibe, vom Herrn angeordnet ist.
38. Erkennt dies aber einer nicht, wird er auch nicht erkannt werden.
39. Daher, liebe Brüder, strebt nach der Prophetengabe, und das Reden in Zungen verbietet nicht.
40. All dies aber soll in gutem Anstand (in großer Vornehmheit) und gemäß der Ordnung vor sich gehen.

(Übersetzung: F. Stricker)

AUSLEGUNG

◆ Der vor uns liegende Abschnitt ist wohl der – seit Jahrhunderten – am häufigsten zitierte und ausgelegte Text für unsere Fragestellung, wie ein dem Evangelium gemäßes Miteinander von Männern und Frauen in der Gemeinde vor sich gehen soll. Die Deutungen reichen von einem absoluten Redeverbot für Frauen in der christlichen Gemeinde bis hin zur Vermutung, die Verse 33 und 34 können gar nicht von Paulus selbst stammen, weil er drei Kapitel zuvor eindeutig davon ausging, dass Frauen in der Gemeinde beteten und prophezeiten, also durchaus nicht schwiegen (1. Kor 11,5). Beide Extreme in der Auslegung dieses Abschnitts haben eines gemeinsam: sie lösen die beiden fraglichen Verse aus dem Zusammenhang heraus und werden damit auch dem Grundanliegen des Paulus in seinem Brief an die Korinther nicht gerecht.

Der vorliegende Beitrag stellt daher die strittigen Verse in einen größeren Zusammenhang, um die Einordnung des so genannten »Schweigegebots« in das theologische Denken des Apostels Paulus zu ermöglichen.

Dem Kapitel 14 gehen bedeutsame Kapitel des Korintherbriefes voraus: Im Kapitel 12 werden die Gaben des Geistes – deren Verschiedenheit und Einheit mit dem Bild vom Leib, einem Organismus mit verschiedenen Gliedern und Funktionen dargestellt wird – von Paulus ausführlich besprochen. Das »Hohelied der Liebe« in Kapitel 13, die alle anderen Gaben erst einsatzfähig macht und das verbindende Band liefert, geht unserem Kapitel direkt voraus. Von diesem »Turm der Liebe« (»*Nun aber bleiben Glaube, Hoffnung, Liebe, diese drei; aber die Liebe ist die größte unter ihnen*«; 1. Kor 13,13) aus gesehen relativiert sich auch die »Rangordnung« der Gnadengaben. Aus dieser Perspektive der Liebe zieht Paulus nun in Kapitel 14 die Konsequenzen für den praktischen Einsatz der geistlichen Gaben innerhalb der Gemeinde.

Paulus stellt eindeutig klar, dass die Gaben des Geistes nicht zum persönlichen »Vergnügen« der Einzelnen ausgeteilt werden, sondern dem Aufbau und der Förderung der Gemeinschaft dienen.[1] Bei ihm steht der Dienst am anderen im Mittelpunkt, nicht die individuelle Suche nach »prestigereichen« Geistesgaben.[2] Die Grundregel für alle Aktivitäten in der Gemeinde soll sein: Alle Dinge sollen dem Aufbau der Gemeinde dienen (1. Kor 14,26).

Die Prophetie erklärt Paulus als verständliche Ermahnung, Erbauung und Trost, die vor allem den Gläubigen dienen soll (1. Kor 14, 3.22b).
Prophetie ist nach 1. Korinther 14,1-5 das wichtigste Charisma für die Gemeinde. Dass Frauen nach 1. Korinther 11,5 prophezeiten, ist in dieser Hinsicht sehr bedeutsam, da hier Paulus mit Lukas übereinstimmt, der in Apostelgeschichte 2,17-18 von der Pfingstrede des Petrus berichtet, der sich wiederum ausdrücklich auf die Joel-Weissagung in Joel 3,1+2 bezieht. Die Gabe der Sprachenrede dient nach Paulus hauptsächlich der Anbetung Gottes und ist erst durch die Auslegung auch für andere nachvollziehbar (Kap. 14,13-17).

Die geistlichen Gaben Prophetie und Zungenrede haben zunächst eine Innen-Wirkung auf die Gemeinde. Nicht weniger wichtig ist für Paulus aber auch der missionarische Aspekt, die Außenwirkung, die immer mit bedacht sein will: Wie wirkt das Gemeindeleben in seinen Ausformungen auf außenstehende »Ungläubige«? Chaotische Zustände bei der Ausübung von Prophetie und Zungenrede machen in jedem Fall eine missionarische Wirkung unmöglich und müssen deshalb unter allen Umständen vermieden werden. Das Ziel für alle Gemeindeaktivitäten bleibt, dass Ungläubige die Gegenwart Gottes erkennen und bekennen: »Wahrhaftig, Gott ist unter euch!« (Kap. 14,24-25).

Auffallend ist, dass sich das ganze Kapitel 14 bis Vers 25 an die Gemeinde als Gemeinschaft der Gläubigen richtet, ohne gesonderte Anweisungen an Männer oder an Frauen. Der Brief an die

Korinther wendet sich an die ganze Gemeinde, nicht etwa nur an einen einzelnen Leiter oder eine verantwortliche Gruppe (1. Kor 1,1-9). Paulus ermahnt die gesamte Gemeinde, weist sie auf ihre Verantwortung hin und bittet jedes einzelne Mitglied, seinen Beitrag zum Wohl des Ganzen zu leisten. Nach Vers 31 sollen ja *alle* der Reihe nach prophetisch reden, damit *alle* etwas lernen und *alle* ermahnt werden.

Korinth muss zur Zeit des Paulus eine faszinierende Stadt gewesen sein. Ihre erste Blütezeit hatte sie schon hinter sich, nämlich vom 8. bis 2. Jahrhundert v. Chr. Im Zuge der Expansionsbestrebungen des Römischen Reiches wurde diese Stadt im Jahr 146 v. Chr. völlig zerstört. Hundert Jahre später wurde Korinth von Gaius Julius Cäsar als römische Kolonie neu gegründet, und zwar als Hauptstadt der Provinz Achaia, die den gesamten Süden Griechenlands umfasste.

Ganz abgesehen von der politischen Bedeutung im Römischen Reich besaß Korinth durch seine Lage schon immer viele Vorzüge. Die Stadt lag am Isthmus von Korinth, der den Peloponnes von Zentral-Griechenland trennt. Handelswege kreuzten sich hier auf ganz natürliche Weise: die Nord-Süd-Verbindung zu Land und die Ost-West-Verbindung zwischen der Ägäis und dem Adriatischen Meer auf dem Wasserweg. Diese nahezu ideale Kombination führte schnell zu einer neuen Blütezeit Korinths, das sogar einen Doppelhafen besaß, sodass Paulus hundert Jahre nach dem Wiederaufbau auf eine beeindruckende Stadt traf. Die neue Stadtmauer Korinths umfasste ein Gebiet zweieinhalbmal so groß wie das Stadtgebiet Athens.

Die gesamte Anlage machte deutlich, dass hier ein wichtiges Verwaltungs- und Handelszentrum lag. Natürlich führte dies zu einem regen Kommen und Gehen von Handel Treibenden, Militärs, Reisenden und Verwaltungsfachleuten, Handwerkern aller Sparten sowie Sklaven aus aller Herren Länder, die gemeinsam mit den Fremdarbeitern nach Schätzungen von Historikern[3] in großen Städten ein Drittel der Stadtbevölkerung ausmachten.

Die römische Verwaltungspräsenz war deutlich spürbar, nicht nur in den Bauten, sondern auch in der Gesetzgebung. Daneben blieben im Alltag neben dem römischen Einfluss auch die alten griechischen Götter, die griechische Kultur und Bildung prägend. Durch den Handelsverkehr zu Wasser und zu Land bestand aber auch ein reger Austausch mit anderen Kulturen und religiösen Gruppierungen des Mittelmeerraumes, sodass das Leben in Korinth insgesamt von vielen Einflüssen gestaltet wurde, die auch vor der christlichen Gemeinde nicht Halt machten.

In diesem Zusammenhang muss auch die Entstehungsgeschichte der korinthischen Gemeinde beachtet werden (Apg 18,1-18). Paulus war von Athen nach Korinth gekommen und hatte dort das judenchristliche Missionsehepaar Aquila und Priszilla getroffen. Er sprach an jedem Sabbat in der Synagoge, versuchte aber von Anfang an, Juden und Griechen zu gewinnen (Apg 18,4). Nach harten Auseinandersetzungen mit der dortigen Synagogengemeinde wandte er sich von den Juden ab und konzentrierte sich von da an auf die Heiden (Apg 18,6).
Interessant ist, dass nach der Hinwendung des Paulus zur hellenistischen Bevölkerung doch noch der Synagogenvorsteher Krispus samt seinem ganzen Haus den christlichen Glauben annahm (Apg 18,8).

Während der 1 $^1/_2$ Jahre seines Aufenthalts ereignete sich ein weiterer Zusammenstoß der dortigen Bevölkerung mit der wachsenden christlichen Gemeinde, bei dem Juden den Apostel Paulus als Volksverführer bei Gallio, dem Statthalter Achaias, anklagten (Apg 18,12-17). Der Statthalter fühlte sich nicht zuständig und die Griechen (!) verprügelten den Synagogenvorsteher Sosthenes (vermutlich der Nachfolger des Krispus) noch vor dem Richterstuhl des Gallio, der sich von dieser Szene nicht beeindrucken ließ. Die hellenistischen Einwohner schienen die Juden zu jenem Zeitpunkt als lästige Störenfriede empfunden zu haben. Es waren ziemlich turbulente Zeiten, damals in Korinth!

Auch in der Gemeinde schien es, den Ermahnungen des Paulus an die Korinther nach zu urteilen, ziemlich chaotisch zugegangen zu sein, sonst müsste Paulus die »Redegaben« (Prophetie und Sprachenrede) zahlenmäßig nicht so stark eingrenzen, das Durcheinanderreden durch die Anweisung »der Reihe nach« (V. 27) verhindern und die Auslegung einfordern. Dieselbe Anweisung gilt auch für die Propheten, von denen die Disziplin des Zuhörens und aufeinander Achtens abverlangt wird. Die anderen (Propheten) werden aufgefordert, die Prophetien zu beurteilen (V. 29).[4]

Sowohl in Vers 27 als auch in Vers 31 betont Paulus, dass das Ziel der Sprachenrede und der Prophetie verfehlt wird, die Gemeinde zu bauen und lehrmäßig zu vertiefen, wenn die Beiträge der Gemeindeglieder im allgemeinen Chaos untergehen. Der prophetische Geist ist demnach ebenso wie die Gabe der Sprachenrede seinem Träger unterstellt (›HYPOTASSETAI‹) und ergreift nicht unkontrollierbar Besitz von ihm, sodass die Gabe nicht mehr »gemäß der (Gemeinde-)Ordnung« (›KATA TAXIN‹, V. 40) einsetzbar wäre.

Nach Paulus stehen alle Charismen unter der Kontrolle des einzelnen Gabenträgers. Es ist ein Zeichen echter Ausübung der Gaben, dass die Gemeindeglieder nicht gegeneinander in Konkurrenz treten, sondern in einer geordneten Abfolge auftreten. Um mit dem Bild des Leibes aus 1. Korinther 12 zu sprechen: Ein Körper, dessen Glieder und Organe gegeneinander kämpfen, ist krank und letztendlich zum Tod verurteilt!

Nach welchen Kriterien sollen die Gaben nun ausgeübt werden? Aus dem 1. Korintherbrief, speziell dem 14. Kapitel, lassen sich 5 Aspekte aufzeigen[5]:

a) Prophetie und Lehre sollen als Gaben, die das geistliche Verstehen und Wachstum der Gemeinde fördern, angemessen vertreten sein (1. Kor 14,6). Trotzdem sollen die wichtigen Gaben nicht die weniger spektakulären verdrängen, deshalb schränkt

Paulus die Anzahl der Beiträge von Prophetie und Zungenrede ein (V. 27-29).

b) Die Gabe muss mitteilbar und verständlich sein, deshalb ordnet Paulus der Zungenrede die entsprechende Auslegung zu (1. Kor 14,1-25).

c) Die Gabenträger sollen sich in ihrer Bedeutung nicht überschätzen, sondern ihre Grenzen wahrnehmen und bereit zur Korrektur und Beurteilung durch andere sein (1. Kor 14, 29f.).

d) Die Charismen stehen unter der Selbstkontrolle der Gabenträger (1. Kor 14,32). Das »Timing«, zu welchem Zeitpunkt der Beitrag eines Gabenträgers dem Gemeindeaufbau dient, liegt in seiner Macht. Weder Prophetie noch Zungenrede sind für Paulus ekstatische Phänomene, die den Verstand und die Selbstbeherrschung der Gläubigen ausschalten.

e) »Eingerahmt« werden alle diese Gaben von der Liebe, die die einzelnen Gaben erst für die Gemeinde fruchtbar macht (1. Kor 13).

Über allen Gaben steht jedoch der Geber der Gaben selbst, der Gott des Friedens, nicht der Unordnung oder des Streites. Paulus stellt hier nicht Ordnung gegen Unordnung, als ob es nur um die rechte Reihenfolge ginge. Die Alternative lautet in Korinth ›Frieden‹ (›EIRENE‹) oder ›Unordnung‹ (›AKATASTASIA‹). Das griechische Wort für Frieden, ›EIRENE‹ beinhaltet zunächst die Abwesenheit von Krieg und Kampf[6], positiv gesehen entspricht es hier dem alttestamentlichen ›Schalom‹, der weit mehr umfasst als nur »Ordnung um der Ordnung willen«.

Nach dem Wortbefund im Hebräischen liegt der Bedeutungsschwerpunkt von ›Schalom‹ zunächst eher im zwischenmenschlichen Bereich: Unversehrtheit, Glück, Wohlbefinden, Sicherheit und Glück des einzelnen Menschen oder einer Gruppe. Eine Erweiterung dieser Grundbedeutung ergibt sich dann, wenn ›Schalom‹ ein ungestörtes, von Freundschaft geprägtes Verhältnis zwischen verschiedenen Personen beschreibt.[7] Erst nachgeordnet findet sich im Wörterbuch auch der theologische Aspekt ›Friede mit Gott‹[8], der allerdings seltener vorkommt.

Mit »Frieden« in der Gemeinde weist Paulus in unserem Text nicht vorrangig auf den Frieden zwischen Gott und Mensch hin, sondern durch die spezielle Situation in Korinth bedingt, darauf, dass die Konkurrenz unter den Gläubigen, das Einander-übertrumpfen-Wollen, das sich Vordrängen, das Geltungsbedürfnis um jeden Preis, das Sich-selbst-gerne-hören-Wollen (ob in Prophetie oder Sprachenrede) in der Gegenwart Gottes ein Ende finden kann und muss. Da ist Friede, wo Menschen zur Ruhe kommen, wo sie einander in ›Schalom‹, in Freundschaft zugetan sind und nicht um den Platz in der ersten Reihe kämpfen. Die angesprochene ›AKATASTASIA‹ (= Unordnung, Aufstand[9]) entstand ja in Korinth dadurch, dass der Gottesdienst nicht in einer Haltung stattfand, die den anderen respektiert und ihm den Vortritt lässt, sondern vom egoistischen Ausüben der geistlichen Gaben bestimmt wurde (1. Kor 14,32).
Paulus fordert die Korinther geradezu dazu auf, ihre Gaben mithilfe ihres Verstandes im Zaum zu halten. Nur so dienen die verschiedenen Gaben der Gemeinde und nicht irgendeinem Selbstzweck (vgl. dazu 1. Kor 14,12-15).

In den meisten Bibelübersetzungen wie auch im griechischen Neuen Testament wird der Vers 33 sowohl im Druck als auch durch die Übersetzung »halbiert«:
Vers 33a wird dem vorangehenden Abschnitt zugeschlagen, wo der Schwerpunkt auf der Einhaltung der Reihenfolge der Redebeiträge in der Gemeinde liegt (die Begründung dafür wäre dann in Vers 33a formuliert: *»Denn Gott ist nicht ein Gott der Unordnung.«*). Vers 33b beginnt dann in der uns vertrauten Aufteilung mit einem neuen Satz: *»Wie in allen Gemeinden der Heiligen ...«*, der dann die Einleitung zu Vers 34a bildet: *»... sollen die Frauen schweigen in den Gemeindeversammlungen ...«*

Betrachten wir den Text genauer, lässt sich vom grammatischen Befund her sagen, dass das Wort ›HOS‹ = »wie« die beiden Versteile 33a und b in einem vergleichenden Sinn verbindet, wobei 33b den Halbvers 33a näher erläutert, ihm aber vom Satzbau her untergeordnet ist. Damit würde Vers 33 wie folgt lauten: »*Gott ist nicht ein Gott der Unordnung, sondern des Friedens, wie dies auch für alle (anderen) Gemeinden der Heiligen gilt.*«[10]

Argumentiert man sowohl von der Grammatik als auch vom Inhalt her, so lässt sich die grundsätzliche Aussage, dass Gott ein Gott des Friedens und nicht der Unordnung ist, nahtlos anschließen an: »... wie dies für alle Gemeinden der Heiligen gilt.« Hier wird also eine theologische Aussage »Gott ist nicht ein Gott der Unordnung, sondern des Friedens« mit einer ekklesiologischen Aussage verknüpft: »... wie dies für alle Gemeinden der Heiligen gilt.« Damit bildet Vers 33 den Kern des Abschnittes 1. Korinther 14,26-40: Der Gott des Friedens soll die Mitte, der Bezugspunkt, das Korrektiv der Gemeinde von Jesus Christus bilden. Das Wesen Gottes soll auch im Vollzug des Gemeindelebens, und zwar aller Gemeinden, sichtbar werden.

Mit Vers 34 geht Paulus noch weiter in Details. Nachdem er in den Versen zuvor immer die ganze Gemeinde der Gläubigen, Männer und Frauen im Blick hatte, spricht Paulus nun nach dem »Durcheinander« bei den Sprachenrednern und Propheten einen weiteren Bereich an, wo Unfriede und Unordnung in Korinth herrschen. In den folgenden Versen geht es um den speziellen Beitrag – und Auftrag – der Frauen in den Gemeindeversammlungen in Korinth.

Schweigen wird in den Versen zuvor von den Zungenrednern gefordert (V. 28), ebenso auch von den Propheten in Vers 30. Entscheidend ist dabei, im Interesse eines geordneten Ablaufs der Gemeindeversammlung, dass nur einer redet und nicht alle zur selben Zeit. Die einzelnen Beiträge könnten inhaltlich ja gar nicht wahrgenommen, geschweige denn gewürdigt werden, wenn sie im allgemeinen Stimmengewirr untergehen. Die Ordnung hilft also dazu, dass die Stimme des einzelnen Gemeindegliedes von den anderen Gläubigen gehört werden kann. Gäbe es diese Anweisung des Paulus nicht, hätten die weniger Redegewandten, die weniger Impulsiven oder Spontanen keine Chance, einen geistlichen Beitrag in der Gemeinde zu leisten.

Wem sollen sich die Frauen nun unterordnen? Dem Gesamtduktus des Abschnittes Vers 26 bis 40 nach zu urteilen, geht es um die Gemeindeordnung und deren disziplinierte Einhaltung. Dafür spricht auch Vers 40, mit dem Paulus seine Anweisungen noch einmal zusammenfasst: »Alles soll aber mit großer Vornehmheit ›EU-SCHEMENOS‹ (wörtlich: ›nach einem guten Schema, einer guten Vorgabe‹) und gemäß der Ordnung ›KATA TAXIN‹ vor sich gehen.« In »sich unterordnen, einordnen« (= ›HYPOTASSES-THOSAN‹) ist »Ordnung« (= ›TAXIS‹) als Wortbaustein enthalten. Gemeint ist die Einordnung in eine bestehende Ordnung, das freiwillige sich Einfügen. Die in Korinth herrschende Unordnung (›AKATASTASIA‹) ist in diesem Fall die aktive Ablehnung der Ordnung durch Nichteinhaltung der Regeln.

Bevor wir uns den möglichen Bedeutungen von ›NOMOS‹ (V. 34) zuwenden, ist es notwendig, die Gesellschaftsstrukturen, in denen Männer und Frauen im hellenistischen Raum lebten, zu beleuchten. Was wir über die damaligen Gesetze in Griechenland wissen, deutet zweifellos darauf hin, dass Frauen vom öffentlichen Leben ausgeschlossen waren. Sie hatten kein Stimmrecht in der ›EKKLES-IA‹, der Volksversammlung, die die politischen Belange in den Stadtstaaten wahrnahm. Berufspolitiker, wie wir sie heute kennen, gab es noch nicht. Der Name ›EKKLESIA‹ leitet sich von ›EKKLETOS‹ (= herausgerufen) ab. Die Versammlungen selbst konnten alle 8 bis 10 Tage stattfinden, wobei Herolde die Einwohner aus ihren Häusern riefen und sie sich dann auf einem öffentlichen Platz versammelten. Nur freie Männer über 18 Jahren (also auch keine Sklaven) hatten das Stimmrecht und die volle Freiheit der öffentlichen Rede.

Einen Eindruck vom sozialen Klima zwischen Männern und Frauen liefert ein Gespräch zwischen dem großen Philosphen Sokrates und einem gewissen Isomachos, das uns der Historiker Xenophon in der Abhandlung »Oikonomikos« (= Haushaltsführung) überliefert hat[11]:

»Auch das möchte ich sehr gern von dir erfahren, Isomachos, ob du selber deine Frau erzogen hast, dass sie so ist, wie sie sein soll, oder ob du sie fertig ausgebildet zur Leitung der ihr zukommenden Arbeiten von ihrem Vater und ihrer Mutter bekommen hast?«

»Und wie, Sokrates, hätte ich sie fertig ausgebildet bekommen sollen, da sie doch mit nicht einmal 15 Jahren zu mir kam, die Zeit davor aber unter ständiger Aufsicht lebte, damit sie möglichst wenig sähe, möglichst wenig hörte und möglichst wenig fragte?«

Nicht nur die Griechen, auch die Römer waren generell abgeneigt, Frauen die Teilnahme am öffentlichen Leben zuzugestehen. Livius, ein römischer Schriftsteller aus dem 1. Jh. vor Christus überliefert uns die entsetzte Reaktion des Konsuls Cato (234 – 149 v. Chr.) auf den Protest der Römerinnen gegen das Oppische Gesetz, das das öffentliche Tragen von Schmuck, edlen Kleidern und das Fahren in Kutschen bei Frauen als öffentliche Zurschaustellung des sozialen Status verbieten wollte[12]:

»Die Matronen, die weder guter Rat noch das Schamgefühl oder Befehle ihrer Ehemänner zu Hause halten konnten, blockierten jede Straße in der Stadt und jeden Eingang zum Forum (Romanum). Wenn jeder von uns, Bürger, sich hätte dazu entschließen können, seine Rechte und seine Würde als Ehemann gegenüber seiner Ehefrau zu behaupten, hätten wir weniger Schwierigkeiten mit dem weiblichen Geschlecht als solchem; es ist nämlich unsere Freiheit, die zu Hause durch die Gewalttätigkeit der Frauen zerstört und jetzt sogar auf dem Forum mit Füßen getreten und vernichtet wird. Weil wir sie als Einzelne nicht unter Kontrolle hielten, fürchten wir die Frauen jetzt im Kollektiv ... Eigentlich müsste ich ausrufen: Was für eine Sitte ist das, auf die Straße zu rennen, die Zufahrtswege zu blockieren und mit den Ehemännern anderer Frauen zu reden? Hättet ihr nicht diesselben Anfragen, jede an ihren eigenen Mann, zu Hause richten können? Oder fühlt ihr euch attraktiver in der Öffentlichkeit und wenn ihr die Männer anderer Frauen seht?« [13]

Ein Beispiel für Normen und Werte aus dem jüdischen Umfeld, in diesem Fall der außerkanonischen Weisheitsliteratur im Buch Jesus Sirach (Kap. 26,17-19):

»Eine Frau, die schweigen kann, ist eine Gabe Gottes, und eine wohlerzogene Frau ist nicht zu bezahlen. Es gibt nichts liebenswerteres auf Erden als eine Frau, die auf sich hält ...«

Trotz aller Unterschiede zwischen der römischen, griechischen und jüdischen Kultur lässt sich sagen, dass alle drei Kulturen eine stark patriarchale, männliche Prägung und Ausrichtung hatten, deren überkommene Werte sich im Miteinander von Männern und Frauen in ähnlicher Weise auswirkten.

Nach dem Wörterbuch lautet die Grundbedeutung von ›NOMOS‹: »Das Zugeteilte, Gesetz allgemein, die Norm, die Ordnung, das Handeln bestimmende Regel.«
Theologisch fern läge es hier, ›NOMOS‹ automatisch auf das mosaische Gesetz zu beziehen, das erstens im gesamten Kapitel nicht thematisiert wird und auch in Korinth nicht allen Gemeindegliedern bekannt war.[14] Der Apostel wandte sich an eine Gemeinde, deren Glieder in der Mehrheit bekehrte Griechen und Römer waren.

Es ist richtig, dass Paulus immer die besondere Lage und Situation der Gemeinden, an die er seine Briefe richtete, mit bedachte. Sowohl im Brief an die Römer als auch beim Galaterbrief verwendet er denselben Begriff ›NOMOS‹ im Bezug auf das mosaische Gesetz. Diese Wortwahl ergab sich durch die Tatsache, dass sich Paulus in diesen beiden Briefen mit den Judenchristen auseinander setzte, die den Heidenchristen das mosaische Gesetz auferlegen wollten.[15] In Korinth jedoch wissen wir nichts von derartigen Auseinandersetzungen[16], außerdem lässt sich im mosaischen Gesetz keine Forderung nach der Unterordnung oder dem Schweigen von Frauen in diesem Sinne finden.[17]

Seine Zuhörer in Korinth vor Augen verwendet Paulus hier den Begriff ›NOMOS‹ in Kapitel 14,34 in seinem griechischen oder römischen (und jüdisch-hellenistischen) Sinn, wo er folgende Bedeutung hatte, nämlich »Sitte, überkommenes Recht, Gewohnheitsrecht, Verordnung, Regel, soziale Norm«.[18] Allen Anwesenden, gleichgültig wo deren kulturelle Wurzeln lagen, war diese soziale Norm (›NOMOS‹) vertraut: (Ehe-)Frauen hatten in den Versammlungen zu schweigen und waren idealerweise unsichtbar, was die Öffentlichkeit anbelangt.[19]

Die Frauen (›GYNAIKES‹) in Vers 34 sind nicht Frauen im Allgemeinen, generischen Sinn, sondern nach Vers 35, wo sie darauf hingewiesen werden, ihre Männer zu fragen, eindeutig Ehefrauen. »Sie sollen (selbst) schweigen« (›SIGATOSAN‹). Es geht hier um ein aktives, freiwilliges Schweigen und nicht um ein »zum Schweigen gebracht werden«. Dieser Begriff »schweigen« wird im Neuen Testament nur von Lukas und Paulus verwendet.[20] Zusammengefasst lässt sich das Wortfeld so eingrenzen: »schweigen« = die Zunge zügeln, im Zaum halten, sich des Redens enthalten, um jemand anderem zuhören zu können oder um ein Geheimnis (z. B. die Verklärung) nicht zu verraten. Paulus spricht hier also nicht unter dem Deckmantel der allgemein anerkannten kulturellen Norm ein absolutes Redeverbot für Frauen bzw. Ehefrauen aus, sondern bittet um ein Schweigen, das die besondere Situation in Korinth vorgibt – die Zunge soll in Zaum gehalten werden.

Vers 34b: »Es ist ihnen nicht gestattet (›EPITREPETAI‹) zu reden (›LALEIN‹) ... wie es auch das Gesetz sagt.« Wichtig bleibt also festzustellen, dass nicht Paulus persönlich dieses Verbot ausspricht (»ich gestatte nicht ...«), sondern die allen Korinthern bekannte, herrschende soziale Norm. In diesem soziokulturellen Bezugsrahmen lebten die Gemeinde und ihre Mitglieder. Diese verpflichtende Regel verbot es Ehefrauen damals, sich in der Öffentlichkeit zu äußern. Frauen, die sich dieser sozialen Norm nicht unterordneten, brachten damit Schande auf sich selbst und damit auch auf ihren Ehemann.

Reden = ›LALEIN‹ ist eines der allgemeinsten und umfassendsten Worte für mündliche Äußerungen im Neuen Testament, das in allen neutestamentlichen Schriften häufig vorkommt. Würden wir hier unsere Betrachtung abschließen, käme der Vers 34: *»Die Frauen sollen in den Gemeinden schweigen, denn es ist ihnen nicht gestattet zu reden, wie es auch das Gesetz sagt«*, tatsächlich einem absoluten Redeverbot für alle Frauen gleich! Wie schon zu Anfang dieses Artikels angekündigt wurde, verpflichtet uns aber die Treue zum biblischen Text dazu, diesen Vers nicht isoliert stehen zu lassen, sondern um seine Botschaft für die damaligen Hörer und für uns heute zu ringen.

Paulus geht in 1. Korinther 11,5 ganz selbstverständlich davon aus, dass Frauen öffentlich beten und prophetisch reden. In Kapitel 14 geht es dagegen um eine andere Frage, nämlich wie die Gaben des Heiligen Geistes in der Gemeinde, die allen Gemeindegliedern ausgeteilt wurden zum Wohl der Gläubigen und im Hinblick auf Ungläubige, die für den Glauben an Christus gewonnen werden sollen, praktiziert werden können. In diesen Rahmen ist auch das Schweigegebot an die Ehefrauen einzuordnen.

»Wenn sie aber etwas (ernsthaft) lernen wollen (›THELOU-SIN‹) ...« (V. 35). Wenn es diesen Frauen, so Paulus, wirklich ernsthaft um ein Lernen im Sinne einer Vertiefung ihrer geistlichen Erkenntnis und die Antwort auf Glaubensfragen geht, dann sollen sie (zunächst) auf öffentliches Reden verzichten und sich daheim kundig machen. In eine ähnliche Richtung zielt auch der griechische Philosph und Schriftsteller Plutarch, ein Zeitgenosse des Paulus (46-ca. 125 n. Chr.) und formuliert treffend in seinem Rat an Pollianus:

»Und für deine Frau musst du aus den verschiedensten Quellen sammeln, was nützlich und brauchbar ist, so wie es die Bienen tun, mache es dir selbst zu Eigen und vermittle ihr dann dieses Wissen. Diskutiere es mit ihr und trage dazu bei, dass die besten dieser Lehren zu vertrauten und beliebten Gesprächsthemen für deine Frau werden. Denn wenn Frauen

nicht die Saat guter Lehren empfangen und sich gemeinsam mit ihren Ehemännern intellektuell weiterentwickeln, kommen sie auf viele ungehörige Ideen, primitive Pläne und niedere Gefühle.«[21]

Paulus ermutigt hier also die Ehepaare, zu Hause theologische Gespräche zu führen, sodass die Grundlagen des Glaubens klar sind, bevor Männer und ihre Ehefrauen in die Gemeinde kommen.

Wie kommen ein Gespräch und ein Lernprozess am besten in Gang? Durch das Stellen von gezielten Fragen (›EPEROTATOSAN‹)! Sowohl im Judentum zur Zeit des Paulus als auch im Hellenismus geschah das Lernen im Dialog, nicht im Monolog. Die Schüler bzw. Lernenden stellten Fragen ebenso wie die Lehrer. Das Gespräch, das sich daraus entwickelte, setzte einen Prozess des Nachdenkens in Gang, der Lernen überhaupt erst ermöglichte.

Berühmt in der griechischen Philosophie ist z. B. die Methode des Sokrates, durch gezielte Fragen an seine Zeitgenossen deren Unwissenheit aufzudecken und sie dazu zu ermutigen, nach Weisheit und Erkenntnis zu suchen. Beginnen dann die Zuhörer, selbst Fragen zu stellen, sind sie schon den ersten Schritt auf diesem Weg gegangen. Sie haben sich eingestanden, dass sie nichts oder zumindest noch nicht alles wissen. Auch Jesus selbst setzt im Rahmen seiner Verkündigung und Lehrgespräche mit seinen Jüngern gezielte Fragen ein. Roy B. Zuck listet in seinem Buch »Teaching as Jesus taught«[22] 103 verschiedene Fragen auf, die an Jesus gerichtet wurden. Dies macht deutlich, wie sehr seine Verkündigung und seine Gegenwart zum Nachdenken und Nachfragen anregte.

Doch auch für das Stellen von Fragen gab es damals eindeutige Regeln, sowohl in der hellenistischen Welt als auch in jüdischen Quellen. Die folgenden Zitate machen deutlich, dass es in beiden Kulturräumen ähnliche Vorschriften gab, wie ein Lernender mit einem Lehrer umzugehen hatte. Zunächst eine jüdische Quelle aus dem 2. Jh.[23]:

»Wenn ein Weiser den Raum betritt – fragen sie ihn nicht sofort nach sei-ner Meinung, (sondern warten) bis er sich niedergelassen hat. Dies gilt auch für einen Lernenden – er hat nicht das Recht, eine Frage zu stellen, bevor er sich nicht niedergelassen hat. Wenn er hereinkommt und die Anwesenden befinden sich schon mitten in der Diskussion einer Gesetzes-vorschrift, sollte er sich nicht in ihre Diskussion einmischen, bevor er sich nicht niedergelassen hat und weiß, wovon sie reden.«

Noch schärfer formuliert Plutarch, der Zeitgenosse des Paulus[24]:
»Aber jene, die dauernd mit Einwänden unterbrechen – weder hören sie zu, noch werden sie angehört, sondern reden, während andere reden, sol-che benehmen sich unschicklich. Wogegen der Mann, der die Gewohnheit hat, mit Respekt und Zurückhaltung zuzuhören, der kann auch einer schwierigen Unterhaltung folgen und sie angemessen verarbeiten; er durchschaut und entdeckt schneller ein nutzloses oder falsches Gespräch, und erweist sich so als ein Freund der Wahrheit und nicht der Streitge-spräche noch als dickköpfiger Tor oder Streitsüchtiger ... Denn wenn sie unter sich sind, sind sie nicht bereit, sich selbst anzustrengen, vielmehr bereiten sie dem Redner Schwierigkeiten, indem sie wiederholt Fragen zu denselben Themen stellen, wie hungrige Jungvögel mit aufgerissenem Schnabel auf ihr Futter warten, wobei sie es immer wohl vorbereitet und vorgekaut serviert haben wollen.«

Im Grunde war es nachvollziehbar, dass Frauen ihre neu gefundene Freiheit und ihren Wissensdurst stillen wollten – es war auch ein immenser Nachholbedarf da. Andererseits sieht es auch so aus, als ob es manchen Frauen Freude gemacht hätte, durch öffentliches Reden in der Gemeinde Aufmerksamkeit zu erregen, sich in den Vordergrund zu spielen, ein Verhalten, das sozial nicht akzeptabel war in der damaligen hellenistischen Umwelt. Nichtchristen hätten in einer derartigen Versammlung den begründeten Eindruck gewinnen können, dass bei den Christen die gesellschaftlichen Regeln außer Kraft gesetzt sind und die christliche Gemeinde sich durch Unordnung und Unfriede auszeichnet.

Paulus geht in diesem Briefabschnitt davon aus, dass es für Ehepaare verschiedene »Räume des Lernens« sozusagen als »konzentrische Kreise« gibt:

Zuerst im privaten, familiären Raum, wo spezifische Fragen geklärt werden können und ein direkter Dialog zwischen Mann und Frau möglich ist, der nicht den Ablauf der Gemeindeversammlung stört. Dann aber auch in der Gesamtgemeinde: Ihr könnt ja *alle* der Reihe nach prophetisch reden, damit *alle* etwas lernen und *alle* ermahnt werden (V. 31). Lernen für die Ehefrauen sollte und musste stattfinden, aber zuerst im Privaten, dann in der Öffentlichkeit. Deshalb verweist Paulus die Ehefrauen, die danach streben, geistlich zu lernen, an ihre Ehemänner. Die angesprochenen Frauen hatten vielleicht das Gespräch in der Ehe zu wenig spektakulär gefunden.[25]

Die Ehepaare werden hier von Paulus geradezu in die Pflicht genommen und ermutigt, sich über geistliche Themen in Frage und Antwort auszutauschen und zwar zu Hause (V. 35). Die Ehemänner sollten deshalb die Fragen ihrer Frauen nicht lästig finden, sondern auf sie eingehen und den Nachholbedarf in Sachen christlichem Glauben stillen. Damit wertet Paulus die Ehe unter Christen auf, sie ist nicht nur Lebensgemeinschaft, sondern soll auch Lerngemeinschaft sein!

»Denn es ist eine Schande (›AISCHRON‹) für eine Frau, in der Gemeindeversammlung zu reden ...«; Vers 35b. Die beiden anderen Textstellen, in denen Paulus mit »Es ist eine Schande« argumentiert, sind 1. Korinther 11,6 und Epheser 5,12. In beiden Fällen geht es um sozial unakzeptables Verhalten in der damaligen Gesellschaft, das Anstoß erregte. Der Apostel argumentiert hier also, wenn er in Korinth das Schweigen der Ehefrauen in der Gemeinde mit der Begründung (»es ist schändlich«) einfordert, damit, dass die Nichtchristen auf deren bisherige Auftritte mit Unverständnis und Ablehnung der christlichen Gemeinde und damit auch des Evangeliums reagiert hatten.

Scham bzw. Schande sind keine theologische, sondern soziologische Begriffe.

Scham ist das Empfinden eines Menschen, wenn er durch sein Verhalten den gesellschaftlichen Normen seines kulturellen Umfeldes nicht entspricht und nun der Verachtung und Ausgrenzung durch andere begegnet, also die ›Innensicht‹. Die ›Außensicht‹ dieses Schamgefühls oder Schamempfindens wird mit ›Schande‹ bezeichnet, ist also eher ein soziologischer Begriff, der die gesellschaftlichen Folgen eines Fehlverhaltens für den Einzelnen oder eine Gruppe beschreibt.[26]

Wie lässt sich das starke Engagement des Paulus in den »Frauen-Fragen« der Gemeinde in Korinth erklären? Der ›Haushalt‹ (= OIKOS) bildete im politischen Denken des Hellenismus[27] die Keimzelle des Staates. Städte setzen sich aus vielen einzelnen Haushalten zusammen, deshalb muss sich die Staatsverfassung darum bemühen, die Beziehungen in den kleineren Einheiten zu regeln.[28] Aus diesem Grund waren diese Philosophen auch so sehr an Strukturen von Autorität und Unterordnung interessiert, die sie an drei Beziehungspaaren aufzeigten: Ehemänner – Ehefrauen, Väter – Kinder und Herren – Sklaven.

Paulus richtet sich an dieselben Adressaten in Epheser 5,21 - 6,9 – und stellt sie doch in einen ganz neuen Rahmen, den der Beziehung zu Christus:
»Ordnet euch einander unter in der Furcht Christi ... (Eph 5, 21) und ... ihr Herren ... wisst, dass euer und ihr Herr im Himmel ist, und bei ihm gilt kein Ansehen der Person« (Eph 6,9). Die Unterschiede werden wahrgenommen, werden aber durch die Beziehung zu Christus relativiert (vgl. Gal 3,28!). Vor Gott gelten keine menschlichen Hierarchien.

Welches Prinzip gilt nun in der Gemeinde in Korinth? Muss die Rücksichtnahme auf die gesellschaftlichen Konventionen vor Ort (1. Kor 14,34-35) notwendig die neu gewonnene Freiheit in Christus einschränken (1. Kor 11,5)? Nach F. F. Bruce gilt:

*»Paulus legt das grundlegende Prinzip in Galater 3,28 dar. Wenn Ein-
schränkungen in anderen paulinischen Schriften vorkommen, müssen sie
im Lichte von Galater 3,28 ausgelegt werden und nicht umgekehrt.«*[29]

Als Missionar stand Paulus hier in einer grundsätzlichen Spannung,
einerseits die neu gewonnene Freiheit vom Gesetz (dargelegt im
Galaterbrief) und die Einheit der Gemeinde (Männer und Frauen)
in Christus nicht aufzugeben, andererseits den Menschen, Juden
und Heiden, zu denen er gesandt war, nicht unnötig Anstoß zu
geben: *»Denn obwohl ich frei bin von jedermann, habe ich doch
mich selbst jedermann zum Knecht gemacht, damit ich möglichst
viele gewinne«* (1. Kor 9,19). Sein Motto war also: Freiheit und
Selbsteinschränkung um des missionarischen Auftrags willen. In
Korinth zeigte sich diese Haltung des Apostels in drei Grundüber-
zeugungen[30]:
- 1. Gute, »anständige« Beziehungen zwischen Ehefrauen und Ehemännern.
- 2. Sensibilität gegenüber den Sitten und Gebräuchen anderer,
besonders derjenigen, die für Christus gewonnen werden sollen.
- 3. Die persönliche Freiheit in der Gnade Gottes muss trotz allem
respektiert und gewahrt bleiben.

In unserem Abschnitt wird diese missionarische Grundhaltung des
Paulus exemplarisch deutlich:

- Sein Brief-Text orientiert sich am sozialen Kon-Text der Gemeinde
in Korinth. Er kennt sowohl die Gemeinde persönlich, zumindest
die Gemeindeglieder aus der Gründungszeit seines 18-monatigen
Aufenthalts, von dem uns in Apostelgeschichte 18 berichtet wird.
Darüber hinaus ist er bestens vertraut mit den gesellschaftlichen
und politischen Gegebenheiten jener Zeit, den Lebenszusammen-
hängen der Christen und der Nichtchristen jener Großstadt.
- Durch den gesamten Brief hindurch zieht sich der Gedanke der
Verbundenheit des Paulus mit den Korinthern, Glieder am Leib
Christi zu sein (1. Kor 1,1-9 u. ö.) und in Christus eins zu sein
über alle Verschiedenheiten hinweg.

- Genau dieses Wissen um die Einheit des Leibes Christi und die Umsetzung dieser Erkenntnis in das persönliche Leben und das der Gemeinde sieht Paulus in Korinth ernsthaft bedroht durch Unordnung und Streit.

Da die Gefahr droht, dass die Korinther umsonst gläubig geworden sind (1. Kor 15,2), rechtfertigt dies auch die Einschränkungen in der persönlichen Freiheit der Korinther, der Propheten, Zungen-redner und der Ehefrauen – nämlich um des Fortbestandes des Lei-bes Christi willen, der sonst im Chaos untergeht, und um Gottes willen, der ein Gott des Friedens ist, nicht der Unordnung.

Es fällt auf, dass Paulus außer den genannten Anweisungen an die Propheten, die Sprachenredner und die Ehefrauen in Korinth keine konkreten Festlegungen trifft, wie die Versammlungen der Gemeinde abzulaufen haben. Jede einzelne Zusammenkunft wird zum einen von der Dynamik des Heiligen Geistes bestimmt, der seine Gaben der Gemeinde reichlich schenkt. Andererseits bindet Paulus jedes einzelne Gemeindeglied, Mann und Frau, in die Ver-antwortung für das Wohl der Gemeinde ein, seinen Beitrag zur rechten Zeit einzubringen. Es ist also eine Frage der Selbstbeherr-schung der Einzelnen, ob in Korinth wieder Friede einzieht oder nicht. Robert Banks schreibt dazu[31]:

»Wenn wir all dies bedenken, wird es deutlich, warum der Begriff ›Ord-nung‹ (= ›TAXIS‹) nie eine zentrale Bedeutung in Paulus' Verständnis des Gemeindelebens gewinnen konnte. Der Begriff kommt tatsächlich nur zwei Mal in all seinen Schriften vor (1. Kor 14,10 und Kol 2,5). Ord-nung ist wichtig, aber es ist nicht das Hauptanliegen. Wenn die grundle-genden Prinzipien christlichen Dienstes und Verhaltens beachtet werden, ergibt sich Ordnung auf natürliche Weise. Wo Ordnung fehlt, wird sie wiederhergestellt, indem sich die Gemeinde ernsthafter an jene Prinzipien hält, gegen die man verstoßen hat.«

Friede (›EIRENE‹/›SCHALOM‹) in der Gemeinde ist ein Geschehen, das der Heilige Geist schafft: Menschen bewegen sich in Freundschaft aufeinander zu und haben das Wohl des Ganzen und den gemeinsamen Auftrag im Blick. Ordnung dagegen ist statisch, jede Veränderung gefährdet sie in ihrem Wesen – wenn sie nur als Selbstzweck praktiziert wird. Der Gott des Friedens (V. 33) soll in der Ordnung der Gemeinde wirksam werden. Die Ordnung dient dem Frieden untereinander und nicht umgekehrt.

Vers 36: »Oder ist etwa *von euch* (›HYMON‹) das Wort Gottes ausgegangen oder bloß *zu euch* (›HYMAS‹) gekommen?« An wen richtete Paulus diese Fragen? Auf jeden Fall nicht nur an die Frauen, da beide Pronomen *(von euch/zu euch)* für Männer und Frauen gelten. Die Frage gilt deshalb der gesamten Gemeinde in Korinth.

Paulus gebietet hier der zunehmenden Eigendynamik in Korinth Einhalt, die davon ausging, dass der Besitz des Geistes und der Geistesgaben dazu verpflichtet, sie auch einzusetzen, wann immer ein Impuls des Geistes dränge, und damit verbunden eine Art Selbstherrlichkeit, die sich nicht mehr korrigieren ließ (V. 37-38).

Norbert Baumert schreibt dazu in seinem Buch: Frau und Mann bei Paulus[32]:

»*Und so hat Gott auch die ›Versammlung‹ als Leib Christi zusammengefügt; er hat nicht jedem den gleichen Auftrag gegeben, sondern ihnen als Gliedern eine gemeinsame Aufgabe gestellt, sodass sie immer darauf achten müssen, ob das, was sie tun, ein Lebensvorgang und Vollzug des Ganzen ist (Kap. 14).*
Wenn nicht, muss es in der Versammlung zurücktreten; man muss also Antriebe, die im Augenblick von den anderen nicht aufgenommen und verwertet werden können, für sich behalten (14,19.28-32).«

Mit Vers 37 wendet sich Paulus weiter an die Gesamtgemeinde: »Wenn jemand (= irgendein beliebiger, Mann oder Frau) glaubt, ein Prophet zu sein, d. h. den Geist Gottes zu haben, so soll er/sie anerkennen, dass das, was ich euch schreibe, ein Gebot des Herrn ist.« Was genau hat Paulus nun den Korinthern geschrieben, als

»Gebot des Herrn«? Dass (nur) die Frauen schweigen sollen, wie diese Stelle jahrhundertelang ausgelegt wurde?

Wenn wir die Evangelien lesen, erfahren wir eher von gegenteiligen »Geboten«, an zentraler Stelle z. B. in Johannes 20,17-18:

»Geh aber hin zu meinen Brüdern und sage ihnen: Ich fahre auf zu meinem Vater und zu eurem Vater, zu meinem Gott und zu eurem Gott. Maria von Magdala geht und verkündigt den Jüngern: Ich habe den Herrn gesehen, und das hat er zu mir gesagt.«

Hier gebietet der auferstandene Christus einer Frau, die weltbewegende Botschaft den anderen Jüngern zu bringen. Maria wurde von ihm begabt und beauftragt!

Die kurzen Hinweise des Paulus im 1. Korintherbrief (1,10): *»Brüder, um des Namens unseres Herrn Jesus Christus willen ermahne ich euch: Seid einig im Wort und lasst keine Spaltung unter euch aufkommen; seid vielmehr vollkommen eines Sinnes und einer Meinung«* (vgl. 1. Kor 11,1): *»Werdet meine Nachahmer, so wie ich Christi (Nachahmer) bin«*, führt Paulus später im Brief an die Philipper wie folgt aus:

»Ist nun bei euch Ermahnung in Christus, ist Trost der Liebe, ist Gemeinschaft des Geistes, ist herzliche Liebe und Barmherzigkeit, so macht meine Freude dadurch vollkommen, dass ihr eines Sinnes seid, gleiche Liebe habt, einmütig und einträchtig seid. Tut nichts aus Eigennutz oder um eitler Ehre willen, sondern in Demut, achte einer den andern höher als sich selbst, und ein jeder sehe nicht auf das Seine, sondern auch auf das, was dem andern dient. Seid so unter euch gesinnt, wie es auch der Gemeinschaft in Christus Jesus entspricht.«

Wenn nun einer ein Prophet oder ein Geistbegabter ist, ob Mann oder Frau, ist es nur natürlich, dass er oder sie in der Gesinnung handelt, wie sie auch in Jesus Christus war. Falsche Propheten sind nach Paulus daran zu erkennen, dass sie diese Haltung von Jesus Christus, in Demut den anderen höher zu achten als sich selbst, nicht praktizieren und ablehnen (V. 38).

Zusammenfassend ermutigt Paulus am Schluss dieses Abschnitts alle Korinther, trotz aller ordnenden und einschränkenden Maßnahmen sich nach wie vor eifrig (›ZELOUTE TO PROPHE-TEUEIN‹) um die Gabe der Prophetie zu bemühen und das Zungenreden nicht zu verbieten. Es ging ihm also im Kapitel 14 nicht darum, wichtige geistliche Lebensäußerungen der Gemeinde – von Männern und Frauen – im Keim zu ersticken, sondern ihnen einen geordneten Rahmen zu geben, der das Lernen der Gemeindeglieder, die seelsorgerliche Ermahnung und die gemeinsame Anbetung des erhöhten Herrn erst möglich macht. Es bleibt die Botschaft, die über alle Zeiten hinweg allen Gemeinden gilt:

Männer und Frauen in der Gemeinde sollen in Frieden, gegenseitiger Hochachtung und Rücksichtnahme miteinander ihren Glauben leben, sodass die Gegenwart Gottes für alle – für die Gemeinde und die noch Ungläubigen – sichtbar wird.

---

[1] Vgl. 1. Kor 4,18-19, 1. Kor 12,7, 1. Kor 14,3-6.12.19

[2] Vgl. dazu das gesamte Kapitel 12 des 1. Korintherbriefes

[3] National Geographic Deutschland, 2/2000, S. 132

[4] Adolf Schlatter: Die Korintherbriefe, Calwer Verlag Stuttgart 1962, schreibt zur Stelle:»Reden die Propheten im Geist Gottes, so haben die anderen ihn auch, und sie sind gerade deshalb, weil sie für Gott zum ganzen Gehorsam bereit sind, besonders verpflichtet, zu der Gewissheit zu kommen, dass den Propheten ihre Botschaft vom Geist Gottes gegeben ist. Zu diesem Urteil sind zunächst die berufen, die auch die prophetische Gabe haben.« S. 181

[5] Robert Banks: Paul's Idea of Community, S. 99–104

[6] Die Olympischen Spiele heißen auf Griechisch ›OLYMPIAKI AGONES‹. ›AGON‹ bedeutet Wettkampf, Kampf. Unsere Olympischen »Spiele« klingen dagegen reichlich »verspielt«. Peter France schreibt in seiner empfehlenswerten Einführung in die Welt der alten Griechen »Keine Angst vor der Antike« Bastei-Lübbe Verlag 1995, dass eines der typischsten und beunruhigendsten

Merkmale des griechischen Lebens darin bestand, dass es von unaufhörlichem Wettkampf geprägt war. P. France, S. 122

Caroline Alexander schreibt in ihrem Artikel über die Griechische Antike: »Die demokratischen Prinzipien (der Volksversammlung ›EKKLESIA‹, Erg. d. Verfasserin) scheinen einerseits die individuelle Entfaltung, andererseits aber auch die Streitsucht gefördert zu haben.« In: National Geographic Deutschland, 2/2000, S. 136

7 Siehe Gesenius, Hebräisch-Aramäisches Handwörterbuch zum Alten Testament unter »Schalom« Nr. 2

8 Vgl. dazu die Stellen in 4. Mose 25,12 und Maleachi 2,6. Die beiden Aspekte »Friede mit Gott« und Friede (und Freundschaft) unter Menschen werden zusammengeführt in Ps 85,11: Gerechtigkeit (= Bundestreue Gottes zu seinem Volk) (ZÄDÄK) und Friede (SCHALOM) küssen sich. Auch Paulus verbindet häufig diese beiden Dimensionen in seinen Briefeinleitungen: ›CHARIS‹ und ›EIRENE‹, z. B. in Römer 1,7; 1. Kor 1,3

9 Weitere Stellen zu ›AKATASTASIA‹: 2. Kor 6,5; 2. Kor 12,20.

10 Vgl. dazu eine Liste von acht sprachlichen und inhaltlichen Argumenten für diese Übersetzung in Lee Ann Starr: The Bible Status of Woman. Garland Publishing New York and London, 1987 (Nachdruck). Erstveröffentlichung bei Revell, New York 1926
Adolf Schlatter übersetzt in seiner Erläuterung zu den Korintherbriefen ebenfalls V. 33 als Einheit (a. a. o., S. 182).

11 Zitiert in National Geographic 2/2000, Artikel: Die Säulen der Kultur. Die griechische Antike, S. 132

12 Zitiert in Andrew Perriman: Speaking of Women. Interpreting Paul. Intervarsity Press 1998, S. 114 (Übersetzung aus dem Englischen von F. Stricker) Livius, Geschichte Roms, 34, 1-8

13 Ruth A. Tucker, Walter Liefeld: Daughters of the Church, Zondervan, Grand Rapids 1987, S. 75 (Übersetzung aus dem Englischen von F. Stricker)

14 Die christliche Gemeinde in Korinth wurde zwar ca. 50 n. Chr. von den Judenchristen Paulus, Aquila und Priska gegründet (vgl. dazu Apg 18,1-11), nachdem er aber von der dortigen jüdischen Gemeinden starken Widerstand erfuhr (Apg 18,6), wandte er sich mit seinen Mitarbeitern vorrangig an die nichtjüdische Bevölkerung.

15 Vgl. dazu die Vorkommnisse um das Apostelkonzil in Apg 15 und Gal 2 sowie den Römerbrief

16 Im Vergleich zum Römer- und Galaterbrief taucht ›NOMOS‹ sehr selten auf, nur in: 1. Kor 9,8-9.20; 14,21.34 sowie 1. Kor 15,56. Diese wenigen Stellen lassen keine grundsätzliche Auseinandersetzung mit Juden oder Judenchristen erkennen.

17 Vgl. im Alten Testament 4. Mose 27,1-11, wo die Töchter Zelophchads vor Mose, den Priester Eleasar, die Fürsten und die ganze Gemeinde am Eingang des Offenbarungszeltes treten und ihr Erbe einfordern, indem sie Fragen stel-

len! Vgl. im Neuen Testament: Lukas 8,47; 11,27; 13,13 und weitere Stellen. Außerdem 1. Kor 11,5; Apg 18,26 und 21,9.

[18] Vgl. dazu Lee Ann Starr, The Bible Status of Woman, S. 324

[19] Siehe Walter Bauer, Wörterbuch zum Neuen Testament. Walter de Gruyter, Berlin, New York 1971 unter >NOMOS<, Spalte 1072ff.

[20] Vgl. die Stellen: Lk 9,36; Lk 18,39; Lk 20,26; Apg 12,17; Apg 15,12f.; Röm 16,25, 1. Kor 14,28.30.34

[21] Plutarch, Moralia 145 CDE, zitiert in Andrew Perrimann, a. a. O., S. 123

[22] Roy B. Zuck: Teaching as Jesus taught. Baker Book House, Grand Rapids 1995, S. 277

[23] t. Sanh. 7:10. Zitiert in Craig S. Keener: Paul, Women and Wives. Marriage and Women's Ministry in the Letters of Paul. Hendrickson Publishers, Peabody, Massachusetts, 3. Aufl. 1995, S. 82. Übersetzung aus dem Engl. von F. Stricker

[24] Plutarch, Lectures 4, Moralia 39CD/Lectures 18, Moralia 48A. Beide zitiert in Keener, a. a. O., S. 82, Übersetzung aus dem Englischen von F. Stricker

[25] Vgl. oben die Rede Catos zum Oppischen Gesetz

[26] Ein hilfreicher Überblick über Scham und Schande als ethnologisch-anthropologische Begriffe und deren Auswirkung auf das menschliche Verhalten findet sich in: Lothar Käser: Fremde Kulturen. Eine Einführung in die Ethnologie. Verlag der Liebenzeller Mission + Verlag der Ev.-Lutherischen Mission Erlangen, 1997, S. 129–152

[27] Aristoteles, Politeia I, Dionysius von Halicarnassos, Antiquitates Romanae 2, 24–27

[28] Siehe John E. Stambaugh/David L. Balch (Hg. Wayne A. Meeks): The New Testament and its Social Environment, Westminster Press, Philadelphia 1986, S. 123

[29] Zitiert in: Stanley J. Grenz with Denise Muir Kjesbo: Women in the Church. A Biblical Theology of Women in Ministry. Intervarsity Press 1995, S. 106 f.

[30] Ruth A. Tucker, Walter Liefeld: Daughters of the Church, Academie Books, Zondervan 1987, S. 78–80

[31] Robert Banks, Paul's Idea of Community, Hendrickson Publishers Peabody Maß. Erweiterte Auflage 1994, S. 105

[32] Norbert Baumert: Frau und Mann bei Paulus. Überwindung eines Missverständnisses. Echter Verlag Würzburg, 2. Aufl. 1993, S. 158

Claudia Filker

MANN UND FRAU –
DER HEILSGESCHICHTLICHE
ANSATZ BEI PAULUS
(GAL 3,23-29)

◆ Gerade bei ethischen Fragen ist die Gefahr der auswählenden Begründung durch einzelne Bibelverse besonders groß, um bestimmte Positionen abzusichern oder zu widerlegen. Scheinbar widersprüchliche Einzelzitate stiften Verwirrung und manifestieren gegensätzliche Positionen. Wir übersehen leicht, dass die Bibel das Zeugnis einer langen Geschichte Gottes mit seinem Volk Israel und seiner Gemeinde ist. Ethische Konkretionen, Gottes Gebote sind eingebettet in diese biblische Zuwendungsgeschichte (man denke z. B. an die Entwicklung des Eheverständnisses hin zur Monogamie).

Das vorliegende Arbeitsbuch »Begabt & beauftragt – Frausein nach biblischen Vorbildern« möchte biblische Leitlinien aufzeigen, die helfen sollen, das Für- und Miteinander von Mann und Frau auch im Blick auf die Dienste in der Gemeinde zu entwickeln. Einige dieser Leitlinien werden nun aus dem Brief des Apostels Paulus an die Gemeinden in der Landschaft Galatiens näher beleuchtet.

Ich greife vor: Im Galaterbrief nimmt Paulus nicht explizit zum Verhältnis von Mann und Frau Stellung. Jedenfalls nicht in unmittelbaren Ausführungen zu Fragen des Gemeindelebens, der Gemeindeordnung und des persönlichen Lebensstils – also auch nicht für das gelebte Verhältnis von Mann und Frau in Partnerschaft und Gemeinde. Nun befindet sich im 3. Kapitel ein Vers, der es zu einer gewissen »Berühmtheit« gebracht hat. Er ist auch ein Schlüsselsatz biblisch orientierter Frauenbewegung. So schreibt Paulus:

»Hier ist nicht Jude noch Grieche, hier ist nicht Sklave noch Freier, hier ist nicht Mann (wörtlich: männlich) noch Frau (wörtlich: weiblich); denn ihr seid allesamt einer in Christus Jesus.«
(Gal 3,28; Übersetzung nach der Lutherbibel 1984)

Dieser Vers dient als Hauptbeleg für eine neue, partnerschaftliche Geschlechterbeziehung des Neuen Testamentes in der Linie von Jesus Christus her, der ohne Frage durch seinen wertschätzenden, für seine Zeit ungewöhnlichen Umgang mit Frauen auf sein soziales Umfeld provozierend gewirkt haben muss.

Doch im Kontext des Verses Galater 3,28 stehen eben nicht Ausführungen zu praktischen Fragen des Zusammenlebens von Gruppen, die sich gesellschaftlich oft verfeindet gegenüberstanden, (Sklave – Herr; Mann – Frau) oder religiös voneinander abgrenzten (Juden – Heiden), sondern proklamiert über alle Gegensätze hinweg den Heilszuspruch Gottes in seinem Sohn Jesus Christus. Es gibt weder eine Bevorzugung noch eine Herabminderung in dem Zuspruch des Heils – das ist die Zielaussage des Verses.

Deshalb ist es unbedingt nötig, in einem ersten Schritt die theologische Einbettung dieses Grenzen sprengenden Verses zu betrachten, um dann in einem zweiten Schritt nach den Auswirkungen auf die Qualität des Zusammenlebens von Mann und Frau zu fragen.

DER »KAMPFBRIEF« DES APOSTELS PAULUS AN DIE GALATER

Was ist der Anlass zur Abfassung des Galaterbriefes?

Der Brief des Apostels Paulus an die heidenchristlichen Gemeinden ist unverschnörkelt direkt und zielsicher auf das Eigentliche gerichtet: Es geht um die Klarheit und Eindeutigkeit des Evangeliums. Worum geht es konkret?
Was hat sich in den Gemeinden, die Paulus einst während eines wohl anderthalbjährigen krankheitsbedingten Aufenthaltes gründete, ereignet?

Es sind Irrlehrer aufgetreten, die scheinbar »erfolgreich« unter den heidenchristlichen Gemeindegliedern die Heilsnotwendigkeit der Beschneidung predigten (Gal 5,2; Gal 6,12), ebenso die Beachtung bestimmter Festzeiten (Gal 4,10).

Der Galaterbrief ist also nicht wie andere paulinische Schreiben ein Antwortbrief auf Anfragen aus den jungen Gemeinden. Konkrete Herausforderung für sein Schreiben sieht Paulus in diesen gefährlichen theologischen Tendenzen in den jungen Gemeinden: Christen, die »fein liefen« (Gal 5,7), fallen »aus der Gnade« (Gal 5,4). Es geht um alles oder nichts!

Im Galaterbrief kämpft Paulus leidenschaftlich um die Ausrichtung des Evangeliums. Die Ausleger sprechen deshalb bevorzugt von einem »Kampfbrief«.

411

Hier spüren wir den Herzschlag des Apostels, der sich in einzelnen Passagen seines Schreibens nicht scheut, die Fenster zu seiner Seele zu öffnen. Er schreibt in offensichtlicher Erregung, die sich teils in scharfem Zorn und Empörung, andererseits in werbender Liebe spiegelt.

Was ist für Paulus das Evangelium?

Für Paulus ist das heilsgeschichtliche Ereignis des Handelns Gottes in Christus, dass die von der Schuld ver-rückten Verhältnisse zwischen Gott und den Menschen wieder zu-Recht-gebracht wurden. Wer könnte vor Gott bestehen?
Niemand! Deshalb hat Gott seinen Sohn Jesus Christus in diese Welt gesandt, *»der sich selbst für unsre Sünden dahingegeben hat, dass er uns errette von dieser gegenwärtigen, bösen Welt nach dem Willen Gottes, unseres Vaters«* (Gal 1,4).

So hat in Christus eine neue Zeitordnung begonnen. Der Heilige Geist öffnet dafür einem Menschen die Augen des Herzens. Das ist das Geschenk des Glaubens. Kein Mensch vermag durch Taten des Gesetzes diesen Heilszustand vor Gott zu erreichen.

Paulus verteidigt im Galaterbrief nicht rechthaberisch theologische »Pfründe«, um zu seinem Recht zu kommen, sondern räumt der Rechtfertigung in Jesus Christus die absolute Vorrangstellung vor dem Gesetz ein. Dieses Evangelium hat Paulus in der Landschaft Galatiens gepredigt. Und dieses Evangelium stehen die Galater in Gefahr zu verlieren.

Warum ist Paulus so unerbittlich kompromisslos und schroff? Ausdruck dieser Schroffheit ist z. B. der Verzicht auf die in den Briefanfängen üblichen ausschmückenden Danksagungen. Er kommt gleich zur Sache:

»Mich wundert, dass ihr euch so bald abwenden lasst ... zu einem anderen Evangelium, obwohl es doch kein andres gibt« (Gal 1,6-7). Greift er nicht zu sehr »harten Bandagen«: *»Wenn jemand euch ein Evangelium predigt, anders als ihr es empfangen habt, der sei verflucht«* (Gal 1,9)?

Wohl kaum, denn Paulus argumentiert um Gottes Willen – und in der Folge um des Menschen willen. Menschen finden ihren Frieden mit Gott nur in der von außen zugesprochenen Zusage des Evangeliums und nicht im Zutun der Gesetzeswerke. Das Evangelium ist Gnadengabe, ein Gottesgeschenk. Deshalb ist Paulus im Galaterbrief so äußerst kompromisslos gegenüber den Bestrebungen, das Beschneidungsgebot auf Heidenchristen zu übertragen.

Schauen wir uns einen Abschnitt (V. 23-29) der Argumentation im 3. Kapitel des Galaterbriefes genauer an:

Textbetrachtung: Galater 3,23-29

23. *Ehe aber der Glaube kam, waren wir unter dem Gesetz verwahrt und verschlossen auf den Glauben hin, der dann offenbart werden sollte.*
24. *So ist das Gesetz unser Zuchtmeister gewesen auf Christus hin, damit wir durch den Glauben gerecht würden.*
25. *Nachdem aber der Glaube gekommen ist, sind wir nicht mehr unter dem Zuchtmeister.*
26. *Denn ihr seid alle durch den Glauben Gottes Kinder in Christus Jesus.*
27. *Denn ihr alle, die auf Christus getauft seid, habt Christus angezogen.*
28. *Hier ist nicht Jude noch Grieche, hier ist nicht Sklave noch Freier, hier ist nicht Mann (wörtlich: männlich) noch Frau (wörtlich: weiblich); denn ihr seid allesamt einer in Christus Jesus.*

29. *Gehört ihr aber Christus an, so seid ihr ja Abrahams Kinder und nach der Verheißung Erben.*

Paulus markiert in Christus den heilsgeschichtlichen Wendepunkt: »*Ehe aber der Glaube kam ...*« (V. 23). Gottes Geschichte mit seinen Menschen ist kein Kreislauf, sondern bewegt sich verheißungsvoll nach vorne. Gottes Handeln in Jesus Christus ist Zeitenwende. Die Segensverheißungen an Abraham sind erfüllt. (V. 29)

Paulus betont durch die Geschenkhaftigkeit des Glaubens den Zueignungscharakter des Evangeliums: »*Ihr seid alle durch den Glauben Gottes Kinder in Christus Jesus.* (V. 26). Der Glaube braucht für seine Gültigkeit, nämlich in Christus gerecht gesprochen zu sein, keinerlei anreichernde Zusätze. Der Galaterbrief ist deshalb das frühe Zeugnis eines Problems, das die Christenheit durch alle Jahrhunderte hindurch begleitet hat: zwischen dem guten Gebot Gottes, das uns zum Leben hilft und dem Gesetz, das den Glauben tötet, nicht unterscheiden zu können.

In dem besonders zu betrachtenden Vers 28 verdeutlicht Paulus in der Dreierfolge Jude – Heide, Sklave – Freier, männlich-weiblich, dass es keine in den Menschen begründete Unterschiedenheit in dieser Zueignung, in der Unmittelbarkeit der Gottesbeziehung in Jesus Christus gibt.

Das kleine Wort »einer«, das die Besonderheit des Verses 28 ausmacht, sagt vordergründig nichts über die soziale Zuordnung der angesprochenen Gruppen aus, sondern dass alle (und im Sinne des Paulus könnten wir ergänzen: alle Welt) unmittelbare Empfänger des Evangeliums sind. In diesem Sinn sind nach Paulus Mann und Frau »einer« in Jesus Christus. Vor Gott sind alle Unterschiede, Machtverhältnisse und Zurückweisungen aufgehoben. Deshalb kann sich niemand seiner besonderen Stellung gegenüber Gott »rühmen«, wie Paulus an anderer Stelle im Blick auf die Beschneidung erklärt. Es gibt nichts mehr, was einen Menschen durch sein Sein oder seinen Stand Gott näher bringt.

DIE AUSWIRKUNGEN DER RECHTFERTIGUNG AUF DIE QUALITÄT DES ZUSAMMENLEBENS VON MANN UND FRAU

Nun wollen wir in einem zweiten Schritt fragen, wie diese vertikale Linie des rechtfertigenden Handelns Gottes in Jesus Christus sich auf die horizontalen Linien, sprich: die Lebensvollzüge der Christen in den Gemeinden, in den Familien, in ihren Beziehungen zu den Mitmenschen auswirkt.

Dafür grundlegende Begriffe des betrachteten Textes Galater 3,23-29 sind »in Christus«, »Glaube«, »Christus anziehen«, die in der Theologie des Paulus in verschiedensten Briefzusammenhängen Kategorien sind, die die Vertikale auf die Horizonte treffen lassen, d. h. den Raum, den Ort schaffen, wo die Klarheit des Evangeliums in die Gebrochenheit menschlicher Existenz ausstrahlt.

Einige mögliche Konsequenzen seien angedeutet:

Paulus eindeutiger Schwerpunkt im Galaterbrief ist die vertikale Dimension des Glaubens als dem Zuspruch Gottes in Jesus Christus. Doch trotz seiner schroffen Abwendung vom Gesetz als Heilsvermittler führt dies bei Paulus nicht zum Libertinismus, sondern zu einem neuen Lebensstil des Glaubenden, der »*auf Christus getauft*« ist und »*Christus angezogen*« (Gal 3,27) hat. Maßstab dafür ist das »*Gesetz Christi*« (Gal 6,2).

Betrachten wir den in den Versen Galater 3,23-29 den fünfmal vorkommenden Begriff »Glaube«: Eine wunderbare Zusammenführung der vertikalen und horizontalen Dimension finden wir in Galater 5,6: »*Denn in Christus Jesus gilt weder Beschneidung noch Unbeschnittensein etwas, sondern der Glaube, der durch die Liebe tätig ist.*«

Ist in den Versen Galater 3,23-29 Glaube als das allein rechtfertigende Tun Gottes beschrieben (Glaube als Geschenk), so zeigt der Gedanke des Apostels in Galater 5,6, dass der Glaube sich ins Leben wagt und Schritte der Liebe geht. Maßstab für das Handeln der Christen ist das Handeln von Jesus Christus.

Sind vor Gott Spaltungen und Machtansprüche aufgehoben, wie sollte dann nicht dieses Neue versucht werden zu leben? Welche Auswirkungen hätte dies auf das Zusammenleben von Mann und Frau!

Paulus spricht im Galaterbrief von der »neuen Kreatur«:
»Denn in Christus Jesus gilt weder Beschneidung noch Unbeschnittensein etwas, sondern eine neue Kreatur« (Gal 6,15).

»In Christus Jesus« (Gal 3,26-29) ist dem Glaubenden die Neuschöpfung zugeeignet. Neuschöpfung ist die Aktion Gottes, die Sünde in gesellschaftlichen Strukturen entlarvt und ihr entgegenwirkt.

Auf den ersten Seiten der Bibel findet sich die so genannte »Urgeschichte«, die den Auftakt bildet zur Sammlung der Erzählungen von Schuld und Strafe, die den Grundfragen der Menschheit nachspürt: Warum erlebt der Mensch sich in seiner Beziehung zu Gott, zum Nächsten und zu sich selbst so zerrissen, gestört, entfremdet? Gott hat alles gut, ja sogar sehr gut gemacht. Das ist die frohe Botschaft der Schöpfungsgeschichte.

Doch der Mensch hält seine Begrenzung nicht aus, überschreitet seine von Gott gegebenen Möglichkeiten. So erzählt es die Geschichte vom Sündenfall (1. Mose 3). Nun wird als Folge der Sünde u. a. die Beherrschung der Frau durch den Mann beschrieben *(»Und dein Verlangen soll nach deinem Manne sein, aber er soll dein Herr sein«,* 1. Mose 3,16). Keinesfalls ist die hierarchische Überordnung des Mannes über die Frau eine Schöpfungsordnung, sondern die Konsequenz des vom Menschen verursachten Beziehungsbruchs auf allen Ebenen.

Beherrschung ist geradezu Ausdruck des von der Sünde entstellten Beziehungsgeflechts. Aus der schöpfungsmäßigen Verschiedenartigkeit (männlich und weiblich; 1. Mose 1,27) und ungestörten Zusammengehörigkeit (»*Fleisch von meinem Fleisch*«; 1. Mose 2,23) wird Kampf- und Machtgebaren.

Gottes Neuschöpfung in Jesus Christus setzt neue Maßstäbe, selbstverständlich auch für das Zusammenleben von Mann und Frau. Die »*neue Kreatur in Christus*« (Gal 3,28; 6,15; vgl. auch 2. Kor 5,17) drängt ins Leben hinein. Wie kann dies geschehen? Diese ethischen Erkenntnisschritte sind geistgewirkt (»*die Frucht aber des Geistes ist …*«; Gal 5,22). Der in Galater 3,23 so häufig erwähnte »Glaube« ist Wirkraum dieses Geschehens.

Die Neuschöpfung, das In-Christus-Sein in der vertikalen Linie zu belassen, hieße also die Wirkkraft des Heiligen Geistes zu beschränken. In der Sklavenfrage ist dies noch vielen Christen einleuchtend: Sklaverei ist Ausdruck eines sündigen Verhaltens – dies wird wohl heute unter Christen als ethischer Konsens empfunden. In der Bibel – auch bei Apostel Paulus – wird jedoch Sklaverei als Tatsache vorausgesetzt (vgl. 1. Kor 7,17ff. und den Philemonbrief) und lediglich mit einer Reihe von Gesetzen im Alten Testament und Empfehlungen und Ermahnungen im Neuen Testament geregelt. Es hat viele Jahrhunderte gedauert, bis es durch den Einsatz sozialrechtlich engagierter Christen schließlich zur Abschaffung der Sklaverei kam. Eine theologische Grundhaltung, die auf einzelnen Bibelversen beharrt, könnte solch eine Entwicklung (hier: Abschaffung der Sklaverei) nicht billigen.

Paulus ist »Kind seiner Zeit«. Die Predigt des Evangeliums löst nicht automatisch aus historisch gewachsenen sozialen Bindungen und Wertungen. Die Sklavenfrage steht dafür exemplarisch. Aus heutiger Sicht ist die Abschaffung der Sklaverei, d. h. des Menschenbesitzes und der Verfügungsgewalt über den Menschen, eine schlüssige Konsequenz des menschenfreundlichen Evangeliums.

Blicken wir noch einmal auf das Verhältnis Mann – Frau. Ist also, wie oben beschrieben, das in der Sündenfallgeschichte angezeigte Herrsein des Mannes über die Frau eine fatale Auswirkung der Sünde und eben nicht Gottes gute Ordnung, so muss sich die Gemeinde von Jesus fragen lassen, wie die neu-schöpferischen Auswirkungen des Heiligen Geistes, eines Lebens »in Christus« das Verhältnis von Mann und Frau ganzheitlich heilen.

Es gibt also ein anachronistisches Zusammenleben von Mann und Frau, z. B. im Beharren auf hierarchischen Strukturen und in einem geschlechterorientierten statt begabungsorientierten Dienst- und Amtsverständnis. Dies ist nicht deshalb anachronistisch, weil patriarchale Strukturen gesellschaftlich überholt sind, sondern weil die Wirkung der Heilkraft des Heiligen Geistes gebremst wird.

»In Christus sind wir einer« lädt ein, die Last der sündhaften Strukturen, wo sie erkannt werden, abzulegen. Mann und Frau sind in ihrem partnerschaftlichen und gemeindlichen Zusammenleben dazu eingeladen, dem tödlichen Kreislauf von Herrschen und Beherrschtwerden (was immer Unfreiheit auf beiden Seiten bewirkt!) zu entrinnen und geistgewirkte Neuschöpfung abzubilden.

Ulrich Mack

UNTERORDNUNG – ALS GEHEIMNIS DER LIEBE (EPH 5,21–33)

◆ *»Ihr Frauen, ordnet euch euren Männern unter«* – sollen wir diesen Vers nicht lieber verstecken? Sollen wir diese Verse des Paulus im Brief an die Gemeinde in Ephesus nicht lieber als zeitbedingte Ausführungen links liegen lassen? Da ist so viel von »Ordnung« die Rede und von »sich unterordnen« – dabei wollen doch Menschen von heute die Ordnungen von gestern und vorgestern nicht einfach hinnehmen. Und mit der »Unterordnung« der Frau wurde in der Geschichte so viel Unterdrückung der Frau begründet, dass dieser Text belastet ist und bedrückend wirkt. *»Ihr Frauen, ordnet euch den Männern unter …«* – viele Frauen sagen dazu heute »nein«.

Haben wir damit den Text richtig verstanden? Soll er Frauen zwingen, sich um jeden Preis ihrem Mann unterzuordnen, auch wenn er seine Frau ausnutzt, schlägt, missbraucht, betrügt? *»Ihr Frauen, ordnet euch euren Männern unter …«* – nein, lieber Paulus, heute nicht mehr!
Oder doch? Es lohnt sich, diese Verse genauer anzusehen.
Gliederung
- Vers 21 schließt an Vers 18 an: *lasst euch erfüllen mit <u>einem</u> Geist …*

Paulus zählt vier Bereiche auf, in denen dieses Erfüllt-Werden praktisch geschieht:

1. Gegenseitiges Ermuntern mit Psalmen ...
   (Bereich der Kommunikation)
2. Im Herzen singen und jubeln ...
   (Bereich der Seele, des Gemüts)
3. Für alles Gott danken ...
   (Bereich der Vergangenheits- und Gegenwarts-
   bewältigung)
4. Sich als Mann und Frau einander unterordnen
   (V. 21; Bereich der Ehe)

Vers 21 ist im griechischen Urtext in der grammatikalischen Form an den Abschnitt vorher angeschlossen; die gegenseitige Unterordnung ist Wirkung und Zeichen der Geisterfüllung.

Was Paulus in Vers 21ff. über das Verhältnis von Mann und Frau sagt, ist eine Konsequenz aus dem Erfülltsein mit dem einen Geist; im ungeklärten Konflikt kann man nicht Gott danken und ihn loben! Streit aber entsteht dort, wo einer sich in falscher Weise über den anderen erhebt, ihn beherrschen will.

• Vers 22-24:   Weisung an die Frau (+ Vers 33b)

• Vers 25-33:   Weisung an den Mann
                 a) Vers 25-27 = 1. Begründungsgang
                 b) Vers 28-33 = 2. Begründungsgang

Die Gliederung zeigt:
Nur drei Verse richten sich an die Frau.
Aber neun Verse richten sich an den Mann.

Der Text hat also gar nicht allein und zuerst die Frauen im Blick, sondern auch die Männer – und die Männer besonders: Sie haben dreimal mehr zu lesen, zu verstehen und in ihr Leben aufzunehmen als die Frauen!

Wer nur den Satz liest: »*Ihr Frauen, ordnet euch euren Männern unter*«, der übersieht sowohl das Leitwort in Vers 21 als auch die neun Verse an die Männer und muss Vers 22 einseitig verstehen.

GEGENSEITIGE UNTERORDNUNG
ALS LEITMOTIV

◆ Manche Bibelausgaben setzen Vers 21 als Schlussvers zum vorangehenden Abschnitt. Grammatikalisch ist dies, wie oben gezeigt, richtig. Wichtiger ist es aber, den Satz: »*Ordnet euch einander unter in der Furcht Christi*« als Leitmotiv für alles Folgende zu verstehen. Sonst würde der Abschnitt mit der Mahnung an die Frauen sich unterzuordnen (V. 22) beginnen. Der Abschnitt bekäme so einen falschen, weil einseitig gesetzlichen Charakter.

Das gegenseitige Sich-Unterordnen *in der Furcht Christi* bildet die Basis des Miteinanders von Mann und Frau. *In der Furcht Christi* bedeutet: In Ehrfurcht vor ihm (dasselbe griech. Wort taucht am Ende des Abschnitts in Vers 33 noch einmal auf: *Die Frau fürchte/ehre den Mann*). Wenn Mann und Frau *unter der Furcht Christi* leben, dann sagen sie: »Wir stellen uns unter das stärkste Richteramt, das es gibt. Wir stellen uns miteinander bewusst unter den Willen von Jesus und wollen unser Miteinander davon prägen lassen, dass wir zu ihm gehören.« Die Beziehung zu Christus und die Bindung an ihn beinhaltet dann das gegenseitige Sich-Unterordnen und begründet so ein christusgemäßes Verhältnis zwischen Mann und Frau.

Bevor zum Mann gesagt wird, dass er das Haupt sei, und bevor der Frau gesagt wird, dass sie sich unterordnen solle, wird beiden gesagt, dass ein gemeinsames Leben unter Christus die gegenseitige Unterordnung bedingt.

Wird Vers 21 als Leitmotiv übersehen, wird alles andere falsch verstanden.

DIE CHRISTOLOGISCHE PARALLELE

◆ Wie Christen leben sollen, wird im Neuen Testament immer wieder an Christus selbst gemessen (einige Beispiele: *vergib uns – wie wir vergeben ...; nehmt einander an, wie Christus euch angenommen hat ...; liebt einander, wie Christus euch geliebt hat ...; betet für andere Menschen, wie Christus sich für euch eingesetzt hat ...*).

In Epheser 5,21ff. kommt dieser Begründungszusammenhang in einer tiefen Weise zum Ausdruck.

Das Bild vom Körper und dem Haupt gebraucht Paulus schon vorher in Epheser 2,16; 4,4; 4,15f. Er stellt damit das Verhältnis zwischen Christus und seiner Gemeinde dar. Nun, in 5,21ff., zieht Paulus das Bild noch weiter aus und behauptet: Am Verhältnis *Christus – Gemeinde* lässt sich das Verhältnis *Mann – Frau* ablesen.

Der Frau entspricht ...   die Gemeinde   ... als der Leib.
Dem Mann entspricht ...   Christus   ... als das Haupt.

Diese Entsprechung ist in der Bibel nicht neu. Schon im Alten Testament (v. a. beim Propheten Hosea, vgl. Hos 1-2) wird das Volk Gottes mit einer Braut und Gott mit dem Bräutigam verglichen. Auch Jesus greift auf den Zusammenhang zurück – z. B. im Gleichnis von den 10 Brautjungfern (Mt 25,1ff.) oder von der königlichen Hochzeit (Mt 22,1ff.; vgl. auch Stellen wie Offb 19,7).

Das Bild von der Gemeinde als »Leib Christi« beschreibt Paulus schon in 1. Korinther 12,12ff. Hier in Epheser 5,21ff. wird das Bild aber schärfer: Die Gemeinde ist der Leib, dessen Haupt Jesus Christus ist. Christus und Gemeinde sind also eine Einheit – so, wie das Eins-Sein von der Ehe ausgesagt wird: »*Sie werden sein ein Fleisch*« (1. Mose 2,24; Mt 19,5 und nun hier Vers 31). Vor aller Zuordnung im Unterordnen oder Überordnen gilt zuerst: Haupt und Leib sind nicht zwei getrennte Größen, sondern ein zusammengehörendes Ganzes.

Diese Einheit von Christus und seiner Gemeinde soll und kann sich nun widerspiegeln in der Einheit von Mann und Frau.

Paulus zitiert in Vers 31 die berühmte Stelle aus 1. Mose 2,24 und überträgt sie auf Christus: Er hat seinen Vater »verlassen«, um eins zu sein mit seiner Gemeinde. Wobei der Apostel gleich anfügt: »*Dies Geheimnis ist groß*«. Durch jede Ehe, in der Mann und Frau *unter der Furcht Christi* leben, leuchtet das Geheimnis des Sohnes Gottes hindurch, das Geheimnis der Menschwerdung: Wie der Mann sich nach der Frau sehnt, so sehnt sich Gott nach seinem Volk. Wie Christus und die Gemeinde durch Liebe und Vertrauen verbunden sind, so soll es zwischen Mann und Frau auch sein. In diese grandiosen Begründungszusammenhänge sind die Anweisungen an Männer und Frauen in Epheser 5 hineingenommen. Unter dieser Perspektive bekommen Oben und Unten, Herrschen und Unterordnen ein anderes Gesicht.

WEISUNG FÜR DIE FRAU

◆ Zweimal wird nun die Frau gemahnt, sich unterzuordnen (Vers 22 und 24), wobei zu beachten ist, dass hier nur die Frau in der Ehe angesprochen wird; es geht hier nicht um eine soziologische Aussage über die Stellung der Frau überhaupt.

Das griechische Verb (›HYPOTASSESTAI‹) bedeutet: »sich unter die gute Ordnung stellen«; es hat zunächst nichts zu tun mit blindem Gehorsam oder Selbstaufgabe, sondern mit dem Bejahen der Ehre und Würde dessen, dem jemand zu- und damit untergeordnet ist. Vom 12-jährigen Jesus berichtet Lukas, dass er sich seinen Eltern unterordnete (Lk 2,51); Paulus gebraucht dasselbe Wort in Römer 13,1 vom Sich-Unterordnen unter die staatliche Gewalt.

Hier verwendet es Paulus – wie auch in Kolosser 3,18 (vgl. 1. Petr 3,1; Tit 2,5) – für das Verhältnis zwischen Mann und Frau. Dabei ist der aktive Grundton zu beachten: Die Frau wird nicht untergeordnet, sondern sie soll sich selbst in diese Ordnung stellen. Nirgends wird gefordert, dass sie es gezwungen tun muss; die Gemeinde hat sich ja auch nicht gezwungen Jesus untergeordnet, sondern sie ist als Gemeinde so mit ihrem Haupt verbunden. Darin steckt nicht ein innerer oder äußerer Druck und erst recht keine Verbiegung ihrer Bestimmung, sondern eine Freiheit des Glaubens: Die Gemeinde wird Christus ehren, indem sie sich ihm unterordnet.

Die Parallele zwischen Gemeinde und (Ehe-)Frau bewahrt hier vor dem Gedanken der Unterdrückung. Auch von der in Vers 21 geforderten gegenseitigen Unterordnung her kann das Sich-Unterordnen der Frau unter den Mann nur als freie, hilfreiche und den Mann würdigende Entscheidung gesehen werden. Sie entspricht der abschließenden Forderung in Vers 33: »*die Frau aber ehre den Mann*« – genauer: *sie fürchte* im Sinn von Ehrfurcht; hier begegnet dasselbe Wort wie in Vers 21: Mann und Frau sollen sich *in der Ehrfurcht vor Christus* einander unterordnen.

WEISUNGEN FÜR DEN MANN

◆ Dreimal so viele Verse wie an die Frau sind an den Mann gerichtet. Was ein sich Unterordnen (Vers 21) für den Mann bedeutet, schildert Paulus ausführlicher und dringlicher als in den Versen an die Frau.

Was bedeutet es, wenn der Mann als *Haupt* der Frau angesprochen wird? Einige Beobachtungen:

- In der Umwelt des Paulus, auch im antiken Judentum zur Zeit von Jesus, war es selbstverständlich, dass der Mann das Haupt der Frau ist, freilich nur im Sinn des »Zügelns« und »Beherrschens« (so z. B. bei Josephus). Dass der Mann als Haupt seine Frau lieben soll, das war unerhört!

- Die Art, wie er »*Haupt*« sein soll, erfährt der Mann erst durch Christus. Wie aber war Christus »Haupt«? Vers 25 antwortet: Christus hat sich für die Gemeinde hingegeben. Paulus entwickelt hier ein Bild vom Haupt-Sein, das den damals und heute gängigen Formen männlicher Stärke und Macht widerspricht. Christus war gerade nicht dadurch »Haupt«, indem er brutal und lieblos herrschte, indem er einzwängte und beschnitt. Sondern indem er liebte und sich hingab. Durch die Art von Jesus, Haupt zu sein, wird auch die heute gängige Vorstellung davon, was »Haupt sein« bedeutet, korrigiert: eben nicht der rücksichtslose Herrscher, nicht die herzlose »Denkzentrale«, nicht der Chef »ganz oben«. Sondern Leitung und Mitte des Lebens, sich hingebend und liebend. In unserem Sprachgebrauch steckt manches, was in »Haupt« mit gemeint ist, auch in »Herz« als der Mitte des Lebens.

- An Christus soll der Mann lernen, seine Frau zu lieben: Dreimal betont Paulus »*Liebt eure Frauen*«: Vers 25.28.33. Eine solche mehrfache Wiederholung der einen Mahnung ist im Neuen Testament selten.

- Im Griechischen steht hier ›AGAPE‹ – ein Wort, das Paulus zunächst dazu gebraucht, um die Liebe Gottes zu beschreiben, die Liebe, die sich hingibt, sich schenkt. Paulus hätte auch die in der damaligen griechischen Umgangssprache gewohnten Wörter wie ›EROTAN‹ oder ›PHILEIN‹ gebrauchen können; doch das eine meint eher »liebend für sich begehren«, das andere bezeichnet mehr das persönliche Interesse im Sinn von Freundschaft oder Begeisterung. Aber der Apostel wählte in seinen Briefen immer dann, wenn es um Gottes sich schenkende Liebe geht, ›AGAPE‹. Am tiefsten beschreibt er diese Liebe in 1. Korinther 13.

Genau dieses Wort gebraucht er aber nun auch für die zwischenmenschliche Beziehung in der Ehe. Der Mann soll der Frau nicht zuerst und allein mit einer begehrenden, letztlich egozentrischen Liebe begegnen, sondern mit AGAPE-Liebe, die sich schenkt, sich hingibt – wie Christus sich für die Gemeinde hingegeben hat.

- Christus macht durch seinen Opfertod die Gemeinde zur Gemeinschaft mit ihm fähig. Dies wird in der Taufe zugesprochen; in ihr liegt ein Element der Reinigung (Ep 5,26) und Vergebung; Christus hat alles drangegeben, dass die Gemeinde ohne »Flecken und Runzeln« dasteht – gereinigt, ungetrübt, unverletzt (Eph 5,27). Daran soll der Mann lernen, wie er in Liebe mit seiner Frau umgehen soll: nicht der eigene Vorteil, die eigene Lust. Es ist keine Liebe, wenn er seine Frau beschmutzt und erniedrigt. Liebe ist, dass er dafür sorgt, dass sie heilig und herrlich ist. Es ist eine besondere Würde für den Mann, in dieser Weise mit Christus verglichen zu werden und das Bild von ihm in seinem Mannsein widerspiegeln zu können.

- Zum Vergleich mit dem »eigenen Leib« (V. 28): Dem eigenen Körper verschafft der Mann schnell, was dieser braucht. Der Gedanke des Paulus ist nun: Der Leib und das Haupt sind eine untrennbare Einheit. Die Frau gehört also so zum Mann, dass sie Teil von ihm wird, so als ob sie zu seinem Körper gehört. Paulus argumentiert dann in Vers 30 sogar noch eine Stufe tiefer: Frau und Mann gehören nicht nur in der Ehe als Einheit zusammen, sondern als Christen auch in den einen Leib der Gemeinde.

Sollen wir die Verse aus Epheser 5,21ff. nicht lieber verstecken? Diese Frage stand am Anfang dieses Artikels. Sicherlich – was Paulus im Brief an die Gemeinde in Ephesus von »sich einander Unterordnen« schreibt, wird dem Autonomiestreben des Menschen widersprechen. Doch Paulus schreibt an Christen. Darum erinnert er an Christus. Seine Weisungen für das Miteinander und Füreinander von Mann und Frau ermutigen dazu, dem nachzuleben, was Jesus für uns getan hat.

»EINE FRAU LERNE ...«
(1. TIM 2,9-3,1A)

◆ Die profilierten Anmerkungen des Apostels Paulus in 1. Timotheus 2 zur Stellung von Mann und Frau im Gottesdienst sind hochbrisant. Steht doch hier im deutschen Luthertext klar und deutlich: »*Eine Frau lerne in der Stille mit aller Unterordnung*« (1. Tim 2,11). Folgen wir der Lutherübersetzung weiter, wird diese Unterordnung von Paulus mit der Schöpfungsordnung begründet: »*Denn Adam wurde zuerst gemacht, danach Eva*« (1. Tim 2,13; vgl. 1. Mose 2,20-22). Rettung aus dem allgemein menschlichen Sündenverhängnis erfährt die Frau allerdings dadurch, »*dass sie Kinder zur Welt bringt*«! (1. Tim 2,15) Diese Übersetzung und die ihr zugrunde liegende gängige Auslegung der Verse führt in der Konsequenz zwangsläufig zu der Sicht, dass die Frau nicht nur dem Mann unterstellt sei, sondern sogar ihre Erlösung vom Gebären von Kindern abhänge!

Diese Sicht der paulinischen Anweisungen muss zwar als die gängigste der Auslegung der Pastoralbriefe gelten. Die Verse stehen dann allerdings in der Gesamtheit seiner Briefe so einzigartig da, dass sie nicht nur höchst anstößig gewirkt haben, sondern in der wissenschaftlichen Auslegung wesentlich dazu beigetragen haben, Paulus nicht länger als Verfasser der Pastoralbriefe zu betrachten. In der Tat sind die so ausgelegten Aussagen in 1. Timotheus 2 mit den Ausführungen des Paulus im Römerbrief, wo Paulus die Rettung jedes Menschen durch das Erlösungswerk des Messias Jesus Christus lehrt, nicht mehr vereinbar.

Dies sollte Anlass genug sein, andere Ansätze in der Auslegung dieser scheinbar so anstößigen Verse zur Kenntnis zu nehmen.

Wie immer in der Auslegung von Bibeltexten ist darauf zu achten, dass der Wortgebrauch im Urtext, die Grenzen der Bedeutung einzelner Wörter, die Voraussetzungen der ersten Hörer, also der gesellschaftliche Hintergrund usw., möglichst weitgehend ausgeleuchtet werden. So wollen wir auch hier zu einem erweiterten Verständnis des ersten Timotheusbriefes beitragen, indem wir insbesondere auf den gesellschaftlichen und religiösen Hintergrund der Gemeinde in Ephesus eingehen.

VERS 9

◆ Schon Vers 9 ist grundsätzlich nur auf seinem gesellschaftlichen Hintergrund angemessen zu erfassen. In der Antike hatte die Körperpflege einen ganz anderen Stellenwert, als wir das heute kennen. In den entsprechenden Kreisen wurde unvorstellbar viel Zeit aufgewendet, um den Körper zu pflegen und herzurichten. Man denke nur etwa an die entsprechende Schilderung im Buch Daniel (Dan 1,3-5.10-16): Welch ein Aufwand wird betrieben, um diese jungen Männer zu gepflegten und erstklassig erzogenen Menschen heranwachsen zu lassen. Ähnliches wird im Buch Ester geschildert: Ein ganzes Jahr wurden die jungen Frauen körperlich gepflegt, bis sie so weit waren, um dem König vorgestellt zu werden (vgl. Est 2,12). Mühelos ließen sich ähnliche Schilderungen aus dem Paulus zeitgenössischen Rom heranziehen. Das Ziel der paulinischen Ermahnung ist folglich, dass die Christinnen Maß halten mit Kleidung und Schmuck, Körperpflege nicht zum Körperkult hochstilisieren. Es ist nicht davon die Rede, dass sie sich besonders schlicht anziehen sollen oder gar die Körperpflege vernachlässigen sollten. So etwas ist für eine Frau im Orient undenkbar! Vielmehr liegt Paulus daran, dass das Äußere einer christlichen Frau angemessen, aber nicht durch Übertreibung anstößig sei.[1]

VERS 10

◆ Eine Frau soll nicht mit besonderen Frisuren oder kostbarem Schmuck oder den teuersten Kleidern auffallen, sondern ihren Glauben durch »gute Werke« bezeugen. Dass Paulus hier die guten Werke betont, entspringt nicht einer »Tendenz zur Werkgerechtigkeit« in den Pastoralbriefen, sondern hat seinen Grund in der Gesamtsituation der christlichen Gemeinschaft, die Timotheus zu lehren hat (vgl. 1. Tim 1,5ff.).

VERS 11-12

◆ Um diese Anweisung an Frauen so klar wie möglich zu erfassen, setzen wir beim religiösen und gesellschaftlichen Hintergrund in Ephesus an, von dem die Gemeinde sich laut Paulus abheben soll, in dem sie sich nicht verlieren und auflösen darf. Im ersten Timotheusbrief selbst finden sich einige Hinweise auf das religiöse Umfeld der christlichen Gemeinde: Zu Beginn des Briefes bestärkt Paulus den jungen Timotheus (1. Tim 4,12), sich nicht von den in Ephesus aufgekommenen Irrlehren verwirren zu lassen (1. Tim 1,3-4). Es handelt sich hierbei um die Beschäftigung mit Mythen und Abstammungslehren, die eine große Diskussion unter den Gläubigen ausgelöst haben. Es gibt immer neue Fragen und keine Antworten zu diesen Themen. Paulus hält solche scheinbar erkenntnisträchtigen Diskussionen für unnütz; sie dienen nicht dem Bau des Reiches Gottes (1. Tim 1,3-7).

In 1. Timotheus 4 werden die Irrlehren dann genauer beim Namen genannt: Im Vordergrund steht ein verkrampfter Umgang mit der Körperlichkeit des Menschen. Die Irrlehrer verbieten zu heiraten und untersagen den Verzehr von bestimmten Speisen.

Paulus findet starke Worte für diese Irrlehren. Spitz nennt er sie »*ungeistliche Altweiberfabeln*« (1. Tim 4,7). Sie entstammen verführerischen Geistern und sind teuflische Lehren (1.Tim 4,1; vgl. 1. Tim 1,20).

Ein zentraler Aspekt der falschen Lehre ist der für Paulus nicht evangeliumsgemäße Umgang mit dem Körper. Er betont: »*Denn die leibliche Übung ist wenig nütze*« (1. Tim 4,8), d. h. Askese bringt nicht viel. Aber die tatkräftige Frömmigkeit trägt die Verheißung des ewigen Lebens in sich.

Daher ermahnt Paulus auch Timotheus, als Lehrer der Gemeinde ein Vorbild zu sein; auch, was den Umgang mit dem Körper anbelangt: »*Du aber sei den Gläubigen ein Vorbild im Wort, im Wandel, in der Liebe, im Glauben, in der Reinheit*« (1. Tim 4,12b).

Offensichtlich waren gerade Frauen aus der Gemeinde Ephesus federführend und im Gestus der Prophetin an der Ausgestaltung und Ausbreitung dieser Irrlehren beteiligt. In der Tat, der Ruf in die Nachfolge von Jesus eröffnete den Frauen damals neue Möglichkeiten des Lernens und der Beteiligung am gemeindlichen Leben. Gerade auch in den Timotheusbriefen werden Frauen als Mitarbeiterinnen genannt. So gehen Grüße an Aquila und Priska. Als Grüßende erscheint neben anderen auch Klaudia (2. Tim 4,19.21b). Dazu kommt der Stand der Witwen, der später als ein Amt verstanden wurde (1. Tim 5,3).[2] Frauen werden in den Regeln für Ämter aufgeführt, wobei jedoch offen bleibt, ob es sich um Diakoninnen, Witwen oder Ehefrauen von Bischöfen bzw. Diakonen handelt: »*Desgleichen sollen ihre Frauen ehrbar sein, nicht verleumderisch, nüchtern, treu in allen Dingen*« (1. Tim 3,11). In wieweit diese Frauen selbstständig Verantwortung trugen, muss offen bleiben.[3]

Neue Verantwortung bringt neue Freiräume, die es recht zu gestalten gilt. So werden auch die Frauen in der Gemeinde ermahnt, ehrbar zu sein (1. Tim 3,12). Insbesondere werden die Witwen ermahnt, ihren Stand nicht mit ausschweifendem Leben in Verruf zu bringen (1, Tim 5,1-16). Aber Paulus will, und das ist gegenüber der Tradition seiner Zeit ein wesentlicher Schritt nach vorn, dass Frauen lernen: »*Eine Frau lerne in der Stille mit aller Unterordnung*« (1. Tim 2,11).

Dabei ist festzuhalten, dass das Lernen in der Stille kein besonderes weibliches Kennzeichen ist, sondern Stille ist für jeden Christen nötig, um im Glauben leben und wachsen zu können (1. Tim 2,2). Das Stillsein vor Gott gehört zu Gebet und Hören auf Gott und zum meditativen Lesen der Schrift (vgl. Ps 37,7; Ps 62,6; 131,2). Die gehorsame Unterordnung unter die verbindliche apostolische Lehre erwartet Paulus von Frauen und Männern gleichermaßen (Röm 6,17). Die gegenseitige Unterordnung ist ein Verhaltensmuster, das für Männer und Frauen in christlichen Gemeinschaften gelten soll. Einer soll den anderen freiwillig höher achten als sich selbst. Paulus erinnert damit an die Worte von Jesus: »*Wer groß sein will unter euch, der soll euer Diener sein; und wer unter euch der Erste sein will, der soll aller Knecht sein*« (Mk 10,43f.).

Das heißt in der Summe: 1. Timotheus 2,11 verlangt nicht etwa von Frauen eine frauenspezifische Form des Lernens in der Stille und der Unterordnung, sondern Paulus schärft aufgrund der gespannten Situation in Ephesus die für Frauen und Männer in Christus allgemein geltende Regel noch einmal speziell den Frauen ein. Frauen werden nicht zu spezifischem Lernen angehalten, sondern speziell ermahnt, die allgemeine Regel auch zu befolgen.

Vertieft wird dieser allgemeine Grundsatz, indem Paulus hinzufügt (1. Tim 2,12): »*Einer Frau gestatte ich nicht, dass sie lehre, auch nicht, dass sie über den Mann herrsche, sondern sie sei still.*«

Das »Lehren«, ›DIDASKEIN‹, ist ein festgeprägter Ausdruck. Timotheus selbst ist aufgerufen, die Gemeinde zu lehren (1. Tim 4,6.11.16; 6,3; 2. Tim 3,10; 4,2).

Er soll dabei bleiben, was er von Paulus empfangen hat (2. Tim 3,10.14.15).

Auch die Bischöfe und Ältesten werden im Bezug auf die Lehre hervorgehoben (1. Tim 3,2; 5,17).

Frauen dagegen werden im Zusammenhang mit Lehre negativ erwähnt. So wird die Irrlehre als Altweiberfabel gebrandmarkt (1. Tim 4,7). Paulus warnt vor Frauen, die »*immer auf neue Lehre aus sind und nie zur Erkenntnis der Wahrheit kommen können*« (2. Tim 3,6-7). Hier steht die Gnosis als neu aufkommende Irrlehre deutlich im Hintergrund. Frauen hatten in dieser pseudochristlichen Lehre eine besonders prägende Stellung.

Wir halten noch einmal fest: Dass Frauen innerhalb der christlichen Gemeinde als Prophetinnen auftraten und insofern lehrten, ist an sich in den jungen Gemeinden nichts Ungewöhnliches. Entsprechendes wird uns in der Apostelgeschichte von den vier Töchtern des Philippus berichtet (Apg 21,8f.). Paulus schreibt allgemein davon, dass und wie Frauen im Gottesdienst ihre prophetische Gabe ausüben. Seine Anordnungen dazu betreffen nur den äußeren Ablauf (1. Kor 11+14).

Wesentlich ist dabei jedoch, und dies betrifft wiederum Männer und Frauen gleichermaßen, dass sich der Lehrvortrag oder die prophetische Rede innerhalb des apostolisch vorgegebenen Rahmens bewegt. Dieser ist verbindlich. Auch Timotheus wird ermahnt, in dieser Lehre zu bleiben (1. Tim 4,13-16).

Paulus schreibt in 1. Timotheus aber gegen Frauen, die den Rahmen der Lehre verlassen, Grundsätzliches verändern und die neue »Erkenntnis« – die Gnosis – als Grundlage ihrer Lehre verbreiten.

Es ist bisher in der Forschung keine Einigkeit darüber zu erzielen, inwieweit die Bewegung der Gnosis zur Zeit der Pastoralbriefe schon voll ausgebildet war. Die Apostelgeschichte berichtet von dem Zauberer Simon, der viele Menschen in Samaria in seinen Bann zog (Apg 8,9ff.). Nach ihm wird eine frühe gnostische Gruppe als simonianische Gnosis bezeichnet. Aus den Quellen der Kirchenväter erhalten wir Auskunft über die vorherrschenden Häresien (Irrlehren) im 2. Jahrhundert n. Chr. Tertullian, Irenäus, Hippolyt, Clemens von Alexandrien und Epiphanius z. B. schreiben ausführlich gegen die gnostischen Irrlehren und gewähren uns so indirekt Einsicht in deren Lehren.

Susanne Heine fasst diese Lehren so zusammen: *»Nach gnostischer Vorstellung ist der Mensch dreigeteilt. Er besteht aus dem göttlichen Geist-Selbst, in den Texten mit Geist, Vernunft oder auch Seele benannt, aus dem Körper, der Materie, die das Geist-Selbst gefangen hält, und der Seele, die sich der Gnostiker als eigene dämonische Macht vorstellt. Oft fällt das dritte Element weg zugunsten einer Zweiteilung in die beiden einander widerstrebenden Kräfte von göttlichem Geist-Selbst und körperlicher Materie. Dieser Dualismus ist typisch für die Gnosis. Wird nun ein Mensch der Erkenntnis dieser seiner Beschaffenheit teilhaftig, dann zählt er zu den Pneumatikern, während Menschen ohne solche Erkenntnis Hyliker, das heißt in der Materie gefangen sind, ohne es zu wissen; da sie nicht im Bewusstsein ihrer göttlichen Herkunft leben, bleiben sie den Mächten der Finsternis ausgeliefert, können nicht erlöst werden und gehen zugrunde; sie sind tot und bleiben tot. Dazwischen stehen die Psychiker; obwohl sie auch keine Gnosis haben, können sie Anteil am Heil bekommen, wenn sie die ihnen äußerlich bleibenden ethischen Vorschriften (in der christlichen Gnosis sind das die Vorschriften der Großkirche) befolgen, sich also einem gesetzlichen Rahmen unterwerfen, dessen der Pneumatiker aufgrund seiner tieferen Einsicht nicht bedarf. So versteht sich der Gnostiker als ein in der widergöttlichen Materie gefangener Gott bzw. Teil des Göttlichen.«*[4]

Die Gottheit wird in der Gnosis meist als androgynes Wesen gedacht, das also männliche und weibliche Anteile in sich vereinigt. Weibliche Gestalten wie die »Sophia«, die Weisheit, als eine Emanation (Ausgießung) des Göttlichen haben zentrale Bedeutung.

Nun hat das Verb »AUTHENTEIN«, das in Vers 12 unseres Textes mit »Herr sein« übersetzt wird, gerade in gnostischen Texten eine ganz profilierte Bedeutung. Die Verwendung dieses Wortes geht auf einen Mythos zurück, der zum Allgemeingut der gnostischen Religiosität zur Zeit des Timotheus gehörte. Demnach wurden *»fünfzig Jungfrauen gezwungen, Männer zu heiraten, die aber ihre Cousins ersten Grades waren. Diese jungen Frauen sahen das als unbeschreibliches Vergehen an, weil sie glaubten, es sei eine unermessliche Sünde, seinen Cousin zu heiraten. Alle, bis auf eine, brachten ihren Ehemann in der Hochzeitsnacht um. Der Ehemann, der überlebte, ließ die Jungfrauschaft seiner Frau unangetastet«.*
Aufgrund dieser Geschichte benutzten die Autoren griechischer Dramen und Liebesgeschichten das Wort ›AUTHENTEIN‹, wenn Liebe zum Dorn des Todes wurde oder wenn Sex sich als tödlich auf körperlicher oder emotioneller Ebene erwies. Die rituelle Ermordung eines Mannes durch eine Frau, entweder in Realität oder als szenische Darstellung, war Teil der Verehrung in den Tempeln von Göttinnen.« [5]

Das Wort »AUTHENTEIN« beschreibt also den Gebrauch und Missbrauch von Macht, wie sie von religiösen Frauen zu jener Zeit ausgeübt wurde, und zwar *»besonders von Frauen, die über religiöse Dinge lehrten«.* [6]

Dieser Gesamtzusammenhang bildet den notwendigen Hintergrund, vor dem sich die Ermahnungen des Paulus erst in einiger Klarheit verstehen lassen.
Dieses »AUTHENTEIN« von Frauen, die sich, dem Beispiel der Artemis-Priesterinnen folgend, als Born von neuer, ja der eigentlich wahren Lehre (= Gnosis) verstanden, wird von Paulus grundsätzlich zurückgewiesen. Es handelt sich aus der Perspektive des Evangeliums dabei um einen Irrgeist, der schon dabei war, sich in den jungen, griechischen Gemeinden auszubreiten.

Ephesus spielte dabei eine herausragende Rolle, denn dort stand ja der große Artemis- bzw. Dianatempel. Er war ein Wallfahrtsort für den heidnischen Kult. Tempelprostitution und rituelle, sexuelle Tanz- und Theaterdarbietung waren die Regel. Für die Neubekehrten in der Gemeinde galt es, klar und deutlich die »gesunde Lehre« abzustecken. Die Frauen hatten in ihrer neuen Freiheit in Christus eine wichtige Aufgabe. Sie sollten lernen. Denn diese Möglichkeit hatten sie vorher praktisch nicht gehabt.

Das »AUTHENTEIN« über Männer jedoch, d. h. die religiöse Herrschaft unter dem Banner heidnischer Lehre, verbot Paulus strikt. In diesem Horizont verbot er ebenso das »Lehren« durch Frauen, denn die neuen (gnostischen) Lehren, die speziell von Frauen vertreten wurden, waren nichts als Irrlehre, »Altweiberfabeln«.[7]

VERS 13

◆ Weil die Gnostiker Frauen als empfänglicher für das Reden Gottes hielten, ja, weil sie die Versuchung Evas durch die Schlange sogar für das eigentliche Geschehen der Weisheitsübermittlung hielten, argumentiert Paulus nun mit der Schöpfungserzählung. Er tut dies im Rahmen und mit den Methoden der zeitgenössischen jüdischen Bibelauslegung. Dabei ist zu beachten, dass Paulus hier zur Widerlegung seiner Gegner bestimmte Akzente setzt.
Die ophitischen Gnostiker z. B., sie verehrten besonders die Schlange, behaupteten, Eva sei die wahre Vermittlerin der Erkenntnis. Paulus hält dagegen: Nach 1. Mose 2,20-22 ist sie Adam nachgeordnet.

VERS 14

◆ »Adam wurde nicht verführt, die Frau aber hat sich zur Übertretung verführen lassen.« Hier erinnert Paulus daran, dass sich Adam nicht von der Versuchung der Schlange hat verführen lassen. Die Schlange verspricht ja:

»*Ihr werdet sein wie Gott und wissen, was gut und böse ist*«
(1. Mose 3,5b), d. h. die Schlange verspricht neue Erkenntnis
(Gnosis). Paulus betont, Adam hat sich – im Gegensatz zu Eva –
nicht von der Schlange und der Aussicht auf Erkenntnis verführen
lassen. Paulus leugnet nicht die allgemein bekannte Tatsache, dass
auch Adam sündigte (vgl. Röm 5,12ff.).
Aber die Unterscheidung zwischen Adam und Eva will Paulus im Folgenden auswerten. Denn die ganze Argumentation des Paulus dient
dazu, die (gnostischen) Irrtümer in Ephesus aufzudecken und als dem
Evangelium gegenüber unhaltbare Irrlehren zu brandmarken.

VERS 15

◆ Dies ist wohl der schwierigste Satz im ganzen Zusammenhang.
Wie kann Paulus schreiben, eine Frau soll gerettet werden durch
Kindergebären? Im griechischen Urtext wird tatsächlich das Wort
gebraucht, das Paulus an anderen prominenten Stellen für die Rettung in Christus verwendet (vgl. Röm 10,13; 1. Kor 3,15).

Der Gesamtaufbau des Briefes ist hier für das Verständnis leitend.
Nach dem Briefanfang mit seinen verschiedenen Teilen (Gruß,
Aufgabenbezeichnung für Timotheus, Dank) beginnt in 1. Timotheus 1,15 das eigentliche Briefkorpus: »*Das ist gewisslich wahr
und ein Wort des Glaubens wert, dass Christus Jesus in die Welt
gekommen ist, die Sünder selig zu machen*«. Der so überschrie-
bene erste Teil findet seinen Abschluss erst in 1. Timotheus 3,1a:
»Das ist gewisslich wahr!«
Norbert Baumert betitelt diesen ersten Abschnitt mit »Rettung
durch Christus«. [8]

Es geht also um nichts weniger als die Rettung durch Christus, für
den Verfasser selbst, den Briefempfänger und die Gemeinde.
Norbert Baumert übersetzt 1. Timotheus 2,13 – 3,1a wie folgt:
»*Adam wurde nämlich als Erster gebildet (geformt), dann Eva. Und
Adam wurde nicht betrogen; die Frau jedoch geriet, nachdem sie sich hatte*

täuschen lassen, in eine Übertretung, (wird) sollte aber Heil erlangen durch die Kindesgeburt (die Geburt eines Kindes). Wenn sie verbleiben in Trauen (Glaube) und Liebe und Heiligung mit (unter) Besonnenheit, so ist zuverlässig das Wort!«

Baumerts Übersetzung und die Auslegung, auf der sie fußt, lässt sich in einen sinnvollen Zusammenhang stellen mit dem, worauf Paulus mit seinem Schreiben abzielt und was er in seinen so genannten Hauptbriefen (Röm; 1. und 2. Kor; Gal) über die Rettung in Christus erläutert hat. Im ganzen Abschnitt geht es Paulus um die gelebte Beziehung zu Gott in einer Welt, die von Irrlehre geprägt ist (1. Tim 1,6.18f.; 2,2.8f); das Ziel ist die Rettung aller Menschen (1. Tim 2,4-6).

In diesem Horizont legt Paulus nun die Geschichte vom Sündenfall aus, zugespitzt auf die oben skizzierte Problematik, um zwischen der Versuchung Adams und der Evas präzise zu unterscheiden. Diese urbildhafte Auslegung will die spezifische Gefährdung von Männern und Frauen erläutern. Wir müssen dabei jedoch eines beachten: Paulus skizziert nur grob seine Auslegung und setzt nur die Akzente, die jetzt wichtig sind. Seinen ersten Lesern war dies durchaus bekannt.

D.h., wenn *»von Adam gesagt wird, ›er wurde nicht versucht‹, so wusste doch jeder Jude [und Grieche], dass dies nur besagen konnte: Er wurde nicht so (nämlich direkt) von der Schlange versucht wie Eva. Am Ende haben beide gesündigt und werden beide selbständig verurteilt, nicht etwa der eine unter dem Deckmantel des anderen.«*[9]

Lesen wir nun auch 1. Timotheus 2,15 als Auslegung von 1. Mose 3, dann ergeben sich verschiedene Perspektiven. Man kann die Rettung der Frau durch das Gebären von Kindern auf 1. Mose 3,16 (*»Unter Schmerzen sollst du Kinder gebären«*) beziehen, wie es vielfach geschieht. Dann heißt dies, dass die Frau durch das Erdulden ihrer Strafe – unter Schmerzen Kinder zu gebären – in heilvollem Gehorsam lebt. Diese Deutung scheint mit der Theologie des Apostels Paulus kaum vermittelbar.

Bezieht man 1. Timotheus 2,15 jedoch auf 1. Mose 3,15 (»Der Nachwuchs Evas soll der Schlange den Kopf zertreten!«), so folgt daraus nicht mehr, dass Frauen durch das Gebären von Kindern gerettet werden, sondern Eva soll durch die Geburt eines Kindes, nämlich des Messias, gerettet werden. Immerhin spricht 1. Timotheus 2,15 immer noch von Eva und nicht allgemein von Frauen. Deutlich ist aber jetzt nicht mehr der Geburtsvorgang als gehorsame Leistung die rettende Tat, sondern das Kind, das geboren werden wird, der Messias, bringt das Heil.

Gestützt wird diese auch schon früher vorgeschlagene Auslegung durch eine weiter gehende Beobachtung von Baumert. Er macht darauf aufmerksam, dass Paulus wesentliche Erkenntnisse über den Messias anhand eines Vergleiches Adam – Christus darstellt (Röm 5,14; 1. Kor 15,22.45), wobei der Christus als neuer Adam in den Blick kommt. Zwar spricht Paulus nirgendwo von einer »neuen Eva«, aber dennoch weist er »*auch auf ihren spezifischen Weg und Platz im Erlösungsgeschehen hin. Dadurch, dass der ›Sohn‹ durch eine Frau zur Welt kam (Gal 4,4; 1. Kor 11,11f.), wollte er gerade diese Wunde der Menschheit heilen.*«[10] So wie Paulus in Adam das Urbild des Christus sieht, so blickt er von Eva auf die Mutter des Christus hin.

Am Urbild »Eva« und der ihr geltenden Verheißung (1. Mose 3,15) zeigt Paulus, dass auch Frauen durch die Geburt des verheißenen Kindes, also des Messias, gerettet werden, und nicht durch gnostische Geheimlehren. Eva hat keine besondere Stellung als geheime, eigentliche Vermittlerin von Weisheit und Erkenntnis. Was die Schlange verspricht, ist vom Teufel und nicht geheime, göttliche Lehre, die erst durch die Empfänglichkeit der Frau »erkannt« werden kann.
Gegen diese gnostischen Irrlehren spitzt Paulus die Feder. Er widerlegt sie mit damals geläufiger jüdischer Auslegungskunst.

Dass Paulus jedoch den verantwortlichen Dienst von Frauen schätzt, belegt die Nennung seiner verschiedensten Mitarbeiterinnen. Und auch das öffentliche Predigen im Gottesdienst wurde von ihm nicht verneint.[11]

Grundsätzlich, als Rahmen seiner »gesunden Lehre« galt für ihn, was er im Galaterbrief schreibt: *»Hier ist nicht Jude noch Grieche, hier ist nicht Sklave noch Freier, hier ist nicht Mann noch Frau; denn ihr seid allesamt einer in Christus Jesus«* (Gal 3,28).

[1] Vgl. 1. Petr 3,3-5 und dazu S. 444f.

[2] Vgl. Norbert Baumert, Frau und Mann bei Paulus. Überwindung eines Missverständnisses, Würzburg 1992, S. 367f.

[3] Dazu Baumert, S. 182ff.

[4] Susanne Heine, Frauen der frühen Christenheit. Zur historischen Kritik einer feministischen Theologie, Göttingen 1990, 3. Auflage, S. 121

[5] Barbara Cook, »Frau sein – stark sein«, Aquila Verlag 1991, S. 143. Vgl. als Quelle dazu Catharine Kroeger, Ancient Heresies and a Strange Greek Verb, in: The Reformed Journal, Oktober 1979

[6] Cook ebd. Eine weniger dramatische Erklärung von »AUTHENTEIN« gibt Baumert, S. 227. Er legt dar, dass Frauen ihre geistliche Autorität nur im Rahmen der allgemein gültigen sozialen Strukturen ausüben sollten. »Diese aber sind so geprägt, dass grundsätzlich ein Mann KYRIOS [sc. Herr] einer Frau ist: Rechtsträger und familienrechtlich Verantwortlicher.«

[7] Cook, S. 144, sieht in der notwendigen Abwehr »überlegener weiblicher Geistlichkeit« den Grund für die nachher vorherrschend negative Einstellung gegenüber Frauen bei den Kirchenvätern und das dann folgende Verbot des Priesteramtes für Frauen.

[8] Baumert, S. 225

[9] Baumert, S. 228

[10] Baumert, S. 229

[11] Auch zu diesem Problem hat die Studie von Baumert interessante Ansätze beizutragen, S. 178-181

DIE EHE IN 1. PETRUS 3,1-6

ZUM GESAMTRAHMEN
DER LEHRE DES PETRUS

◆ In seiner Pfingstrede verkündet der Apostel Petrus den Pilgerscharen, die zum Pfingstfest nach Jerusalem gekommen waren, dass nun die »Letzte Zeit« angebrochen ist. Die christusgläubigen Männer und Frauen sind vom Heiligen Geist erfüllt worden (Apg 2,3f.) und fangen an, in anderen Sprachen zu predigen. Petrus sieht in diesem Geschehen ein Wort des Propheten Joel erfüllt: *»Das ist's, was durch den Propheten Joel gesagt worden ist (Joel 3,1-5): ›Und es soll geschehen in den letzten Tagen, spricht Gott, da will ich ausgießen von meinem Geist auf alles Fleisch; und eure Söhne und eure Töchter sollen weissagen, und eure Jünglinge sollen Gesichte sehen, und eure Alten sollen Träume haben‹«* (Apg 2,16-17).

Schon der erste Jüngerkreis, dem Petrus vorstand (Joh 21,15ff.), bestand aus Männern und Frauen (Lk 24,22: Die Emmausjünger berichten von einigen Frauen *»aus unserer Mitte«*). Auch Ehefrauen der Apostel werden dabei gewesen sein.

Petrus z. B. war verheiratet (Mk 1,30). Auch andere Apostel wurden von ihren Ehefrauen begleitet (vgl. 1. Kor 9,5).

Dieser Kreis traf sich nach der Himmelfahrt von Jesus regelmäßig in Jerusalem zum Gebet, gemeinsam mit Familienangehörigen von Jesus (Apg 1,14). Auch wenn vom Wachstum der jungen Gemeinde berichtet wird, werden die Frauen ausdrücklich erwähnt (Apg 5,14; in Samaria Apg 8,14). Sie stellen eine wichtige Gruppe des »neuen Weges«, deswegen will der damalige Verfolger Saulus (Paulus) sie ebenfalls verhaften (Apg 8,3; 9,1-2; 22,4-5).

Die neue Heilszeit ist angebrochen. Petrus war sich mit Paulus darin einig, dass die Verheißungen des Alten Bundes in Jesus Christus erfüllt waren:

»Denn ihr seid alle durch den Glauben Gottes Kinder in Christus Jesus. Denn ihr alle, die ihr auf Christus getauft seid, habt Christus angezogen. Hier ist nicht Jude noch Grieche, hier ist nicht Sklave noch Freier, hier ist nicht Mann noch Frau; denn ihr seid allesamt einer in Christus Jesus. Gehört ihr aber Christus an, so seid ihr ja Abrahams Kinder und nach der Verheißung Erben« (Gal 3,26-29).

Petrus schreibt Ähnliches: Die Gläubigen sind bestimmt zum »Erbe«. Das Ziel des Glaubens ist der Seelen Seligkeit. *»Nach dieser Seligkeit haben gesucht und geforscht die Propheten, die von der Gnade geweissagt haben, die für euch bestimmt ist«* (1. Petr 1,10f.). Petrus und Paulus waren sich darin einig, dass Männer und Frauen durch die Wiedergeburt des Heiligen Geistes Erben der Verheißung der neuen Heilszeit sind.

Streit hatten die beiden Apostel darüber, welche Bedeutung das Gesetz für die Gläubigen aus den Heidenvölkern habe. Bezüglich der Berufung von Männern und Frauen als Mitglieder des neuen Gottesvolk hatten die beiden Apostel aber Einigkeit.

EINORDNUNG VON 1. PETRUS 3,1-6 IN DEN RAHMEN DES GESAMTEN BRIEFES

◆ Der Brief ist gerichtet an die *»auserwählten Fremdlinge, die verstreut wohnen in Pontus, Galatien, Kappadozien, der Provinz Asien und Bithynien«* (1. Petr 1,1). Diese Gebiete, alle in der heutigen Türkei gelegen, waren zunächst vom Apostel Paulus missioniert worden. Die Gebietsnamen bezeichnen römische Provinzen. Paulus, der Heidenapostel, hatte in jenen Orten gewirkt. Die Gemeinden werden also aus Heidenchristen und Judenchristen bestanden haben, obwohl die Anrede »Fremdlinge« zunächst an Juden in der Zerstreuung (Diasporajuden) erinnert. Der Brief soll von Gemeinde zu Gemeinde weitergegeben werden.

Die Gläubigen werden zu einer lebendigen Hoffnung wieder geboren und darum angehalten, ein geheiligtes Leben zu führen, denn sie sind mit dem teuren Blut von Jesus erlöst.

Das neue Gottesvolk hat sich mit seinem »Wandel« in der Welt zu bewähren:
»Ihr aber seid das auserwählte Geschlecht, die königliche Priesterschaft, das heilige Volk, das Volk des Eigentums, dass ihr verkündigen sollt die Wohltaten dessen, der euch berufen hat von der Finsternis zu seinem wunderbaren Licht« (1. Petr 2,9).

Für die Christgläubigen sind neue Glaubenswege eröffnet. Sie sind nicht mehr auf die Opfer im Tempel in Jerusalem angewiesen, sondern Jesus ist für sie das »unschuldige und unbefleckte Opferlamm« (1. Petr 1,19). Ja, sie sind selbst heilige Priester, die geistliche Opfer darbringen sollen (1. Petr 2,5.9). So wie der Vorhang vor dem Allerheiligsten beim Eintritt des Todes von Jesus entzweiriss (Mt 27,51), haben die Wiedergeborenen freien Zugang zur Gnade, und zwar sowohl Männer als auch Frauen.

Als »Fremdlinge und Pilger« leben sie in der Welt (1. Petr 2,11). Ihr Leben soll ein Zeugnis sein für das Licht der Gnade, in dem sie »wandeln«.

Ihr Lebenswandel soll keinen Anstoß zum Ärger, sondern Einladung zum Glauben wirken. An alle Christen schreibt Petrus, dass sie sich menschlichen Ordnungen fügen sollen (1. Petr 2,13-17). Auch hierbei ist es das Ziel, dass die guten Werke leuchten.

Dann ergeht z. B. speziell an die Sklaven die Aufforderung, sich ihren Herren unterzuordnen, und zwar auch dann, wenn die Sklavenbesitzer schwierige Menschen sind. Petrus zitiert hier das Leiden von Christus als Vorbild. Indem sie in den Fußstapfen ihres Herrn gehen, soll ihr Lebenswandel das Licht Gottes widerspiegeln. Hierbei segnet Petrus nicht etwa die Sklaverei als gottgewollte Schöpfungsordnung ab, sondern er hat das Gesamtziel vor Augen: Menschen herauszurufen »*von der Finsternis zu seinem (Gottes) wunderbarem Licht*« (1. Petr 2,9c).

AUSLEGUNG VON 1. PETRUS 3,1-6

Vers 1

»Desgleichen« sollen sich die Frauen ihren Männern unterordnen, auch den Männern, die nicht an das Wort glauben. Der Bezug zum Vorausgegangenen ist durch das »desgleichen« klar hergestellt. Petrus wiederholt auch noch einmal das Ziel: Die ungläubigen Männer sollen durch das Leben ihrer Frauen, nämlich ohne Worte, gewonnen werden.

Dieser Wandel, also der äußere Lebensvollzug, bildet das Innere des Menschen deutlich ab. Als die Menschen die Offenbarung von Jesus Christus noch nicht kannten, lebten sie getrieben von ihren

Begierden und dienten diesen (1. Petr 1,14; vgl. 2. Petr 2,7.18). Diese Lebensweise hat keinen Bestand in der Zukunft, sie ist nichtig und vergänglich (1. Petr 1,18). Petrus schließt hier das Leben nach dem jüdischen Gesetz mit ein.

Nun aber sind die Menschen »wieder geboren ... aus dem ... Wort Gottes, das da bleibt« (1. Petr 1,23). Ihr äußerer Lebensvollzug soll das widerspiegeln. Daher die wiederholte Aufforderung zur Heiligung, zum Gehorsam und zur Gottesfurcht. Die Spannung zwischen dem Zuspruch »Ihr seid ...!« und der Aufforderung »Ihr sollt ...!« bleibt bestehen.

Diese Spannung wird auch bei Paulus deutlich, und zwar in den Versen, in denen der von Christen geforderte »Wandel« in Form von Gaben Gottes beschrieben wird (1. Tim 4,12): Mit Liebe, Glauben, Reinheit, dem Wort und Wandel ist Timotheus begabt.

Vers 2

Wenn die Frauen Gott fürchten und, dadurch motiviert, gesellschaftlich tadellos leben, werden ihre Männer durch ihr Leben eine Predigt erhalten, die gewinnend ist. Die Quelle für diesen untadeligen Lebensvollzug ist die Gottesfurcht: Das heißt zu wissen, nicht billig erkauft worden zu sein, sondern durch das kostbare Opfer von Jesus (1. Petr 1,18-19). Gott selbst sandte seinen Sohn, um ihn dahinzugeben für die Vielen (Mk 10,45).

Vers 3

Das Aussehen, die Kleidung und der Schmuck eines Menschen spiegeln in hohem Maße sein Inneres wieder. Sein Auftreten kann dadurch glaubwürdig oder eben unglaubwürdig wirken.

Im Orient spielt die Körperpflege eine weitaus größere Rolle als in europäischen Breiten. (Zum kulturellen Hintergrund vgl. hier das oben zu 1. Tim 2,9 Gesagte, S. 429.) Für europäische Vorstellungen ist eine damals durchschnittlich gepflegte Frau schon eine äußerst extravagante Erscheinung. Heute aus diesem Vers zu folgern, dass eine Frau keinerlei Schmuck tragen dürfe oder auf jede Kosmetik zu verzichten habe, wäre ein krasses Missverständnis dieser Textstelle.

Vers 4

Vielmehr geht es um die Ausstrahlung von innen, die jeder Gläubige als Gabe erhält, wenn er durch den Heiligen Geist wieder geboren wird. Dieser Schmuck des Herzens ist nicht als weibliche Eigenschaft den Frauen einfach angeboren, sondern entwickelt sich in der Nachfolge Christi. Jesus selbst sagte von sich:

»Nehmt auf euch mein Joch und lernt von mir; denn ich bin sanftmütig und von Herzen demütig« (Mt 11,29).

Und in der Bergpredigt preist Jesus eben solche Menschen selig: *»Selig sind die Sanftmütigen, denn sie werden das Erdreich besitzen« (Mt 5,5).* Ebenso wie die Sklaven sollen auch die Frauen den Fußstapfen von Jesus folgen und dadurch diese inneren, nach außen strahlenden Eigenschaften entwickeln.

Vers 5-6

Nun stellt Petrus den Bezug zu den Stammvätern und Glaubensmüttern her. Obwohl er vorher in seinem Brief deutlich festgehalten hat, dass mit dem Messias Jesus neue Zeiten begonnen haben (1. Petr 1,10f.; 2,9), werden die heiligen Frauen des Alten Bundes als Vorbilder genannt. Insbesondere Sara wird als Vorbild für einen furchtlosen Glauben in Erinnerung gerufen. In der damals gesellschaftlich herkömmlichen Eheordnung waren die Ehefrauen ihren Männern unterstellt. An Christus gläubige Frauen sollen keine Angst haben, auch wenn ihre Männer diesen neuen Glauben nicht teilen.

So wie Sara ihrem Mann gehorchte, sollen christliche Frauen ihren Männern untertan sein, wie es damals gesellschaftlich üblich war. Sara vertraute auf Gott und ist dadurch Vorbild. Denn so überwand sie ihre Furcht. Sara hatte mit ihrem Mann auf dem Weg in das verheißene Land schwere Situationen zu überstehen. Immer wieder war ihr Vertrauen auf Gott gefordert. Obwohl ihr Mann Abraham sie diplomatisch geschickt gegenüber dem Pharao als seine Schwester ausgab, um ihrer beider Leben zu retten, gehorchte sie ihrem Mann, weil sie Gott vertraute. Sie ging in den Harem des Pharaos und Gott führte sie unbeschadet wieder heraus.

Petrus spricht den Frauen ungläubiger Ehemänner zu, dass sie als Saras Töchter gelten, wenn sie ihren Fußstapfen folgen und »keinen Schrecken fürchten ... sondern ihr Vertrauen auf Gott setzen«. Er eröffnet die Aussicht, dass durch diesen guten Wandel Ehemänner für das Wort von Christus gewonnen werden.

Vers 7

Nun wendet sich Petrus den christlichen Ehemännern zu. Mit dem Wort »desgleichen« stellt er den Bezug zu dem bisher Gesagten her. Die christlichen Ehemänner sollen sich ebenso (wie die Sklaven und die Frauen) an Christus ein Beispiel nehmen. Christi vorbildhafte dienende Haltung soll ihre Haltung gegenüber ihren Frauen sein.

Diese Aufforderung war für das damalige Rollenverhältnis von Mann und Frau völlig neu. Der Mann wusste sich als Patriarch, dem Ehre und Respekt zustand. Er war der Träger der Segnungen des Lebens.

Nun sind in Christus die Frauen Miterben der Gnade des Lebens. Der Mann soll seine Frau respektvoll behandeln, ja wie Christus ihr dienen und sie ehren. Petrus schreibt deutlich, dass ein respektloses, Macht ausübendes Verhalten das gemeinsame Gebet verhindert.

Wie es Jesus vorgelebt und angeordnet hat (Lk 10,39; Apg 1,3-14; 2,1), sollen die christlichen Männer mit ihren Frauen gemeinsam Gott dienen, von seinem Wort weitersagen und zu ihm beten. Auch die Treue zur eigenen Frau wurde neu in den Mittelpunkt gestellt (1. Kor 7,2). Dies gab den christlichen Frauen völlig neue Freiheit und einen neuen Stand.

Das Wort von Jesus hatte Kraft zur gesellschaftlichen Umgestaltung. Christen legten ein klares Zeugnis ab, in dem sie den Worten von Jesus zur Ehescheidung und Mehrehe (Mt 5,32; 19,1-12; 1. Kor 7,10ff.) und zur Behandlung von Kindern (Mt 18,1-5) folgten.

In der heutigen Gesellschaftsordnung gilt es wiederum, das Zeugnis vom Wort Gottes auf diesem heiklen Gebiet glaubhaft vorzuleben und zu bezeugen.

V.

KIRCHEN-GESCHICHTE UND MISSIONS-GESCHICHTE

Peter Zimmerling

STARKE FROMME FRAUEN – DER PIETISMUS ALS VORKÄMPFER FÜR DIE RECHTE DER FRAU

◆ Der Pietismus ist in den drei Jahrhunderten seines Bestehens fast immer eine »frauenbewegte« Erscheinung gewesen – eine Feststellung, die viele Leserinnen und Leser verblüffen mag.[1] Gewöhnlich werden mit dem Stichwort einer »frommen Frau« Vorstellungen wie Zurückgezogenheit, Unterordnung und Farblosigkeit verbunden. Christliche Frauen engagieren sich beim Kuchenbacken, Kaffeekochen und späterem Putzen bei Gemeindefesten. Dass sie verantwortlich in der Gemeindeleitung mitarbeiten, ist vielen mit dem heutigen Pietismus verbundenen Menschen immer noch ein fremder Gedanke.

Erstaunlicherweise haben im Gegensatz dazu viele Frauen in der Geschichte des Pietismus öffentliche Bedeutung erlangt und diesen maßgeblich mitgeprägt. Mehr noch: die Anfänge einer kirchlichen und gesellschaftlichen Emanzipation der Frau liegen in Deutschland im älteren Pietismus. Von daher fällt noch einmal ein anderes Licht auf die Bedeutung dieser wichtigsten Frömmigkeitsbewegung im Protestantismus seit der Reformation. Seine führenden Vertreter wie Philipp Jakob Spener (1635–1705), August Hermann Francke (1663–1727), Johann Albrecht Bengel (1697–1752), Gerhard Tersteegen (1697–1769) und Nikolaus Ludwig von Zinzendorf (1700–1760) waren jeder auf ihre Weise auch Anwalt für die Frau.

Dies ist heute – auch innerhalb der neueren pietistischen Bewegungen – weithin unbekannt, sollte aber nicht länger übersehen werden. Ich bin gewiss: Die Wiederentdeckung und Aktualisierung der »Frauenbewegtheit« des älteren Pietismus würde dem heutigen Pietismus zu neuer Dynamik und größerer Bedeutung verhelfen. Dazu sollen die folgenden Ausführungen beitragen.

DIE ROLLE DER FRAU IM ÄLTEREN PIETISMUS DES 17. UND DER ERSTEN HÄLFTE DES 18. JAHRHUNDERTS

◆ Wurde die Frau im 17. und 18. Jahrhundert häufig als Objekt des Mannes, als Verführerin zum Bösen oder als notwendiges Übel betrachtet, haben zwei Voraussetzungen einer Veränderung des Frauenbildes und der Frauenrolle im Barock-Pietismus in Richtung auf mehr Anteilhabe und Mitsprache in Kirche und Gesellschaft den Weg gebahnt: Einmal erfolgte in der Barockzeit allgemein eine Aufwertung des Individuums, zum anderen fing man an, Bildungseinrichtungen für Frauen zu schaffen.

Indem der Pietismus die Beziehung des Einzelnen zu Gott in den Mittelpunkt des Glaubens rückte, entdeckte er die Bedeutung der Einzelpersönlichkeit mit ihrem Willen und ihren Empfindungen für den Glaubensvollzug. Die damit verbundene Aufwertung des einzelnen Menschen machte auch vor der Frau nicht Halt. Das zeigt sich z. B. daran, dass Frauen einen maßgeblichen Anteil an der reichen Tagebuch- und Briefkultur des älteren Pietismus besaßen. Ihre Schreibkultur half sogar, der späteren deutschen Klassik den Weg zu bereiten.

Ein herausragendes Beispiel für diese Schreibkultur ist der Briefwechsel Henriette von Gersdorfs (1648–1726), der Großmutter und Erzieherin Nikolaus Ludwig von Zinzendorfs, mit Philipp Jakob Spener und Gottfried Leibniz, dem um 1700 bedeutendsten deutschen Philosophen.

Neben der Entdeckung des Wertes der Einzelpersönlichkeit bildete die Gründung von Mädchenschulen eine wesentliche Voraussetzung für die Emanzipation der Frau im älteren Pietismus.[2] August Hermann Francke hat in Halle das erste Mädchengymnasium ins Leben gerufen. Henriette von Gersdorf war nicht nur Mitinspiratorin und Geldgeberin dieses Unternehmens, sondern gründete an anderer Stelle in Altenburg in Sachsen in eigener Verantwortung eine ähnliche Schule. Indem die Frau Anteil an der Bildung erhielt, wurde sie zur ernst zu nehmenden Gesprächspartnerin und Mitarbeiterin im kirchlichen Raum.

Am weitesten verwirklicht wurde die Entwicklung der Frau allerdings nicht im Halleschen, sondern erst im Herrnhuter Pietismus des 18. Jahrhunderts.[3] Herausgefordert durch die besonderen Aufgaben in Ortsgemeinde, Evangelisation und Gemeinschaftspflege in vielen europäischen Ländern und in der Weltmission entdeckte man hier anhand der neutestamentlichen Aussagen die Bedeutung der Frau im Urchristentum wieder und setzte diese Erkenntnisse im eigenen Zusammenleben um. Erstmals in der Geschichte des Protestantismus wurde die Frau von ihrer Beschränkung auf Haus und Familie befreit und konnte ihre Gaben und Fähigkeiten im Gemeindeleben aktiv einbringen.

Dabei ist das Vorbild *Erdmuthe Dorothea von Zinzendorfs* (1700–1756), einer geborenen Reichsgräfin aus dem regierenden Grafenhaus Reuß-Ebersdorf, für die Frauen der Brüdergemeine nicht zu unterschätzen.[4] Schon von ihrer gesellschaftlichen Stellung her war sie es gewohnt, verantwortlich mitzudenken und mitzusprechen. Bei der starken erzieherischen Wirkung, die Zinzendorf und seine Frau für die Brüdergemeine hatten, musste die besondere Position von Erdmuthe – von 1732 an war sie nach dem Kauf der Güter ihres Mannes Ortsherrschaft und regierende Obrigkeit von Herrnhut geworden – auf die anderen Frauen der Brüdergemeine zurückwirken.

Der Graf hatte überdies erkannt, dass die Seelsorge von Männern an Frauen problematisch sein kann. Darum bekamen die Frauen bereits in der Frühzeit Herrnhuts eine eigene Ämterordnung. Es gab eine Fülle von Frauenämtern: das Amt der Ältestin, der Helferin, der Lehrerin, der Bandenhalterin, der Aufseherin, der Ermahnerin, der Dienerin, der Almosenpflegerin, der Krankenwärterin. Frauen hatten von Anfang an Sitz und Stimme in den Gemeindeversammlungen, um die Belange der weiblichen Gemeindegruppen zu vertreten. Selbst in den gemeindeleitenden Gremien wirkten sie mit.

Zinzendorfs Sicht der Frau wirkte sich bis in die in der Brüdergemeine gebräuchliche Sprache hinein aus. So wurde bei den Amtsbezeichnungen auf weibliche Wortformen geachtet, auch wenn das umständlich klang und schwer zu sprechen war. Die Brüdergemeine kannte »Ältestinnen«, ja sogar »Oberältestinnen«.[5] Der Graf beobachtete, dass im Neuen Testament fast nur die Brüder angeredet werden. In einer Rede begründete er, warum die Brüdergemeine anders verfuhr. Es war für Zinzendorf das Schwergewicht der jüdischen Herkunft der Apostel, das sie hinter die Stellung von Jesus zur Frau zurückfallen ließ:

»Ich muss erst eine Apologie für das Wort Brüder machen. Es kommt uns manchmal ein bisschen fremde vor, wenn wir so viele teure Gotteswahrheiten auf die Brüder restringiert [= beschränkt] sehen. Wir können

naturellement nicht anders, als dass wir stattdessen manchmal Geschwister sagen müssen. Die Brüder haben gewisse Dinge, die vor sie sind und so auch die Schwestern, und dann gibt's welche, wie das heutige, die für beide gehören, und man möchte manchmal mit wahrer emphase zu den Schwestern als zu den Brüdern sagen: Ihr Schwestern habt euch lieb. Die Apostel selber haben deutliche Merkmale davon hinterlassen, sie haben sich aber doch nach damaliger Art nicht überwinden können, die Schwestern anzureden. Das kam von einem gewissen alttestamentlichen Gang her, in dem die Differenz der Schwestern und Brüder aufs Höchste getrieben war, davon man in den Judenschulen noch heutzutage etwas Ähnliches sieht. Es war, als wenn der ganze Gottesdienst nur auf die Brüder kalkuliert wäre und die Schwestern fast nur von der Seite dazu träten.«[6]

Zinzendorf lehnte darum auch die herkömmliche Auslegung des Satzes »Die Frau schweige in der Gemeinde« aus dem Brief des Apostels Paulus an die Gemeinde von Korinth entschieden ab. Der Graf ging zu Recht davon aus, dass die Frau in den neutestamentlichen Gemeinden keineswegs zum Schweigen verurteilt war: Sie durfte z. B. öffentlich beten und weissagen.

Unter »Weissagen« verstand Zinzendorf in der Nachfolge der Reformatoren die Wortverkündigung in Form der Predigt. Er war davon überzeugt, dass die Frau eigenverantwortlich mitreden musste, wenn eine Gemeinde lebendig sein sollte. Folgerichtig wurden von Zinzendorf 1758 insgesamt vierzehn Presbyterinnen, also Pfarrerinnen, für den Bereich der Frauenarbeit ordiniert. 1. Petrus 2,9 *»Ihr aber seid das auserwählte Geschlecht, die königliche Priesterschaft ...«* bezog er ganz wörtlich auch auf Frauen.

Bald nach dem Tod des Grafen hat die Brüdergemeine dieses Experiment allerdings wieder eingestellt. Um im Frieden mit den evangelischen Landeskirchen zu leben, schränkte sie den öffentlichen Dienst der Frauen ein. Bestehen blieb ihre Mitarbeit im Bereich der Frauenarbeit und in den Missionsgebieten – immer noch etwas unerhört Neues gegenüber der Praxis der damaligen Gesamtkirche. Damit blieb ihnen eine Fülle von Betätigungsfeldern erhalten.

Auch außerhalb der Brüdergemeine haben pietistische Frauen in der Folgezeit bahnbrechend gewirkt. Eine Auswahl von ihnen soll im Folgenden exemplarisch skizziert werden, bevor ich versuchen will, die aus der Beschäftigung mit ihnen gewonnenen Erkenntnisse für heute fruchtbar zu machen. Alle Frauen zeigen, dass Frömmigkeit nicht mit einer passiven Hinnahme der Begrenztheiten des Lebens und der Aufgabe einer eigenständigen Persönlichkeit und Begabung verwechselt werden darf.

Vielmehr gewinnen diese Frauen gerade aus ihrer Frömmigkeit besondere Stärke, übernehmen in erstaunlicher Weise Initiative, wirken über ihr unmittelbares familiäres Umfeld hinaus und bekommen ihr unverwechselbares Profil. Vorbildhaft greifen sie Herausforderungen ihrer Zeit auf und versuchen, diese zu beantworten. Das geschieht, indem sie in Vergessenheit geratene biblische Erkenntnisse neu entdecken und mutig in die Praxis umsetzen. Inspiriert von biblischen Aussagen, wachsen ihnen weiterführende Antworten auf Probleme ihrer Zeit zu.

JULIANE VON KRÜDENER (1764–1824)

◆ Eine der ungewöhnlichsten Frauen in der Geschichte des Pietismus ist sicherlich die aus Riga stammende *Juliane von Krüdener*.[7] Durch das Zeugnis eines einfachen Schusters zum Glauben gekommen, der zur dortigen Herrnhuter Brüdergemeine gehörte, wurde sie in der Folgezeit zu einer Evangelistin der höchsten Gesellschaftsschichten. Die baltendeutsche Baronin erkannte auch die sozialethische Dimension des Evangeliums und bezog diese in ihre Verkündigung mit ein. Eine Konsequenz daraus war ihre Beteiligung am Zustandekommen der von Zar Alexander I. von Russland ins Leben gerufenen »Heiligen Allianz«, die den europäischen Frieden dauerhaft sichern sollte.

Indem Juliane von Krüdener die in der Schweiz und in Süddeutschland im Gefolge der Napoleonischen Befreiungskriege entstandene schreiende soziale Not anklagte, brachte sie verschiedene Landesregierungen gegen sich auf. Sie wurde in der Folge mehrfach ausgewiesen – und das, obwohl ihr Sohn währenddessen russischer Botschafter in Bern war. Dabei blieb sie nicht beim Protest stehen, sondern setzte ihr eigenes Vermögen zur Bekämpfung der drückenden materiellen Not ein. Auf diese Weise gab Juliane von Krüdener den Anstoß zur Gründung der ersten Werke der Inneren Mission, der heutigen Diakonie.

Die zur frühen Erweckungsbewegung des 19. Jahrhunderts gehörende große Frau der Heiligen Allianz ist heute leider vergessen. Sie wurde in der Geschichtsschreibung des späteren 19. Jahrhunderts wegen ihrer Einmischung in die angeblich den Männern vorbehaltene Domäne der Politik heftig kritisiert. Dadurch konnte der von ihr ausgehende Impuls, der auf eine Verbindung von persönlicher Frömmigkeit und sozialethischem Engagement hinzielte, kirchengeschichtlich nicht wirksam werden. Kaum auszudenken, was es für die weitere Geschichte Deutschlands bedeutet hätte, wenn Kirche und Erweckungsbewegung in ihrer Gesamtheit die Berechtigung der sozialen Frage erkannt hätten. Die Arbeiterschaft hätte sich in ihrem sozialen Aufstiegswillen vom Christentum unterstützt gesehen und wäre nicht in Glaubensgleichgültigkeit oder gar Skepsis gefallen.

ANNA SCHLATTER (1773–1826)

◆ Ebenso fesselnd wie die Begegnung mit Juliane von Krüdener ist die Beschäftigung mit der Schweizerin *Anna Schlatter* aus St. Gallen.[8] Bekannt wurde sie dadurch, dass ihre Seelsorgebriefe veröffentlicht und häufig nachgedruckt worden sind.[9] Die in ihnen aufscheinenden Erfahrungen, Auseinandersetzungen und Zielsetzungen sind für das christliche Leben in der modernen Welt immer noch höchst anregend und hilfreich – für Frauen und Männer gleichermaßen.

Anna Schlatter ist die Großmutter des berühmten Tübinger Bibeltheologen Adolf Schlatter.[10] Sie stammte aus einem vom Pietismus geprägten Elternhaus; ihr Mann, der St. Gallener Kaufmann Hektor Schlatter, neigte mehr einem von der Aufklärung geprägten Glauben zu. Trotz der Verschiedenheit der Glaubensauffassung war ihre Ehe sehr glücklich. Im Verlauf einer über 30-jährigen Ehe wurde Anna Schlatter dreizehnmal Mutter. Man kann sich gut vorstellen, dass Anna durch das Großziehen ihrer Kinder bereits völlig ausgelastet war.

Daneben trat jedoch noch die Berufstätigkeit, denn sie musste im Laden, der im Wohnhaus untergebracht war, mitarbeiten. Anna Schlatter war eine berufstätige Frau, die das Problem einer Doppelbelastung lösen musste, wie wir es auch aus unserer Zeit kennen. Bis ans Ende rang sie darum, ihre Christusliebe und ihre Pflichten als Gattin, Hausfrau, Mutter und Geschäftsfrau miteinander zu verbinden.

Vor allem die unterschiedliche Glaubensauffassung der Ehepartner, aber auch Anna Schlatters selbstständiger Charakter haben die Eigenständigkeit im Denken und eine sich daraus ergebende Unabhängigkeit im Urteil gefördert. So gehört sie z. B. zu den großen Wegbereiterinnen einer gelebten Ökumene aller an Jesus Christus Gläubigen. Dadurch hat sie nicht zuletzt zur ökumenischen Ausrichtung der beginnenden Erweckungsbewegung beigetragen.

Mit der Rückbesinnung auf den allen Konfessionen gemeinsamen Christusglauben waren im Kampf gegen den Atheismus der Französischen Revolution die konfessionellen Unterschiede zurückgetreten. Anna Schlatter, die zur schweizerischen reformierten Kirche gehörte, nannte sich nicht Protestantin, sondern Christin, weil sie im Glauben an Jesus den Zentralpunkt aller Konfessionen sah. Anstatt die dogmatischen Unterschiede zwischen den einzelnen

Konfessionen zu betonen, wollte sie alle Kräfte für den Kampf um die Einheit der Christen einsetzen. Die ökumenische Ausrichtung ihres Glaubens und Denkens wurde noch verstärkt, indem sie die praktische Seite der Frömmigkeit betonte. Sie hatte nämlich erkannt, dass gerade im gemeinsamen Handeln eine die getrennten Konfessionen einigende Kraft lag.

FRIEDERIKE FLIEDNER (1800–1842)

◆ *Friederike Fliedner*, die wie Juliane von Krüdener und Anna Schlatter zur Erweckungsbewegung gehörte, hat gemeinsam mit ihrem Mann das urchristliche Amt der Diakonisse wieder entdeckt.[11] Daran anknüpfend schufen sie in Kaiserswerth bei Düsseldorf die moderne Mutterhausdiakonie. Dabei entstand jedoch gegenüber dem Neuen Testament etwas Neues. Der moderne Diakonissenberuf war eine Antwort auf gesellschaftliche Herausforderungen der beginnenden Industrialisierung: Die ledige Frau erhielt als Diakonisse die Möglichkeit, einen selbstständigen Beruf zu erlernen und auszuüben.

Mit der Begründung des Diakonissenamtes war ein wichtiger Schritt auf dem Weg der Gleichstellung der ledigen mit der verheirateten Frau getan und gleichzeitig eine wesentliche Voraussetzung für die Gleichberechtigung mit dem Mann erfüllt. Das zeigen sowohl die Höhe des Gehalts als auch die Kleidung der Diakonissen. Im Vergleich mit der Entlohnung der übrigen weiblichen Beschäftigungen in damaliger Zeit war das Gehalt der Diakonisse ansehnlich. Die Kleidung unterschied sich nicht von der verheirateter Frauen. Sie entsprach der Tracht der mittelständischen Bürgersfrau der damaligen Zeit. Auch die Diakonisse kam »unter die Haube«.

Darüber hinaus bot das Diakonissenamt in den Kirchen der Reformation erstmals wieder die Möglichkeit – auf Zeit –, zölibatär zu leben. Die Diakonissen wurden auf fünf Jahre verpflichtet, wobei bei wichtigen Gründen ein früheres Austreten möglich war. Die spätere Entwicklung ist über dieses Ziel, das sich Friederike und Theodor Fliedner ursprünglich gesetzt hatten, hinausgegangen. Aus dem Engagement für fünf Jahre wurde die lebenslängliche Verpflichtung.

Welchen Anteil hatte Friederike Fliedner an der Einrichtung der Diakonissenanstalt? Sie war es, die ihren Mann dazu ermutigte, ein eigenständiges Haus für diese Arbeit in Kaiserswerth zu erwerben. Friederike war auch für die Inneneinrichtung des neuen Hauses zuständig. Vor allem aber wurde sie dessen erste Vorsteherin. In dieser Funktion rang sie mit ihrem Mann um Gestalt und Kompetenzen des neuen Amtes. Sie vertrat gegenüber dem hierarchischen Verständnis ihres Mannes einen mehr geschwisterlichen Ansatz.

Es ist bewegend, in ihren Briefen nachzulesen, wie Friederike mit ihrem Mann über dessen »Instruktion für die Vorsteherin der Diakonissenanstalt« gestritten hat. So hat sie zu beinahe jedem Paragraphen ihre eigenen Vorstellungen und Vorschläge schriftlich niedergelegt. Obwohl sie sich nicht in allen Punkten durchsetzen konnte, gelang es ihr, dem Gemeinschaftsleben der Schwesternschaft zur Selbstständigkeit zu verhelfen. Bei dessen Gestaltung stand ihr als Ziel eine umfassende Persönlichkeitsbildung der Schwestern vor Augen: Die Schwestern würden beim Aufbau einer geregelten Krankenpflege außerhalb des Diakonissenmutterhauses von Kaiserswerth aufreibende Pionierarbeit zu leisten haben. Dafür waren nur charakterstarke und vor allem selbstständige Persönlichkeiten geeignet.

Friederike Fliedner hat im Zusammenhang mit der ersten Kaiserswerther Frauengemeinschaft Großartiges geleistet. Erstmals in der Geschichte des Protestantismus verbanden sich unter ihrer Leitung junge Frauen zu einer verbindlichen Lebensgemeinschaft auf Zeit. Mit allen ihr zu Gebote stehenden Mitteln bemühte sie sich darum, die spezifischen Anliegen der Frau zu berücksichtigen. Ihre Biografin Anna Sticker schreibt: »*Mit der Gestaltung einer Frauengemeinschaft im Bereich der evangelischen Kirche wurde ja Neuland betreten. Friederike Fliedner, eine Frau von innerer Freiheit und großer Menschlichkeit, wusste: Je straffer die Ordnungen angezogen werden, desto leichter gerät eine Frau in Abhängigkeit von ihnen. Sie wusste ferner, wie sich Frauen unter sich anders geben als gegen den Vorsteher. Darum müssen die inneren Angelegenheiten einer Frauengemeinschaft mit ›Frauenaugen‹ gesehen werden.*«[12]

DORA RAPPARD-GOBAT (1842–1923)

◆ Eine weitere große pietistische Frau war *Dora Rappard-Gobat*, die unter dem Namen »Mutter von St. Chrischona« bekannt wurde.[13] Sie war schriftstellerisch und dichterisch begabt. Manche ihrer Lieder wie »O du Lamm Gottes« werden heute noch gesungen. Dora Rappard hat das Frauenbild der neueren deutschen Gemeinschaftsbewegung maßgeblich geprägt – allerdings nicht immer zu dessen Vorteil, indem sie die Orientierung der Frau auf den Mann in den Vordergrund stellte.

Verheißungsvoll war ihr Wirken als Evangelistin in der Frauenarbeit. Ihre Ansprachen vor Frauen waren durchaus nicht unumstritten: Sie riefen zum Teil heftige Entrüstung hervor.
Solche Reaktionen zeigen, wie ungewohnt es zu dieser Zeit selbst in Frauenversammlungen noch war, dass Frauen das Wort ergriffen. Dora Rappard hat sich von diesen Vorwürfen nicht beirren lassen und so einer selbstständigen Frauenarbeit in der Gemeinschaftsbewegung die Bahn brechen helfen.

Manche ihrer Auffassungen muten heute überholt an. Dazu gehört ihre Definition von Gehilfenschaft und Weiblichkeit, aber auch ihre Weigerung, vor Männern zu sprechen, auch wenn sie diesem Vorsatz nicht treu geblieben ist. Denn durch ihre Bücher, Zeitschriftenartikel und Lieder hat sie das Evangelium vor Frauen und Männern gleichermaßen verkündigt.

Insgesamt sollte aber nicht übersehen werden, dass sie im Rahmen der von ihr gesetzten Einschränkungen der Frau in der Gemeinschaftsbewegung entscheidend zur mündigen Mitarbeit verholfen hat. Allein ihr Vorbild als Predigerin vor Frauen und als Schriftstellerin hat hier Wesentliches bewirkt. So war für sie nicht nur die Mutterschaft die schönste Aufgabe der Frau. Ebenso ging sie im Dienst als Evangelistin auf, in dem sie im Verlauf ihres Lebens unzählige Vorträge und Predigten gehalten hat. Lange bevor es in den evangelischen Landeskirchen eine geregelte Frauenarbeit gab, hat Dora Rappards Engagement in der Gemeinschaftsbewegung in dieser Richtung zündend gewirkt.

EVA VON TIELE-WINCKLER (1866–1930)

◆ *Eva von Tiele-Winckler* gehörte wie Dora Rappard der neupietistischen Gemeinschaftsbewegung an.[14] Wenn man ihren Lebensweg und ihre Glaubensart anschaut, wird man aber eher an die großen Heiligen des Katholizismus erinnert als an eine evangelische Diakonisse. Die Heilige Elisabeth von Thüringen oder Franz von Assisi treten einem vor Augen. Die Begegnung mit Eva von Tiele-Winckler zeigt, wie vielfältig die Prägung der großen pietistischen Frauen gewesen ist.

Sie wurde in einem oberschlesischen Schloss als Tochter eines der reichsten schlesischen Industriellen geboren. In der Stunde ihrer Hinwendung zu Jesus entdeckte sie völlig selbstständig den im Evangelium enthaltenen diakonischen Auftrag. Sie sah Jesus, wie er von den Evangelien beschrieben wird: als den, der die Kranken und Krüppel heilt und die Hungrigen und Armen, die Missachteten und Entrechteten um sich sammelt. Gleichzeitig betete sie darum, dass Gott sie vor jeder irdischen Liebe bewahren möge. Sie wollte fortan ganz für die Armen und Verwahrlosten da sein. Dies alles erlebte sie als Sechzehnjährige!

Immer wieder scheint in ihrem Leben fortan die Freude an der Bedürfnislosigkeit durch. In den folgenden Jahren nahm sie in ihre eigene Wohnung, einem kleinen Haus, das ihr Vater im Schlosspark für sie hatte errichten lassen, wirklich die Ärmsten der Armen auf: Verkrüppelte, Todkranke und von der Gesellschaft Vergessene. Eine unbändige Freude an der Armut erfüllte sie, wobei ihr diese Freude nicht ohne Kämpfe zugewachsen war. Mutter Eva – wie sie später hieß – wollte die äußere Lebensführung von Jesus möglichst genau in ihrem Leben nachahmen.

Immer neue Züge der Armut hat sie im Leben von Jesus entdeckt, angefangen von seiner Geburt im Stall von Bethlehem bis hin zum schändlichen Verbrechertod am Kreuz auf Golgatha. Dass er auf Annehmlichkeiten und Bequemlichkeiten des Lebens verzichtet hatte, war ihr Grund genug, ihrerseits bedürfnislos und arm zu leben. Sie lebte fortan bescheiden, freiwillig und aus Liebe, nicht erzwungen oder aus schlechtem Gewissen heraus. Gerade die Nachahmung von Jesus im Detail lässt etwas von der Kindhaftigkeit des Glaubens von Mutter Eva deutlich werden. Das macht sie bis heute so liebenswert und rührt das Herz an.

Besonders einer ihrer Brüder empfand Evas bescheidenen Lebensstil als Armutsschwärmerei, ja als Schrulle, und ihre Vorliebe für die unteren Volksklassen als Schande für die Familie. Dieses kritische Urteil zeigt, wie anstößig die Nachfolge Jesu Christi werden kann, wenn sie mit letzter Konsequenz gelebt wird.

Kirchengeschichtlich bedeutsam wurde Mutter Eva, weil sie zu den ersten Gründerfrauen im Protestantismus gehörte. Ihr großes Waisenhaus-Werk, der »Friedenshort«, wurde zu einem Zeichen der Versöhnung zwischen den getrennten Klassen der Wilhelminischen Gesellschaft, in Oberschlesien auch zwischen Deutschen und Polen. Als sie 1930 starb, umfasste das von ihr ins Leben gerufene Werk mehr als 40 »Heimaten« für verwaiste und verwahrloste Kinder.
In diakonischer Hinsicht war bahnbrechend, dass es Eva von Tiele-Winckler gelang, in ihren »Kinderheimaten« den bis dahin in solchen Einrichtungen vorherrschenden Kasernen-Charakter aufzu-

brechen. Die Kinder wurden stattdessen in Familiengruppen zusammengefasst und betreut.

Als eine der ersten evangelischen Frauen predigte sie vor großen Versammlungen von Männern und Frauen. Menschen, die sie gehört haben, bestätigen, dass sie zur Wortverkündigung begabt war. Dazu stand sie auch gegen Einwände von außen. Eine kleine Begebenheit wirft darauf helles Licht:

»Lachend hatte einst der Kaiser im Gespräch Mutter Eva mit dem Finger gedroht: Das Weib schweige in der Gemeinde. Aber damals wuchs die vor ihm Stehende einen Zoll höher und sagte in edler Kraft: Der Herr aller Herren hat mir's befohlen. Da schwieg selbst der Kaiser.«[15]

Eva von Tiele-Winckler glaubte, dass Gott selbst sie zur Verkündigung berufen habe. Allerdings übernahm sie nie die Aufgaben eines Pfarramts im eigentlichen Sinne. Im »Friedenshort« gab es von Anfang an Anstaltspfarrer, die Gottesdienste hielten und die Sakramente spendeten. Ähnlich wie in katholischen Frauenorden bildeten diese Pfarrer ein Gegengewicht zu einer ausschließlichen Betonung des Weiblichen. Wie viele Äbtissinnen hat auch Mutter Eva manche Konflikte mit ihnen ausgetragen. Ihrer Persönlichkeit hat das allerdings keinen Abbruch getan. Sie ist stattdessen in diesen Auseinandersetzungen noch gereift.

RUTH VON KLEIST-RETZOW (1867–1945)

◆ Als letzte starke fromme Frau möchte ich *Ruth von Kleist-Retzow* hier anführen.[16] Wie Eva von Tiele-Winckler wurde auch sie in einem schlesischen Schloss geboren, gestorben ist sie unter primitiven Bedingungen in einem kleinen Zimmer des zu ihrem pommerschen Gutsbesitz gehörenden Försterhauses.

Es ist die Verbindung von drei Faktoren, die Ruth von Kleist zu einer starken frommen Frau gemacht hat: Als Glied des preußischen Adels blieb sie ihr Leben lang verwurzelt in dessen guten Traditionen; als Gutsbesitzerin besaß sie ein waches gesellschaftliches Verantwortungsgefühl; als vom Pietismus geprägte Christin hatte ihre Frömmigkeit einen persönlich-innerlichen Zug.

Sicher hat der frühe Tod ihres Mannes dazu beigetragen, dass sie zu einer besonders kraftvoll-dynamischen Persönlichkeit heranreifte. Sie musste dadurch unabhängig leben lernen und selbstständig Entscheidungen fällen. Hinzu kamen die politischen Umwälzungen, die sie immer wieder dazu zwangen, ihre eigene Position neu zu durchdenken und nach Wegen zu suchen, wie die einmal als richtig erkannten Grundsätze an die nächste Generation weitergegeben werden konnten.

Zwei Facetten ihres reichen Lebens will ich im Folgenden herausgreifen. Zum einen ihre Freundschaft mit Dietrich Bonhoeffer, zum anderen ihre Rolle im Widerstand gegen Hitler. Ruth von Kleist besaß in Stettin eine Stadtwohnung, die sie in den ersten Jahren des Dritten Reiches zusammen mit einigen Enkelkindern bewohnte. Von dort aus unterstützte sie von Anfang an das vor den Toren der Stadt, in Finkenwalde, gelegene Predigerseminar der Bekennenden Kirche, dessen Direktor Dietrich Bonhoeffer war. In dieser Zeit entstand ihre Freundschaft.

Durch Bonhoeffer bekam sie unmittelbaren Anteil am Kampf der Bekennenden Kirche. Er sah ihre bewusste Frömmigkeit verbunden mit einer Verwurzelung im tätigen Leben als vorbildhaft an. Dietrich wurde mehr und mehr zu ihrem seelsorgerlichen Berater und theologischen Sachverständigen. Ruth von Kleist empfand eine große Freude darüber, dass ihre Freundschaft über die Generationen hinweg zustande gekommen war. Der Glaube ließ den Altersunterschied unwesentlich werden.

Sie sorgte auch in praktischen Dingen für Dietrich. So erhielt er von ihr regelmäßig Manuskriptpapier zum Schreiben seiner

Bücher. Ruth von Kleist scheint erst durch Bonhoeffer eine sie befriedigende Antwort auf die bedrängenden Probleme der evangelischen Kirche gefunden zu haben. Im gemeinsamen Kampf für die Bekennende Kirche erlebte sie eine Erneuerung des eigenen Glaubens, den sie sofort in theologischen Studiengruppen an andere weiterzugeben versuchte.

Auf Bonhoeffers Vorschlag hin lernte sie noch Griechisch, um das Neue Testament in seiner ursprünglichen Sprache lesen zu können. Mit wachem Interesse begleitete sie auch seine Arbeit an neuen Buchprojekten. Als er in späteren Jahren immer wieder längere Zeiten auf ihrem pommerschen Witwensitz verbrachte, um dort Teile seiner Bücher zu schreiben, hat er das tagsüber Verfasste jeweils am Abend mit ihr durchgesprochen. Er scheint sie als ebenbürtige theologische Gesprächspartnerin betrachtet zu haben.

Auch Ruth von Kleists Sterben offenbart die Intensität ihrer Verbundenheit: Die letzte Frage Ruths vor ihrem Tod 1945 war die nach dem Ergehen Dietrich Bonhoeffers.
Ihre amerikanische Biografin Jane Pejsa hat Ruth von Kleist den Beinamen »Mutter des Widerstands« gegeben. Nach der Machtergreifung Hitlers brauchte sie nicht, wie andere Deutsche, erst durch das überhand nehmende Unrecht des neuen Regimes vom wahren Wesen Adolf Hitlers überzeugt werden. Ihr war zudem klar, dass der immer noch privilegierte preußische Adel ihm gegenüber zum großen Teil völlig versagt hatte.

Die meisten ihrer jüngeren männlichen Verwandten schlossen sich im Verlauf der Jahre dem Widerstand an. Entscheidend für ihre Teilnahme an der Verschwörung gegen Hitler war die Bindung ihres Gewissens an christliche Grundwerte. Dabei kann das Vorbild Ruth von Kleists gar nicht hoch genug eingeschätzt werden. Es war ihr gelungen, durch alle drei deutschen Revolutionen – sowohl die von 1871 als auch die von 1918 und die von 1933 – am christlichen Ethos festzuhalten und es glaubwürdig zu leben.
Dieses Ethos sahen die Männer des Widerstands durch den Natio-

nalsozialismus missachtet, ja mit Füßen getreten. Die Verankerung der Gewissen in Gott und dessen Gebot ließ sie den Kampf für Recht und Freiheit unter Einsatz ihres Lebens und Besitzes wagen. Das zeigen Aussagen Henning von Tresckows, des führenden Organisators des militärischen Widerstands, ein Neffe Ruth von Kleists, genauso wie die seines wichtigsten Mitarbeiters Fabian von Schlabrendorff, der ihr angeheirateter Enkel war.[17]

FOLGERUNGEN FÜR HEUTE

◆ Leben und Werk aller genannten Frauen – von Erdmuthe von Zinzendorf bis zu Ruth von Kleist-Retzow – lassen erkennen, dass der Pietismus in den drei Jahrhunderten seines Bestehens angesichts einer oft erstarrten Staats- und Volkskirche der Frau vorbildhaft neue Wirkungsbereiche und -möglichkeiten eröffnet hat.

Dazu zählte die verantwortliche Mitarbeit in der Gemeinde mit eigenen Ämtern, die Öffnung des Pfarramts und des Verkündigungsdienstes für die Frau, allgemein die Neubegründung der Frauenarbeit in der Kirche, die Verantwortungsübernahme und Mitbestimmung in der Politik, die Öffnung der selbstständigen Berufsarbeit für die Frau, die Möglichkeit, kirchliche Werke zu gründen und zu leiten.

Vor allem der ältere Pietismus kann ohne Übertreibung als Anwalt für die Rechte der Frau bezeichnet werden. Er hat zwar noch keine Frauenbewegung, aber doch eine »Frauenbewegtheit« hervorgebracht. Herausgefordert von den Problemen seiner Zeit, entdeckte er neu in Vergessenheit geratene biblische Erkenntnisse im Hinblick auf Bestimmung und Rolle der Frau und setzte diese mutig in die Praxis um. Darin steckt ein Potenzial, das hier nur ansatzweise dargestellt werden konnte. Es wartet auf weitere Untersuchungen, um für die Gegenwart noch stärker fruchtbar gemacht zu werden.

Auffällig ist, dass die heutige evangelikale Bewegung die Ansätze zur Emanzipation der Frau in ihrer eigenen Geschichte vergessen zu haben scheint. An vielen Stellen ist geradezu ihre Verkehrung ins Gegenteil zu beobachten. Hat die Gesamtkirche zur Zeit des älteren Pietismus Frauen kaum angemessene Möglichkeiten der Mitsprache und Mitverantwortung in der Gemeinde eröffnet und hat der Pietismus damals als Vorreiter der Frauenemanzipation gewirkt, scheinen sich die Fronten heute verkehrt zu haben. Die Zeit ist reif, dass die pietistischen Gruppen der Gegenwart aufbrechen, damit Frauen ihre Begabungen in Kirche und Gesellschaft optimal einbringen können.

Im Neuen Testament lassen sich Eckpfosten für eine Gleichstellung von Männern und Frauen in gemeindlicher, gesellschaftlicher und rechtlicher Hinsicht erkennen. Ich denke hier besonders an Galater 3,28:

»Hier ist nicht Jude noch Grieche, hier ist nicht Sklave noch Freier, hier ist nicht Mann noch Frau; denn ihr seid allesamt einer in Christus Jesus.«
Und 1. Petrus 2,9:
»Ihr aber seid das auserwählte Geschlecht, die königliche Priesterschaft, das heilige Volk, das Volk des Eigentums, dass ihr verkündigen sollt die Wohltaten dessen, der euch berufen hat von der Finsternis zu seinem wunderbaren Licht.«

Diese Aussagen geben das Ziel vor, auf das hin die verantwortliche Mitwirkung von Frauen in Gemeinde und Gesellschaft konkret zu gestalten ist. Wie die Konkretion angesichts wechselnder gesellschaftlicher Rahmenbedingungen auszusehen hat, bleibt eine zu allen Zeiten neu zu entscheidende Frage.

Auch die konkreten Anweisungen von Paulus zu Aufgabe und Stellung der Frau in den neutestamentlichen Gemeinden waren Antworten auf Herausforderungen seiner Zeit. Sie waren weniger zeitbedingt als situationsbezogen und bewahrten die frühe christliche

Gemeinde nicht nur vor dem Untergang, sondern ermöglichten überdies ihr expansives Wachstum. Eine weitergehende Mitarbeit und Mitbestimmung der Frau als diejenige, die Paulus seinen Gemeinden vorgibt, hätte das Christentum damals vollkommen isoliert.

Heute sieht die gesellschaftliche Situation jedoch ganz anders aus. Die christliche Gemeinde sollte das Potenzial an Dynamik, das die biblischen Texte aus der Zeit der ersten Christenheit enthalten, neu entdecken. Hier ist noch »glutflüssige Lava« sichtbar – im Gegensatz zu oft verfestigtem, erkaltetem Lavagestein, wie sich Christsein heute in den meisten kirchlichen Gruppierungen darbietet.

Viel zu defensiv und zögerlich wurden in den letzten Jahren diese Fragen in der deutschen Gemeinschaftsbewegung, aber auch in den Freikirchen behandelt. Die christliche Gemeinde sollte wieder zum Ort werden, wo für Frauen ein Freiraum für Experimente besteht. Je nach Berufung, Kraft und Familiensituation müssen für sie ganz verschiedene Lebenskonzepte möglich sein.

Bisher sind Frauen hier immer noch einseitig auf die Mitarbeit im hauswirtschaftlichen Bereich und in der Kinder-, Jugend- und Frauenarbeit festgelegt. In den leitenden Gremien findet sich – wenn überhaupt – höchstens die schon sprichwörtliche »Quotenfrau«. Das Gleiche gilt für die Fragen, die das Miteinander von Mann und Frau betreffen.

Ein erster Schritt in die richtige Richtung wäre, wenn Gemeindeleitungen Männer und Frauen dazu ermutigen, die ihnen gemäße Lebensgestaltung zu finden. Der neuere Pietismus sollte sich von der Vorstellung verabschieden, dass es von der Bibel her nur eine spezifische Männer- bzw. Frauenrolle gibt und dem Gedanken Raum geben, dass verschiedene Lebenskonzepte gleichberechtigt nebeneinander bestehen können. Dann wird in christlichen Gemeinden nicht länger das wichtigste Ziel sein, an alten Strukturen festzuhalten. Neben der bürgerlichen Kleinfamilie mit ihrem klassischen Rollenverhalten von Mann und Frau sind auch andere Lebensformen wie Wohngemeinschaften, Großfamilien und Kommunitäten mit einem anderen Rollenverhalten von den neutestamentlichen Texten her möglich. Die plurale Gesellschaft bietet die Chance, eine Fülle von Möglichkeiten zur Gestaltung des Lebens von Frauen und Männern ins Auge zu fassen.

Wo ist die Experimentierfreude des älteren Pietismus geblieben, die es erlaubte, gerade in der christlichen Gemeinde zu gegebener Zeit neue Formen der Lebensgestaltung und des Miteinanders der Geschlechter zu erproben? Warum sollten z. B. junge Paare das Jobsharing nicht einmal ausprobieren und nach einer Probezeit nüchtern Resümee ziehen, ob diese Form der Berufsgestaltung für sie passt?

Mir schwebt vor, das traditionelle Familienmodell in Richtung auf eine geöffnete Familie zu verändern[18]: Eine Familie, in der es ein verbindliches, lebendiges und frohes Miteinander von Mann und Frau gibt, wo auch Raum ist für Kinder, ohne dass sich alles um sie dreht, und für Gäste. Ein Raum, in dem jeder seinen Platz findet und sich in einer Atmosphäre von herzlicher Liebe, Humor und Gelassenheit Leben entfalten kann.

Im Sich-Öffnen und Teilen – auch des Familien-Alltags – liegt ein Segen verborgen. Alles was wir hergeben, erhalten wir auf die verschiedenste Weise wieder. Wo wir auf Gott und seine Pläne hören, werden uns Menschen wichtiger als Dinge. Unsere Wohnungen werden dann nicht mehr so makellos glänzen, aber sie werden Räume der Begegnung, der Freundschaft und der Gemeinschaft – für uns, unsere Kinder, unsere Freunde und Fremde.

Dabei müssen wir gar nicht besondere Kraftanstrengungen vollbringen, sondern einfach mit anderen teilen, was wir haben. Das gemeinsame Lachen und Spielen ist hier ebenso wichtig wie das Erzählen und Teilen von Schwierigkeiten. Das alles schließt zusammen. Ebenso können beim Singen, Musizieren und Basteln

Gemüt und Fantasie entfaltet werden. Das schafft ein Gefühl der Zugehörigkeit und Geborgenheit und lässt Vertrauen wachsen.

Die gesellschaftliche Gleichberechtigung der Frauen vor allem in den europäischen und nordamerikanischen Gesellschaften hat den Weg freigemacht, den Platz der Frau auch in der Gemeinde neu zu gestalten. Dazu gehört, dass Frauen in Gemeinden mehr Verantwortung übernehmen können. Sie sollten endlich nicht länger nach ihrem Geschlecht, sondern nach ihren Fähigkeiten eingesetzt werden. Ihre Mitgliedschaft in Leitungsgremien ist längst überfällig. Der ältere Pietismus Herrnhuter Prägung hat hier vorbildliche Schneisen geschlagen.

Im gesellschaftlichen Kontext sollte entsprechend eine Fülle von Möglichkeiten der Lebensgestaltung von Frauen ins Auge gefasst werden. Bis in die jüngste Vergangenheit bestand für Frauen ein gewisser Druck, nur für die Familie da zu sein. Durch die feministische Bewegung ist ein vergleichbarer gesellschaftlicher Druck in entgegengesetzter Richtung entstanden. Er macht es Frauen beinahe unmöglich, in der Familie und im Haus ihre Lebenserfüllung zu finden.

In Zukunft sollten für Frauen je nach Berufung, Kraft und Familiensituation ganz verschiedene Lebenskonzepte denkbar sein:
• Ein mehr auf Ehe und Familie orientierter Lebensstil.
• Eine mehr auf die eigene Berufsarbeit konzentrierte Lebensauffassung.
• Ein Lebensstil, der mehr öffentliche Verantwortung in Gemeinde und/oder Gesellschaft wahrnimmt.

Gesellschaftliche Voraussetzungen müssten in dieser Richtung verstärkt geschaffen werden: Dazu gehört z. B. ein Mehr an Möglichkeiten zur Teilzeitbeschäftigung.

Insgesamt läge das Ziel für die Frauen darin, die eigene Persönlichkeit neu zu entdecken und den Mut zu den ihr entsprechenden Wegen zu finden. Noch schlummernde Möglichkeiten zu entfalten und eine neue Existenz als Frau zu leben, könnte frischen Wind in erstarrte gemeindliche und gesellschaftliche Strukturen bringen.[19]

Die Gemeinde von Jesus Christus ist auf ihrem Weg durch die Zeit darauf angewiesen, dass sie das Evangelium so verkündet und lebt, dass die nächste Generation davon entzündet wird. Die fortschreitende Säkularisierung der bisher weithin christlich geprägten Gesellschaften Westeuropas stellt hierbei die derzeit größte Herausforderung dar. Nur eine neue Gemeinschaft von Frauen und Männern, in der beide sich ihrer selbst – einschließlich ihrer Aufgaben – bewusst sind, wird diese Herausforderung erfolgreich bestehen können.

Es geht weiter um eine Wiederentdeckung der zölibatären Lebensform für Männer und Frauen im Raum des Protestantismus. Die Widerstände dagegen sind groß, auch wenn das Neue Testament im Hinblick auf Ehe und Ehelosigkeit »zweigleisig« fährt (vgl. dazu etwa Mt 19 und 1. Kor 7). Der so genannte gesunde Menschenverstand betrachtet einen Menschen, der ohne genitale Sexualität auskommt, als ein Schrumpfwesen. Idealbild unserer Gesellschaft ist das junge, leistungsstarke, genussfähige und erfolgreiche Paar.

Neben den gesellschaftlichen Vorurteilen gegenüber einem zölibatären Lebensstil hat für einen evangelischen Christen die mittelalterliche Praxis abschreckende Wirkung entwickelt. Martin Luther schuf durch seinen Austritt aus dem Kloster und seine spätere Heirat in den evangelischen Kirchen zwar die Familie als Hauskirche und Zentrum der Frömmigkeitspraxis (Rosenstock-Huessy), verursachte jedoch die Auflösung der Orden mit – wie wir alle wissen aus guten Gründen: Das Klosterwesen zur Reformationszeit war weithin verweltlicht und hatte dringend eine Erneuerung nötig.

Erst im Rahmen des älteren Pietismus entstanden neue klösterliche Gemeinschaften. Bekannt geworden ist die »Pilgerhütte Otterbeck« im bergischen Heiligenhaus, für die Gerhard Tersteegen »einige wichtige Verhaltensregeln«, die erste evangelische Klosterregel, aufgesetzt hat.[20] Aber erst im 18. Jahrhundert wurde mit dem Diakonissenamt und in diesem Jahrhundert mit der Entstehung der evangelischen Kommunitäten die urchristliche Möglichkeit der zölibatären Lebensgestaltung vom Protestantismus dauerhaft wieder entdeckt.

Jeder freiwillig zölibatär lebende Christ setzt ein Signal, dass sich letzte Glückserfüllung nicht im irdischen Leben, auch nicht in der Ehe, finden lässt. Soziologisch gesprochen hält er das unbürgerlich-urchristliche Moment in einer christlich geprägten Gesellschaft hoch. Vielleicht sollte man im Protestantismus heute stärker darüber nachdenken, ob es nicht die Möglichkeit einer Verpflichtung zu einem zölibatären Lebensstil auf Zeit im Zusammenhang mit einem bestimmten Dienst in der Gemeinde geben sollte. Dadurch würde ein Gegenpol zur Überbetonung der Sexualität in unserer Gesellschaft aufgerichtet werden.

Ziel ist eine neue Gemeinschaft von Verheirateten und Singles in den Gemeinden mit einer Anerkennung der Gleichwertigkeit der verschiedenen Lebensstile. Christliche Gemeinden sollen – wie in der Urgemeinde – zu Gemeinschaften werden, die auch im Hinblick auf die Gestaltung des Zusammenlebens von Männern und Frauen in Ehe, Familie, Wohngemeinschaft, Großfamilie, Kommunität und Gemeinde neue Schritte wagen. Gleichzeitig haben sie die Aufgabe, einer wachsenden Zahl von beziehungsgeschädigten, beziehungsunwilligen und beziehungsunfähigen Menschen beizustehen, die in Lebensabschnittspartnerschaften, in Ehen ohne Trauschein und promiskuitivem sexuellen Verhalten stecken geblieben sind.

Die Mütter des Pietismus lebten ihr Christsein – nicht anders als die pietistischen Väter – etwas jenseits der Norm des bürgerlichen Lebens ihrer Zeit. Sie waren bereit, auch unkonventionelle Wege zu gehen und sich ihr Christsein etwas kosten zu lassen. Erdmuthe von Zinzendorf war als Reichsgräfin ein Abstandsbewusstsein zum einfachen Volk selbstverständlich. Nicht ohne innere Kämpfe überwand sie dieses aus Liebe zu Jesus und wurde zur Schwester unter Schwestern – und das über ein halbes Jahrhundert, bevor die Französische Revolution die Forderung nach Gleichheit aller Menschen gewaltsam durchzusetzen versuchte.

Was für die Glaubenspraxis galt, traf auch für das theologische Denken zu: Pietistische Männer und Frauen schlugen darin neue Wege ein. Mit der Erkenntnis des »Mutteramtes« des Heiligen Geistes wurde in der Brüdergemeine die Mitarbeit und Mitverantwortung der Frau begründet.[21] Dem Wirken des Geistes im Rahmen der Trinität sollte das Wirken der Frau im Rahmen der Gemeinde entsprechen.

An anderen Stellen überwanden starke fromme Frauen dadurch traditionelle theologische Vorurteile, dass sie ihre Verkündigungs- und Leitungsgaben in Kirche und Gemeinde einbrachten. Konstruktive Realitäten entzogen restriktiven und frauenfeindlichen Überzeugungen das Fundament. Wahrscheinlich gehört zu einem echten Frömmigkeitsaufbruch der Mut zur Häresie. Neue Gedanken wirken auf dem Hintergrund des Althergebrachten häufig schwärmerisch oder gar häretisch. Das galt schon für Jesus und die Apostel, die durch das rabbinische Rechtgläubigkeitsexamen gefallen sind.

Neben Praxis pietatis und Theologie überrascht schließlich die öffentliche Wirksamkeit mancher pietistischer Frauen. Juliane von Krüdener war nicht nur die Evangelistin von Zar Alexander I., sondern wie bereits erwähnt, machte sie darüber hinaus ihren Einfluss geltend, um im Rahmen der »Heiligen Allianz« eine europäische Friedensordnung durchzusetzen. Eva von Tiele-Winckler trug mit ihrem diakonischen Engagement zur Überwindung der Klassengegensätze im Wilhelminischen Deutschland bei. Diese Frauen hatten erkannt, dass im Neuen Testament neben dem Missionsbefehl das Gebot der Nächstenliebe steht, das den Blick auch für die sozialen Nöte öffnet.

Unermüdlich im Ausprobieren neuer Wege, um das Evangelium ihren nahen und fernen Zeitgenossen weiterzusagen, waren sie auch unermüdlich im Einsatz, um ungerechte und überholte gesellschaftliche Zustände zu verbessern. Gerade der weite Horizont ihres Engagements für Gott und Menschen macht sie so anziehend und vorbildlich für uns heute.

[1] Der folgende Artikel stellt eine überarbeitete und wesentlich erweiterte Fassung meines in Aufatmen, Nr. 4 (1998), S. 56–61 erschienen Beitrags »Starke fromme Frauen« dar.

[2] Vgl. zum Folgenden: Ulrike Witt, Das hallesche Gynäceum 1698–1740, in: Schulen machen Geschichte. 300 Jahre Erziehung in den Franckeschen Stiftungen zu Halle, Halle/Saale 1997, S. 85–103, dort auch weiterführende Literatur; Gustav Kramer, August Hermann Francke. Ein Lebensbild, Bd 2. Halle 1882, 17ff. (zu Henriette von Gersdorf).

[3] Vgl. hier und im Folgenden: Otto Uttendörfer, Zinzendorf und die Frauen. Kirchliche Frauenrechte vor 200 Jahren, Herrnhut 1919; Peter Zimmerling. Starke fromme Frauen. Begegnungen mit Erdmuthe von Zinzendorf, Juliane von Krüdener, Anna Schlatter, Friederike Fliedner, Dora Rappard, Eva von Tiele-Winckler, Ruth von Kleist-Retzow, 3. Auflage, Gießen 1999, S. 9–21, dort auch weitere Literaturangaben

[4] Vgl. Günter Krüger, Lebensformen christlicher Gemeinschaften. Eine pädagogische Analyse, Heidelberg 1969, S. 38ff.

[5] Vgl. Martin H. Jung, Frauen des Pietismus von Johanna Regina Bengel bis Erdmuthe Dorothea von Zinzendorf. Zehn Porträts, Gütersloh 1998, S. 51

[6] Zit. nach Uttendörfer, Frauen, 43f. (Rede vom 2. 12. 1756)

[7] Vgl. hier und im Folgenden: Zimmerling, Starke fromme Frauen, S. 22–46, dort auch Angaben über weiterführende Literatur; Hedwig von Redern, Zwei Welten. Das Leben von Juliane von Krüdener 1746–1825, 2. Auflage, Schwerin 1927. Aufschlussreich für das Lebensgefühl Juliane von Krüdeners ist ihr zweibändiges Romanwerk »Valérie ou lettres de Gustave de Linar à Ernest«, 1803; deutsch 1804: »Valerié oder Briefe v. Gustaf von Linar an Ernst von G...« Dieser Roman ist noch vor ihrer Hinwendung zu Jesus Christus entstanden. Er enthält jedoch bereits romantisches Gedankengut, das von einer mystisch-religiösen Stimmungslage eingefärbt ist. 15 Jahre nach ihrer Bekehrung ist »Der Einsiedler. Ein Fragment« 1818 in Leipzig erschienen. Zu dem Bändchen gehört als Vorwort eine der frühesten biografischen Skizzen über Juliane von Krüdener. Das Fragment zeigt romanhaft den inneren Weg auf, den die Autorin selbst gegangen ist.

8   Vgl. im Folgenden: Zimmerling, Starke fromme Frauen, S. 47–77, dort auch
    weiterführende Literaturangaben
9   Ihre Briefe finden sich vor allem in folgenden Büchern: F. M. Zahn, Anna
    Schlatters Leben und Nachlass, Bd. 1: Leben und Briefe an ihre Kinder,
    Elberfeld o. J.; ders., Anna Schlatters Leben und Nachlass, Bd. 2: Briefe an
    ihre Freunde, Elberfeld o. J.; Frauenbriefe, hg. von Adolf Zahn, Halle 1875.
10 Vgl. dazu Adolf Schlatter, Rückblick auf meine Lebensarbeit, 2. Auflage,
    Stuttgart 1977, S. 24; Werner Neuer, Adolf Schlatter. Ein Leben für Theolo-
    gie und Kirche, Stuttgart 1996, S. 3–10
11 Vgl. im Folgenden: Zimmerling, Starke fromme Frauen, S. 78–89, dort auch
    weiterführende Literaturhinweise. Anna Sticker, die Biografin Friederike
    FIiedners und selbst Kaiserswerther Diakonisse, hat drei Werke über sie ver-
    fasst: Friederike Fliedner und die Anfänge der Frauendiakonie. Ein Quellen-
    buch, 2. Auflage, Neukirchen-VIuyn 1963. Eine Kurzfassung davon ist: »...
    und doch möchte ich nur meinem Sinn folgen ...« Friederike Fliedner. Stifte-
    rin der Kaiserswerther Diakonissenanstalt, Offenbach 1986. Eine Bildbiografie
    stellt dar: Theodor und Friederike Fliedner, Wuppertal 1989.
12 Sticker, »... und doch möchte ich nur meinem Sinn folgen ...«, S. 147
13 Vgl. im Folgenden: Zimmerling, Starke fromme Frauen, S. 90–100; Dora
    Rappard. Lichte Spuren, Gießen 1914 (eine Art Autobiografie, in der die
    Autorin für ihr Leben entscheidende Begegnungen erzählt); Emmy Veiel-
    Rappard, Mutter. Bilder aus dem Leben von Dora Rappard-Gobat, 10. Auf-
    lage, Gießen 1956 (die erste Biografie, von der Tochter Dora Rappards ver-
    fasst); Friedhelm Rudersdorf, Dora Rappard. Die Mutter von St. Chrischona,
    Gießen 1963. Neuerdings: Klaus Haag, Dora Rappard. Er hat mich Freund
    genannt, Bettingen/Lahr 1998.
14 Vgl. dazu Zimmerling, Starke fromme Frauen, S. 101–119 (mit Belegen).
    Ihr Biograf wurde Walter Thieme, der Leiter der Berliner Stadtmission.
    Sein großes Lebensbild: Mutter Eva. Die Lobsängerin der Gnaden Gottes.
    Leben und Werk von Schwester Eva von Tiele-Winckler, erschien erstmals
    1932. Vgl. auch Erna Steineck, Brich dem Hungrigen dein Brot. Leben und
    Werk Eva von Tiele-Wincklers aus Briefen und Schriften (R. Brockhaus
    Taschenbuch, 805), Wuppertal 1986. Neuerdings: Paul Toaspern, Eva von
    Tiele-Winckler. Mutter Eva – ein Leben aus der Stille vor Gott, Hänssler
    Verlag, Neuhausen 1995. Bekannt geworden ist Mutter Eva nicht zuletzt durch
    ihre Vorträge und Bücher. Bereits 1921 erschien: Wie der Friedenshort ent-
    stand, 1926: Ecksteine des lebendigen Gottes, 1929: Nichts unmöglich!
    Erinnerungen und Erfahrungen von Schwester Eva von Tiele-Winckler. Eine
    Reihe von Schriften, die zum Teil in den vergangenen Jahren neu aufgelegt
    wurden, gibt Einblick in ihre persönliche Frömmigkeit und in ihr theologi-
    sches Denken: Geisteswirken im täglichen Leben, 1991; Tropfen aus dem
    Lebensstrom, 1976; Kleine Strahlen von der Lebenssonne, 1977; Briefe zum
    Lobe Gottes, 1979, um nur einige zu nennen.

[15] Thieme, Mutter Eva, Lahr-Dinglingen o. J., S. 280

[16] Vgl. dazu im Einzelnen: Zimmerling, Starke fromme Frauen, S. 120–148; Jane Pejsa, Mit dem Mut einer Frau: Ruth von Kleist-Retzow. Matriarchin im Widerstand, 1. Auflage, Moers 1996

[17] Vgl. dazu Fabian von Schlabrendorff, Offiziere gegen Hitler, neue, durchgesehene und erweiterte Ausgabe von Walter Bußmann, Taschenbuchausgabe April 1994, bes. S. 129

[18] Vgl. dazu im Folgenden Friederike Klenk, Unsere Familien – Baustellen der Hoffnung?, in: Offensive Junger Christen-Freundesbrief Nr. 4 (1990), S. 155–157. Frau Klenk lebt mit ihrer Familie in der Großfamilie der OJC.

[19] Vgl. Elisabeth Moltmann-Wendel, Freiheit, Gleichheit, Schwesterlichkeit. Zur Emanzipation der Frau (Kaiser Traktate 25), 4. Auflage, München 1984, S. 68f.

[20] Belege bei Johann Friedrich Gerhard Goeters, Der reformierte Pietismus in Bremen und am Niederrhein im 18. Jahrhundert, in: Der Pietismus im achtzehnten Jahrhundert, hrsg. von Martin Brecht und Klaus Deppermann (Geschichte des Pietismus, Bd. 2), Göttingen 1995, S. 403

[21] Vgl. dazu im Einzelnen: Peter Zimmerling, Gott in Gemeinschaft. Zinzendorfs Trinitätslehre, Gießen/Basel 1991, bes. S. 27ff.

Christa Conrad

DER DIENST VON FRAUEN
IN DER MISSION

◆ Der Anteil der Frauen in den evangelikalen Missionen übersteigt laut Statistik bei weitem den der Männer.[1] Fast ein Drittel der im Dienst stehenden Missionare der letzten Jahre waren ledige Frauen. Zählt man die Ehefrauen hinzu, so lag der Frauenanteil im Schnitt bei fast 60%. Gott berief in der Vergangenheit und beruft heute immer noch so viele Frauen, weil sie benötigt werden, wie die ehemalige Chinamissionarin Mabel Williamson in ihrem Buch schreibt:

»Ehe ich auf das Missionsfeld kam, dachte ich, dass der Grund, warum mehr Frauen als Männer auf dem Feld stünden, der sei, dass die Frauen sich der Sache des Herrn völliger hingeben. Doch nachdem ich einige Zeit draußen weilte, änderte ich meine Ansicht. Nun glaube ich, dass Gott mehr Frauen ruft, weil eben mehr Frauen benötigt werden.«[2]

Es ist keineswegs so, dass Frauen Gottes zweite Wahl sind, Ersatz für Männer, die nicht gehen. Die evangelikalen Missionen legen auch heute noch Wert auf die drei »B«:
Bekehrt – Bewährt – Berufen, und das gilt für alle, für Männer wie für Frauen, die sich in den Dienst der äußeren Mission senden lassen. Die Geschichte der Mission gibt Zeugnis davon, wie Gott den Dienst seiner Dienerinnen gesegnet hat und noch immer segnet.

Biblisch gesehen ist eine Unterscheidung zwischen dem Dienst der ledigen und der verheirateten Missionarin nicht notwendig. Doch historisch gesehen wurde die Frau erst dann als Partnerin in der Mission akzeptiert, als der ledigen Frau der Weg in den Missionsdienst geöffnet wurde. Pioniere auf diesem Gebiet waren die Missionen, die ab 1865 unter dem Einfluss der »Heiligungsbewegung« entstanden sind und die als »Glaubensmissionen« bekannt wurden.

Vor dieser Zeit zählte die Frau sowohl in den nicht konfessionell gebundenen deutschen Missionen der großen Erweckungsbewegung (Basel, Barmen, Berlin) als auch in den konfessionell gebundenen Missionen der zweiten Phase (Leipzig, Hermannsburg) nur als Ehefrau eines Missionars oder als missionarische Hilfskraft der »dritten Klasse« (nach den Handwerkern und den Ärzten).[3] Welch großen Anteil diese Frauen bei der Ausbreitung des Evangeliums tatsächlich hatten, entdeckt man erst heute.[4] Ledige Frauen schickte man, wenn überhaupt, nur als Hilfe für die Missionarsfamilie hinaus. Meist handelte es sich dabei um alleinstehende Familienangehörige.[5]

1841 erließ der Basler Missionsinspektor W. Hoffmann einen Aufruf *»an die christlichen Frauen Deutschlands und der Schweiz«*, der 1842 in Berlin zur Gründung des »Frauenvereins für christliche Bildung des weiblichen Geschlechts im Morgenland« führte. Da die in diesem Verein ausgebildeten Lehrerinnen bei deutschen Missionen nicht aufgenommen wurden, konnten sie in den ersten 50 Jahren nur mit englischen Missionen ausreisen.

1850 gab Karl Gützlaff den Anstoß zur Gründung des »Berliner Frauenvereins für China«, der 1860 in Hongkong ein Findelhaus eröffnete. 1861 bat Samuel Gobat, der Bischof von Jerusalem, Theodor Fliedner um die Entsendung Kaiserswerther Diakonissen für die diakonisch-missionarische Arbeit im Heiligen Land. Dies waren erste Versuche, Frauen Dienstmöglichkeiten in der Mission zu eröffnen. Die traditionellen deutschen Missionen verweigerten als Kinder ihrer Zeit den ledigen Frauen die Möglichkeit, als Missionarin zu arbeiten.

Es bedurfte der Gründung neuer Missionen. Es bedurfte aber vor allem auch einer neuen biblischen Sicht von der Stellung der Frau. Die entscheidenden Anstöße dazu kamen von außen nach Deutschland. Sie kamen von Männern und Frauen, die der Überzeugung waren, dass ein Leben in der Heiligung praktische Konsequenzen nach sich ziehen muss. Die Glaubensmissionen, die den Frauen den Weg in die Mission öffneten, sind eine Frucht der »Heiligungsbewegung«. Ein wesentliches Merkmal dieser Bewegung war das Ringen um die Gleichstellung der Frau in der Überzeugung, dass auch sie als Ebenbild Gottes geschaffen wurde und durch die Heiligung wieder werden kann, wozu sie geschaffen worden war: ein Mensch, der in Gemeinschaft mit Gott lebt, ihm verantwortlich ist und Verantwortung für die Welt trägt.

Hudson Taylor (1832–1905) war der Vater der Glaubensmissionen. 1865 gründete er mit der China Inland Mission (CIM) eine Mission, deren Mitglieder ganz in der Abhängigkeit von Gott leben (aus Glauben), deren primäres Ziel die Verkündigung des Evangeliums ist (nicht die Kirchengründung wie das bei den älteren Missionen der Fall war) und in der Frauen eigenständig mitarbeiten konnten. Bis 1904 waren von der CIM 1135 Missionare ausgesandt worden, davon 655 Frauen und 480 Männer.[6]

Wenn Hudson Taylor wegen seiner Haltung zum Dienst der Frau angegriffen wurde, dann argumentierte er oft pragmatisch: Missionarinnen ermöglichen eher das Selbstständigwerden der chinesischen Gemeinden, und sie haben Zugang zu Häusern und Plätzen, die für Männer verschlossen sind. Aber er war auch überzeugt, dass dieser Einsatz schriftgemäß ist: Frauen empfangen wie Männer das Geschenk der Heiligung und werden von Gott in Dienst gestellt. – Wenn Frauen nicht predigen dürfen, verweigern wir damit Menschen die Möglichkeit, das Evangelium zu hören. Erst wenn das Evangelium gepredigt wird »*zum Zeugnis für alle Völker*«

(Mt 24,14), wird der Herr wiederkommen. Um dieses Ziel zu erreichen, müssen alle verfügbaren Kräfte eingesetzt werden.

Hudson Taylor hatte das geschaffen, worauf evangelische Frauen seit Jahrhunderten hatten warten müssen: eine Organisation, die Frauen einen eigenständigen Missionsauftrag zugestand und gleichzeitig die Rahmenbedingungen dafür schuf, dass dieser Auftrag von Frauen ausgeführt werden konnte. Die China Inland Mission war der Anfang einer Bewegung: Auf dem europäischen Festland bildeten sich durch Hudson Taylors Einfluss vierzehn Missionsgesellschaften, die sich der China Inland Mission anschlossen. Die meisten wurden später selbstständig. Dazu gehören: Die Deutsche China Allianz Mission (heute: Allianz Mission), der deutsche Zweig der China Inland Mission (heute: Liebenzeller Mission), die China Mission des Deutschen Frauen Missionsgebetsbundes (DFMGB), und die Yünnan Mission des Deutschen Gemeinschaftsdiakonieverbandes (heute: Marburger Mission).

In diesen Glaubensmissionen hatten Frauen und Männer von Anfang an die gleichen Einstellungsbedingungen. Frauen erhielten selbstständige Arbeitsgebiete zugewiesen, für die sie die Verantwortung übernahmen. Sie hatten damit eine ungleich höhere Stellung als die, die sie in der Kirche ihrer Heimat oder in einem säkularen Beruf in jener Zeit hätten erreichen können.[7]

Jede Glaubensmission hat ihre eigene Geschichte, doch kann generell gesagt werden, dass die Selbstständigkeit und Mitverantwortung der Frauen in vielen dieser Missionen bald wieder eingeschränkt wurde. Nach 1910 war es zu einem deutlichen Rückgang der »Heiligungsbewegung« gekommen. In den Glaubensmissionen gewann die Theologie der Brüderbewegung zunehmend Einfluss. Nach dieser Theologie war für die selbstständige Tätigkeit der Frau nur Raum, wo Männer versagten oder fehlten. Man ging davon aus, dass dies nach der Pionierphase der Mission nicht mehr der Fall sei. Der Missionswissenschaftler Klaus Fiedler sieht das Zurückdrängen der Frau als Teil der »großen Wende« im evangelikalen Bereich, bei der die Evangelikalen viel von ihrer innovativen Kraft verloren hätten.[8] Beispielhaft sollen einige Entwicklungen aufgezeigt werden.

DEUTSCHE CHINA ALLIANZ MISSION

◆ Fredrik Franson (1852–1908) gründete 1889 gemeinsam mit dem Barmener Kaufmann Carl Polnick (1856–1919) eine Missionsgesellschaft, die es deutschen Missionaren ermöglichen sollte, an der Erfüllung des Missionsauftrages in China mitzuwirken. Im Herbst 1890 reisten die ersten drei Missionare nach China.

»Ein Mann und zwei (!) Frauen. Die heimatlichen frommen Kreise sind empört. Nicht nur, dass hier eine Mission ohne kompetente theologische Leitung und finanzielle Absicherung entstanden ist, nein, es werden auch noch Frauen zum Verkündigungsdienst herangezogen.« [9]

Die Sache von Jesus eilt, so sah es Franson, deshalb konnte er nicht auf die Mitarbeit der Frauen verzichten. Auguste Schnütgen und Elisabeth Bäumer, die beiden Frauen, wurden nach Changsha in der östlichen Provinz Chekiang gesandt. Später heirateten beide. Von den 26 ledigen Frauen, die bis zum Beginn des ersten Weltkrieges ausgereist waren, verließen zwei wieder die Mission, zweiundzwanzig heirateten und schieden aus oder blieben als Missionarsfrau, und nur zwei blieben als ledige Missionarin im Dienst. Man hat fast den Eindruck, als ob die Mission wohl ein grundsätzliches »Ja« zum Dienst der ledigen Frau hatte, aber doch die Vorrangstellung des Mannes betonte und so bewusst oder unbewusst die Einordnung der Frau in das herkömmliche Bild der Missionarsfrau förderte.

DER DEUTSCHE ZWEIG DER CHINA INLAND MISSION

◆ Während einer Englandreise 1892 erhielt Heinrich Coerper (1863–1936) erste Eindrücke von der Heiligungsbewegung und war besonders beeindruckt von der Verkündigung durch Frauen wie Elizabeth Baxter, Mary M. Broardman und Madame Junot.[10] 1900 gründete er den »Deutschen Zweig der China Inland Mission«. Geprägt von seinen Erfahrungen war es ihm ein Anliegen, Frauen Dienstmöglichkeiten zu eröffnen. Coerper nennt verschiedene Gründe für den gleichberechtigten Einsatz von Frauen und Männern im geistlichen Dienst: In den Missionsgebieten würden Frauen gebraucht, um Frauen zu erreichen. Der Herr bestätige den Verkündigungsdienst der Frau. An Pfingsten empfingen Frauen den Heiligen Geist und übernahmen wichtige Dienste in den Gemeinden: als Mitarbeiterinnen des Paulus, als Diakonos (Phoebe) und Apostel (Junia).[11]

Im später gegründeten Missionskomitee waren zunächst drei Frauen Vollmitglied: Hilda von Diest, Frau Coerper und Fräulein von Gemmingen, später kam noch die Leiterin der Schwesternschaft hinzu. Bei Ausbruch des ersten Weltkrieges standen 29 ledige Schwestern im Dienst der äußeren Mission. Dass es im Vergleich zur Allianz Mission so viele waren, hing nicht nur mit den freien Arbeitsbedingungen draußen zusammen, sondern auch damit, das man den jungen Frauen in der Heimat in Form eines Mutterhauses in besonderer Weise Schutz und Rückhalt bot.

Bis vor wenigen Jahren konnte nur, wer Mitglied dieser Schwesternschaft war, als ledige Frau in den Dienst der äußeren Mission gesandt werden. Wer diesen Weg wählt, unterstellt sich dem Sendungs- und Gehorsamsprinzip. Schon bald nach Hudson Taylors Tod war der deutsche Zweig der China-Inland-Mission selbstständig geworden (Liebenzeller Mission). Eine der ersten Veränderungen war die, Frauen der Leitung eines Mannes zu unterstellen. *»Nur Schwestern eine Station zu überlassen, sei ... doch wohl nicht biblisch«*, äußerte sich Heinrich Kaul nach einer Chinareise.[12] Noch hielt der Gründer und Leiter Heinrich Coerper daran fest, dass Frauen zumindest im Heimatkomitee Vollmitglieder bleiben sollten. Auch dies änderte sich, als Ernst Buddeberg 1934 die Leitung übernahm. Von nun an war nur noch die Vertreterin der Schwesternschaft Mitglied im Vorstand. Heute ringt man in der Liebenzeller Mission erneut um eine Antwort auf die Frage nach der biblischen Stellung der Frau.[13]

DER DEUTSCHE FRAUEN-MISSIONS-GEBETSBUND

◆ 1889 warb Pastor Ernst Lohmann (1860–1936) für die Gründung eines Hauses zur Ausbildung deutscher Bibelfrauen. Die Familie von Hochstetter stellte ihren Privatbesitz, die Malche bei Freienwalde an der Oder, zur Verfügung. Mit der Schweizer Missionarin Jeanne Wasserzug, die krankheitshalber aus Tunis zurückgekommen war, konnte eine Lehrerin gewonnen werden, die das Leben der Frauenbibelschule Malche bis 1936, d.h. fast 40 Jahre lang, prägen sollte. Ein Jahr nach Eröffnung der Frauenbibelschule brachte Ernst Lohmann den Gedanken einer Mission von Frauen für Frauen mit nach Deutschland. *»Sein Ruf zündete wie ein Feuerfunke in dem jungen Werk unseres Bibelhauses.«*[14] Im Herbst 1899 fand in Berlin das erste Vorgespräch statt, an dem Jeanne Wasserzug, Lu von Hochstetter, Gräfin Elisabeth Waldersee, Jenny von Plotho und Hedwig von Redern teilnahmen. Diese Frauen bildeten den Gründungskreis des DFMGB.

Der Bund sah es als seine Aufgabe an, Frauen neben den bisher anerkannten Aufgaben in Krankenpflege und Unterricht auch mit selbstständiger Arbeit in der Seelsorge und der Evangeliumsverkündigung zu betrauen. Er betont, keine eigenständige Mission sein zu wollen, sondern die Frauen zu unterstützen, die in anderen Missionen im Einsatz stehen. 1914 hatte der Bund 14 solcher Missionarinnen im Dienst. Für diese waren zwischen der betreffenden Missionsgesellschaft und dem Frauenmissionsbund besondere Vereinbarungen getroffen worden: Die Frauen sollten nach den Richtlinien des DFMGB eingesetzt werden, einen selbstständigen missionarischen Dienst tun können und nicht nur Hilfskräfte sein. Offensichtlich waren solche Abmachungen immer noch notwendig.

1926 war der Bund auf 12 000 Mitglieder angewachsen, die 500 Gebetskreisen angehörten. 185 Missionarinnen in 51 Missionsgesellschaften wurden damals betreut. Heute werden 125 Missionarinnen betreut, die meisten davon sind ledig. Neue Missionarinnen werden aufgenommen, wenn alte ausscheiden. Man unterscheidet heute zwischen den 71 Gebetsmissionarinnen, die durch Gebet und gelegentliche Gaben unterstützt werden, und den 54 Patenmissionarinnen, die von den Mitgliedern als solche gewählt und verbindlich finanziell getragen werden. Hatte der Frauenbund in den Anfängen eine Vorreiterstellung, so nimmt er heute mehr eine stützende Funktion wahr. Die Missionarinnen schätzen den Gebetsrückhalt ebenso wie das ihrer Arbeit entgegengebrachte große Interesse und die damit verbundene Anerkennung.

DIE VANDSBURGER MISSION (1909), YÜNNAN MISSION (1929) (HEUTE: MARBURGER MISSION)

◆ Die Marburger Mission ist ein Werk des Deutschen Gemeinschafts Diakonieverbandes (DGD), der seinen Ursprung in der ostdeutschen Erweckungsbewegung hat, die eng mit dem Namen Frederik Franson (1852–1908) verbunden ist. Durch seinen Dienst ließen sich junge Frauen zu Evangelistinnen berufen, für die Pastor Carl Ferdinand Blazejewski 1899 ein Diakonissenmutterhaus gründete. Ziel war es, den Frauen für einen selbstständigen evangelistischen Dienst Rückhalt zu geben: *»Das Ziel aller Arbeit der Schwestern ist, Seelen gewinnen für Christus ... Die für ihn gewonnenen Seelen sind allein die Beglaubigung unseres Dienstes.«*[15]

1909 wurde die erste Vandsburger Schwester, Elisabeth Gramenz, durch die Liebenzeller Mission ausgesandt. Bis zum Beginn des ersten Weltkrieges folgten drei weitere Diakonissen. 1927 wurde eine eigene Missionszentrale in Marburg eingerichtet. 1928 erhielten die Vandsburger Schwestern ein eigenes Missionsfeld, einen Teil der Provinz Yünnan, zugewiesen. 1929 wurden die ersten beiden Männer ausgesandt. In der »Yünnan Mission«, wie sie nun genannt wurde, standen bis zur Ausweisung aus China 29 Diakonissen und 13 Brüder mit Familien im Dienst. Hier musste keine Frau um ihre Eigenständigkeit und Anerkennung als gleich gestellte Mitarbeiterin ringen. Seelen für Jesus zu gewinnen war das Ziel. Um dieses Ziel zu erreichen, hatten die Schwestern größtmögliche Freiheit und Eigenständigkeit. Dass dies auch interne Probleme mit sich brachte, kann man aus der Aussage eines Marburger Missionars entnehmen, der schreibt:

»Von der Geschichte her ist der DGD ein Schwesternwerk. Das Verhältnis zwischen Diakonissen und Brüdern konnte man daher früher vergleichen mit dem zwischen der großen Schwester und ihrem kleinen Bruder.«[16]

Im DGD stand man vor der Frage, wie man Missionare in ein von Missionarinnen geführtes Werk integrieren konnte. Heute hat das in »Marburger Mission« umbenannte Werk einen Anteil von ca. 30% lediger Frauen. Brüder und Diakonissen haben heute entweder geografisch getrennte Arbeitsfelder (Diakonissen: Japan; Brüder: Thailand) oder ihre Arbeiten sind organisatorisch auf dem Feld getrennt (Brasilien).

Es ist auffallend, dass deutsche Glaubensmissionen im Hinblick auf die Stellung der Frau die Überzeugungen der Gründungszeit später in der Praxis nur noch eingeschränkt bejahen konnten.

»Keine der genannten deutschsprachigen Glaubensmissionen erwies sich als fähig, Taylors Offenheit zu bewahren.«[17]

Dass ein partnerschaftliches Miteinander von Männern und Frauen in der Mission durchaus möglich ist – so wie es sich die Väter und Mütter der Glaubensmissionen erhofften und zu verwirklichen suchten –, wird am Beispiel des WEC (Weltweiter Einsatz für Christus) deutlich. Und es ist sicher kein Zufall, dass der Anteil der ledigen Frauen im Dienst des WEC mit 40% überdurchschnittlich hoch liegt.

WELTWEITER EVANGELISATIONS-KREUZZUG (1912) HEUTE: WELTWEITER EINSATZ FÜR CHRISTUS

◆ Charles T. (1860–1931) und Priscilla (1864–1929) Studd, die Gründer des WEC, lebten in ihrem gemeinsamen Dienst vor, wie sie sich ein partnerschaftliches Miteinander von Mann und Frau in der Mission vorstellten. Ziel der Arbeit sei die *»Evangelisation der noch unerreichten Gebiete der Welt in kürzestmöglicher Zeit.«*[18]
Alle sind gerufen mitzukämpfen, damit dieses Ziel erreicht wird. *»Wir wollen, dass Jesus wiederkommt ... Wir zerbrechen uns nicht den Kopf darüber, durch wen dieses herrliche Ziel erreicht wird.«*[19]

Die Stellung der Frau wird nicht zum Problem gemacht: Der Mann soll Kampfgefährte der Frau und wie sie bereit sein, alles hintan zu stellen. Ein solches Miteinander von Menschen, die ganz dem

Herrn vertrauen, segnet der Herr, das war ihre Überzeugung. 1925 war es in der Arbeit des WEC in Belgisch-Kongo zu einer Erwekkung gekommen. Zwei der größten Stationen dort mit bis zu 1500 Menschen wurden von ledigen Missionarinnen geleitet.

Zwei Bibelschulleiterinnen, Gertrud Wasserzug-Traeder (Beatenberg) und Christa von Viebahn (Aidlingen) hatten nach dem zweiten Weltkrieg wesentlich Anteil an der Entstehung eines deutschen Zweiges des WEC. 1957 reiste Schwester Johanna Eichstädt nach Liberia, im gleichen Jahr folgten Hanna Förster und Maria Röbbelen, die nach sieben Dienstjahren in Liberia 1965 eine neue Arbeit in Gambia eröffneten.

Konsequent hat der WEC bis heute am Grundsatz festgehalten, dass Männer und Frauen gleich berufen und beauftragt sind, Menschen zu Jesus zu rufen. 1990 verabschiedete man folgende Resolution zum Dienst der Frau[20]:

- *Das Evangelium hat eine wahre Emanzipation der Frauen unter der Herrschaft Christi und, wenn verheiratet, in liebender Unterordnung unter ihre Ehemänner hervorgebracht. Diese Beziehungen sind befreiend, nicht einschränkend, in ihrem Dienst für Christus.*
- *Wir bestätigen die Freiheit unserer Missionarinnen, jeden Dienst (einschließlich des Lehrdienstes), ihren Gaben gemäß, in Absprache mit der einheimischen Kirche und vorbehaltlich der Zustimmung der Feldleitung auszuüben.*
- *Wir bestätigen, dass Frauen im WEC ihren Gaben gemäß dienen können und sollen und dass die Missionsfelder das Recht haben, sie in Leitungsfunktionen zu wählen.*
- *Selbst wenn ein solcher Dienst der Frau in der betreffenden Kultur nicht üblich ist, sollten wir diese Regelung beibehalten als Zeugnis für die befreiende Kraft des Evangeliums.*

Der Ausgangspunkt aller genannten Missionen war gleich. Alle waren in den Ursprüngen von der Theologie der Heilungsbewegung geprägt. Sie hatten das Ziel, den Missionsbefehl auszuführen und alle Kräfte einzusetzen, um den noch unerreichten Völkern die Heilsbotschaft zu bringen, ehe Christus wiederkommt. Frauen sollten nicht mehr wie früher unter, sondern mit den Männern in einem partnerschaftlichen Miteinander das Evangelium verkündigen.

Mit dem DFMGB wurde gar ein eigenes Werk gegründet, das den ledigen Missionarinnen dabei den Rücken stärken wollte. Die Väter und Mütter der Glaubensmissionen gründeten ihre Werke in der Hoffnung, dass hier ein solch partnerschaftliches Miteinander zur Ehre Gottes praktiziert werden kann.

Doch von den genannten Werken hielt nur der WEC an der ursprünglichen Praxis der Gleichberechtigung aller Missionare, Männer wie Frauen, in allen Bereichen fest.

Es wäre gut, wenn die deutschen Glaubensmissionen sich mehr auf ihre Geschichte besinnen und die biblischen Überzeugungen bedenken würden, die zur Gründung ihrer Werke führten. Was vielfach fehlt, ist die große Vision, die die Väter und Mütter hatten, eine Leidenschaft für den Dienst des Herrn, die stark genug ist, starr gewordene Strukturen zu durchbrechen, damit alle Gaben, die der Herr den Frauen heute schenkt, in der Mission auch eingesetzt werden können.

---

[1] Siehe u. a. die Statistik der AEM (Arbeitsgemeinschaft der Evangelikalen Missionen e. V.) Statistik 1993. Bei manchen Missionen ist nicht klar, ob sie Ehepaare als zwei Mitarbeiter oder nur einen angeben. Das Bild wird dadurch etwas verzerrt, dass in den Statistiken auch Mitarbeiter von Missionen aufgeführt werden, die nur Kurzeinsätze machen. Bei diesen ist der Anteil der (ledigen) Männer höher als bei den Langzeit-Missionaren.

[2] Mabel Williamson: Haben wir keine Rechte? Fundamente für Nachfolge und Dienst. Neuhausen: Hänssler, 1992, S. 46

[3] Klaus Fiedler, Ganz auf Vertrauen, Geschichte und Kirchenverständnis der Glaubensmission. Gießen: Brunnen, 1992, S. 309

[4] Waltraud Ch. Haas, Erlitten und erstritten – Der Befreiungsweg von Frauen in der Basler Mission 1816–1966. Basel: Basileia 1994

[5] Dr. A. Schreiber, Missionsinspektor in Barmen, fragte 1880 auf der Kontinentalen Missionskonferenz in Barmen: »Ob wir nicht auch in bescheidenem Maße und unter Rücksicht auf deutsche Charaktereigentümlichkeit, für die mancherlei nicht unwichtige Arbeit, welche Frauen ebenso gut, z. T. viel besser als Männer tun können, und dabei viel billiger ... in unseren Missionen einzelne Frauen und Jungfrauen anstellen können.« Die Konferenz bejahte dies nur für nahe Verwandte von Missionarsfamilien (Gertrud Wasserzug-Traeder: Deutsche Evangelische Frauenmissionsarbeit – Ein Blick in ihr Werden und Wirken. [München: Kaiser, 1927]).

[6] Howard und Geraldine Taylor, Hudson Taylor – Ein Mann, der Gott vertraute. Gießen: Brunnen 1965, S. 314

[7] Fiedler, Ganz auf Vertrauen. S. 315

[8] Ebd. S. 319

[9] Missionsbote 5, 1989, S. 11

[10] Heinrich Coerper: »Erinnerungen 1890–1894«, in: Geschichte der Evangelischen Kapelle zu Heidelberg. Festschrift zum 50. Jahrestag ihrer Einweihung, Heidelberg: Carl Winter, 1926, S. 80

[11] Andreas Franz: Mission ohne Grenzen – Hudson Taylor und die deutschsprachigen Glaubensmissionen. Gießen/Basel: TVG Brunnen, 1993, S. 201

[12] Ebd. S. 226

[13] Heinzpeter Hempelmann: Gottes Ordnungen zum Lehen – Die Stellung der Frau in der Gemeinde. Bad Liebenzell: Liebenzeller Mission, 1997

[14] Gertrud von Bülow in: 50 Jahre Bibelhaus Malche. S. 37

[15] Norbert Schmidt: Von der Evangelisation zur Kirchengründung – Die Geschichte der Marburger Brasilienmission. Marburg: Francke 1990, S. 8f.

[16] Immanuel Scharrer: Die Geschichte der Marburger Mission in Thailand, [Masch.-schr.], Columbia/USA: CBCS, 1991, S. 48

[17] Franz: Mission ohne Grenzen. S. 291

[18] WEC Information, o. J., 3

[19] Eileen Vincent: C. T. Studd und Priscilla – United to fight for Jesus. Bromley: STL, 1988, S. 10

[20] Konferenzbericht Intercon '90, Gerards Cross: WEC International, 1990, S. 89

NACHWORT

◆ In der Bibel finden wir viele Stellen über das Frausein. Oft wurde bei der Auslegung dieser Stellen in der Vergangenheit der Fehler gemacht, einzelne Stellen aus dem Zusammenhang zu reißen und diese dann zu verabsolutieren oder zu vereinzeln. Solche Stellen wurden dann oft überdeutet und missbraucht – leider oft zum Nachteil der Frauen.

Wenn wir die Bibel gründlich und die einzelnen Stellen in ihrem Zusammenhang lesen, werden wir keine Aussage finden, in der Frauen von Gott abgewertet oder missachtet werden.

Das Verhältnis von Jesus und sein Umgang mit den Frauen war geprägt von Würde und Wertschätzung, von Liebe und Klarheit. Er wertete die Frauen auf und holte sie aus ihrer Außenseiterposition heraus.

Er stellte sie neben sich und würdigte sie. Er berührte sie und rief sie in seine Nachfolge. Er begabte und beauftragte sie zum Reden. Nach der Auferstehung von Jesus ist der erste Mensch, der mit der Weitergabe dieser wichtigsten Botschaft aller Zeiten beauftragt wird, eine Frau.

Die biblischen Texte, in denen Frauen vorkommen, sind uns heute so geläufig, dass uns die revolutionäre Wirkung für die damalige Zeit gar nicht mehr auffällt. In dem vorliegenden Buch »Begabt & beauftragt« sind viele Hilfen zum Verständnis der gesellschaftlichen und soziokulturellen Hintergründe der damaligen Zeit zu finden. Wenn wir diese anschauen, kommen wir wieder neu ins Staunen über die umwälzend andere Art, mit der Jesus den Frauen begegnete.

Manches von dieser Dynamik für das Miteinander von Mann und Frau in der Gemeinde und in der Gesellschaft ist uns im Verlauf der Kirchengeschichte verloren gegangen. Auch vieles von dem, was Paulus in seinen Briefen geschrieben hat, war damals revolutionär, wirkt aber heute auf uns eher konservativ, manchmal auch missverständlich. Wir verstehen die Intention der Aussagen von Paulus nur richtig im Spiegel der damaligen Zeit und der sozio-kulturellen Hintergründe. Im Lauf der Kirchengeschichte wurde mit manchen der paulinischen Bibelstellen auch eine gewisse Frauenfeindlichkeit begründet.

Im 12. Jahrhundert wurde in der Kirche z. B. darüber diskutiert, ob Frauen überhaupt eine Seele haben. Thomas von Aquin (1225–1274) sah in der Frau eine »Mangelerscheinung« bzw. ein »Zufallsprodukt« (summa Theol. I q. 92a. 1; q. 93 a. 4), der Kirchenvater Tertullian (Ende 2./Anfang 3. Jh.) bezeichnete die Frau als »Tor zur Hölle«, weil sie sich von der Schlange verführen ließ (cult.fem. I1,2; Chr I,343,16-20).

Und bei den Juden gab es ein Gebet, in dem u.a. folgender Satz vorkam: »Gepriesen sei, der mich nicht zum Heiden machte: alle Heiden sind wie nichts vor ihm. Gepriesen sei, der mich nicht zur Frau machte: denn die Frau ist nicht zu Geboten verpflichtet« (Rabbi Juda ben Elai, tBer 7,18).

Gegen diese Abwertung der Frau hat sich Jesus gewehrt. Er würde es heute in der gleichen Weise tun, wo ihm frauenfeindliche oder Frauen entwürdigende Strukturen begegnen würden.

In der Schöpfungsgeschichte gibt Gott der Frau Würde und einen wichtigen Auftrag, im Neuen Testament wird die Frau in gleicher Weise wie der Mann in die Gotteskindschaft berufen, in die Nachfolge und in den Gehorsam gegenüber Gott (Gal 3,28, Joh 1,12). Im Licht der Botschaft der Bibel ist jede Form der Unterdrückung oder Minderbewertung der Frau Sünde.

Die Bibel ist durchzogen, von dem Gedanken, dass jeder Mensch – Mann und Frau – vor Gott wertgeschätzt und gewürdigt, geachtet und unendlich geliebt ist.

In der Geschichte der Kirche und der Gemeinde von Jesus sind in der Einschätzung und im Umgang mit der Frau und auch in der Einordnung und Bewertung der Bibelstellen über das Frausein Fehler und Missverständnisse geschehen. Darum ist es umso wichtiger, diese Fehler nicht weiter zu tradieren, sondern zurückzugehen an die Quellen, an die Ursprünge, danach zu fragen, was wirklich in den Bibeltexten steht – und zwar im griechischen (Neues Testament) und im hebräischen (Altes Testament) Urtext.

Wenn wir die Bibel gründlich lesen, werden wir entdecken, dass Frauen immer wieder beauftragt wurden, die Liebe Gottes in die Welt zu tragen, von der Befreiung von Schuld und Versagen durch Jesus zu reden, mit Gaben von Gott beschenkt wurden und so zu einem erfüllten Leben in der Nachfolge von Jesus gefunden haben.

Wenn wir uns Jesus zur Verfügung stellen mit allem, was unser Leben ausmacht, dann verwandelt er uns und gestaltet uns um in sein Bild, er macht uns zum »Brief Christi« für diese Welt. Diesem Auftrag dürfen wir uns nicht entziehen, sonst machen wir uns schuldig.

Aber wichtig ist dabei, dass wir das *Miteinander* von Mann und Frau in der Gemeinde von Jesus nicht aus den Augen verlieren. Es geht nicht darum, dass wir Frauen einseitig kämpfen für die Rechte der Frauen in der Gemeinde, Kirche oder in der Gesellschaft, sondern darum, den gemeinsamen Auftrag von Männern und Frauen in der Gemeinde und für die Welt wieder neu zu entdecken und wahrzunehmen. Gott hat beide, Mann und Frau, als sein Gegenüber und Ebenbild erschaffen, mit Gaben ausgerüstet, mit denen er geehrt werden soll.

Es geht nicht um eine Emanzipation der Frau unter einem christlichen Deckmantel, sondern darum, dass Christus wieder ganz ins Zentrum unseres Denkens und Handelns rückt, dass er geehrt wird mit den Gaben von Mann und Frau – im Miteinander in der Gemeinde, in der Familie, in unserer Welt.

Cornelia Mack, Freudenstadt

AUTORENSPIEGEL

· **Christa Albrecht**, Jg. 1967, verheiratet, 1 Kind, Pfarrerin, Familienmanagerin, Referentin bei Frauenfrühstücken, zusammen mit ihrem Ehemann Schriftleitung der Gottesdienstzeitschrift »Zuversicht und Stärke«

· **Ralf Albrecht**, Jg. 1964, verheiratet, 1 Kind, Pfarrer, Vorsitzender der Pfarrer-Arbeitsgemeinschaft »Confessio«, Mitglied im Deutschen Komitee der Überseeischen Missionsgemeinschaft (ÜMG)

· **Ilse Amman-Gebhardt**, Jg. 1934, verheiratet, 3 Kinder, Pastorin einer freikirchlichen Gemeinde, 20 Jahre 2. Vorsitzende der »Bundesfrauenarbeit des BFP«, Sprecherin bei Frauentagungen und -treffen

· **Hansjörg Bräumer**, Jg. 1941, verheiratet, 3 Kinder, 2 Schwiegerkinder und 4 Enkel, Pastor, Dr. theol., seit 1977 Vorsteher der Lobetalarbeit e.V. in Celle

· **Christa Conrad**, Jg. 1958, M.A. (Bible) Studium in Korntal und Columbia, zunächst Ausbildung zur Sonderschullehrerin, Bibelschule St. Chrischona, seit 1989 als Missionarin in Tansania, bis 1992 als Lehrerin an einer Bibelschule, seit 1994 theologische Lehrerin und stellv. Schulleiterin am Kasulu Bible College im Westen Tansanias (Ausbildung von Evangelisten und Pastoren)

· **Carmen Crouse**, Jg. 1965, M.A. (Columbia International University in Bibelauslegung), seit 1995 Referentin für Bewerbungen und Studienberatung am Deutschen Zweig der Columbia International University in Korntal, engagiert im Bereich MemberCare

· **Astrid Eichler**, Jg. 1958, zunächst Krankenschwester, jetzt Pfarrerin, 50%-Pfarramt in kleinen Dorfgemeinden in der Prignitz (Land Brandenburg), ehrenamtlich in verschiedenen Initiativen und Projekten tätig

· **Claudia Filker**, Jg. 1957, verheiratet, 6 Kinder, Pastorin, zurzeit Schwerpunkt Familie, Referentin beim »Frühstückstreffen für Frauen«, ehrenamtlich in der »Berliner Stadtmission« engagiert (Junge-Familien- und Frauenarbeit)

· **Renate Görler**, Jg. 1956, Lehrerin und Gemeindepädagogin, seit 1995 Leiterin der Wuppertaler Stadtmission e.V., abgeschlossene Ausbildung zur Partner-, Ehe- und Lebensberatung

· **Lisbeth Haase**, Jg. 1931, verheiratet, 6 Kinder, Ausbildung zur Katechetin, langjährige Beauftragung im Frauenwerk der evang.-luth. Landeskirche Hannovers, seit 1985 Mitglied der Synode der EKD, seit 1990 Präsidiumsmitglied der hannoverschen Landessynode

· **Irene Hahn**, Jg. 1953, verheiratet, 4 Kinder, Familienfrau und Theologin, Referentin bei Frauen- und sonstigen Gemeindeveranstaltungen, in der Seelsorge tätig

· **Wilfrid Haubeck**, Jg. 1948, Dr. theol., Rektor des Theologischen Seminars Ewersbach in Dietzhölztal, Mitglied der Leitung des Bundes Freier evang. Gemeinden, Vorstandsmitglied im Arbeitskreis für evangelikale Theologie (AfeT)

· **Claudia Hermann**, Jg. 1962, verheiratet, 1 Kind, Pfarrerin in Bonlanden, Referentin bei Frauenfrühstückstreffen und in Frauenkreisen, im Bezirksfrauenteam und in der Frauenfrühstücksarbeit in Filderstadt tätig

· **Siegfried Kettling**, Jg. 1937, Pfarrer, seit 1974 Dozent an der Evangelischen Missionshochschule in Unterweissach

· **Ulrich Mack**, Jg. 1951, verheiratet, 4 Kinder, Dekan in Freudenstadt, bis 1998 Vorsitzender des CVJM Württemberg, Mitglied der Evang. Landessynode Württemberg

· **Lieselotte Mattern**, Jg. 1936, Professorin, Dr. theol., Pfarrerin, bis zur Pensionierung 1997 Professorin an der Evang. Fachhochschule für Diakonie und Religionspädagogik Karlshöhe, Ludwigsburg, Mitglied der 10. Landessynode

· **Heinz-Werner Neudorfer**, Jg. 1952, verheiratet, 4 Kinder, Dr. theol., 1989-1997 Studienleiter im Albrecht-Bengel-Haus, seit 1997 Pfarrer in Weil im Schönbuch, Mitglied der »Facharbeitsgruppe Neues Testament« der Deutschen Evang. Allianz

· **Esther Schaaf**, Jg. 1967, nach dem Theologiestudium ein halbes Jahr theologische Lehrerin am Pacific Islands Bible College in Mikronesien, jetzt Pfarrerin in Baiersbronn-Röt und Freudenstadt, in Short-Term-Missionseinsätzen, Jugendarbeit und SMD-Freizeitarbeit engagiert

· **Anke Schneeberg**, Jg. 1962, M.A. christian education (Columbia International University), Leiterin der Hauskreisarbeit in der Evang. Johannesgemeinde Darmstadt, Mitarbeit bei Prisca (Frauenarbeit innerhalb des RMJ)

· **Franziska Stocker-Schwarz**, Jg. 1962, verheiratet, 3 Kinder, Pfarrerin im gemeinsamen Dienst mit Ehemann Jürgen Schwarz, zurzeit in der Evang. Brüdergemeinde Wilhelmsdorf

· **Jürgen Schwarz**, Jg. 1960, verheiratet, 3 Kinder, Pfarrer der Evang. Brüdergemeinde Wilhelmsdorf, gemeinsam im Dienst mit Ehefrau Franziska Stocker-Schwarz

· **Marlene Trick**, Jg. 1957, verheiratet, 4 Kinder, Theologiestudium mit 1. und 2. Dienstprüfung, ehrenamtlich in der Kinder- und Frauenarbeit tätig, Referentin bei Frauenfrühstückstreffen

· **Sr. Irmgard Wieland**, Jg. 1948, Mag. theol., seit 1991 Dozentin am Theologischen Seminar der Liebenzeller Mission

· **Ursula Wiesemann**, Jg. 1932, Prof. Dr. phil., Bibelübersetzerin und Lehrerausbilderin, seit 1960 Beraterin für Sprachwissenschaft (zunächst Brasilien, dann international), seit 1994 Leiterin des Seminars für Sprachmethodik, Ausbildungsstätte der Wycliff Bibelübersetzer

· **Tim Winkler**, Jg. 1957, Pfarrer, im Moment Religionslehrer an der Kantonsschule Olten

· **Birgit Winterhoff**, Jg. 1953, verheiratet, Pfarrerin in Halle (Westf.), Vorsitzende der Arbeitsgemeinschaft Jugendevangelisation, Vertrauensrat Freundeskreis Missionarische Dienste der Evang. Kirche von Westfalen, im Hauptvorstand der Deutschen Evang. Allianz, Sprecherin von Morgenandachten im WDR, Referentin bei »Frühstückstreffen für Frauen«, in der Mitgliederversammlung des ERF, in der Pfarrerfortbildung tätig, im Geschäftsführenden Vorstand für Christival 2002 in Kassel

· **Peter Zimmerling**, Jg. 1958, PD Dr. habil., zunächst Pfarrer der Kommunität Offensive Junger Christen, Reichelsheim/Odenwald, seit 1993 wissenschaftlicher Mitarbeiter der Universität Mannheim, 1999 Habilitation an der Universität Heidelberg, dort auch Privatdozent für Praktische Theologie